AF398738

Gemma Orobitg (coord.)

MEDIOS INDÍGENAS

TEORÍAS Y EXPERIENCIAS DE LA COMUNICACIÓN INDÍGENA EN AMÉRICA LATINA

Gemma Orobitg (coord.)

MEDIOS INDÍGENAS

TEORÍAS Y EXPERIENCIAS DE LA COMUNICACIÓN INDÍGENA EN AMÉRICA LATINA

Iberoamericana - Vervuert - 2020

Derechos reservados

© Iberoamericana, 2020
Amor de Dios, 1 – E-28014 Madrid
Tel.: +34 91 429 35 22
Fax: +34 91 429 53 97

© Vervuert, 2020
Elisabethenstr. 3-9 – D-60594 Frankfurt am Main
Tel.: +49 69 597 46 17
Fax: +49 69 597 87 43

info@iberoamericanalibros.com
www.iberoamericana-vervuert.es

ISBN 978-84-9192-100-4 (Iberoamericana)
ISBN 978-3-96456-902-8 (Vervuert)
ISBN 978-3-96869-108-4 (eBook)

Depósito Legal: M-28158-2020

Impreso en España

Diseño de cubierta: Rubén Salgueiros

Este libro está impreso íntegramente en papel ecológico sin cloro.

ÍNDICE

Mass media

Lógicas culturales de la comunicación indígena en América Latina: una introducción

Gemma Orobitg
(Universitat de Barcelona)

Este libro investiga las prácticas indígenas en torno a las tecnologías de comunicación desde una perspectiva etnográfica y comparativa. El análisis de los sentidos y usos efectivos de los medios tecnológicos se realiza tomando en consideración las especificidades de cada entorno cultural. En otras palabras, cada uno de los capítulos surge de observar y analizar la realidad de la comunicación indígena en el marco de estudios etnográficos que los autores realizan desde hace tiempo en las áreas representadas en el libro. El conjunto de estas investigaciones recoge la diversidad indígena latinoamericana: Andes, Mesoamérica y tierras bajas sudamericanas. El libro implica pues, en primer lugar, un esfuerzo por mostrar la pluralidad de las experiencias de la comunicación indígena en América Latina, y, en segundo lugar, supone un ejercicio de conceptualización de ese abanico de formas de comunicación[1].

El título del libro, *Medios indígenas*, refleja una orientación analítica centrada en los medios, que toma en consideración las propiedades físicas, sensoriales y tecnológicas, en particular, de la radio, el vídeo, las redes sociales y los *mass media*. Cada uno de los capítulos investiga las formas diversas en que estas tecnologías son incorporadas por

---

1. Los capítulos forman parte de los resultados de un programa de estudios de larga duración que, con el título de "Medios indígenas", reúne a investigadores de varias universidades españolas, así como de universidades latinoamericanas y europeas. Este programa de estudios se ha organizado principalmente alrededor de dos proyectos de investigación I+D correlativos, financiados por el Ministerio de Ciencia, Innovación e Universidades del Gobierno de España: "Pueblos indígenas, medios de comunicación y significados del conflicto en América Latina (2016-2018)", "Comunicación indígena y patrimonio cultural en América Latina: conservación, revitalización, creatividad" (2019-2021).

las poblaciones indígenas atendiendo a las características del medio en términos de oralidad o visualidad. Esta materialidad de la comunicación resulta importante para entender los ámbitos culturales y sociales sobre los que los medios indígenas actúan eficazmente como mediaciones activas. En otras palabras, las características tecnológicas de los medios no son neutras. Cada medio impone unas particulares relaciones al cuerpo y a la percepción, al tiempo y al espacio (Ginsburg, Abu-Luhob y Larkin, 2020: 19; Williams, 1996). Por un lado, por el tipo de expresión que cada medio activa: oral, visual o una combinación de ellas. Por otro lado, porque las condiciones sociales de producción y de recepción influyen en los sentidos y alcance del mensaje, es decir, actúan —de acuerdo con Tsivian (1994) y como muestran otros estudios (Larkin, 2002; Spitulnik, 1999, 2002)— como "interferencia semiótica".

El subtítulo del libro, *Teorías y experiencias de la comunicación indígena en América Latina*, se refiere al hecho de que los usos y sentidos de una misma tecnología de comunicación se transforman, a lo largo del tiempo, incluso en un mismo contexto (Williams, 1996). A partir de nuestro interés por esta heterogeneidad[2], proponemos un

---

2.   A este respecto, ha resultado revelador el análisis comparativo que hemos avanzado sobre el desarrollo de la radiodifusión indígena en Guatemala, Bolivia, Argentina y México (Orobitg *et al.*, 2021). En Guatemala, por ejemplo, la radio, introducida en la década de 1960 por la Iglesia católica como instrumento de evangelización, deviene, en los ochenta, un medio para apoyar las actividades locales, para finalmente consolidarse, en el siguiente decenio, como una plataforma de lucha política. En el caso de Bolivia, el mapeo actual de las radios comunitarias indígenas refleja la historia política del país. En el norte, las radios mineras tienen su origen en el movimiento sindical de la década de 1950; en el sur, las radios, en quechua y en aymara, se implementan en los setenta, con el apoyo de la Iglesia católica, para responder a necesidades educativas locales y acabarán constituyéndose también como plataformas de formación de liderazgos políticos. En fin, el centenar de radios que conforman la Red Nacional de Pueblos Originarios de Bolivia, creada en el año 2006, son el resultado de la estrategia política de Evo Morales, que busca el apoyo de las organizaciones indígenas, campesinas y mineras, que son las propietarias de estos medios. En Argentina, en la Quebrada de Humahuaca, la actual radiodifusión indígena tiene también un elevado contenido político y reivindicativo, en este caso reforzando procesos de etnogénesis. A través de una práctica de la radiodifusión focalizada en las demandas políticas y culturales, se consigue crear una identidad indígena diferenciada de las comunidades campesinas, cuyas radios tienen como discurso central la consolidación de la comunidad local. Finalmente, en Chiapas, si bien la transferencia de la radio a las poblaciones indígenas por parte del Instituto Nacional Indigenista (1979) la situaba en la órbita

análisis de los medios indígenas en el que sus propiedades tecnológicas, sus usos sociales y las ideas culturales sobre la naturaleza de la comunicación se encuentran mutuamente implicadas.

Los casos etnográficos presentados en este libro muestran cómo las formas en que un determinado medio tecnológico es practicado lo acaban definiendo. Asimismo, estos estudios revelan el modo en que, en el mismo ejercicio mediático, se va definiendo de qué trata la comunicación y cuáles son sus objetivos. En esta perspectiva, constatamos que la radiodifusión es experimentada como un medio representativo de la cultura indígena. En contraste, la prensa, la televisión, incluso el vídeo, son considerados como tecnologías de comunicación ajenas a la cultura, eventualmente, empleadas como formas estratégicas de comunicación con el mundo no indígena. Efectivamente, el ejercicio indígena de la radiodifusión da cuenta de cómo una tecnología adquiere un estatuto de valor cultural. ¿Cómo entender esta singularización de cada medio a partir de su práctica? ¿Qué ideas culturales sobre la comunicación subyacen a las formas de practicar los medios tecnológicos? Y también, ¿cómo las tecnologías acaban constituyendo las nociones indígenas sobre la comunicación? ¿En qué medida los usos indígenas de las tecnologías transforman los sentidos de la comunicación?

En los siguientes apartados se presentan las prácticas indígenas de las tecnologías de comunicación incidiendo en aquellos medios que hemos identificado en el mapeo de los entornos mediáticos de cada uno de los contextos en los que estamos trabajando[3]. Estos entornos mediáticos se caracterizan, en general, por la coexistencia de distintos medios tecnológicos. A este respecto, las etnografías que se presentan en el libro desvelan, por un lado, que en cada contexto hay un medio predominante; es decir, que se identifica más claramente con la comunidad y con los objetivos de la comunicación. Mayoritariamente es la radio, aunque, en algunos casos, el vídeo y las redes sociales pueden ocupar este lugar. Esto depende, en parte, de las políticas de transferencia tecnológica, las leyes de comunicación, las posibilidades económicas y otros factores

---

del control político gubernamental, las emisoras indígenas que proliferan actualmente son muy locales e implicadas en la vida social y cultural de la comunidad, lo que no excluye que traten de tener una mayor difusión.

3.   Para una mayor información sobre estos entornos mediáticos, se puede consultar, en la web del proyecto, <mediosindigenas.ub.edu>, el apartado "Medios indígenas en acción".

políticos. Por otro lado, los estudios de caso reunidos en este libro descubren que los distintos medios coexisten dinamizando redes de relaciones que configuran nuevas comunidades, desde las más locales a las más planetarias. Como hemos podido desarrollar en otro texto, una de las características de la comunicación indígena, según exponen hoy sus comunicadores, es reforzar y transformar las comunidades, pero también ir más allá de sus fronteras para influir en el presente y el futuro del planeta a partir de las teorías indígenas sobre la organización y el funcionamiento del cosmos (Orobitg *et al.*, 2021). Esta comunicación, que es comunitaria pero cuyo objetivo es trascender la comunidad para conectarla con una diversidad de actores sociales y políticos, utiliza sobre todo dos lenguajes: la palabra y la imagen. En este sentido, la estructura de esta introducción toma en consideración la relación de cada medio con el uso de cada uno de estos lenguajes o su combinación: 1) medios orales, específicamente la radio, 2) medios audiovisuales, el vídeo, 3) medios híbridos, las redes sociales y, 4) la televisión. La televisión cierra la presentación porque el uso indígena de este medio no es proactivo. Hay interés por la televisión, pero en la medida en que representa una forma de acercarse al conocimiento de la moralidad y del funcionamiento del mundo no indígena. Con relación a los otros medios directamente practicados por los pueblos indígenas —específicamente, la radio, el vídeo y las redes sociales—, la oralidad se presenta invariablemente como la lógica que estructura toda la comunicación amerindia. Esto es, la lógica de la oralidad es la que orienta los usos indígenas de las tecnologías de comunicación. Analizar los medios indígenas sin reducirlos a nuestras ideas sobre la comunicación, pasa por tomar en consideración el valor y el estatuto de la palabra en estas culturas.

LA RADIO: RELACIONAR, ACCIONAR COMUNIDADES Y REINVENTAR
LA SOCIEDAD CON LA PALABRA

De entre todas las tecnologías de comunicación, la radio, es el medio indígena por excelencia. Como ya ha sido señalado, la radiodifusión es reivindicada como la forma de comunicación más indígena en contraste con el vídeo indígena —a pesar de las recientes transformaciones en sus usos sociales (Gómez Ruiz, capítulo 6 e Izard, capítulo 7)—, que se considera una forma de comunicación más característica de los no indígenas y, aún en mayor grado, la televisión (Tobar y Rodríguez, capítulo 12). En efecto, señalan Mònica Martínez Mauri y Anelio Merry López (capítulo 1), debido a su gran capacidad de mediación y a su plasticidad tecnológica que le ha permitido adaptarse a la era digital, la radio es el medio tecnológico más reivindicado por las organizaciones indígenas. ¿Cómo se explica esta percepción indígena de la radio como un medio tecnológico acorde con sus ideas sobre la comunicación? ¿Qué valor debemos dar, en el estudio de la comunicación indígena a circunstancias como las observadas en algunas comunidades de los Altos de Chiapas donde la inauguración de una radio se acompaña de un ritual religioso que involucra la participación de toda la comunidad en el medio? En este mismo contexto, ¿cómo se explica que las radios se disputen las frecuencias y que cada comunidad o facción busque tener su propia emisora? (Pitarch, capítulo 2). Igualmente, ¿qué revela sobre la comunicación indígena, el hecho de que, en Bolivia, el oficio de comunicador haya sido incorporado al sistema de cargos políticos? (Muñoz Morán, capítulo 3). Siguiendo en Bolivia, ¿cómo analizar el hecho de que sea a través de su desempeño como comunicadoras, que las mujeres se han incorporado al sistema de cargos políticos, hasta muy recientemente exclusivo de los hombres? (Pérez Galán, capítulo 4). O finalmente, recuperando un caso que hemos podido presentar en otra publicación, ¿qué consideración merece la observación de que, en Guatemala, la radio es percibida como un valor patrimonial que debe ser escuchado colectivamente? (Orobitg *et al.*, 2021).

Los capítulos del libro dedicados a la radio coinciden en situar en el centro del análisis el estatuto y el valor de la "palabra" en las culturas indígenas. En efecto, entre los gunas de la península de Gunayala en Panamá (Martínez Mauri y Merry López, capítulo 1), entre los pueblos mayas de los Altos de Chiapas en México (Pitarch, capítulo 2), o entre las comunidades campesinas quechuas del sur de Bolivia (Muñoz Morán, capítulo 3), la palabra —y por extensión, la voz y la oralidad— tiene una dimensión ontológica activa, es decir, posee un efecto social transformador de las comunidades involucradas en el medio. Se trata de una consideración que puede extenderse, en general, al análisis de la radiodifusión indígena. Cada capítulo del libro desarrolla esta idea de una manera particular.

La cuestión previa analizada en los capítulos consiste en definir cómo es esta "palabra" que es transmitida a través de la radio. En el capítulo 1 (Martínez Mauri y Merry López), que habla sobre la radio-difusión entre los gunas, los autores afirman que las particularidades de la oralidad que se desarrolla en la radio le confieren, indiscutible-mente, una identidad indígena. En el caso de los gunas, como en las radios indígenas de los Altos de Chiapas (Pitarch, capítulo 2) o en las de Bolivia (Muñoz Morán, capítulo 3 y Pérez Galán, capítulo 4), la oralidad radiofónica incluye variados géneros verbales bien arraigados en la tradición indígena —mitos, historias, discursos políticos, cantos y también la música, especialmente la que expresa emociones que no se exteriorizan abiertamente en la cotidianidad como el amor, la tris-teza, el despecho, etc.—. Igualmente, todas estas formas de oratoria radiofónicas reproducen una estética verbal indígena fácilmente iden-tificable por los oyentes. Ambos, géneros y estéticas verbales, cons-tituyen la base sobre la que se producen nuevos géneros de lenguaje vinculados a las nuevas comunidades que se constituyen a partir de las prácticas mediáticas. Se trata, como señalan algunos autores (Pitarch, capítulo 2; Bessier, 2012), de una palabra altamente moral, incluso moralizadora (Martínez Mauri y López, capítulo 1), y con un fuerte contenido emocional. Efectivamente, desde el punto de vista indígena, la radio es, en general, una nueva tecnología al servicio de las lógicas tradicionales del discurso y de la comunicación que, al mismo tiempo, aporta cambios importantes a la vida indígena (Martínez Mauri y Me-rry López, capítulo 1; Pitarch, capítulo 2; Muñoz Morán, capítulo 3).

Así pues, otra de las cuestiones tratadas en los capítulos, es cómo y en qué medida la radio reproduce las formas canónicas de la comu-nicación indígena. Es significativo el consenso de las aportaciones del libro en constatar que la tecnología radiofónica permite replicar los estilos tradicionales de interacción social, así como actualizar la nor-matividad, metafísica y protocolaria, que rige estas interacciones. Por un lado, la fórmula de la radio permite la participación de los oyentes, locales o externos, es decir, asegura un intercambio verbal dialógico, en el que cualquier individuo actúa, al mismo tiempo, como emisor y receptor. En este sentido, lo central es la comunidad que se constituye vinculada a la radio. Por otro lado, la radiodifusión ofrece la posibi-lidad tanto de seguir acontecimientos que suceden en lugares lejanos, como de expandir la "palabra" indígena más allá de las comunidades locales. Dicho de otro modo, la radio indígena permite un dialogismo que desafía las coordenadas de espacio y, en cierta medida, de tiempo.

Es en este sentido que puede hablarse de comunidades que se expanden o nuevas comunidades efectivas que emergen a partir de la práctica de la radiodifusión.

En efecto, en las etnografías que conforman este libro, la radiodifusión queda caracterizada como una eficaz estrategia de "puesta en relación" a distintos niveles —familiar, comunitario, nacional, internacional o planetario—. Estas relaciones accionadas por la radio conforman, y a menudo transforman, la sociabilidad indígena a estos distintos niveles. Las demandas indígenas frente a los Estados y a los organismos internacionales por el derecho a una "comunicación propia" se articulan entorno a esta idea de las tecnologías de comunicación como herramientas tanto para optimizar redes de interacción —desde el ámbito comunitario hasta un nivel planetario—, como para potenciar la reinvención social que se vincula al ejercicio de la comunicación.

La etnografía sobre Radio ACLO (Muñoz Morán, capítulo 3), un grupo de emisoras dirigidas a la población campesina del sur de Bolivia, que emiten en lengua quechua, da cuenta de la imbricación entre la "palabra" radiofónica, la idea de la "puesta en relación" efectiva y de transformación social. En particular, los comunicadores populares, que deben elaborar y hacer llegar a la radio las noticias desde sus comunidades, son escogidos por el colectivo atendiendo a sus dotes de oratoria y a su capacidad de saber estar; es decir, a sus habilidades sociales para relacionar la comunidad con distintos actores sociales y políticos indígenas y no indígenas. Se trata de las mismas cualidades que se valoran para ejercer cualquier liderazgo político. No es extraño, descubre Óscar Muñoz Morán (capítulo 3), que ser comunicador se haya incorporado al sistema de cargos políticos, como primer escalafón para ocupar, posteriormente, responsabilidades políticas en el ámbito comunitario, municipal, regional o nacional.

Igualmente, siguiendo en Bolivia, Beatriz Pérez Galán (capítulo 4) presenta los testimonios de vida de dieciocho mujeres indígenas, comunicadoras profesionales y reporteras populares, que ponen también en relación la comunicación, simultáneamente, con la tradicional lógica de la oralidad y con las transformaciones sociales. Estas mujeres explican cómo a partir del ejercicio de la palabra a través de las ondas radiofónicas, han cambiado su vida personal, así como han podido influir sobre las inercias estructurales de desigualdad, sumisión y violencia que rigen las relaciones de género en sus comunidades. Las mismas comunicadoras explican que su interés por hablar en la radio no es económico —muchas tienen otra actividad que les permite subsistir, a ellas y a sus familias—, sino que tiene que ver con el prestigio que esto implica. Efectivamente, la mayoría no recibe remuneración —o es escasa y variable— para su desempeño como reporteras populares o comunicadoras profesionales, pero tienen el reconocimiento de sus comunidades. Si bien inicialmente mucha gente había visto con malos ojos su dedicación a la radio por lo que supone de cierto abandono de las actividades femeninas habituales de cuidado del entorno familiar; finalmente, a través de la comunicación, han entrado a formar parte del sistema de cargos políticos en el que tradicionalmente solo participan los hombres —aún sigue siendo así entre las poblaciones quechuas campesinas del sur de Bolivia (Muñoz Morán, capítulo 3)—. Para estas mujeres se trata de una ritualización y un reconocimiento comunitario de su labor como comunicadoras que es muy importante —el equipo de las reporteras populares formado por el chaleco, la credencial y la grabadora o el celular tiene este fuerte valor simbólico—. Como resultado de este reconocimiento público, reporteras populares y comunicadoras ven facilitado su acceso a los lugares y a las personas para las entrevistas y se sienten legitimadas en su labor frente a otros profesionales —no indígenas, hombres indígenas y locutoras cholas de los medios masivos—. Igualmente, su labor en la radio les ha permitido acceder a cargos políticos electos, restringidos al ámbito de liderazgos comunitarios para las reporteras populares, y de representación política regional, nacional e incluso internacional para las comunicadoras indígenas profesionales.

Por su parte, el capítulo sobre las radios indígenas en el noroeste argentino (Gil García, capítulo 5), el dedicado a la radiodifusión guna (Martínez y López, capítulo 1) y el que analiza la experiencia con la radio de las comunidades mayas de Chiapas (Pitarch, capítulo 2) discuten, entre otros aspectos, la naturaleza de la relacionalidad que caracteriza, en general, la comunicación indígena. Se trata de una particularidad, la "puesta en relación", que en la radio encuentra su máxima expresión debido su inmediatez y ubicuidad. La idea subyacente en los capítulos del libro dedicados a la radio es que el amplio rango de relacionalidad que permite la radio, se compone estratégicamente a partir de unos intereses indígenas que se van concretando en el mismo ejercicio de la comunicación. Esto podría explicar las variaciones históricas del alcance y los usos sociales de las radios indígenas en América Latina, de las inversiones en tecnologías por parte de las mismas comunidades y, en general, de la heterogeneidad de la comunicación amerindia. El panorama que dibujan los casos de estudio que se presentan en el libro, se caracteriza por un énfasis de la radiodifusión por activar y actualizar la relación con la alteridad más externa y conformar una comunidad de oyentes-oradores caracterizada por su diversidad. En algunos casos, como el que presentamos a continuación de algunas radios indígenas en Argentina, esta diversidad es abiertamente presentada por los comunicadores como la característica que identifica a la radio indígena.

De hecho, en el caso de las radios indígenas de las comunidades de la Quebrada de Humahuaca y la Puna de Jujuy, en el noroeste argentino, Francisco Miguel Gil García (capítulo 5) describe la forma en que la radio tiene un lugar central en la expresión de los conflictos entre las poblaciones indígenas y otras poblaciones locales que también tienen sus propias radios. En este entorno, radios indígenas y radios comunitarias —que la Ley argentina de Servicios de Comunicación Audiovisual de 2009 reúne bajo la misma categoría— buscan diferenciarse en su relato y en su forma de pensar la comunicación en relación con la comunidad, contrastándose, y manteniendo un conflicto abierto por las frecuencias y por el reconocimiento legal y social. En este contexto argentino, en donde, desde las últimas décadas del siglo xx, se han desarrollado procesos de etnogénesis comunitaria indígenas y no indígenas, la radio, explica Gil García, contribuye a crear narraciones contrapuestas a las hegemónicas, a imaginar realidades sociales alternativas, a inventar comunidades e incluso culturas. En particular, las radios indígenas, en contraste con las comunitarias que se autodefinen como muy locales, aspiran a ampliar sus redes de relaciones más allá de la comunidad local para dar a conocer sus intereses y sus demandas como pueblos indígenas. También porque la identidad indígena no es formulada, en este caso, en términos de cultura local, sino de experiencia histórica compartida de colonización y dominación con los pueblos amerindios todo el continente. Desbordar o expandir la comunidad es una característica de la comunicación indígena que descubrimos en todos los contextos en los que estamos trabajando, que define, al mismo tiempo, su lógica y su estrategia política.

Para los gunas, explican Mònica Martínez Mauri y Anelio Merry López (capítulo 1), la "palabra" es el medio por excelencia para comunicar y para actuar sobre el mundo, no solo el de los gunas, sino también, en general, el de los *wagas* (panameños hispanohablantes) e, incluso, más allá de las fronteras del país. Es quizás por ello que el Congreso General Guna y otras organizaciones del pueblo guna se aplican en conseguir espacios radiofónicos propios en medios públicos y en emisoras privadas nacionales de amplia difusión. Desde las últimas décadas del siglo xx, la comunicación guna ha ocupado estos espacios en los medios masivos, a los que ha invitado también a otros pueblos indígenas. Se trata, además, de una estrategia para desterritorializar la radio, para mantener los vínculos con la población guna migrante y quizás también para establecer vínculos —incluso desde la confrontación— con otros colectivos. Empero, hasta hoy, los gunas no han conseguido establecer una emisora propia, por razones legales, pero también porque no se ha alcanzado el suficiente consenso interno. Lo que se ha impuesto para favorecer una mayor gobernanza interna es la retransmisión en onda corta y en *streaming* de las reuniones del Congreso General de Gunayala. En resumen, la radio guna representa otro ejemplo original de la radiodifusión como práctica para ocupar nuevos espacios de influencia incorporando nuevas audiencias a la comunidad de la radio e igualmente, por descontado, para imponer un discurso propio de lo que significa ser indígena en el contexto del mundo globalizado.

Por su parte, en las lenguas mayas, el término *ko'p* significa "palabra", pero cubre un campo semántico más amplio que incluye las ideas de discurso, situación, intercambio, conflicto y guerra. Esta continuidad de sentidos, explica Pedro Pitarch (capítulo 2), ayuda a entender el uso indígena de la radio como una actividad que implica simultáneamente el intercambio verbal y el conflicto abierto. Hasta el punto, afirma el autor, que puede afirmarse que comunicar es, al mismo tiempo, hablar y pelear. La constatada disputa de las radios por ocupar las frecuencias o el hecho de que cualquier iniciativa social y política desarrolle su propia radio debe entenderse dentro de esta lógica del funcionamiento público de la palabra cuyo objetivo es expandir la comunidad. En fin, la hipótesis es que la radio indígena produce nuevos tipos de comunidades basadas en un nuevo lenguaje emocional que identifica al colectivo emergente.

La radio permite reproducir, al mismo tiempo que desbordar, la lógica de la oralidad que está en el centro de las ideas indígenas sobre qué es la comunicación y cuáles son sus finalidades. La palabra —y así pues los medios basados en ella— no solo conecta a los sujetos —cercanos y distantes, conocidos y desconocidos—, sino que activa nuevas comunidades que refuerzan e incluso transforman la vida social —comunitaria y más allá de la comunidad—. Los capítulos del libro dedicados a la radio desarrollan con detalle estos argumentos. Las aportaciones sobre el vídeo indígena que presento a continuación abundan en la caracterización de esta lógica amerindia de la oralidad. Si, por un lado, los propios realizadores hablan del vídeo como de una tecnología importada que han incorporado para comunicar estratégicamente con el mundo no indígena, por otro, la experiencia del vídeo indígena, desde su producción a su visionado, aporta nuevos matices en lo referente al lugar de la oralidad y a su relación con la imagen.

El vídeo indígena: escuchar para actuar con la palabra y fijar la memoria con la imagen

Los capítulos dedicados al vídeo indígena tienen la originalidad de articular el análisis de las circunstancias de la formación de sus realizadores, así como los procesos de producción audiovisual y de sus contenidos, con el estudio de los circuitos de circulación y de recepción de las películas por parte de públicos tanto indígenas como no indígenas. Esta aproximación amplia al audiovisual indígena aporta pistas suplementarias para profundizar en el carácter experimental y en la heterogeneidad de la comunicación indígena. El segundo aspecto relevante de estas aportaciones sobre el vídeo es la demostración de que las producciones cinematográficas indígenas se rigen igualmente por la lógica de la oralidad que ha sido presentada al hablar de la radiodifusión. Sebastián Gómez Ruiz (capítulo 6), en su estudio sobre la realización y circulación de los audiovisuales producidos por los arhuacos de la Sierra Nevada de Santa Marta y sobre su relación con la imagen, plantea que la práctica indígena de los medios de comunicación, en particular el vídeo y otros "artefactos visuales" (por ejemplo, registros de reuniones y festivales, uso de programas de georreferenciación, etc.), se fundamentan en la lógica de la oralidad. Esto supone, concreta Gómez

Ruiz, una comunicación más directa que está basada en la palabra y en la escucha. Es decir, y reproduciendo las declaraciones y las explicaciones de algunos realizadores arhuacos, la producción del vídeo indígena tiene su origen en el interés por el otro no indígena —por el "hermanito menor", según la expresión generalizada entre los arhuacos—. El punto de partida de las producciones arhuacas es escuchar desde donde se enuncia y producir una respuesta en el formato audiovisual y con el lenguaje más adecuado. La finalidad de esta producción es crear vínculos y lenguajes comunes para abrir espacios de diálogo. En este sentido, "ir escuchando" —traducción literal de la palabra arhuaca que se usa para hablar de la comunicación propia— permite, por un lado, apropiarse del lenguaje de los otros y, por otro, hacer circular las teorías indígenas sobre el cosmos y los conceptos propios para hablar sobre el mundo (por ejemplo, la idea del desarrollo a partir del decrecimiento, el buen vivir o los derechos de la naturaleza). En fin, los medios de comunicación indígena, en particular el vídeo, se han configurado como un campo a partir del cual se comparten —aunque de forma sintética y poco densa— las ontologías amerindias, caracterizadas por un enfoque relacional, es decir, por su focalización en la conexión entre los seres a partir de sus diferencias constitutivas.

En el capítulo dedicado a los festivales de cine indígena, Gabriel Izard (capítulo 7), presenta un análisis de caso de la primera edición de un festival de cine indígena organizado en una comunidad emberá en Panamá. Esta aportación muestra cómo es el consumo de cine indígena por parte de las comunidades indígenas. La *performance* del festival en la comunidad emberá, no solo en lo referente al contenido de las películas seleccionadas y a su visionado, sino también todo lo sucedido alrededor de la exhibición de las películas, constata la dimensión activista y comprometida de este cine. Hasta el punto, que los realizadores indígenas devienen actores sociales influyentes. La mayoría de ellos son jóvenes, que conforman una nueva generación a la que las comunidades reconocen, en mayor o menor medida, un rol representativo como activistas políticos. La participación de la comunidad y de las autoridades locales indígenas en el festival cine, como espectadores y como ponentes, avalan este reconocimiento. En relación con las películas y las distintas actividades del festival, Gabriel Izard describe, en primer lugar, la constante celebración y actualización de la identidad indígena. En segundo, da cuenta de las dinámicas a partir de las cuales se crean consensos con relación a proyectos futuros de vida colectiva. Finalmente, presenta cómo a través de los festivales de cine, locales e internacionales, los indígenas aspiran a constituirse como interlocutores políticos válidos y reconocidos en el mundo globalizado. En el caso emberá, como sucede también entre los arhuacos (Gómez Ruiz, capítulo 6), el vídeo, por su circulación en festivales y en las redes sociales, implica un uso estratégico de las tecnologías a favor de los intereses locales. En particular, en ambos casos, a través de las películas se denuncian las usurpaciones del territorio indígena bajo la figura de concesiones a las empresas por parte de los Estados, así como los desastres ecológicos ligados al extractivismo, en particular, la contaminación de las aguas o su apropiación a partir del desvío del curso de los ríos. Igualmente, siguiendo con estos usos estratégicos del vídeo, un aspecto muy tratado en los audiovisuales tiene que ver con la explicación de lo que significa ser indígena hoy en el mundo de la globalización. A este respecto, pueden señalarse dos temáticas recurrentes en relación con los audiovisuales. En primer lugar, la obligación de perpetuar las enseñanzas de los antepasados sobre el funcionamiento del cosmos y sobre las costumbres ancestrales. En segundo, y derivada de la temática anterior, el compromiso de proteger y cuidar al territorio como cada uno hace con su cuerpo. Este activismo audiovisual hace constantes referencias a las teorías indígenas sobre el cosmos.

En resumen, los dos capítulos del libro dedicados al cine indígena muestran cómo, a través del vídeo y de otros artefactos audiovisuales, la estrategia indígena de comunicación, muy acorde con la lógica de la oralidad que la sustenta, tiene como objetivo desbordar y ampliar la comunidad, es decir, adicionar nuevos aliados en lo relativo a la defensa de los territorios, de los lugares sagrados —ríos, lagunas, montañas— y, en general, de la naturaleza. El uso sofisticado del vídeo y otros artefactos audiovisuales por parte de los realizadores indígenas, coinciden Gómez Ruiz (capítulo 6) e Izard (capítulo 7), está al servicio de forjarse un lugar distinto en el mundo, para pasar de colectivos colonizados e invisibilizados, a interlocutores válidos para pensar el futuro de la vida social y el porvenir del planeta en un mundo globalizado. Se trata, en fin, de llevar hasta sus últimas consecuencias esta lógica de la oralidad, transformando el mundo a través de la palabra. En este caso, la que queda fijada como memoria en la imagen.

LAS REDES SOCIALES: LA ACELERACIÓN DE LA COPRESENCIA

Desde la primera década del siglo XXI, internet —a pesar de los problemas de conectividad en muchas regiones— empezó a ser utilizado por los jóvenes y las organizaciones políticas indígenas. Actualmente, el uso generalizado de teléfonos móviles ha implicado un acceso más amplio a las plataformas de comunicación digital por parte de las poblaciones indígenas. En realidad, se trata de unas tecnologías que permiten, simultáneamente, el uso de los distintos formatos comunicativos —audios, fotografías, vídeo, signos gráficos, texto—, y una variedad de lenguajes —oral, visual y textual—. En términos generales, se puede afirmar que el interés indígena por las redes sociales radica en su capacidad de cubrir, en un solo medio, los usos, lenguajes y funciones de la radiodifusión y del vídeo. Para contrastar estas ideas, en este apartado del libro, se incluyen dos capítulos sobre la red y las prácticas religiosas afroamericanas.

Los capítulos dedicados a las redes sociales abundan en la idea de que las característica materiales y tecnológicas del medio determinan el mensaje transmitido y el contexto de recepción se presenta como "interferencia semiótica". El análisis del uso de las distintas plataformas —principalmente, Vimeo, Facebook, WhatsApp, Twitter y Skype— por parte de los médiums y creyentes del culto a María Lionza en Venezuela y en su diáspora europea y latinoamericana (Canals, capítulo 8) o por los practicantes de las religiones afrocubanas en Barcelona (Pons Raga, capítulo 9) constatan que cada red social permite unas especializaciones comunicativas, es decir, tiene un determinado "capital mediático" adecuado para servir a particulares objetivos de comunicación. Además, en estos dos capítulos se demuestra cómo internet ha modificado la cotidianidad de los creyentes, los practicantes o los usuarios —hay un debate abierto en este sentido—, pero, a su vez, la práctica de los medios que se hace en estas religiones ha transformado los sentidos de la comunicación. Se trata de dos consideraciones que pueden también ser aplicadas al análisis de los usos indígenas de las redes sociales que se desarrollan en los otros dos capítulos del mismo apartado, uno de ellos sobre el uso de las plataformas de internet por parte de una asociación de tejedoras mayas en Guatemala (Celigueta, capítulo 10) y el otro sobre un proyecto de formación y de acompañamiento para el diseño de un sistema de comunicación para el pueblo xavante en Brasil (Coelho, capítulo 11).

Cada uno de los cuatro capítulos dedicados al análisis de los usos y sentidos de las redes sociales se basa en investigaciones de larga duración que combinan el trabajo sobre el terreno con la pesquisa *online*. Igualmente, todos los estudios de caso parten de la constatación de que se trata de dimensiones de la vida de los sujetos y las comunidades que se presentan completamente imbricadas a través de actos de comunicación. Ambas dimensiones, "física" y *online*, deben incorporarse a la etnografía indígena y afroamericana contemporánea. En efecto, lo usos indígenas y afroamericanos de las redes sociales dicen mucho de su relación con la modernidad. En particular, las aportaciones de los cuatro estudios reunidos en este apartado del libro permiten argumentar que las colectividades indígenas y afroamericanas modernizan internet cuando lo usan según unos "estilos" propios vinculados a las teorías indígenas y afroamericanas de la comunicación y a sus intereses en un mundo global del que, salvo algunas excepciones, no desean quedar al margen.

En este sentido, resulta central el descubrimiento de que existe una cierta afinidad entre la lógica de las redes sociales y la de religiones como el culto a María Lionza o la santería, así como entre estas lógicas digitales y la cultura de la oralidad indígena. Efectivamente, las redes sociales permiten optimizar el ejercicio de la relacionalidad entre diversos entes sociales. Por medio del uso de las redes sociales se potencian, más que con cualquier otra tecnología, situaciones de efectiva copresencialidad. En el caso de estas religiones, a través de las redes se produce el encuentro entre practicantes de distintos lugares del planeta, espíritus y antepasados, es decir, las tecnologías digitales facilitan, en este caso, el acceso a otros niveles de lo real. Por lo que se refiere a los usos indígena de internet, a través de las redes sociales se propicia la interacción, y muchas veces la confrontación, entre colectivos heterogéneos —en términos culturales, sociales y políticos— que desbordan efectivamente la comunidad local.

Estos estudios sobre redes sociales muestran el potencial transformador de las interacciones comunicativas a través de internet. En el caso de las religiones afroamericanas por intermedio de los espíritus que pueden actuar a través de las redes sociales. En cuanto a la comunicación indígena, estos cambios son accionados por la palabra que adopta nuevos géneros de lenguaje y pasa a ocupar espacios inéditos dentro y fuera de las comunidades. En general, las interacciones a través de las redes desvanecen, entre otras, las distinciones establecidas entre emisor-receptor, público-privado, centro-periferia, real-virtual o entre dimensión física-dimensión espiritual. De nuevo, como en el caso de la radio y el vídeo, la mayoría de los estudios muestra cómo todas estas transformaciones activadas a través de internet se consolidan sobre la base de lógicas discursiva y relacionales preexistentes.

En su estudio sobre el culto a María Lionza, Roger Canals (capítulo 8) demuestra cómo las plataformas digitales son usadas por los creyentes —muchos de ellos emigrados de Venezuela a Europa o a otros países de América Latina— como dispositivos de acción ritual. La ritualidad *online*, afirma Canals, ha ampliado el campo de la experiencia religiosa. A este respecto, la etnografía descubre el desarrollo de procesos de verificación mediática que tienen como objetivo reforzar la confianza en el medio digital. Facebook, WhatsApp y Twitter son las plataformas más utilizadas por los creyentes de María Lionza en la medida en que favorecen, con especificidades distintas, las relaciones de copresencia. Las redes se usan con finalidades religiosas, al mismo tiempo que, a través de ellas lo religioso impregna la vida cotidiana. Por un lado, se difunden temas relacionados con la organización de la práctica del culto o como extensión de su ritualidad. Por ejemplo, en relación con la práctica adivinatoria de la lectura de los tabacos, los creyentes cuelgan en las redes fotografías de sus tabacos para que alguien experimentado pueda leerlos e interpretarlos. También, a través de WhatsApp o Twitter, los médiums ofrecen consultas rápidas las 24 horas del día; y los creyentes piden consejos para solventar determinadas cuestiones como el mal de ojo a través de los grupos de WhatsApp. Por otro lado, a través de estas redes sociales, incluyendo Facebook, se comparten informaciones prácticas relacionadas con la búsqueda de vivienda o de trabajo, así como consejos legales de diversa índole. En este sentido, las redes median en la actualización del culto y en la organización nuevas formas de sociabilidad. En este contexto, plantea Canals, mediar se define en términos de relacionar y conectar diferentes agentes sociales y espirituales. Efectivamente, en el culto a María Lionza —pero también en la santería *online* que analiza Marta Pons (capítulo 9)— los espíritus participan directamente en el ritual a través de las redes sociales. Esta espiritualización de las redes transforma, argumentan Canals y Pons, los sentidos de la comunicación.

Marta Pons (capítulo 9) demuestra cómo las redes sociales poseen una versatilidad que los usuarios de las religiones afrocubanas utilizan en función de sus intereses. En su análisis del uso de internet por parte de los usuarios de la santería en Barcelona, explica que estamos frente a comunidades de practicantes en constante recomposición. A través de WhatsApp y Facebook se forman y activan los grupos de practicante que conforman estas comunidades fluidas. Otra característica de estas religiones afrocubanas explica la autora, es la reinvención constante de las categorías. Incluso un elemento tan específicamente asociado a estas religiones como el secreto es objeto de pugna y conflicto en las redes. En Barcelona, si los grupos de santeros más tradicionales apoyan el mantenimiento del secreto ritual, la nueva santería, por el contrario, plantea que este debe ser comunicado y difundido. Esta confrontación se materializa en las redes sociales. En el capítulo se destaca el capital mediático de cada plataforma digital puesta al servicio de la práctica religiosa, pero también cómo cada posición busca distinguirse por un uso diferenciado de las redes sociales. Por ejemplo, Skype se usa para la retransmisión y participación conjunta en los eventos rituales. A través de WhatsApp, en formato de grupos o de mensajes privados, se organizan las reuniones del culto manteniendo las jerarquías. Facebook, así como YouTube, es vista como una plataforma a partir de la cual se tiene conocimiento de las prácticas y teorías de otros grupos de santeros, pero también donde igualmente se pueden publicar los propios vídeos exponiendo ideas particulares sobre la santería o sobre la experiencia de la religión. Los blogs pueden también usarse con este mismo fin. Internet, concluye Pons Raga no solo transforma la práctica cotidiana de las religiones afrocubanas por la ampliación del dialogismo, también es el medio a través del cual se busca el reconocimiento externo. En este caso, argumenta la autora, no se puede hablar de un "activismo cultural" en el sentido en que lo definen Ginsburg, Abu-Lughob y Larkin (2002), pues no se trata de la búsqueda de un reconocimiento colectivo, sino de un interés por evidenciar y potenciar la esencial heterogeneidad y plasticidad de la santería.

Los dos capítulos dedicados a la incorporación de la comunicación digital en las comunidades indígenas insisten en cómo sus usos se organizan en torno a los mismos elementos definidores de la lógi-

ca de la oralidad que hemos constatado con relación a la radiodifusión y al vídeo indígena. En efecto, como plantea Gemma Celigueta
(capítulo 10) en el capítulo sobre el activismo en torno a los textiles
mayas en las redes sociales, las líderes indígenas y las asociaciones
de tejedoras reconocen las potencialidades de mediación con la sociedad guatemalteca de las plataformas digitales. Frente a las dificultades para que en Guatemala se aprueben leyes que reconozcan los
derechos de los pueblos indígenas, argumenta Celigueta, las redes
sociales se han convertido en plataformas de visibilización y de debate de las demandas y propuestas indígenas. Desde la perspectiva
de las organizaciones indígenas, lo interesante de Facebook, Twitter
y WhatsApp —las aplicaciones más utilizadas en Guatemala— es su
potencial para acoger y activar debates. A través de estas plataformas digitales las organizaciones de tejedoras mayas, explica la autora, identifican y denuncian el racismo que se esconde detrás de la
folclorización de la indumentaria de las mujeres mayas en campañas
publicitarias para el turismo o su apropiación por parte de empresas de moda, nacionales e internacionales. En las redes y ante los
tribunales de justicia, estas tejedoras presentan denuncias y formu-
lan propuestas. Sobre todo, en las redes sociales —que no pueden
analizarse aisladamente de las noticias que circulan y de los otros
medios de comunicación—, las tejedoras han experimentado el alto
nivel de conflicto que puede generarse digitalmente. Sin embargo, no
por ello han desistido en sus objetivos de visibilizarse, denunciar y
debatir a través de dichas redes. Estamos frente a la misma idea de
la comunicación que define Pitarch en su estudio de la radiodifusión
en los grupos mayas de Chiapas (capítulo 2). Esto es, comunicar,
según la lógica de la palabra en estas culturas mayas, significa hablar,
pero también pelear. Este es el uso principal que hacen de las redes
sociales las asociaciones de tejedoras mayas: hablar de ellas en estos
medios globales y confrontar las prácticas discriminatorias y racistas
hacia las poblaciones indígenas. Sin embargo, argumenta Celigueta,
la etnografía de las redes sociales muestra lo lejos que estamos de lo
que se formuló inicialmente como la "democracia tecnológica". Por
un lado, las desigualdades sociales se proyectan igualmente en las
redes amplificando los discursos de odio. Por otro, internet intro-
duce desigualdades en el interior de las comunidades indígenas entre
quienes tienen y no tienen acceso a la red, así como entre quienes

poseen habilidades y quienes no las poseen para el manejo de las redes sociales. En este sentido, Celigueta ejemplifica y denuncia esta "brecha mediática" interna que los medios indígenas, en cierta medida, ya han identificado.

En el caso xavante, Rafael Franco Coelho (capítulo 11) presenta cómo el desarrollo de los medios se inicia, en la década de 1970, con el vídeo indígena que usa de forma estratégica la cultura en las luchas por el reconocimiento político frente al Estado y a las instituciones internacionales. La recuperación de las tierras indígenas es el objetivo principal que mueve, inicialmente, a los xavante para desarrollar medios de comunicación propios. Esta experiencia inicial con las tecnologías de comunicación a través del vídeo, plantea Coelho, lleva a los xavante a solicitar un proyecto de formación en comunicación digital: producción de blogs, vídeo documental, cortos de animación, grupos de Facebook, diseño de marcas, en fin, un conjunto de productos destinados a ser difundidos y compartidos por internet. Aldea Digital es el nombre del proyecto coordinado por Rafael Franco Coelho desde la Universidad de Goias (Brasil). El capítulo describe algunos momentos centrales de la organización y del desarrollo de los talleres de formación digital que dan cuenta también de un uso estratégico de los medios en términos de política interna. En general, argumenta Coelho, la participación en proyectos mediáticos otorga prestigio y estatus dentro de la comunidad. Las habilidades de mediación cultural y política con el mundo exterior —objetivo, como hemos visto, de estos medios—, son muy valoradas. Por ello, para muchos jóvenes, participar en los talleres de formación en comunicación ha sido el primer paso para ser reconocidos como líderes comunitarios. Esta identificación entre comunicación y liderazgo político está muy establecida entre los xavante. En el capítulo se describe cómo una facción de la aldea en decadencia, es decir, que había perdido su lugar de liderazgo, recupera prestigio e influencia política a partir de la participación de muchos de sus jóvenes en los talleres del proyecto que acaban controlando exclusivamente. Se trata de un nuevo ejemplo de la originalidad con que las tecnologías digitales son incorporadas, debido a su potencialidad relacional, a la cotidianidad indígena en función de intereses políticos internos y externos. También en este caso, como en la radiodifusión o en el vídeo, las habilidades relacionales, dentro y fuera de la comunidad, definen al buen comunicador y al líder político.

La televisión: el conocimiento moral del mundo no indígena

La televisión no puede clasificarse como un medio indígena o, en otras palabras, cuya tecnología haya servido para producir productos de comunicación indígenas como hemos visto con la radio, el vídeo y las redes sociales. En realidad, la televisión no aparece en ninguno de los entornos mediáticos que hemos reconstruido para nuestra investigación. Los dos capítulos reunidos en el apartado del libro dedicado a los *mass media* —y algunas referencias que se hacen a los medios masivos en los otros capítulos del libro— estudian, por un lado, a los pueblos indígenas en su posición de consumidores y telespectadores creativos, por otro lado, analizan la representación de los pueblos indígenas en estos medios masivos como una extensión de los modos de dominación y colonización.

En el capítulo dedicado al consumo de medios no indígenas en dos comunidades emberá chami del valle del Cauca, Colombia, Carlos Tobar y Adriana Rodríguez (capítulo 12), destacan que la televisión y la telefonía móvil son las tecnologías más utilizadas. La introducción de estos medios está relacionada con la historia del desplazamiento territorial de este grupo, su convivencia cotidiana con las comunidades campesinas no indígenas y la ausencia de programas de transferencia tecnológica como los que se han desarrollado en otras regiones indígenas de Colombia, que igualmente habrían permitido a estas comunidades desarrollar sus propios medios de comunicación. En los testimonios recogidos por los autores del capítulo, los adultos emberá chami reconocen que la televisión es una influencia que han recibido de las vecinas comunidades campesinas. La televisión, insisten, tiene un gran impacto en las comunidades. Por un lado, la televisión, plantean Tobar y Rodríguez, se ha incrustado en la cotidianidad emberá chami marcando una nueva relación con el tiempo, en particular, en la separación entre tiempo de trabajo y tiempo de ocio, tradicionalmente imbricados. Por otro lado, el interés por las telenovelas, según expresan los propios telespectadores indígenas, les permite acceder al conocimiento moral del otro no indígena. En este sentido, argumentan los autores del capítulo, estas ficciones televisivas pueden servir como dispositivos para imaginar la convivencia deseada o esperada con este mundo ajeno. En esta misma línea, en la etnografía sobre los gunas de la península de Gunayala en Panamá (Martínez Mauri y Merry López, capítulo 1) se plantea cómo a través de la televisión los indígenas se convierten en espectadores atentos del mundo no indígena. De hecho, argumenta Roger Canals (capítulo 8) en el capítulo sobre el culto a María Lionza, el visionado de las telenovelas por parte de estas poblaciones activa procesos de reapropiación mediática de los contenidos que deben ser analizados como procesos creativos.

En cuanto a la telefonía móvil —cuyo uso está también muy extendido en las comunidades emberá chami—, tiene asignado el valor indígena de la inmediatez de la interacción y es utilizada para organizar a la comunidad frente a los sucesos que atentan contra sus derechos. El despliegue de la inmediatez y la expansión de las fronteras cotidianas, explican Tobar y Rodríguez (capítulo 12), recuerdan a las lógicas narrativas tradicionales que en este caso se solapan con las fórmulas mediáticas. En cierta medida, las redes sociales y algunos programas televisivos que se estructuran a partir de conexiones en directo a lugares distantes actúan en esta misma dirección y han tenido un papel fundamental en el aprendizaje emberá chami sobre los derechos que tienen como indígenas y también, como recoge un testimonio, como mujeres indígenas.

Adicionalmente, los dos capítulos de este apartado estudian también la materialización en los medios masivos de la marginación y del trato denigrante del que son objeto los pueblos indígenas en las sociedades latinoamericanas. Como televidentes, muestran Tobar y Rodríguez (capítulo 12), los indígenas observan cómo se reproducen imágenes distorsionadas de ellos y cómo se criminalizan o se invisibilizan sus luchas políticas. Es por ello, explican estos autores, que muchos grupos indígenas han utilizado las tecnologías de comunicación, sobre todo el audiovisual, como recurso para la lucha, la resistencia y la educación propia. Hablar ellos de sí mismos para los propios indígenas y para el mundo no indígena: se trata de una justificación de los medios indígenas que aparece también en otros capítulos del libro.

En fin, en el último capítulo del libro, Andreu Viola Recasens (capítulo 13) argumenta que la producción indígena de medios no ha logrado aún normalizar la imagen social de los pueblos amerindios en América Latina. Esto se debe en gran parte, según el autor, al fuerte impacto social, sobre todo, de los canales de televisión comerciales y del conjunto de medios masivos. En este capítulo, Andreu Viola Recasens analiza la invisibilización de las poblaciones indígenas en estos medios, así como el tratamiento discriminatorio del que son objeto en diversos géneros televisivos y radiofónicos. Por ejemplo, en los programas informativos, destaca la criminalización de sus luchas y su representación como un lastre para el desarrollo económico del conjunto de América Latina. Concretamente, el capítulo se centra en analizar los programas de "humor racista" basados en la explotación humorística de los estereotipos raciales. En particular, examina la forma en que se utilizan y recrudecen los estereotipos raciales de las mujeres andinas en un programa de la televisión peruana, *La paisana Jacinta*. Este programa constituye, argumenta Viola, la constatación del recrudecimiento, durante las últimas décadas, del racismo hacia las poblaciones indígenas en Perú. Asimismo, el autor del capítulo llama la atención sobre el hecho de que el género de la comedia facilita la naturalización de la diferencia racial y del ejercicio del racismo. Hasta el punto de que las denuncias de la ONU y de algunas organizaciones indígenas contra el programa no han conseguido su eliminación de la parrilla de programación, siendo tachadas de exageradas. En fin, este capítulo con el que cerramos el libro actualiza las razones de las demandas indígenas por el derecho a una comunicación propia cuyos objetivos son, por un lado, subvertir los estereotipos y, por otro, mostrar a los indígenas como agentes activos y expertos en cuestiones claves para el futuro del planeta.

En fin, el conjunto de ejemplos etnográficos reunidos en el libro identifica la oralidad como el principio lógico de las tecnologías de comunicación. Es decir, el particular valor y el estatuto de la palabra en las culturas indígenas determina el desarrollo de su comunicación propia. La palabra radiofónica, la que queda fijada en las producciones de vídeo indígena o la que se comparte en diversos formatos en las redes sociales, actúa sobre el mundo, conectando a las personas en comunidades mediáticas socialmente heterogéneas que transforman la sociabilidad —y el mundo, en general— en el mismo ejercicio de la comunicación. Incluso como televidentes, los indígenas reproducen esta lógica de la palabra, a través de la cual la comunicación es experimentada como una práctica transformadora del mundo por el ejercicio de la palabra.

BIBLIOGRAFÍA

BESSIRE, Lucas/FISHER, Daniel (2012): *Radio Fields. Anthropology and Wireless Sound in the 21th Century*. New York/London: New York University Press.

GINSBURG, Faye/ABU-LUGHOB, Lila/LARKIN, Brian (eds.) (2002): *Media Worlds. Anthropology on New Terrain.* Berkeley/Los Angeles/London: University of California Press.

LARKIN, Brian (2002): "The Materiality of Cinema Theaters in Northern Nigeria", en Faye Ginsburg, Lila Abu-Lughob y Brian Larkin (eds.), *Media Worlds. Anthropology on New Terrain.* Berkeley/Los Angeles/London: University of California Press, pp. 319-336.

OROBITG, Gemma *et al.* (2021): "La comunicación indígena en América Latina: usos, sentidos y cartografías de una experiencia plural". *Revista de Historia,* Universidad de Costa Rica, n° 83.

SPITULNIK, Debra (1999): "Mediated Modernities: Encounters with Electronics in Zambia". *Visual Anthropology Review,* 14(2): 63-84.

— (2002): "Mobile Machine and Fluid Audiences: Rethinking Reception through Zambian Radio Audiences", en Faye Ginsburg, Lila Abu-Lughob y Brian Larkin (eds.), *Media Worlds. Anthropology on New Terrain.* Berkeley/Los Angeles/London: University of California Press, pp. 337-354.

TSIVIAN, Yuri (1994): *Early Cinema in Russia and Its Cultural Reception.* New York: Routledge.

WILLIAMS, Raymond (1996) [1975]: "La tecnología y la sociedad". *Causas y Azares,* n° 4: 155-172.

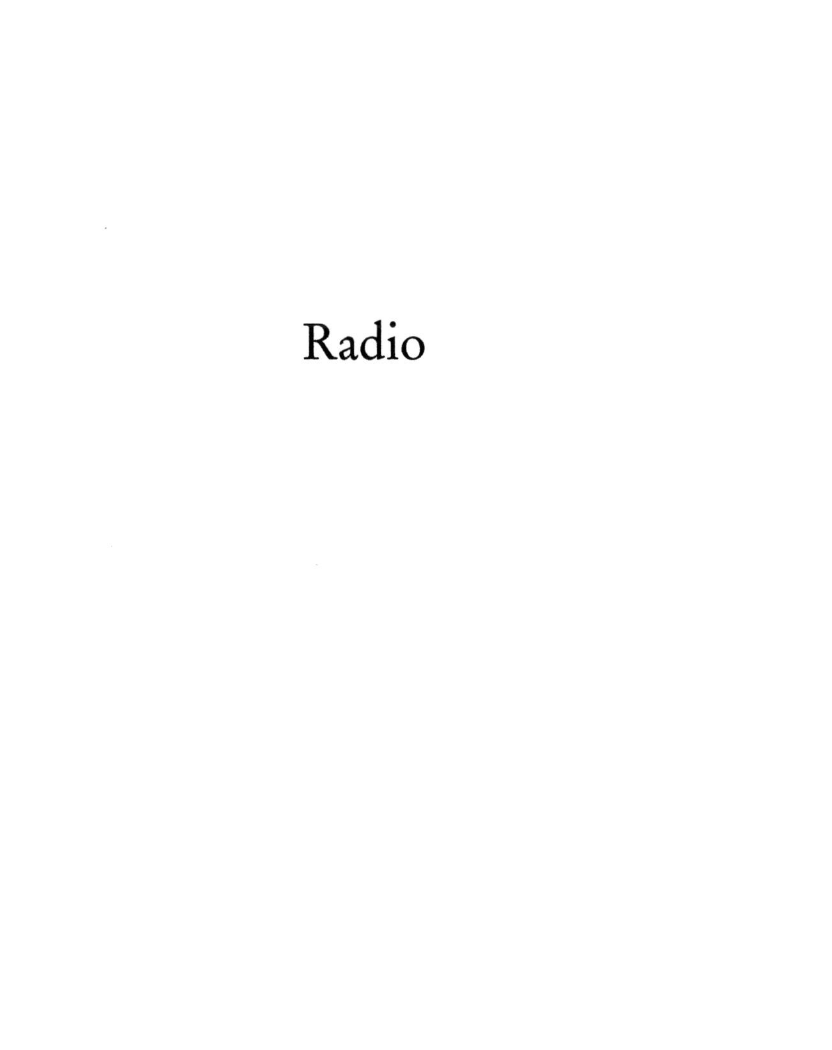

Radio

La voz del pueblo guna: derecho a la comunicación y radios indígenas en Panamá

Mònica Martínez Mauri
(Universitat de Barcelona)
Anelio Merry López
*(Secretaría de Información y Comunicación
del Congreso General de Gunayala)*

> "Siendo la oralidad una de las bases de nuestra cultura y por ello el oído puente entre el mundo real e imaginario, la radio entonces era —es y será—, siempre una fiel cómplice" (De León, en De León y Ventocilla, 2019).

Dicen que un día, en los lejanos años ochenta, antes de la invasión de Panamá, Eduardo Galeano visitó la comarca de Gunayala[1]. Cuando llegó la noche, la comunidad de Gardi Sugdub lo hizo partícipe de su reunión diaria en la *onmaggednega* (casa del congreso), entonces el famoso escritor uruguayo tomó la palabra para preguntar a los comuneros si sabían cuántos televisores tenían en su comunidad. Sin esperar

---

1. Gunayala es uno de los tres territorios autónomos (comarcas indígenas) que el pueblo guna ha logrado consolidar a lo largo del siglo xx. En ella residen 30.458 de un total de 80.526 gunas censados (2010). A grandes rasgos, esta comarca se caracteriza por 400 islotes próximos a la costa atlántica panameña y cuenta con 38 islas pobladas, dos comunidades situadas en el continente y ocho en la franja costera. Ocupa el 3,1% de la superficie del territorio nacional. Los gunas son y constituyen el segundo grupo indígena de la República de Panamá.

realmente una respuesta, Galeano los sorprendió diciéndoles que eran 17 las antenas de televisión que él había podido contar al dar una vuelta por la comunidad. Nunca antes alguien se había interesado por saber cuántos aparatos podían captar las emisiones de los canales nacionales en la pequeña isla que habitaban, ni nadie había pensado en valorar el alcance que tenían los programas que visionaban cada noche sobre su manera de vivir. Pero aquel día, Galeano, con su cuestionamiento, les hizo ver que a través de esas pantallas estaban adquiriendo nuevos hábitos de consumo y estaban cambiando su manera de relacionarse con el mundo sin ser realmente conscientes de ello.

Los gunas, aun siendo conscientes de lo que significa la televisión, no han dejado de consumir aparatos y programas. Desde que los primeros televisores llegaron al sector occidental de la comarca en 1978, su presencia en los hogares gunas no ha hecho más que crecer. A la oferta televisiva estatal se le ha sumado, desde el año 2014, la que reciben por satélite gracias a un acuerdo entre el Congreso General de Gunayala y la compañía Claro. En la comunidad que visitó Galeano —la más grande del sector occidental de Gunayala— se ha pasado de 17 casas con televisor analógico a 147 unidades domésticas —de un total de 152— con contrato con Claro TV[2] en el año 2016.

Gracias a la televisión, los gunas se han convertido en espectadores del mundo de los *wagas* (no indígenas, latinos) y los *mergis* (estadounidenses, extranjeros). Después de más de 40 años de televisión reconocen que ha cambiado su forma de vida. Como comentaba un anciano al hablar del matrimonio a la joven antropóloga coautora de este texto a su llegada a la comarca a principios de los años 2000: "Antes los jóvenes se casaban con quien los padres consideraban que debían hacerlo, ahora todo ha cambiado, miran telenovelas y se enamoran". Pero, aunque su cotidianeidad y la de miles de indígenas del planeta se vea afectada por la televisión, sus vidas no suelen ser reproducidas en las pantallas que albergan sus casas de caña, palma o planchas de zinc. En los medios hegemónicos la presencia de los pueblos indígenas es muy reducida. Solo en un par de ocasiones dos personas gunas fueron protagonistas de *realities* de gran audiencia en cadenas nacionales. El primer fenómeno fue Jordi Alvarado, un niño de 11 años de origen

---

2.   En 2016 el contrato suponía un pago de 20 US$ mensuales para acceder a una oferta televisiva de más de 70 canales (6 nacionales, 60 internacionales y 4 en HD).

guna, residente en la Ciudad de Panamá, quien en 2011 ganó la cuarta edición del programa *Canta conmigo* de TVN[3]. Unos años después, Federica Lombardo, una anciana guna de 86 años, ganó el concurso *Esa cabellera blanca 2014*, retransmitido por Telemetro[4]. A parte de estos momentos que podríamos calificar de felices, pues muestran aspectos positivos de la cultura indígena —habilidad para el canto, papel entrañable de las abuelas en la crianza de los nietos—, en los medios nacionales suele imperar una visión negativa del indígena, sobre todo de los gunas. En estos medios se los suele presentar como sociedades cerradas, contrarias al desarrollo nacional y marcadas por unos altos índices de pobreza[5].

Tanto la falta de presencia como la representación negativa de los indígenas ha llevado a los gunas a ser conscientes de la necesidad de crear sus propios medios, es decir, espacios de comunicación en redes sociales, blogs, plataformas digitales *online* (YouTube), emisoras de radio, fotografía y proyectos audiovisuales producidos por instituciones o individuos gunas, con sus propios recursos económicos, para dirigirse a un público eminentemente indígena, en su propia lengua (dulegaya) y castellano. Aunque como mostraremos más adelante, estos medios tienen una vocación pedagógica hacia el exterior —contrastan informaciones inexactas o fraudulentas que difunden los medios hegemónicos— su principal objetivo son los propios gunas de las comarcas y las zonas urbanas.

Dentro de este panorama mediático propio, la televisión y la prensa escrita son residuales. Las organizaciones indígenas nunca han tenido recursos suficientes para lanzar un canal de televisión propio y, aunque en el pasado sí existieron boletines escritos por periodistas gunas y distribuidos por organizaciones juveniles indígenas, en la actualidad este formato es muy minoritario[6]. La mayoría de personas que vive

---

3.   *La Estrella de Panamá*, "Ganó Jordi en *Canta conmigo*", <http://laestrella.com.
     pa/estilo/farandula/gano-jordi-canta-conmigo/23565693> (3/4/2011).
4.   *Telemetro*: "Federica Lombardo de Guna Yala, ganadora de *Esa cabellera blanca
     2014*", <http://www.telemetro.com/entretenimiento/tv/Federica-Lombardo-Yala-
     Cabellera-Blanca_3_758654141.html> (4/12/2014).
5.   Un buen ejemplo de ello es el artículo publicado por el periódico *La Prensa*: "Las
     aisladas y pobres comarcas", <https://impresa.prensa.com/panorama/aisladas-
     pobres-comarcas_0_5157984203.html> (1/11/2018).
6.   Existe un boletín, *Argar*, creado en 1994 por un grupo de comunicadores gunas
     que en 2016 fue recuperado por la Secretaria de Información y Comunicación del

en la comarca prefiere expresarse oralmente y escuchar noticias en su propia lengua, en lugar de leerlas, por este motivo la radio y las producciones audiovisuales gozan de una gran popularidad.

Nos hemos remitido a la anécdota de Galeano y los televisores para precisamente señalar esta paradoja. Aunque la presencia de la televisión es lo que más llama la atención a los numerosos turistas o viajeros que visitan las islas de Gunayala, el medio más masivo y el que ha gozado de más popularidad entre los gunas, ha sido, es y seguramente será, la radio. Sorprendentemente sigue siendo el medio menos estudiado por los antropólogos (Bessire y Fisher, 2012: 2). Hasta el momento, de entre todos los trabajos etnográficos realizados con los gunas, solo un artículo escrito por Marta Lucía de Gerdes (1998) aborda parcialmente el tema estudiando la producción de programas de radio en contextos de migración urbana. Es por este motivo que en este texto creemos necesario centrar nuestra atención en el desarrollo y la consolidación de la radio guna en Panamá, así como en sus efectos sobre la gobernabilidad interna. Para ello en este capítulo nos serviremos de los resultados de una investigación etnográfica sobre los medios gunas realizada por la antropóloga social Mònica Martínez Mauri entre los años 2016 y 2019[7] y la experiencia de Anelio Merry López, comunicador guna al mando de la Secretaría de Información y Comunicación del Congreso General de Gunayala (CGG). Este relato surge de la colaboración entre los agentes locales del mundo de la comunicación (periodistas, ONG, organizaciones tradicionales indígenas) y el mundo académico, para intentar, por un lado, describir las múltiples facetas de la oralidad en la sociedad guna, entre ellas la voz mediada a través de la radio, y, por el otro, reflexionar sobre los retos que afrontan los pueblos indígenas para lograr construir espacios de comunicación propios.

CGG. Es el único que se distribuye en las comunidades en formato papel y de forma gratuita.

7. Investigación realizada en el marco de los proyectos "Pueblos indígenas, medios de comunicación y significados del conflicto en América Latina" (financiado por el Ministerio de Economía y Competitividad de España, 2016-2018, HAR2015-65442-P) y "Comunicáción indígena y patrimonio cultural en América Latina: conservación, revitalización, creatividad" (financiado por la convocatoria 2018 de "Proyectos de I+D de Generación de Conocimiento del Ministerio de Ciencia, Innovación y Universidades de España", PGC2018-095841-B-100), ambos dirigidos por Gemma Orobitg desde la Universitat de Barcelona.

LA CENTRALIDAD DE LA PALABRA EN LA SOCIABILIDAD GUNA

A lo largo de los años que han durado las investigaciones sobre medios indígenas[8] coordinadas por el grupo CINAF (Culturas Indígenas y Afroamericanas), todos los etnógrafos que han trabajado en los diferentes contextos latinoamericanos han podido constatar que el valor de la palabra es uno de los rasgos característicos de las formas de comunicación indígena. Un rasgo que de forma casi automática confiere a sus medios una identidad propia. El dominio de la palabra, es decir, la capacidad de escucha y de oratoria, es inherente a las ideas indígenas sobre el poder. En este sentido no sorprende que en todas las sociedades estudiadas se prioricen los medios de comunicación que permiten la expresión oral.

Esta predilección por la oralidad no es ni un "descubrimiento" ni algo nuevo. Anteriormente, muchos otros investigadores ya constataron que tanto la voz mediática como el discurso vocal tenían un papel central en la constitución y circulación de la autoridad a diversas escalas sociales (Bessire y Fisher, 2012). En el caso guna, Joel Sherzer (1990) estudió el "arte verbal" como una parte instrumental de la vida social y cultural guna, situándolo en el centro de la política, los procesos de curación y control social. El discurso guna —al mismo tiempo serio, humorístico, poético y recreativo— se caracterizaba por ser socialmente funcional (Sherzer, 1990: 5).

Algunos de los antropólogos que han trabajado con esta sociedad han llegado a la conclusión de que los géneros verbales guna —mitos, discursos, historias, cantos— moldean la vida y la experiencia social de las comunidades. Tal y como pudo observar Sherzer (1990), todo conocimiento e información, desde la geografía hasta las noticias deportivas que llegan del exterior, se conciben, perciben y transmiten oralmente. La mejor manera de entender la cultura guna es a través de su arte verbal. Es por ello que puede afirmarse que existe una relación intrínseca entre la cultura guna y la estética verbal.

En el ámbito político, los discursos de los líderes gunas —en su mayoría hombres de avanzada edad— se caracterizan por una intersección entre retórica y poética. En el discurso político guna, como en muchas otras sociedades indígenas marcadas por un cierto iguali-

---

8.   Investigaciones financiadas por los proyectos anteriormente mencionados.

tarismo, el lenguaje metafórico y alusivo son fundamentales a la hora de traducir lo esotérico en inteligible. En esta sociedad, además de la experiencia personal de cada comunero, la ideología y la política están moldeadas por las metáforas, la ritualidad, el discurso público, la retórica, la poesía y el humor.

Todavía hoy las comunidades gunas, ya sea de la comarca de Gunayala, Madungandi, Wargandi, o incluso en la Ciudad de Panamá, cuentan con una *onmaggednega* (casa del congreso). Estas casas constituyen el corazón de la comunidad, en ella se reúnen regularmente los hombres para informarse y tomar decisiones colectivas. Durante estos encuentros, los *saglas* (los jefes tradicionales) cantan las historias del Babigar (camino del padre) ante un público eminentemente femenino (Howe, 1986). El canto de los *saglas* es anunciado por los *suwaribed* (guardianes del orden), que recorren la comunidad una media hora antes de su inicio. Tras el aviso, las mujeres, y los hombres que lo deseen, se arreglan para ir a la *onmaggednega*, normalmente se bañan y cambian su ropa de trabajo por una más formal. Los hombres deben llevar pantalones largos y la cabeza cubierta, las mujeres generalmente usan la vestimenta tradicional conformada por una blusa que incorpora una *mola*[9], una tela enrollada en la cintura que sirve de falda (*sabured*), un pañuelo que cubre su cabeza (*muswe*) y los brazos y las pantorrillas adornados con collares de chaquiras (*winis*).

Cuando llegan a la *onmaggednega* ocupan silenciosamente los bancos de madera que rodean las hamacas en las que se encuentran los dos hombres que cantarán. Uno de ellos actuará como principal narrador de la historia, el otro responderá al final de cada frase que pronuncie con la expresión *degü* ("así es"). La historia es narrada en un lenguaje diferente del registro coloquial, solo algunos de los asistentes pueden realmente entender el significado real del canto. Es por este motivo que cuando concluye, una o dos horas después, uno de los hombres sentados en el primer banco delante de los *saglas* se levanta y explica a los asistentes que se ha querido explicar con esta historia. El *argar*, así es llamado la persona que ocupa este cargo, traduce e interpreta el canto.

Además de las reuniones en torno al canto de los *saglas*, los comuneros son convocados para tomar decisiones sobre diversos asuntos que

---

9. Panel de telas de múltiples colores superpuestas confeccionado a partir de la técnica del aplicado.

afectan a la colectividad. Aunque pueden asistir tanto mujeres como hombres, estas reuniones están formadas en su gran mayoría por hombres interesados en la gestión de los asuntos comunales. Los *saglas* y los *argar* presiden la reunión ocupando los bancos centrales de la casa. El secretario del pueblo generalmente se sitúa a su lado. En los bancos traseros se sitúan los *suwaribed*, los guardianes del orden. El *sagla* principal, asistido por el secretario, explica los puntos que serán abordados en la reunión. A medida que se van tratando los diferentes temas los comuneros intervienen para dar su opinión o pedir más información. Al final el *sagla* hace un resumen recogiendo los principales consensos a los que se han llegado durante la sesión. Aunque la duración es variable, este tipo de reuniones pueden tomar de dos a cuatro horas.

El antropólogo James Howe, quien ha estudiado estos espacios desde los años setenta, ha llegado a la conclusión que en la *onmagged-nega*, a través de la oralidad, se educa a los individuos dentro de las normas y costumbres, se transmite una visión del mundo, se celebra y mantiene la solidaridad entre los individuos y comunidades gunas (Howe, 1979: 10).

La oralidad de la casa del congreso también está caracterizada por el uso de metáforas. Los *saglas* no cantan de forma simple, utilizando un lenguaje popular, sino que se sirven de metáforas y un lenguaje que debe ser interpretado al final del canto por el *argar*. A él le compete explicar el sentido real de la historia al público presente en la casa del congreso y mostrar lo que esconden las metáforas que han sido elaboradas a partir de formas complejas, fantásticas y obedeciendo a una lógica poética. Así, por ejemplo, al intérprete le toca explicar que cuando el *sagla* menciona a unos loros sobre una cuerda, se está refiriendo a los *saglas* que cantan en su hamaca (Howe, 1979: 12).

El uso de las metáforas es muy creativo y flexible, existen una gran variedad de asociaciones y significados. Las metáforas y las referencias a las historias del Babigar —que se corresponden con la historia pasada de los gunas— son utilizadas para dar cuenta de las similitudes entre un momento actual y un periodo histórico (Howe, 1979: 15). Hablar es, en las comunidades gunas, un arte sofisticado. En diferentes momentos de la vida cotidiana —al interpretar un canto, al amonestar a un infractor o al narrar un cuento— hombres y mujeres convierten el discurso en una actuación en la que la forma, la gestualidad y el estilo son casi tan importantes como el contenido (Howe, 1979: 26).

Además de poder recrearse con las metáforas, en la casa del congreso, la oralidad también es el medio que utilizan los comuneros para aconsejarse y amonestarse (*unae, uanae*) unos a otros (Howe, 1979: 27). En este espacio público se procesa información y se toman decisiones importantes. Algunos hombres que han estado fuera de la comunidad rinden informes o comentan noticias (*odaloe, owisoe*) a los que asisten al congreso, otros comentan artículos de la prensa o comparecen para explicar la gestión que han hecho de un bien comunal. Estos momentos son decisivos en la vida política local, ya que permiten difundir la información necesaria para el manejo de los asuntos del pueblo (Howe, 1979: 28).

La oralidad, muy presente en el ámbito público, también vehicula las relaciones personales. En la sociedad guna las noticias y los sentimientos son comunicados oralmente, de forma hablada o cantada. Cuando se celebra la chicha (*inna*), la ceremonia de pubertad femenina, es muy corriente escuchar cantar a las mujeres sobre sus penas y alegrías, es un momento de gran emoción en el que el canto crea una relación muy íntima (Howe, 2016: 78). También en los contextos migratorios, cuando los jóvenes de la familia se van a la ciudad para continuar sus estudios o algún pariente se va por cuestiones laborales, la comunicación sigue dándose de forma oral. En los años sesenta, cuando no había teléfonos o celulares, utilizaban el sistema de radiocomunicación que el servicio de correos tenía en algunas de las principales islas de la comarca. En esa época, también era frecuente recibir casetes con mensajes grabados. Los más ancianos todavía recuerdan cuando alguien venía de la ciudad con un saco lleno de cintas de casete de los familiares que residían en la capital, la zona del canal o las áreas bananeras. El uso de este soporte no fue exclusivo de los gunas, también otros grupos, como los ayoreo (Paraguay), empezaron a enviarse casetes a finales de la década de 1960. En el caso de los ayoreo, una década más tarde estos intercambios constituyeron un circuito internacional de cintas de casetes grabados en su propia lengua, hasta el punto que la compra de cintas pasó a ser uno de los principales gastos de los hogares ayoreo (Bessire, 2012).

Ya en los años dos mil, con los teléfonos públicos, los gunas se acostumbraron a hacer largas filas para poder hablar con sus seres queridos y, a partir de la década de 2010, con la llegada de los celulares y los *smartphones*, envían mensajes de audio a través de la aplicación

WhatsApp. Este tipo de comunicaciones bidireccionales coexisten con las de alcance más amplio creando un espacio sonoro más restringido solo accesible a familiares o colectivos políticos.

Estas breves descripciones etnográficas nos permiten entender la importancia de la oralidad en la sociedad guna, una importancia que también han entendido los comunicadores gunas formados por el sistema universitario panameño y los medios nacionales. Por ello no es de extrañar que la mayoría se haya servido de los medios escritos para comunicar con la sociedad *waga* y de los orales, sobre todo la radio, para comunicar hacia adentro. Y es que en el mundo guna, como veremos más adelante, la radio reproduce algunas de las funciones tradicionales, de control e información, que tienen las *onmaggednega* que hemos descrito en este apartado.

La radio: el media guna de referencia

Es difícil situar con exactitud la llegada de la radio a Gunayala, pero los primeros transistores es muy probable que llegaran a las islas hacia la década de los años cuarenta. Desde entonces, es frecuente escuchar la radio —panameña y colombiana— al pasear por las estrechas calles que separan las casas de las comunidades de la comarca.

La historia de la radio hecha por los gunas, aunque cuenta con precedentes en la primera mitad del siglo xx con la participación del periodista guna Pablo Solís en algunos medios nacionales, se remonta —como en muchos otros contextos indígenas (Salazar, 2002: 65)— a la década de 1980 (Gerdes, 1998). Fue entonces cuando el joven guna Rogelio Alba, estudiante de comunicación social en la Universidad de Panamá, consiguió un pequeño espacio radiofónico de tres minutos dedicado a temas indígenas en la emisora nacional Radio Mía. Más adelante, el dueño de la emisora, Ramón Pereira, le concedió más tiempo; primero con el programa *Gunayala en 15 minutos*, en el que continuó dando noticias sobre Gunayala en español, y luego con *Gunayala en 30 minutos*, en el que empezó a traducir noticias al dulegaya[10]. En la misma época, Otoniel González[11], el primer guna

---

10. Rogelio Alba, entrevista, Ciudad de Panamá, 10/8/2018.
11. Otoniel González, entrevista, Gardi Sugdub, 16/8/2018.

licenciado en Periodismo, se inició en la radio universitaria en 1982 y, durante el gobierno de Noriega, en 1984, tuvo un programa informativo de media hora en Radio Verbo. De 1984 a 2000 dirigió el programa *Alma indoamericana* en Radio Nacional. En Radio Hogar, creó un espacio, sostenido por publicidad y patrocinadores, que informó a oyentes de Gunayala sobre acontecimientos nacionales e internacionales, algunos relacionados con pueblos originarios, durante el periodo 1987-2001.

Para confeccionar sus noticias, Rogelio Alba, acompañaba a los representantes del congreso general (los caciques o *sagladummagan*, en lengua guna, y el secretario) y asistía a las asambleas generales. A raíz de la visibilidad y popularidad que adquirió en estos años con el programa de radio, se inscribió en el Partido Liberal Nacional y de 1994 a 2009 fue diputado de la Asamblea Legislativa por Gunayala.

Cuando Rogelio Alba fue elegido legislador, Anelio Merry López, también guna y licenciado en Periodismo, ocupó el espacio en Radio Mía. Fue entonces cuando el programa pasó de ser grabado a ser en directo. En 1995, Radio Mía fue vendida y cesó sus actividades. En ese momento Rogelio Alba contrató un espacio en Radio BB Stéreo, una emisora de cobertura nacional que contaba con una buena audiencia guna, sobre todo los programas de música romántica. Anelio Merry siguió conduciendo el programa en directo hasta que la cadena fue vendida a TVN.

En la década de 1990 se produjo la irrupción de los gunas, tanto de políticos, como de periodistas, en los medios públicos a través de programas dirigidos a la población guna. El año 1990, el periodista guna Juan Uribe obtuvo un espacio en Radio Nacional, la emisora estatal. Cuando Uribe dejó el espacio, en 2001, el Congreso General Guna (CGG), la organización de mujeres gunas Nis Bundor —dirigida por Dialys Ehrman— y el Centro de Desarrollo Indígena (CEDAI) —dirigido por el profesor Flaviano Iglesias— consiguieron 60 minutos en Radio Nacional. En común acuerdo, la hora se dividió en 30 minutos para el Congreso General Guna —bajo la dirección de Anelio Merry, en colaboración de Harmodio Vivar (Awibe) y Marcial Arias— y otros 30 minutos para las dos organizaciones. Más adelante, el equipo del Congreso General de Gunayala se retiró a raíz de los reajustes en el horario de la transmisión. Al ser reprogramado de las 2:00 a las 3:00 de la tarde de los sábados a las 8:00 de la mañana del mismo día, el CEDAI y Nis Bundor se quedaron con el espacio.

Tras la integración de Radio Nacional al Sistema Estatal de Radio y Televisión (SERTV) en 2005, el Congreso General Guna retomó las emisiones el 12 de mayo de 2006 a través del programa *La voz del pueblo guna* en Crisol FM. Más adelante, el 16 de febrero de 2008, retomaron las transmisiones en Nacional FM con los programas *La voz de Duiren* y *Voces de la tierra*. Todos estos programas fueron realizados bajo la dirección y conducción de Anelio Merry. En un primer momento, el programa *Voces de la tierra* tenía como objetivo integrar a representantes indígenas de otros pueblos a fin de ampliar las informaciones a otras realidades. Jóvenes emberás se sumaron a este espacio y a otro de 30 minutos que les fue cedido en Crisol FM, pero después de un tiempo se retiraron. En esta larga historia también ha habido intentos fallidos de creación de una radio comarcal, como la iniciativa del periodista guna Danilo Iglesias.

Actualmente existen cuatro programas de radio dirigidos por comunicadores gunas. Uno de los más antiguos es el programa *Acontecer indígena*, conducido por Rogelio Alba en la emisora El Sol, 88.9 FM. El mismo comunicador también cuenta con un espacio diario en la emisora La Nueva, 88.7 FM, en el que reporta noticias indígenas para el Darién. Los programas *La voz de Duiren*, en Nacional FM 101.7 y *La voz del pueblo guna*, en Crisol FM 106.9, siguen controlados por las estructuras políticas del pueblo guna, concretamente por la Secretaría de Información y Comunicación (SIC) del Congreso General de Gunayala, dirigida por el periodista Anelio Merry y con la participación de Lauris Díaz.

Aunque todavía no se ha logrado establecer una emisora propia, desde el año 2015 las asambleas ordinarias y extraordinarias del Congreso General de Gunayala son retransmitidas por radio en onda corta —con un alcance de 26 km a la redonda— y desde el año 2017 se realiza un programa especial de tres días desde la isla de Gaigirgordub coincidiendo con la celebración del día Internacional de la Radio cada 13 de febrero. Con estas transmisiones se busca habituar a la población guna a sintonizar una radio transmitida en su idioma haciendo incidencia en temas de su realidad local: sucesos, agenda cultural y organizativa, alertas sanitarias, notas necrológicas, etc.

Retransmisiones de programas especiales desde la isla Gaigirgordub
(Fotos de Anelio Merry).

La idea de retransmitir las asambleas nació de la experiencia del
comunicador indígena del pueblo ngäbe Jey Juan Concepción, quien
gracias a un sistema muy rudimentario —una antena vinculada a un

aparato similar a un *router* transmisor de internet— logró crear una emisora, Radio Costeña Kusapín, para entretener a sus vecinos. El invento del joven ngäbe fue divulgado por la prensa nacional en 2014[12], y su ingenioso sistema fue tomado como ejemplo por las organizaciones indígenas que estaban luchando por el derecho a la comunicación.

En los últimos años, el Congreso General está estudiando la viabilidad de instalar una emisora de radio permanente en la comarca, pero hasta el día de hoy solo es un proyecto. En su última asamblea extraordinaria celebrada en Gardi Sugdub del 29 al 31 de agosto de 2019, el pueblo guna decidió aprobar la gestión para la creación de una emisora propia. Esta es la primera vez que Gunayala expresa esta voluntad a partir de una resolución oficial. A partir de la fecha inicia un nuevo proceso que implicará formación de comunicadores y técnicos, gestiones políticas para la modificación de la Ley 24 (de 30 de junio de 1999), unificación de criterios con los pueblos indígenas del país a través de la Coordinadora Nacional de Pueblos Indígenas de Panamá (COONAPIP), búsqueda de apoyo internacional de organismos relacionados con las radios comunitarias, estudios técnicos y renovación de equipos de radio.

En esta lucha, el ámbito legal es prioritario. La Ley 24 de 1999, que regula los servicios públicos de radio y televisión en la República de Panamá, no establece ningún tipo de privilegio para las radios comunitarias o asociadas a los pueblos indígenas. Por este motivo los pueblos interesados deben solicitar licencias de tipo B (no comerciales) como organizaciones sin ánimo de lucro y cumplir con requisitos que a veces son difíciles de satisfacer. A día de hoy, a pesar de que hay indígenas con los conocimientos técnicos necesarios para manejar una emisora y voluntad política por parte de algunos pueblos, no existe ninguna emisora de radio indígena en Panamá.

A diferencia de lo que sucede en otros países de la región, como Colombia —donde las radios indígenas se caracterizan por una débil potencia y un alcance que no supera el resguardo desde el que operan (Alí, 2011)—, o México —donde desde hace más de 30 años existen radios indigenistas controladas y esponsorizadas por el Estado (Ramos Rodríguez, 2012)— los gunas han logrado ocupar espacios ra-

---

12. "La emisora 'made in' Kusapín", 4/6/2014, *La Estrella de Panamá*, <http://laestrella.com.pa/vida-de-hoy/tecnologia/emisora-made-kusapin/23776105>.

diofónicos —tanto en medios privados como públicos— de cobertura nacional que les permiten hacer llegar informaciones sobre su región a todos los gunas del país, residan dentro o fuera de las comarcas. Esta desterritorialización del medio radial —también posible gracias a las recientes emisiones a través de internet— facilita el mantenimiento de vínculos comunitarios a pesar de la gran movilidad que conoce la población indígena desde hace décadas.

De forma paralela, el pueblo guna también está desarrollando un sistema radiofónico propio en su territorio para favorecer una mayor gobernabilidad interna. Ambos sistemas se conciben como complementarios, no excluyentes. Al igual que los pueblos indígenas de Colombia (Rodríguez y El'Gazi, 2007) quieren evitar categorías —como la de radio comunitaria— que les restringa la potencia de los transmisores y, por lo tanto, les limite la cobertura territorial. También esperan conseguir una categoría que no les impida financiar sus emisoras a través de anuncios locales o transmitir en red.

Una última diferencia remarcable respecto a las otras experiencias radiofónicas tiene que ver con el uso de la palabra y la música. Por un lado, tal y como ya apuntaba Gerdes (1998), comparando a los shuar y los ojibwe, en los programas radiales gunas, la música no existe. La palabra ocupa todo el espacio disponible. Los locutores, a pesar de haber sido formados en el sistema universitario panameño, se asimilan a los artistas verbales de la *onmaggednega*, sobre todo a la figura del *argar*: en lugar de traducir el mensaje que contiene el canto del *sagla* a la audiencia de la casa del congreso, traduce al público guna lo que dicen las autoridades del gobierno o los burócratas (Gerdes, 1998: 604). Por otro lado, es oportuno señalar que los cantos no son reproducidos en los programas o retransmisiones de las asambleas y, por último, la música tan solo aparece en momentos puntuales para iniciar el programa o marcar transiciones.

RECEPTORES Y EMISORES: "LO QUE NOS DA LA RADIO..."

Las razones que llevan a instituciones tradicionales gunas, periodistas y políticos indígenas a conseguir espacios radiales son diversas. Para los profesionales de los medios es evidente que supone una fuente de empleo y de realización personal. Sin embargo, para las autoridades, ya sean tradicionales o gubernamentales, el acceso a los programas de radio, a la palabra, está muy relacionado con la consolidación del poder, la gobernabilidad y la obtención de legitimidad en su propia sociedad.

La radio, a diferencia de otros medios, conecta muy bien con las formas tradicionales de entender la comunicación. Es un medio oral, comprensible para todos los habitantes de la comarca, acostumbrados a escuchar, ser aconsejados y reírse con los juegos de palabras de los oradores avispados. Entender qué está detrás de una metáfora es algo que entretiene y gusta a la gente de la comarca. Pero no solo es un medio lúdico, la radio les brinda la información de forma amigable. Las entonaciones, las pausas y los cuestionamientos de los locutores les recuerdan las largas reuniones en la casa del congreso. Es una oralidad familiar que les permite acceder fácilmente al conocimiento.

Otro de los elementos que convierte a la radio en un medio poderoso es la posibilidad de participación del público a través de llamadas telefónicas. Esta interacción con el oyente se asemeja a la dinámica del congreso local en la que tras la exposición de un problema o la presentación de una noticia los comuneros opinan, aportan más información o simplemente replican. Las intervenciones de los oyentes, que felicitan a alguien por su cumpleaños o mencionan el aniversario de la muerte de un familiar, facilitan el recuerdo y el saludo, un factor social más que la hace popular. El contexto actual, marcado por la gran movilidad de la población, convierte a un programa de radio en un nuevo espacio de socialización comunitaria y familiar (Ramos Rodríguez, 2005).

Entre los gunas, al igual que sucede entre los zapotecos (Nava, 2018), la radio se adapta a su manera de vivir lo comunal y lo colectivo, y se corresponde con sus formas de entender el mundo, desde la complementariedad y la integralidad. Los principios básicos de la *comunalidad*, tal y como ha sido teorizada por el mixe Floriberto Díaz y el zapoteco Jaime Martínez Luna, presentes en la manera de hacer radio de muchos pueblos indígenas del continente americano, marcan las prácticas gunas. En sus espacios radiofónicos se transmite una idea de territorio —la Tierra es la Madre—, se retransmiten las asambleas donde se toman decisiones por consenso, muchas de las personas que participan en los programas de radio lo hacen de forma gratuita, se habla del trabajo colectivo como un acto de recreación y la vida ceremonial y ritual son presentados como una expresión del don comunal

(Díaz, 2007: 40). La noción de *comunalicracia* de Jaime Martínez Luna también es fácil de encontrar en este contexto: las asambleas de comuneros, dominadas por la oralidad, son el lugar donde se produce y reproduce el poder. En este espacio, la oralidad es entendida como un modelo de reproducción de la vida, una forma de resistencia frente a la imposición de lo escrito y un instrumento de horizontalidad.

La simultaneidad es otro de los aspectos que hacen de la radio un medio muy atractivo. Gracias a ella se pueden seguir en directo acontecimientos lejanos como torneos, partidos deportivos, intervenciones militares, atentados terroristas, nombramientos políticos y todo tipo de acto público que tenga un mínimo interés informativo. A través de las ondas radiofónicas se puede viajar a otros mundos sin salir de casa, se puede adquirir un conocimiento que no es baladí en una sociedad como la guna. No hay que olvidar que en este contexto etnográfico la obtención de conocimientos y habilidades está a menudo relacionada con el viaje y la convivencia con gentes diferentes. Si, como Bessier y Fisher (2013), tenemos en cuenta que la tecnología se convierte en agencia y da lugar a nuevos sentidos de estar en el mundo, podemos afirmar que desde una perspectiva ontológica la radio supone una nueva forma de mediación.

Además de estas razones culturales, la radio es un medio popular por estar bien adaptado al contexto económico local. No hace falta tener electricidad, ni contar con vías de acceso en condiciones, con tan solo un transistor que venden los comerciantes colombianos que llegan en canoas a las islas, o que se puede adquirir en los almacenes de la Ciudad de Panamá, se accede al espectro radial del este de Panamá y el noroeste de Colombia.

Aparte de las ventajas que supone para los receptores, para los emisores y para las autoridades gunas, la radio es un medio que permite fortalecer formas tradicionales de gobernabilidad y, al mismo tiempo, establecer un diálogo con actores no indígenas. Las retransmisiones del Congreso por radio, que incluyen todos los debates políticos, a excepción de los cantos tradicionales, desde las 7 de la mañana hasta las 10 de la noche, son una apuesta por la transparencia en la toma de decisiones colectivas. Las intervenciones de los delegados de cada comunidad, los *sagladummagan*, los comisionados y los invitados —autoridades gubernamentales y otros actores externos— son retransmitidas sin ningún tipo de edición. En las comunidades que se encuentran a menos de 26 km de distancia del lugar de celebración del congreso, familiares y amigos se reúnen en torno al transistor para escuchar los debates. A veces las mujeres aprovechan estos momentos para coser *molas*, los hombres atienden sus pequeños negocios y conversan con los que entran y salen de la casa. Algunos puntos despiertan más interés que otros, pero siempre están atentos a quien habla en cada momento. Si no reconocen al orador, piden informaciones sobre él: "¿quién es?", "¿de qué comunidad?", "¿quiénes son sus parientes?". Es muy importante situar al orador e identificar la atalaya desde la que está hablando.

Con la retransmisión de las sesiones del congreso en directo, las acciones de los delegados son más públicas que nunca. No pueden volver a su comunidad y explicar que han dicho A cuando en el fondo han dicho B. Con la radio todo el mundo puede oír si los delegados están expresando correctamente la voluntad de su comunidad, si lo que dicen está o no en consonancia con la decisión tomada por su asamblea local. Aunque no pueden cambiar el curso de la asamblea porque solo los delegados tienen voz y los *saglas* voto, los oyentes participan del congreso enviando mensajes por celular a sus delegados y ejerciendo un control más fuerte sobre ellos. Escuchando la radio, los comuneros también se ponen al día del estado de cuentas del congreso, de los proyectos que se están ejecutando y de las amenazas que intentan combatir sin depender de la mediación de su delegado.

En cuanto al diálogo que se establece a través de los programas de radio con agentes externos a la comarca, es necesario clarificar que la Secretaria de Información y Comunicación (SIC) del Congreso General es la encargada de organizar conferencias de prensa cuando en los medios nacionales aparecen noticias que difunden mensajes negativos sobre las autoridades indígenas o se violan sus derechos como pueblos. Tal fue el caso el 20 de agosto de 2018 cuando ante la difusión de dos noticias en los medios nacionales, las autoridades gunas decidieron dar una rueda de prensa y utilizar los programas radiales para dar su versión de los hechos. El primer suceso que motivó la comparecencia ante la prensa estuvo relacionado con los derechos de los pueblos indígenas a hacer uso de su indumentaria tradicional. El día 15 de agosto el audio de una anciana guna se hizo viral a través de muchos muros de Facebook y grupos de WhatsApp. Explicaba, en *dulegaya* y con gran indignación que, al ir a tomarse la foto para renovar su cédula de identidad personal, una funcionaria la obligó a quitarse su *olo asu* (argolla o nariguera). La anciana explicaba que se había negado ante tal petición y que denunciaría el trato recibido ante el tribunal electoral[13]. En la rueda de prensa organizada por la Secretaría de Información y Comunicación en un céntrico hotel de la ciudad, los abogados del Congreso General de Gunayala explicaron el caso e informaron que el Tribunal Electoral había rectificado reconociendo que la Ley 20 del 26 de junio de 2000 protegía los derechos de los grupos étnicos a usar su vestimenta tradicional.

El segundo hecho que motivó una rueda de prensa[14] estuvo relacionado con las declaraciones de un grupo de transportistas no indígenas en una emisora de radio de cobertura nacional. Estos pequeños empresarios, que ofrecen traslados a turistas en todoterreno de la ciudad a la comarca, acusaban a las autoridades gunas de ir contra el progreso. Concretamente los hacían responsables de la no entrada en funcionamiento de una nueva escuela pública construida por el Gobierno, de impedir la llegada de la línea eléctrica a los puertos de la zona de Gardi[15] y de frenar los negocios turísticos de extranjeros en la costa atlántica, excediendo con ello sus competencias territoriales[16]. Gracias a la rueda de prensa, las autoridades de la comarca pudieron expresar su posición y clarificar que ellos no eran responsables de estos hechos.

A partir de estos dos ejemplos se hace evidente que la radio desempeña un papel muy importante también en lo referente a la autorrepresentación de los pueblos indígenas. Gracias a este medio, los gunas se visibilizan y dan su versión de los hechos, exigiendo rectificaciones por parte de los agentes que vulneran sus derechos. Tal y como ha mostrado el antropólogo Juan Salazar, las demandas indígenas han pasado de la mera queja a propuestas complejas que se fundamentan en el ejercicio de autonomías descentralizadas (Salazar, 2005: 4). Unas au-

---

13. *Mi Diario*, <https://www.midiario.com/uhora/nacionales/guna-denuncia-que-en-el-te-le-hicieron-quitar-su-argolla-para-foto-de-su-cedula>, 16/08/2018; *La Prensa*, <https://www.prensa.com/sociedad/Gunas-Tribunal-Electoral-respeto-cultura_0_5100989864.html 16/08/2018>.

14. "Gunayala defenderá su territorio: Conferencia de Prensa 20 de agosto 2018", <https://www.youtube.com/watch?v=uxpNXybu_1g&t=11s> (21/08/2018).

15. "Mentiras sobre Gunayala 1", <https://www.youtube.com/watch?v=RCSZvC9g MoU&feature=youtu.be>.

16. "Mentira 2 Veleros", <https://www.youtube.com/watch?v=JcaWXbm3dlw&f eature=youtu.be&fbclid=IwAR28gXS0ngHo7GpEhYAniyZUgM1Z2uw8F5-LS9siJ_OFvhWAOqMtkFhHlm4>.

tonomías que son permitidas y que dan lugar a discursos propositivos que se hacen públicos y virales a través de los medios indígenas.

Retos y dificultades de la radio indígena en Panamá

Después de entender lo importante que es la radio para la organización interna, la lucha territorial y la vida cotidiana de las comunidades gunas, es necesario reflexionar sobre los obstáculos que encuentran los pueblos indígenas para consolidar espacios radiales. El primero de estos obstáculos es de carácter legal. Tal y como hemos mencionado anteriormente, en Panamá, a diferencia de otros países[17], no existe un marco legal que reglamente las radios indígenas. Aunque diversas instituciones tradicionales y organizaciones no gubernamentales han pedido un cambio legal para que el Estado panameño pueda garantizar el derecho a la comunicación de los pueblos indígenas, todavía no se ha dado ningún paso para modificar la ley existente. En estos momentos la Ley 24 de 1999 —reglamentada por el decreto 189 del 13 de agosto de 1999— establece que es posible conceder licencias no comerciales, tipo B, a organizaciones de la sociedad civil sin ánimo de lucro. Dentro de esta categoría, las organizaciones indígenas podrían crear sus propias emisoras, por lo que no es necesario, según los técnicos y asesores legales de la Autoridad Nacional de los Servicios Públicos (ASEP) crear una nueva ley. Sin embargo, al analizar los requerimientos que las organizaciones no gubernamentales deben cumplir para poder obtener una licencia, el artículo 114 del mencionado decreto habla de "requisitos de solvencia y capacidad financiera". Al preguntar directamente a la ASEP por este tema[18], se indica a los solicitantes que los miembros de la junta directiva de la organización deben presentar sus cuentas bancarias y mostrar que disponen de capital suficiente para crear una emisora. Según la ASEP, el Estado debe cerciorarse de que el proyecto radial es viable comproban-

---

17. Para el caso mexicano, véanse Castells-Talens, Ramos Rodríguez y Chan Concha (2009); y Castells-Talens (2011).

18. Informaciones obtenidas a partir de una reunión mantenida en las oficinas de la ASEP en Ciudad de Panamá, el 24 de octubre 2018, a la que asistieron Mònica Martínez, Alkin Saucedo (subdirector de Radio y Televisión y administración del Espectro Dirección Nacional de Telecomunicaciones), Jessica Isabel León (asesora legal) y William del Río (coordinación del proyecto de radio y televisión digital).

do que las personas responsables disponen de los recursos económicos necesarios. Calculan que entre todos deben poder demostrar que disponen de 100.000 dólares. A parte de presentar este capital inicial, que muestra la solvencia del proyecto, a la hora de hacer la solicitud se debe aportar un estudio técnico que delimite la cobertura de la emisora. Este informe debe ser elaborado por un ingeniero que puede cobrar entre 3.000 y 5.000 dólares. Una vez concedida la licencia, la emisora puede operar por un periodo de 25 años y sus responsables deben pagar 50 dólares anuales si operan en FM y 100 si lo hacen en AM.

Dado que el Estado no dispone de ninguna línea de financiamiento que apoye la creación de radios no comerciales, en estos momentos es muy difícil que una organización indígena pueda cumplir con todos estos requisitos legales. La mayoría de los pueblos indígenas de Panamá no dispone de fondos suficientes para poder costear este tipo de trámites.

El segundo obstáculo con el que se encuentran las organizaciones indígenas que quieren establecer una emisora de radio tiene que ver con la búsqueda de personal local especializado en radiocomunicación y periodismo. Pocos son los indígenas bilingües que se han formado en estos ámbitos. Para poder lanzar una emisora con una amplia programación es necesario formar una nueva generación de jóvenes comunicadores que cuenten con arraigo en las comunidades.

El último de los obstáculos que deben enfrentar los pueblos indígenas a la hora de hacer valer su derecho a la comunicación es de carácter económico. Por un lado, aunque los medios estatales brinden espacios gratuitos a los pueblos indígenas, no ofrecen un sueldo al locutor y tampoco permiten financiar los programas con la venta de espacios publicitarios. Por el otro, la mayoría de los medios privados hace pagar por los espacios radiofónicos. En definitiva, las organizaciones de los pueblos indígenas, con la excepción del Congreso General de Gunayala, no suelen tener en su planilla a comunicadores indígenas, por lo que es difícil que en sus estructuras puedan existir personas encargadas de brindar información y comunicar hacia dentro y hacia afuera.

Con el objetivo de poner fin a esta situación, los pueblos indígenas buscaron el apoyo de la Asociación Mundial de Radios Comunitarias (AMARC)[19] y organizaron una reunión para intentar crear un grupo de

---

19. AMARC es una organización de referencia en la promoción de la legalización y proliferación de radios comunitarias en todo el mundo.

trabajo específico para las radios indígenas. Cultural Survival financió una primera reunión en mayo de 2015 en Gunayala y un año después, en otro encuentro celebrado el 16 y 17 de enero de 2016 en el mismo lugar, nació la Red Centroamericana de Radios Comunitarias Indígenas, integrada por comunicadores de Belice, Guatemala, El Salvador, Honduras, Nicaragua, Costa Rica y Panamá. A raíz de esta iniciativa se crearon centros de comunicación comunitarios en Yaviza, Arimae, Kusapín, Kantintú y Tobobe para entrenar y formar a jóvenes interesados en las radios. En la Universidad Latina se promovió un diplomado en locución y administración de radio que hasta el momento ha formado a dos indígenas emberás de las comunidades de Arimae y Piriatí[20].

Muchas de estas acciones fueron posibles gracias a la financiación de Cultural Survival, y concretamente a una línea de subvenciones para medios de comunicación comunitarios indígenas que se ha propuesto fortalecer las emisiones, infraestructuras y sistemas de radio de los pueblos indígenas. El principal objetivo de este programa es dotar a las comunidades de medios viables y críticos para la diseminación de noticias, información comunitaria, educación, participación y entretenimiento desde sus propias perspectivas.

Ante este panorama marcado por las limitaciones estatales y los apoyos transnacionales, comunicadores indígenas reunidos en un conversatorio organizado en la Universidad de Panamá el 13 de mayo de 2019, reiteraron su compromiso con el derecho a la comunicación. Fue la primera vez que de forma unitaria afirmaron que, si el marco legal existente no les permitía crear radios propias, los pueblos indígenas ejercerían su derecho a la comunicación usando sus propios equipos, usando frecuencias que se encontrasen libres y formando a jóvenes con el objetivo de ampliar el alcance de sus medios.

Conclusiones

Tras esta breve descripción del entorno mediático guna llegamos a varias conclusiones. La primera es que tal y como ya constataron otros investigadores (Turner, 2002; Ginsburg, 1991) la apropiación de tec-

---

20. Juan Pérez, coordinador de la Asociación Mundial de Radios Comunitarias (AMARC), sede Panamá, pueblos indígenas entrevista 29 de agosto de 2016.

nología audiovisual por parte de los pueblos indígenas no es un tema del todo nuevo. Hace más de tres décadas que en contextos marcados por la resistencia y la lucha por la autodeterminación, estos pueblos se están apropiando de los medios de comunicación para documentar los conflictos con la sociedad nacional y retratar su propia cultura (Ginsburg, 1991; Martín-Barbero, 1993). De entre todos los medios, la radio, por su alcance geográfico y su lógica oral, ha sido la más utilizada por los pueblos indígenas para la gobernanza interna, como es el caso de los gunas, y para consolidar su activismo político más allá de sus fronteras (Salazar, 2002).

Como hemos visto al inicio de este capítulo, en Gunayala a la proliferación de televisores en las comunidades y hogares gunas, le siguió la llegada de celulares con conexión a internet y el acceso al mundo de las redes sociales. Sin embargo, antes del advenimiento de televisores y *smartphones*, la radio fue el primer medio de comunicación de masas que conoció la comarca. Desde la primera mitad del siglo xx muchos hogares indígenas contaban con transistores que les permitían escuchar la programación de las emisoras *wagas* (no indígenas) de Colombia y Panamá. Sin embargo, no fue hasta finales del siglo xx cuando las autoridades tradicionales del pueblo guna lograron consolidar espacios radiales propios, creando el primer medio de comunicación en manos indígenas de Panamá. Con todo, en la era digital la radio no se ha vuelto un medio obsoleto. Gracias a su gran capacidad de mediación y su plasticidad tecnológica es uno de los medios más reivindicados por las organizaciones indígenas.

La segunda conclusión a la que llegamos es que el éxito de la radio en el mundo guna se debe, entre otros factores también analizados en este texto, a la importancia de la palabra en esta sociedad. Y es que las palabras no se las lleva el viento, no son simplemente comunicación, sino que también sirven para cimentar el conocimiento, divertir y establecer compromisos. La radio forma parte del arte guna de hablar en público, pero en su vertiente más secular. La esfera más tradicional y espiritual, el canto, no es reproducido en los medios radiales gunas. Los programas que dirigen los comunicadores gunas sirven para informar y aconsejar. Al igual como sucede en las reuniones de la casa del congreso en ellos es corriente que se haga alusión a historias pasadas y se utilicen metáforas para llegar a tener un discurso convincente.

Tal y como sucede en otros contextos indígenas (Ramos Rodríguez, 2005; Nava, 2018; Bessire, 2012), las comunidades se apropian de la radio porque permite enviar avisos, pero también saludar y divertir, prácticas de sociabilidad basadas en la oralidad muy importantes en Gunayala. Pero a la vez se trata de un medio que crea cohesión, clarifica las interacciones y favorece el control social. Como hemos mostrado en este capítulo, con la retransmisión en directo de las asambleas de los congresos generales se apuesta por la transparencia facilitando la gobernabilidad interna de la comarca. Por un lado, este uso de la radio está intrínsecamente relacionado con el principio de *comunalidad* y *comunalicracia* que rige la vida de muchos pueblos indígenas del continente (Díaz, 2007; Martínez Luna, 2004). Los programas de radio, que usan tanto la lengua propia como el castellano, y las retransmisiones en vivo de las asambleas recuerdan a los oyentes que el territorio está asociado a la figura de la Madre, publicitan la toma de decisiones por consenso, se realizan con trabajo voluntario, sirven para organizar trabajos colectivos y anuncian actos de carácter ceremonial y ritual. Por el otro, la reiterada utilización de la palabra "voz" para denominar los espacios radiofónicos del congreso nos confirma que entre los gunas tener voz es tener agencia (Bauman y Briggs, 2003). En definitiva, si adoptamos una perspectiva ontológica podemos constatar que los campos radioeléctricos crean sentidos de estar en el mundo (Bessire y Fisher, 2013).

Otra de las conclusiones de nuestro análisis del desarrollo de la radio indígena en Panamá es que los pueblos indígenas experimentan muchas dificultades para hacer valer su derecho a la comunicación. Como hemos podido comprobar, los obstáculos son múltiples. Algunos resultan de un marco legal no adaptado a la realidad indígena, otros de la falta de recursos económicos para cumplir con los requisitos que marca el Estado para el establecimiento de este tipo de medios y, por último, otros son de carácter técnico, directamente relacionados con la falta de equipos y suficientes profesionales bilingües capacitados. Por todas estas razones a día de hoy no existe una emisora de radio indígena en Panamá. A pesar de la importancia de este tipo de medio para las comunidades locales y los pueblos indígenas, solo han podido consolidarse algunos programas en los medios radiofónicos nacionales.

Finalmente, un elemento que destaca en la historia más reciente de la radio en Panamá es la movilización transnacional —apoyada por organizaciones internacionales no gubernamentales como AMARC y Cultural Survival— para fortalecer las iniciativas locales en favor de la formación de jóvenes o la creación de infraestructuras que hagan posible el establecimiento de emisoras locales. Esta movilización, sin precedentes en épocas recientes, muestra una vez más la centralidad que están adquiriendo los medios propios en las agendas de las organizaciones indígenas de América Latina y sus redes de apoyo en el exterior.

BIBLIOGRAFÍA

ALÍ, Maurizio (2011): "Medios de comunicación, asuntos étnicos e intercultura en Colombia". *Razón y Palabra*, 74.

BAUMAN, Richard/BRIGGS, Charles L. (2003): *Voices of Modernity: Language Ideologies and the Politics of Inequality*. New York: Cambridge University Press.

BESSIRE, Lucas (2012): "'We go above': Media Metaphysics and Making Moral Life on Ayoreo Two-way Radio", en Lucas Bessire y Daniel Fisher, *Radio Fields. Anthropology and Wireless Sound in the 21st Century*. New York: New York University Press, pp. 197-224.

BESSIRE, Lucas/FISHER, Daniel (2012): *Radio Fields. Anthropology and Wireless Sound in the 21st Century*. New York: New York University Press.

— (2013): "The Anthropology of Radio Fields", *Annual Review of Anthropology*, vol. 42: 363-378.

CASTELLS-TALENS, Antoni (2011): "¿Ni indígena ni comunitaria? La radio indigenista en tiempos neoindigenistas". *Comunicación y sociedad*, 15: 123-142.

CASTELLS-TALENS, Antoni/Ramos Rodríguez, José Manuel/Chan Concha, Marisol (2009): "Radio, Control, and Indigenous Peoples: the Failure of State-invented Citizens' Media in Mexico", *Development in Practice*, 19 (4): 525-537.

CUESTA MORENO, Óscar Julián (2012): "Investigaciones radiofónicas: de la radio a la radio indígena. Una revisión en Colombia y Latinoamérica", *Anagramas*, 10 (20): 181-196.

GINSBURG, Faye (1991): "Indigenous Media: Faustian Contrat or Global Village?". *Cultural Anthropology*, 6 (1): 92-112.

DE LEÓN, Cebaldo/VENTOCILLA, Jorge (2019): "Querida radio". *Luna Llena*, <https://www.inawinapi.com/luna-llena/querida-radio>.

Díaz, Floriberto (2007): "Comunidad y comunalidad", en S. Robles y R. Cardoso (comps.), *Comunalidad, energía viva del pensamiento mixe. Ayuujktsënää'yën -ayuujkwënmää'ny -ayuujk mëk'äjtën*. Ciudad de México: UNAM.

Gerdes, Marta Lucía de (1998): "Media, Politics and Artful Speech: Kuna Radio Programs". *Anthropological Linguistics* 40 (4): 596-616.

Howe, James (1979): *Cantos y oraciones del congreso cuna*. Ciudad de Panamá: Editorial Universitaria.

— (1986): *The Kuna Gathering: Contemporary Village Politics in Panama*. Austin: University of Texas Press.

— (2016): *Celebration: Photographs of the Guna Chicha*. Ciudad de Panamá: Smithsonian Tropical Research Institute/Congreso General de la Cultura Guna.

Martín-Barbero, Jesús (1993): *Communication, Culture and Hegemony: From the Media to Mediation*. London: Sage.

Martínez Luna, Jaime (2004): "Comunalidad y desarrollo". *Diálogos en la Acción*, 1: 335-354.

Nava Morales, Elena (2018): *Totopo al aire. Radio comunitaria y comunalidad en el istmo de Tehuantepec*. Ciudad de México: Ediciones de la Casa Chata.

Ramos Rodríguez, José Manuel (2005): *Ecos de "La voz de la montaña": la radio como factor de cohesión y fortalecimiento cultural de los pueblos indígenas*. Tesis de doctorado. UNAM, México.

— (2012): "Treinta años de radio indigenista: incidencia, vigencia y sostenibilidad", en Elissa Rashkin y Norma Esther García Meza (coords.), *Escenarios de la cultura y la comunicación en México. De la memoria al devenir cultural*. Xalapa: Universidad Veracruzana, pp. 231-252.

Rodríguez, Clemencia/El'Gazi, Jeanine (2007): "The Poetics of Indigenous Radio in Colombia". *Media, Culture and Society*, 29 (2): 449-468.

Salazar, Juan (2002): "Activismo indígena en América Latina: Estrategias para una construcción cultural de las tecnologías de información y comunicación". *Journal of Iberian and Latin American Studies*, 8 (2): 61-79.

— (2007): "Indigenous Peoples and the Cultural Constructions of Information and Communication Technology in Latin America", en L. E. Dyson, M. Hendriks y S. Grant (eds.), *Indigenous People and Information Technology*. Hershey: Idea Book Publishing.

SHERZER, Joel (1990): *Verbal Art in San Blas. Kuna Culture Through Its Discourse*. Cambridge: Cambridge University Press.

TURNER, Terence (2002): "Representation, Politics, and Cultural Imagination in Indigenous Video: General Points and Kayapo Examples", en Faye D. Ginsburg, Lila Abu-Lughod, Brian Larkin (eds.), *Media Worlds: Anthropology on New Terrain*. Berkeley: University of California Press, pp. 75-89.

La palabra indígena en la época de su reproducción electrónica. Observaciones sobre la ontología de las radios en Chiapas

Pedro Pitarch
(*Universidad Complutense de Madrid*)

En este texto examino ciertos aspectos relativos a los medios de comunicación entre los indígenas de lenguas mayas de Chiapas, en el sur de México, prestando especial atención a las concepciones indígenas sobre la palabra y la comunicación en general. Quisiera sostener aquí que el papel preeminente que posee la radio como medio tecnológico de comunicación entre los indígenas de la región —y quizá entre las poblaciones amerindias en general— no se explica únicamente por razones prácticas o de carácter técnico, esto es, la idea de que es un medio más económico, o se escucha allí donde no llega la televisión, o donde se carece de electricidad, o porque las estaciones de radio son más fáciles de instalar. Por el contrario, existen razones culturales profundas que orientan esta elección, y estas razones se relacionan con la especial posición que ocupa la palabra en el mundo indígena.

Antes de pasar a tratar el caso de la radio conviene precisar un poco el significado que tiene aquí la expresión "la palabra". Con este término estoy traduciendo directamente el término *k'op*, cuyo significado inmediato en tzeltal, tzotzil y otras lenguas mayas es "palabra", "lenguaje", "asunto", "situación" (Gossen 1974: 46). Pero, como cabría esperar, el término no coincide exactamente con el rango semántico de "palabra". Por una parte, *k'op* se caracteriza por una imprecisión de significado que hace que, con alguna adición, pueda designar virtualmente cualquier aspecto o situación. Por ejemplo: *k'opan*, "lenguaje ritual"; *sk'opradioe*, "palabra de la radio"; etc. Por otra, si algunos significados se solapan aceptablemente bien con "palabra", otros poseen inflexiones inesperadas. El más interesante, quizá, es que *k'op* signifique también "conflicto", "disputa", "guerra", "intercambio violento", es decir, no solo un intercambio verbal agresivo, sino también un enfrentamiento físico, violento. No entiendo bien la razón de este significado, aunque cabe suponer que guarde relación con la idea de que el intercambio comporta una fricción. En cualquier caso, mi sospecha es que esta continuidad de significado ayuda a entender el uso indígena de la radio: intercambio verbal y conflicto abierto forma parte de una misma actividad, uno implica el otro; hablar, comunicar es simultáneamente pelear, luchar. Como veremos, cuando la palabra es pública, implica pugnar por un dominio. Su opuesto es el silencio, que comporta paz, conformidad, calma, pero también ausencia de intercambio.

Vale la pena observar que el campo semántico de *k'op* incluye la música, cantada o solo instrumental: la música de viento y percusión (*k'ayop k'op*), la música "tradicional" de cuerda (*sonibil*, de español "son"), o cualquier género de música popular moderna. Y, como veremos, las radios indígenas emiten tanto discursos hablados como mucha música, tradicional o popular. En cambio, es revelador que *k'op* no incluya la escritura (*tz'ib*), la cual pertenece al dominio del dibujo y la pintura, por así decir, de los diseños significativos. Por definición, desde un punto de vista indígena, no puede existir una "palabra escrita", pues la escritura no es un registro de la palabra, sino una técnica que remite a un campo de comunicación diferente y que posee sus propias asociaciones y funciones.

Esta distinción puede parecer a primera vista una cuestión estrictamente sensorial: la escritura y la pintura conciernen al sentido de la vista; y la palabra, al del oído. Pero, en realidad, la palabra no se limita a este último sentido. Sin duda, la palabra es "oída", pero también puede ser olida/saboreada. Por ejemplo, los espíritus, divinidades, muertos y demás seres no ordinarios en lugar de "oír" los cantos y rezos que se les dirige, los huelen/gustan, de ahí que estos géneros se consideren como *bujsts'an k'op*, "palabra fragante" (Pitarch, 2013a). O, para ser más precisos, estos seres se alimentan literalmente de las palabras, pues el lenguaje —su esencia sutil— forma parte de su dieta, junto con la esencia del aguardiente, del incienso, de las velas, etc. Se dice también que, bajo ciertas condiciones excepcionales (en el momento del crepúsculo), la palabra puede ser vista. Y también —aunque el tacto no es propiamente un sentido desde un punto de vista indígena—, la palabra puede ser tocada, como sucede en el diagnóstico chamánico en que el especialista tienta los vasos sanguíneos de muñecas y rodilla del paciente no solo para escuchar la palabra-enfermedad, sino, en algún caso, para palparla, conocer su forma y saber así de qué tipo de palabra se trata (Pitarch, 2013b). En el chamanismo, la palabra es subjetivada hasta ser convertida en un ser con voluntad propia, voz, motilidad, algo que se independiza hasta cierto punto de su enunciador.

La palabra, en suma, es capaz de movilizar todos los sentidos. Este fenómeno, no tanto metafórico como de sinestesia, es general en lenguas indígenas, las cuales experimentan de forma automática e involuntaria la activación de una vía sensorial o cognitiva adicional en respuesta a ciertos estímulos. En el caso de la radio indígena, es muy posible que esta sea pensada como un instrumento que estimula o, más precisamente, produce un nuevo tipo de comunidades de seres, los cuales se caracterizan por una especie de "espiritualización" (en el sentido indígena) o subjetivación, basado a su vez en la emergencia de un nuevo lenguaje emocional. En todo caso, debiera indicar aquí que mi argumento tiene un carácter tentativo e inconcluso: me limito a insinuar algunas posibles implicaciones que posee entender el uso indígena de la radio desde la perspectiva del papel de "la palabra" no solo en la transmisión de información, sino en el de la producción de nuevas personas y colectividades.

UN PAISAJE ACÚSTICO

El paisaje de las regiones indígenas de Chiapas no es solo visual y olfativo, sino también y quizá, sobre todo, sonoro. En la periferia de las ciudades de San Cristóbal de Las Casas, Ocosingo, Comitán, en los pueblos indígenas y en las aldeas más alejadas de las tierras altas o de la selva suenan incesantemente los altavoces que llaman a las tareas colectivas e informan de los acontecimientos comunitarios; la música en todas partes; las grabaciones en cinta y, ahora especialmente, la radio, cuyos aparatos permanecen encendidos día y noche: en las casas, en las tiendas, en los espacios públicos y los mercados, en los autobuses, en los templos religiosos, en las reuniones escolares. El aire se satura desordenadamente con músicas de los géneros más diversos, discursos políticos, sermones religiosos, publicidad comercial, anuncios familiares o de eventos colectivos. Lo hacen simultáneamente en varias lenguas indígenas y en español. Para el forastero, la sensación es la de encontrarse sumergido en una baraúnda de lenguajes y sonidos, un continuo ruido de fondo.

Imágenes, escritura

Hablando de manera general, mi impresión es que en la región el consumo y producción indígena de medios visuales es comparativamente reducido. Si en México en su conjunto la televisión representa una fracción abrumadora de la información y narración popular (piénsese en las telenovelas), entre la población indígena, sin embargo, esta posee una atracción mucho más limitada. En las casas indígenas urbanas parece que el televisor se encuentra permanentemente encendido no tanto para ser visto como escuchado como sonido de fondo, como si se tratara de una radio. Es cierto que la señal televisiva tiene un alcance limitado en Chiapas y muchos valles y regiones simplemente carecen de ella. Pero este interés reducido parece verificarse también en las grabaciones en vídeo, que resultan mucho más accesibles. Por ejemplo, en el mercado de San Cristóbal de Las Casas, la ciudad central de la región, los principales vendedores de películas pirateadas son indígenas, pero los compradores son mayoritariamente no indígenas. Al menos entre las primeras generaciones de indígenas urbanos o asociados más directamente al mundo mexicano el uso de la televisión resulta, pues, de un atractivo muy limitado.

En cuanto a las actividades creativas indígenas de fotografía y vídeo, esto es, actividades sobre la imagen, su interés se encuentra también restringido. Sin duda existe una actividad embrionaria de fotografía y, sobre todo, vídeo producido por jóvenes indígenas. Los resultados han sido a menudo interesantes en tanto que experimento cultural, en el sentido de que proporciona a los jóvenes un marco de ensayo y reflexión acerca de las nuevas posibilidades técnicas y creativas. Pero al mismo tiempo esta actividad se encuentra fuertemente supeditada a iniciativas no indígenas, sobre todo de organizaciones no gubernamentales e instituciones de investigación. Como sucedió con el intento de crear un teatro indígena en las décadas de 1980 y 1990, las producciones visuales están más bien dirigidas a un público no indígena y, en última instancia, dependen de la organización y financiación externa. Cuando los recursos se reducen, la actividad se reduce en consonancia.

La dependencia de iniciativas externas guarda relación probablemente con el hecho de que los medios de reproducción visual son vistos por los indígenas como una tecnología no propia, sino ajena. El antropólogo Axel Köhler, quien trabaja sobre esta cuestión con realizadores de vídeo indígenas en la región, cita el siguiente incidente, el cual resume el sesgo que venimos comentando:

> *"¡Nuestros antepasados mayas no tenían cámaras!"* dijo un *queq'chi* [indígena de Guatemala] coordinador de una ceremonia maya frente a varios videoastas indígenas de Chiapas a quienes prohibió de forma cortés pero definitiva la videograbación de una ceremonia tradicional del maíz. A la primera frase el maya agregó: *"compañeros, hay que grabar las cosas en nuestra memoria de otras maneras!"* Una vez apagadas las cámaras de video, él mismo conectó su audio-casetera para acompañar su ritual con "música tradicional", sin caer en la cuenta de que él estaba integrando otra tecnología que tampoco sus antepasados conocieron (2004: 405; cursivas en el original).

El antropólogo tiene desde luego toda la razón en su observación, pero aquí probablemente lo que resulta clave no es la máquina en sí, sino el hecho de que una registra fundamentalmente imágenes y la otra registra palabras y música, es decir, "la palabra".

Esta idea de que la grabación fílmica es esencialmente una tecnología ajena, mientras que la palabra resulta una tecnología propia, se encuentra muy extendida entre los amerindios. Erica C. Wortham (2012: 236) cita a un realizador de vídeo indígena de Oaxaca, a quien pregunta "¿Qué es el video indígena?": "El video indígena no existe porque el video es una herramienta totalmente extranjera para el mundo indígena", responde este. Ello no impide, sin embargo, que la comunicación televisual pueda ser aprovechada para la causa indígena, pues —quizá porque la imagen es para "nosotros" más auténtica, es decir, más real, y por tanto políticamente más eficaz— resulta estratégica en la comunicación indígena con los poderes no indígenas (Orobitg *et al.* en prensa). Por lo demás, la memoria, en términos tradicionales indígenas, queda fijada por medio de la palabra, fundamentalmente a través del sonido y el olor; la imagen posee un valor accesorio en este propósito.

Otro tanto sucede con la escritura. Es evidente que esta —ya sea sobre papel o por medios electrónicos—, posee un valor reducido básicamente a sus usos prácticos y burocráticos. En general, las poblaciones indígenas asocian la lecto-escritura con el Estado, el gobierno colonial y republicano, y sus instituciones de dominio. Más aun, el lenguaje escrito, que comunica seres alejados en el tiempo y en el espacio, es una propiedad de los muertos y su mundo (donde proliferan los libros y las computadoras), lo cual produce que el Estado y las ciudades posean, desde una perspectiva indígena, un intenso carácter mortuorio, un carácter que quizá tuvieran ya en época precolombina las ciudades mayas, repletas como estaban de escritura y calendario (Pitarch 2013b). La escritura posee una naturaleza ambivalente: por una parte, sirve para comunicarse con las instancias gubernamentales y, en general, permite desenvolverse con cierta seguridad en el mundo mexicano, pero también es una técnica de cooptación estatal y división social del trabajo. De ahí el papel igualmente ambivalente que poseen los maestros bilingües indígenas: como la escuela, son en parte necesarios, pero también introducen el poder letrado que la comunidad procura evitar.

El carácter ambivalente y peligroso de la escritura está expuesto con admirable claridad en el estudio de Ana Sagi-Vela (2020) sobre la lecto-escritura de la lengua mixe del vecino estado de Oaxaca. Si los intelectuales indígenas abogan sin reservas por convertir el mixe en una lengua escrita, la población campesina tiene reticencias a ello, quizá por la razón ya expuesta de que la existencia de la lengua indígena escrita induce la división interna entre quienes escriben y quienes no. En un proyecto de cooperación que desarrollamos durante varios años en escuelas indígenas de Chiapas para que los niños escribieran también en su lengua materna, nos encontramos con que los padres tendían a considerar esto como algo superfluo, si es que no desaconsejable, a diferencia de la lecto-escritura del español, a la cual sí encontraban un sentido práctico. En este sentido, los premios gubernamentales de poesía y narrativa escrita procuran inducir una creatividad que no se conforma exactamente a la sensibilidad general indígena, probablemente, entre otras razones, por tratarse de géneros autorales escritos.

Radios

En contraste con el uso limitado de estos medios visuales y gráficos, los medios de reproducción sustentados en la palabra, la radio, el teléfono —ahora especialmente el teléfono celular— o las grabaciones de música, gozan de una popularidad enorme entre la población indígena. En particular, la radio —como sucede en otras regiones de Amerindia y examinan varios capítulos de este libro— se ha extendido de una manera vertiginosa y su crecimiento acelerado ha transformado el paisaje comunicativo de la región. Hace más de treinta años la única emisora que se podía captar en el valle de Cancuc era la del Instituto Nacional Indigenista, que retrasmitía durante unas pocas horas al día discursos oficiales, algunos programas educativos y consejos de sanidad, citas para trámites burocráticos y, sobre todo, mensajes familiares o de trabajo. La atmósfera sonora estaba ocupada por los altavoces de cada aldea y las cintas de casete con música y discursos religiosos que, junto con los aparatos reproductores, se habían convertido en uno de los bienes más preciados y poseían sus propios circuitos de intercambio. En la actualidad no queda prácticamente ningún rincón de Chiapas al que no lleguen varias radiofrecuencias, e incluso en zonas de la Selva Lacandona, donde en efecto no alcanza la radio mexicana, se escuchan las radios guatemaltecas.

Pero no solo llegan a todas partes las radios generales en español, sino que —y esto es lo que interesa aquí, sobre todo— donde se ha producido el cambio más decisivo es en la emergencia de las radios indígenas. Por supuesto, la definición o caracterización de qué es una radio indígena no es algo sencillo; se trata, probablemente, más de una cuestión de grado que categórica. Con un propósito práctico, aquí consideraré como radios indígenas aquellas que emplean de manera frecuente una de las lenguas indígenas (aunque como veremos, una de las características de estas emisoras es precisamente su uso fluido y alternativo de varias lenguas, incluida el español) y cuyos locutores y hasta cierto punto administradores proceden de pueblos y regiones indígenas.

Sarelly Martínez, Francisco Javier Cordero y Hugo Alejandro Villar Pinto (2013, 2015) han llevado a cabo un útil censo y tipología de "radios libres" de Chiapas. Son las radios que carecen de licencia oficial para operar y que comenzaron a aparecer hacia el año 2000, incentivadas quizá por la aparición de Radio Insurgente, la emisora del Ejército Zapatista. No todas ellas son "indígenas" en el sentido citado más arriba, pero el hecho de que la mayoría opere en regiones de población mayoritariamente indígena —los Altos de Chiapas y en las tierras bajas del oriente y del norte— sugiere su predominio. En 2014 funcionaban 130 de estas radiodifusoras (y es probable que su número haya seguido multiplicándose), en su mayoría, según la nomenclatura de los autores, "religiosas" (68), seguidas por "comerciales no concesionadas" (41), "comunitarias" (11), "zapatistas" (5), "municipales" (3) y "partidistas" (2).

Las radiodifusoras "religiosas" son evangélicas, adventistas y, en menor medida y más recientemente, católicas. Las "comerciales no concesionadas" son radios con tipos de programas variados —culturales, musicales, de entretenimiento—, pero cuyo propósito inmediato son los anuncios comerciales (las cuales, claro, despiertan la indignación de las radios "comerciales" convencionales). Las "comunitarias" incluyen radios de organización local, de un pueblo o una pequeña región, las cuales están dirigidas en parte a actividades locales, pero también a la difusión más amplia de la "cultura"; con frecuencia se organizan en redes de radiodifusoras, donde quizá la principal es Boca de Polen. Las radios "municipales", financiadas por los alcaldes y a su servicio, no están, sin embargo, presentes en zonas indígenas. Las zapatistas forman una red de emisoras de comunicación y propaganda del Ejército Zapatista y sus comunidades de apoyo. Y las dos emisoras "partidistas" apoyan a un partido político durante las elecciones (PRD y PAN) y funcionan de hecho como radios comerciales en los intervalos no electorales.

Un aspecto revelador es la feroz competencia que mantienen entre sí las radios indígenas por ocupar el espacio radioeléctrico. Martínez, Cordero y Villar lo ejemplifican así:

Se observa, por ejemplo, invasión de señales. El que prácticamente cada iglesia, sobre todo en San Cristóbal, posea su propia estación radiofónica ha traído como consecuencia la saturación del cuadrante. Las de mayor potencia desplazan a las de menor alcance. Radio Alfa y Omega transmitía por la frecuencia 104.9 pero su señal se empezó a ver opacada por una radiodifusora católica con 10.000 watts, que emite desde Tabasco. Ellos, debido a que apenas tenían 500, decidieron desplazarse a la frecuencia 105.3. Estaciones, que cuentan con infraestructura adecuada, optan por transmitir en varias frecuencias sin importarles esta saturación. Simientes del Amor y Amistad transmite por 88.9 y 89.9 de FM y Radio Maranatha ocupa tres frecuencias (2013: 160).

No se trata únicamente de asegurar una frecuencia de emisión, sino más bien de una disputa por adquirir más potencia y "ocupar" así mayor espacio en el dial/cuadrante en detrimento de otras emisoras semejantes. Esta disputa, aunque se evidencia especialmente entre las radios religiosas, no se limita sin embargo a ellas. Pues, como argumentaré, se trata de una lógica necesaria en el funcionamiento público de la "palabra": el dominio de una palabra se dilata a expensas de los discursos rivales. Todas son contendientes por ese espacio virtual.

Presencia vocal

El objetivo de la competencia por el "espacio" radioeléctrico no es otro que constituir o expandir una "comunidad". Cada radioemisora está dirigida a fundar una sociedad cuyos miembros se encuentran unidos virtualmente por "la palabra". En la mayor parte de los casos los miembros no se conocen visualmente, no se "ven" entre sí, pero sí se escuchan. Y esta "presencia" auditiva posee rasgos sensoriales extremadamente valorados desde un punto de vista indígena porque señala una relación de intimidad, una proximidad de naturaleza moral e imaginativa distinta de la convivencia cotidiana. El papel que posee en el mundo indígena "la palabra" hace posible que hablar y escuchar sin la participación de otros sentidos —separándose de ellos— precipite un tipo de vida en el cual el resto de la existencia se convierte, por así decir, en el telón de fondo sobre el que se desarrolla la figura de una existencia diferente. El lenguaje domina la escena. Se trata de un tipo de presencia que confiere sentido sin recurrir a una referencia externa (Affergan, 2015: 18).

Sería útil, pues, pensar en cada radiodifusora indígena no solo como un medio técnico de comunicación con una audiencia, sino

como una sociedad donde sus miembros cobran existencia —coexisten— en cuanto se "presentan" verbalmente, esto es, son lo que son
en la medida en que su palabra tiene una presencia específica; quizá no
tanto una persona, cuanto una voz.

Estas comunidades unidas por la palabra no son, sin embargo, colectivos unívocos en las que unos locutores se dirigen a una audiencia.
Sin duda, el peso principal recae sobre el locutor o los locutores que
representan por así decir el foco virtual, pero los oyentes también intervienen activamente. En ocasiones acuden a la emisora, aunque en la
actualidad lo más común es que se comuniquen por medio del teléfono
celular para informar de algo, solicitar una canción, "dar testimonio"
religioso, moral, personal, etc. La respuesta a través de los celulares
es de hecho lo que permite, junto con la procedencia de las pequeñas
aportaciones económicas, reconocer la extensión del "dominio" de la
emisora; un dominio no geográfico, sino, como veremos, ontológico.
Probablemente, este circuito de doble sentido es un aspecto esencial
de las radios indígenas: el permanente diálogo entre locutores y auditores, de tal modo que la participación se convierte en un discurso
reversible con un formato dialógico (Tedlock, 1983). Desde este punto
de vista, la comunicación de la radio adopta las formas verbales indígenas tradicionales de los géneros más formales: los diálogos rituales
(*spat o'tan*), los discursos de las reuniones políticas (*juntael*), los cantos chamánicos (*ch'abajel, poxil*), entre otros géneros discursivos.

El hecho decisivo aquí, sin embargo, es que los límites de estas comunidades radiofónicas no coinciden con los límites de las comunidades "reales" de la vida ordinaria. Se trata de un dominio distinto que
redistribuye las "clases" sociales —geográficas, lingüísticas, étnicas,
profesionales u otras— de un modo diferente. Lo que define la pertenencia a estas comunidades virtuales no es necesariamente ser indígena, o de tal municipio o aldea, de la tierra fría o caliente, hablar tzotzil,
tzeltal, chol, tojolabal o español, ser urbano o rural, dedicarse a trabajar en la milpa o en el transporte. Esta disolución o reorganización
afecta también a las filiaciones religiosas: los oyentes de un predicador
radial comúnmente pertenecen a Iglesias distintas, y pueden llegar a
reunir en ocasiones evangélicos y católicos. Por ejemplo, Radio Vida,
que transmite desde la localidad de Ocosingo por el 92.7 FM, es quizá
la radio religiosa más escuchada en Chiapas, pero no pertenece a ninguna Iglesia y cuenta con predicadores diversos, así como oyentes de

distintas denominaciones y lenguas (Martínez, Cordero y Villar, 2013: 162). Lo que estoy sugiriendo, en definitiva, es que la radio indígena no está destinada tanto a reforzar "la comunidad" cotidiana, como a fundar nuevas comunidades, nuevas colectividades.

Moralidad y sentimientos

Las comunidades radiofónicas, por tanto, erosionan las categorías estipuladas de identificación ("indígena", "chol", "zinacanteco"), así como las divisiones administrativas municipales, regionales, estatales o nacionales. Y tampoco la frontera internacional entre Chiapas y Guatemala tiene ningún valor: radios libres guatemaltecas se escuchan en Chiapas sin distinción. En su lugar, las radiodifusoras realinean el sentimiento de pertenencia en función de otros intereses o afinidades, afinidades electivas y no dadas (aunque, como veremos, no se trata realmente de una "elección", sino de una persuasión). Mi impresión es que este sentimiento de pertenencia se define en términos de una "comunidad moral": aquello que justifica la pertenencia a una radioemisora/sociedad son argumentos compartidos de carácter ético.

Evidentemente, donde esto resulta más perceptible es en las radios "religiosas", especialmente, las evangélicas. La práctica totalidad de la comunicación radiofónica está dedicada —junto con la música— a que los locutores y los oyentes que participan "den testimonio", confiesen, prediquen, exhorten, amonesten, bendigan. Los pecados, en el sentido de faltas, y el logro de una buena vida son aquello que define a la comunidad.

Pero también las radios indígenas no religiosas están teñidas de un intenso lenguaje moral. Por ejemplo, las radios de la organización zapatista (pertenecientes al Ejército Zapatista de Liberación Nacional) se expresan en los términos del valor de la dignidad ("la dignidad rebelde"), la virtud de la pobreza, el compromiso comunitario, la liberación, el regreso a la comunidad cristiana original. Combinado hasta cierto punto con el lenguaje "altermundista" de los activistas de la izquierda cosmopolita —muy activos en las radios zapatistas—, el discurso más común de la sociedad radial zapatista es, sin embargo, el lenguaje católico de la "teología de la liberación" o de la "teología de la inculturación".

Por su parte, las radios "comunitarias" de carácter cultural adoptan el género de los consejos para una ética de la buena vida, consejos en parte que son nuevos en el discurso indígena: el valor de los conocimientos tradicionales, el retorno a las prácticas de los abuelos que ahora se encuentran en desaparición, la educación y el conocimiento, los derechos humanos, el cuidado por la naturaleza, las precauciones sanitarias y el cuidado del cuerpo.

En lengua tzeltal, este tipo de discurso pertenece a un género llamado *mantalil*, término que procede seguramente del español "mandar", y que quizá estuviera asociado a los discursos de los misioneros del periodo colonial y, luego, en algunas zonas de Chiapas, a ciertas autoridades hispanohablantes (Pitarch, 2013c). El género ahora se caracteriza por ser un conjunto de preceptos y consejos para lograr una vida moral, esto es, moral en un sentido práctico, de lograr una buena vida. Discursos capaces de estimular en los demás un estado de vida ético que lleve a una vida cotidiana satisfactoria: sin enfermedad, sin pobreza extrema, sin conflictos personales, sin violencia. Este, sin embargo, no es considerado un tipo de discurso sencillo y tampoco forma parte del conjunto de géneros verbales tradicionales, pues coloca al enunciador en un estado de cierta alteración social (como sugiere el que sea un discurso asociado originalmente con los frailes españoles). Así pues, *mantalil* es un tipo de discurso asociado parcialmente con el mundo europeo y sus formas de admonición y represión.

Este estado de alteración propio del género se encuentra a su vez asociado a la adopción de un lenguaje intensamente afectivo. *Mantalil* está destinado a obtener una respuesta emotiva del auditorio: es ahí donde reside su poder, así como también su riesgo. Los locutores radiofónicos y los oyentes que se comunican con ellos —la palabra radiada en su conjunto— se expresan en un registro sentimental, donde se ríe y se llora abiertamente, se declaran estados afectivos, tristeza, amor, furia, nostalgia y otros; se suplica, se lamenta, se confiesa; se muestra simpatía, piedad o desvelo por los afligidos y enfermos. Es el lenguaje del "corazón": un lenguaje en buena medida excepcional en el mundo indígena y, cabe decir, bastante estereotipado en su expresión. La omnipresencia de la música y la letra de las canciones es en sí misma un medio para la obtención de respuestas emocionales. Las canciones suelen estar dedicadas a seres "queridos", "amados", "recordados", "extrañados", aunque estos no siempre escuchen la emisora, lo cual me lleva a pensar que lo importante no es tanto informar de ese sentimiento a la otra persona, como exponerlo públicamente, es decir, mostrarse afectado.

Más aún, el propio discurso radiofónico gira en torno a estos estados "internos". De hecho, cuando se habla en lenguas indígenas en la radio se recurre a menudo al léxico sentimental del español, porque las lenguas indígenas carecen de referente o emplean un tipo de expresión más extensa e imprecisa. Este recurso al lenguaje sentimental es tanto más llamativo cuanto que el discurso tradicional indígena está presidido por la contención afectiva y, como veremos más adelante, la misma condición humana debe caracterizarse por la supresión o dominio de las emociones.

En América del Sur, Lucas Bessire ha observado también que el empleo de un lenguaje emotivo es una de las características más notables del uso de la radio bidireccional entre los indígenas ayoreo del Chaco boliviano y paraguayo:

> Los diálogos en la radio ayoreo son típicamente fáticos, esto es, dirigidos a compartir sentimientos más que información táctica. A diferencia de otras formas de comunicación televisuales o impresas, la radio bidireccional se considera como un medio apropiado para discutir los detalles íntimos de la vida diaria; las conversaciones adoptan formatos sentimentales ampliamente reconocidos dirigidos a provocar respuestas de simpatía, enojo, lástima o gozo. Las ondas están llenas de gente llorando, lamentándose, preocupándose, calmando y reafirmando. Los temas más discutidos son aquellos que tienden a provocar una respuesta emocional predecible de los oyentes (2012: 203).

La autoridad de la palabra y la inestabilidad de su gobierno

Es un rasgo común de las culturas indígenas americanas que la jefatura y las posiciones de autoridad descansen sobre "la palabra". Desde las jefaturas de las sociedades relativamente igualitarias de las tierras bajas de América del Sur a los gobernantes de formaciones estatales como la azteca, el dirigente —ya sea provisional o hereditario— es quien detenta la palabra: la autoridad política descansa sobre la posesión y el ejercicio del discurso. Es probable que este principio general explique la posición de preeminencia que ocupan los locutores de las radios indígenas, pues son estos quienes articulan la comunidad radiofónica cristalizándola como entidad política.

Sin duda, el grado de independencia del locutor depende del tipo de radio. Algunas radios (católicas, zapatistas) forman parte de una institución mayor que organiza su operación y define su contenido. En cambio, en otras, especialmente las religiosas evangélicas, pero también algunas culturales, el grado independencia de los locutores es mucho mayor, y en algunos casos la propia radiodifusora se crea en torno a los predicadores. En cualquier caso, parece existir una tendencia más general a la autonomización de los locutores, y probablemente el éxito de una radio, esto es, la creación de un dominio político efectivo dependa de la propia independencia del discurso del locutor respecto de otros poderes institucionales. En este sentido, es notable que, en condiciones de competencia, las radios religiosas y culturales "libres" logren una extensión y audiencia indígena mucho mayor que las católicas, zapatistas o gubernamentales.

El foco virtual no se encuentra, pues, tanto en la institución, la organización o la tecnología de emisión, quizá ni siquiera en el locutor, como en la palabra misma. Antes he mencionado la importancia de mostrarse afectado. Pero mostrarse afectado es también afectar, esto es, aquello que define la autoridad. La jerarquía en la comunidad radiofónica depende pues de la puesta en circulación de un lenguaje emotivo. Es moralmente superior el menos pecador, quien reconoce mejor sus antiguos pecados, pero, sobre todo, quien mejor amonesta a los demás en no caer en ellos, quien es capaz de incitar a los demás a comportarse moralmente. O es superior quien se muestra más digno y preocupado por el bienestar colectivo. O es superior quien se muestra, a la vez que moderno, más interesado por las formas tradicionales y el cuidado de la naturaleza, etc. No se trata pues de una *communitas* en el sentido de Victor Turner, sino más bien de una jerarquía provisional, sujeta a numerosos avatares, lo cual produce que los locutores pierdan su lugar de autoridad con facilidad.

Por lo demás, la autoridad raramente descansa en un único locutor, sino en un grupo de personas: una aristocracia basada en el dominio de la palabra y la virtud moral. La competencia y las intrigas internas suelen ser frecuentes, y a menudo desembocan en el abandono de los perdedores y, si existe la posibilidad, con la fundación de una nueva radio. Martínez, Cordero y Villar transcriben las palabras de uno de estos locutores que ilustra el ciclo de vida de la radio Alfa y Omega. Merece la pena citarlo en extenso porque dibuja no solo la tendencia

a la fisión entre los dirigentes, sino también el "estilo de vida" de una
radio indígena:

> Entre cinco hermanos empezamos. Hicimos una colecta; cada uno dio
> lo que tenía: 1.000, dos, 3.000 pesos; con todo eso se hizo un transmisor
> hechizo que fue de 50 watts que era armable, de hecho, una persona, don
> Víctor, que tiene una radio aquí en San Cristóbal fue el que lo armó. Él ya
> tenía conocimientos de radio y se lo vendió a los hermanos y se comple-
> mentó con unas antenas que se compraron.
>
> Después se compra una torre de 20 metros y se mandan a traer dos an-
> tenas más de Guatemala y se pone aquí, en Selva Natividad, la primera torre
> que se lanzó para abarcar otros lugares, y la cabina se instala atrás de esta
> iglesia. No sabíamos hasta dónde teníamos alcance, así que unos hermanos
> salieron a monitorear con sus carros, y vieron que la señal llegaba a Cha-
> mula, Larráinzar, San Cayetano, incluso hasta El Bosque estaba llegando
> perfectamente la señal con 50 watts. Se fueron hasta Simojovel, Huitiupan
> y lo mismo sucedía. Del lado de Tuxtla nunca entró la señal con 50 watts, lo
> raro es que se brincaba y llegaba a Berriozábal, de Berriozábal se iba a Oco-
> zocoautla, Cintalapa y Villaflores. A la gente le empezó a gustar la radio
> porque fue la primera radio adventista que se levantó aquí en San Cristóbal.
>
> Muchos hermanos empezaron a reivindicarse, había fallas técnicas y
> preguntaban por qué se había ido la radio. Les decíamos que era porque
> se tenía que reparar equis cosa y que las piezas costaban mucho dinero, y
> ellos dieron ideas de organizar una colecta en los diferentes municipios y
> así se empezó a trabajar con ello. Luego se celebró el primer aniversario
> de la radio; ahí se juntó un buen de dinero que es con lo que se compró el
> transmisor de 500 watts y así fueron creciendo las instalaciones. Como te-
> níamos recurso compramos un terreno pequeño en el cerro del Huitepec
> para la torre de la radio y se construyó una cabina y vinieron hermanos de
> Cintalapa, de Huitiupán, de varios lados. Terminada la construcción, se
> instaló el transmisor de 500 watts que hace que llegue una señal más nítida.
>
> Radio Alfa y Omega se dividió. Varios de sus integrantes se separaron.
> Los que se fueron pertenecían al grupo que tenía más iniciativa y sobre
> todo que le gustaba mucho la radio; se fueron y nos dejaron solos. La
> radio lo resintió bastante. Los radioescuchas nos empezaron a preguntar
> qué pasaba porque ya no los escuchaban. Nosotros no vimos motivo para
> decir lo que verdaderamente había pasado, simplemente se manejó con
> discreción (2013: 12).

Entonces, quienes se fueron de Radio Alfa y Omega (extraño nombre para un medio oral) fundaron dos radios nuevas, Radio Maranatha
y Fuerte Pregón del Sureste. Radio Alfa y Omega continuó, pero su
potencia bajó de 1.000 a 250 watts.

Dueños

Para tratar de desarrollar un poco más esta asociación entre palabra y autoridad política, quisiera sugerir que los locutores funcionan como figuras semejantes a lo que en la antropología indígena americana se conoce en español como "dueños", en portugués como *donos* y en inglés como *master*. El dueño es una figura que controla y protege a sus criaturas velando por su bienestar (Fausto, 2005). En México y Guatemala, este personaje es, por antonomasia, el "dueño del cerro", quien contiene y vela por sus criaturas en el interior de la montaña, y es además responsable de la riqueza y la fertilidad. Pero los tipos de dueños son virtualmente innumerables: de las especies animales, del mar, de las hamacas, del maíz, del telar de cintura... Es un modelo general, pues, que se aplica a todos los seres del cosmos: accidentes geográficos, animales, vegetales, objetos.

Entre humanos, la forma más característica de esta relación es la que se produce entre un jefe y sus seguidores. Se trata de una relación presidida en principio no por la coacción, sino por la persuasión; no una relación desnuda de dominio y subordinación, sino de acción y campo de influencia. Los dueños cuidan moralmente de sus seguidores y estos se someten a su protección y guía. Se trata de un modo de relación que, aplicando el modelo melanesio de Marilyn Strathern, Roger Magazine ha identificado entre las poblaciones mesoamericanas (2012) y José Kelly y Marcos de Almeida Matos (2019), en las tierras bajas sudamericanas: la separación entre una persona que actúa y otra que es considerada la causa de la acción, donde la segunda incita a la primera a actuar.

Este es quizá el modelo social de una radiodifusora indígena: los oyentes de una radio no son "obligados" a formar parte de ella —de la comunidad—, pero tampoco "eligen" formar parte de ella. Los locutores inducen moralmente a los oyentes. Entre ellos existe una relación de codependencia y también de creación recíproca: locutores y oyentes se requieren mutuamente para engendrar el dominio virtual. Es mediante este tipo de interacción como se producen dominios, grupos, nichos. El locutor precipita el surgimiento de un colectivo por medio de su "magnificación", según el modelo melanesio que subsume la pluralidad en la unidad, conteniendo y personificando a los miembros (Sztutman, 2012).

Pero, así como el locutor actúa como un protector para sus seguidores, para sus "criaturas", también se presenta como un personaje belicoso y agresivo con otros colectivos con los que compite por la extensión de su dominio y sus seguidores. Pues por su propia naturaleza, son dominios provisionales y precarios, incesantemente creados, disputados y erosionados. Esto provoca que cada dominio radiofónico intente expandirse todo lo posible, por lo general en detrimento de otros semejantes, para incrementar el número de miembros.

Un aspecto muy notable de las "radios indígenas" es que no se dirijan específicamente a población indígena o local, sino a todos los seres humanos. Los locutores de las radios religiosas anuncian su palabra como si su mensaje hubiera nacido en sus pequeñas localidades y hubiera que anunciarlo rápidamente al resto de la humanidad: "Surgimos para anunciar la salvación a través de Cristo, para que sepa el mundo y la gente que habita aquí en Teopisca y hasta donde abarque la señal que hay salvación para todos y no solo para algunos" (Martínez, Cordero y Villar, 2013: 12). De ahí la obsesión por la potencia y el alcance de las antenas y, ahora también, el interés por tratar de transmitir por internet. Las radios zapatistas están dirigidas a los rebeldes de todo el mundo —de cada país— y en sus emisiones gusta leer las cartas enviadas por activistas globales declarando la admiración por su lucha y enfatizando el eco de su discurso. Las radios "culturales", pese su orientación por las formas "tradicionales", en realidad se dirigen a todos quienes puedan estar interesados, a lo largo del mundo, por la preservación de la naturaleza y la "tradición". Sin duda, las radios forman un nicho, un dominio, pero ese dominio no está definido de antemano: debe ser creado y, desde el punto de vista de los fundadores de la radio, es potencialmente ilimitado.

Quizá por esta razón, las comunidades radiofónicas —al menos tal y como se presentan idealmente a sí mismas y a los demás— se definen por una misma preocupación moral y un mensaje que debe ser difundido. En cambio, no parece que recurran a factores de identidad cultural, lingüística, étnica u otra. Las emisoras, por ejemplo, emplean varias lenguas indígenas y también el español de manera indistinta y fluida. La música —religiosa o no— pertenece a géneros muy dispares, y en ocasiones exóticos. El recurso a inserciones de programas o discursos de otros lugares de México o el mundo es un valor añadido. Y existe un cuidado notorio por no recurrir a términos de carácter identitario o a referencias culturales de distinción. Los oyentes de una radio, independientemente de su adscripción y lugar de residencia, se convierten en "hermanos" o *kermanotak* (del español "hermanos" con el añadido de un plural infrecuente que indica una relación igualitaria). Lo que cada una de estas radios comparte no es quizá una misma cultura, sino una misma naturaleza moral.

Dicho de otro modo, los oyentes indígenas (pues de indígenas de Chiapas se trata fundamentalmente, pese a su autopresentación universalista) pasan a formar parte no solo de comunidades nuevas y no sujetas a divisiones convencionales, sino también y sobre todo con lenguajes, modos de vida y hábitos distintos. Son vidas extrañas y alejadas de la cotidianidad indígena. En parte se trata de formas de vida euroamericanas o urbanas, aquello que en las lenguas indígenas de la región se llama *kaxlan*: "castellano", extranjero, ajeno. Pero este desplazamiento hacia el mundo mexicano no es pensado como uno de carácter cultural, sino ontológico. Los miembros de la radio pasan a existir en un estado distinto caracterizado, como hemos visto, por afectos hasta cierto punto nuevos.

Cada comunidad radiofónica indígena es "dueña" o domina un cierto espacio, pero no se trata tanto de un espacio físico cuanto de un "hábitat ontológico". Sus miembros solo cobran existencia, se actualizan, y son capaces de reconocerse mutuamente, en la atmósfera de intimidad creada por la palabra de la difusora. Fuera de ese dominio carecen de "presencia" (véase Pitarch, 2013b: 44). La radio se dirige a seres pensados como originalmente indiferenciados y que solo en el dominio de la radio pueden llegar a diferenciarse (moralmente) y así completarse. Un proceso que va de lo particular y subjetivo a lo universal y objetivo.

Desde una perspectiva externa, las radios indígenas producen una impresión un poco paradójica: unas radios que se caracterizan precisamente por tratar de no ser "indígenas", que, de hecho, parecen muy poco indígenas. Porque lo que mayoritariamente buscan los antropólogos, sociólogos de la comunicación y otros observadores es justamente el carácter "indígena" de la radio. Por supuesto, definir aquí "indígena" es una cuestión muy variable, dependiendo de las inclinaciones e intereses del observador. Pero en todos los casos, lo que estos persiguen es algo subjetivo y particular, algo distinto del resto de las radios no indígenas.

Los medios de comunicación indígena tienden a ser tratados en la literatura antropológica como medios de acción política y activismo cultural, pero en el lenguaje de las radios indígenas —me refiero aquí a *todas* las radios indígenas y no solo aquellas que pertenecen a una organización política—, este carácter no resulta siempre evidente. El discurso de la demanda étnica, la reclamación a los poderes institucionales, la denuncia social tienen un papel menor o simplemente ausente. El carácter político de las radios indígenas se encuentra más bien en el lenguaje moral dirigido a retener las bases de la humanidad compartida, no de la etnicidad (por razones que veremos a continuación). No obstante, se trata de un tipo de lenguaje político difícil de traducir a los términos usuales de las ciencias sociales. Por el contrario, el uso indígena de los medios visuales —vídeo, cine y otros medios de imágenes— parece proporcionar un material más rico en términos de diferencia cultural y, sobre todo, de activismo político. Mas, como hemos visto, estos medios visuales están dirigidos fundamentalmente a interlocutores no indígenas.

Ruido y emociones

Hasta el momento he procurado destacar cómo la radio indígena funciona como una "extensión" de las formas tradicionales del uso de la palabra. Bajo esta perspectiva, la emergencia de la radio no sería sino una reactualización tecnológica de valores culturales indígenas muy antiguos: una tecnología nueva al servicio de lógicas tradicionales del discurso. Sin embargo, en esta última parte quisiera sugerir que el éxito de la radio, junto con otros sistemas de comunicación de "la palabra", es también un índice y una causa de cambios intensos en la vida indígena en Chiapas. Esta nueva "modernidad" se revela básicamente en dos aspectos que, por nimios que puedan parecer, atañen valores culturales profundos: la atracción por el "ruido" y la valoración del discurso emocional.

En varios trabajos etnográficos he argumentado que, desde una perspectiva indígena, el ruido representa el estado basal del cosmos (2013a). El mundo de los dioses, los espíritus, las almas, los muertos… es un estado presidido por una incesante algarabía de músicas estridentes, gritos, ruidos, llantos y risas. En el habla de los espíritus se confunden sin orden ni concierto idiomas como el español, el inglés, el latín y varias lenguas indígenas, entreverados por balbuceos alcohólicos y expresiones sentimentales. La enfermedad, las epidemias y la muerte son en buena medida resultado de ese ruido de los espíritus y los muertos. En lengua tzeltal los cantos chamánicos de curación se llaman *ch'ab*, "silenciar", porque están destinados a sofocar el lenguaje de los espíritus. El silencio es la salud de los cuerpos, lo opuesto del conflicto del incesante estrépito del mundo de los espíritus. La consecuencia es que el logro de la condición humana (algo que no es innato, sino que debe alcanzarse a lo largo del periodo de vida) depende de la reducción de ese ruido mediante la imposición del silencio y de un lenguaje formal y económicamente contenido. Dejar de ser un espíritu o un muerto y convertirse en humano requiere ser capaz de hablar la "auténtica lengua", no tanto un idioma entre otros, sino un lenguaje refinado, depurado y circunspecto en su enunciación.

A su vez, estrechamente asociadas al ruido, se encuentran las emociones y el lenguaje sentimental. Las emociones se encuentran en el polo de lo dado y deben ser reducidas a lo largo del proceso —ontogenético y filogenético— de humanización. Los espíritus, muertos y demás seres de "otro lado" se caracterizan por su emotividad; podría decirse incluso que los espíritus llegan a existir en la medida en que representan estados emocionales intensos: una especie de longitud de onda afectiva larga con cambios de ánimo súbitos. Es esta intensidad afectiva lo que hace a los espíritus poderosos y peligrosos en el sentido de que son capaces de afectar a otros por causa de esa emotividad. Inversamente, el imperativo ético del ser indígena consiste en la supresión, o al menos el dominio, de los afectos allí hasta donde sea posible. Las emociones literalmente consumen el cuerpo y colocan a los humanos en un estado análogo al de los espíritus. Los afectos están depositados en las almas de la persona, esencialmente en el corazón. Durante la enfermedad, la embriaguez, el sueño o la experiencia de sentimientos intensos, el cuerpo queda entorpecido y lo que emerge son las almas de cada persona, las cuales pertenecen al mismo dominio ontológico de los espíritus y los muertos.

Espiritualización y subjetivación

El contraste es evidente: si la vida tradicional indígena se basa en el control del ruido y de la emotividad, la radio representa prácticamente una inversión de ese ideal. Las comunidades radiofónicas existen en la confluencia de varias lenguas, géneros musicales, estilos discursivos, así como la exposición o, más precisamente, creación de un lenguaje sentimental. Eso es el ruido: una mezcla confusa de sonidos. Isabel Neila (s/f) ha observado que los tzotziles de Chamula caracterizan lo que denominan "nuevo vivir", lo que podría llamarse "la vida moderna indígena", como una vida que, por contraste con las formas tradicionales, se manifiesta mediante un lenguaje descontrolado y ruidoso, así como por la exposición pública de las emociones, por ejemplo, de un nuevo lenguaje romántico entre los jóvenes. Y si bien la autora no lo menciona, es fácil adivinar el papel de modelo que ejerce la radio en ese estilo de vida, tanto como el estilo de vida impulsa el papel principal de la radio. La radio presenta uno de los principales medios y modelos de trascender los modos de sociabilidad tradicionales para amplios sectores indígenas de Chiapas.

¿En qué sentido los trasciende? La serie de características que hemos examinado sugiere que la radio es un procedimiento de "espiritualización" progresivo de los locutores y oyentes. En las comunidades radiofónicas —donde el cuerpo se encuentra presente no en su forma carnal sino fenomenológica, fundamentalmente como voz— lo que emerge es un tipo de forma-alma. Pero es el alma indígena, no cristiana. Si el cuerpo carnal es el aspecto de la persona más objetivado y artificial, en el sentido de culturalmente formado, es decir, representa el aspecto indígena de la persona, el alma, en cambio, representa el aspecto subjetivo y más universal de la persona, universal en el sentido de trans-específico (Pitarch, 2019). De ahí que los miembros de las comunidades radiofónicas indígenas tengan una existencia que no se distingue en lo fundamental de la de otros seres del mundo, entre ellos los europeos o los mexicanos urbanos, porque se encuentran más cerca de la existencia basal de los espíritus. De hecho, las voces radiofónicas pueden adoptar potencialmente cualquier tipo de existencia.

La vida "en" la radio, pues, revela una modernidad futura, pero esta modernidad es en realidad una regresión a un estado ontológicamente indiferenciado. El estado del ser anterior a la aparición del Sol en el que, como muestran los mitos, los grupos humanos y las especies prácticamente no se diferencian entre sí y donde quizá ni siquiera posean un cuerpo carnal: un estado tanto *supra* como *infra* individual. El empleo del ruido y de la emotividad no son probablemente un objetivo en sí mismo, sino un instrumento, una técnica para alcanzar ese estado. El afecto, observan Deleuze y Guattari es "una zona de indeterminación, de indiscernibilidad, como si cosas, animales y personas [...] hubieran alcanzado en cada caso ese punto en el infinito que antecede inmediatamente a su diferenciación natural" (1997: 174). Las comunidades radiofónicas indígenas ofrecen la posibilidad de regresar a ese estado de "indiscernibilidad". En este sentido, la radio constituye una experiencia análoga al ritual, la embriaguez, el sueño y otras regresiones al otro lado de la existencia.

Y como sucede durante el sueño o la embriaguez, estas almas radiofónicas soportan un estado de oscilación exacerbada (en términos radiofónicos, una longitud de onda larga). Por una parte, se trata de un lenguaje moralista —en realidad, un permanente sermón hecho de ejemplo y reconvención—; por otra, implica la disolución de los comportamientos discursivos ideales de contención, formalidad, armonía, silencio y respeto por la convención.

Pero ese proceso de involución inicialmente restringido a comunidades radiofónicas separadas del mundo cotidiano va poco a poco desbordando estas y extendiéndose progresivamente a la vida carnal ordinaria. Las almas y espíritus ocupan sus propios lugares, pero cuando el ruido y las emociones proliferan entre ellos sin control, su mundo —incluidas las comunidades radiofónicas— son capaces de infiltrarse en el mundo solar y afectar a los humanos. Ese contagio se está verificando sobre todo en los barrios de las ciudades, en las escuelas, en las nuevas iglesias y templos, en el transporte, en las fiestas. En ellos los cuerpos se eclipsan, las almas se revelan y el mundo de los espíritus y los "castellanos" se vuelve cada vez más presente. El antiguo temor indígena de no dominar el ruido de fondo del universo parece confirmarse ahora. La paradoja, claro está, es que este deslizamiento hacia la espiritualización y castellanización —hacia la modernización, diríamos nosotros— se produce en el marco de la lógica tradicional indígena del ser y la palabra.

Si tuviera que intentar resumir una conclusión de este ensayo podría ser esta: que el propósito de la radio indígena en Chiapas —de la palabra indígena reproducida tecnológicamente— no es, fundamentalmente, la "comunicación" o el intercambio de información. Más bien, la palabra de la radio está dirigida a fundar comunidades de seres ontológicamente distintos, espíritus con voz y sentimiento. Seres en principio diferentes de los humanos ordinarios El lenguaje de la radio no posee un valor semántico (lo que significa, lo que transmite), sino ontológico (las clases de seres que engendra). Lo dicho no es tan importante como la potencia generativa de decir.

BIBLIOGRAFÍA

AFFERGAN, Francis (2015): "Éléments pour une anthropologie de la présence". *Revue européenne des sciences sociales*, 53-2: 17-49.

BESSIRE, Lucas (2012): "'We go above'. Media Methaphysics and Moral life on Ayoreo Two-Way Radio", en Lucas Bessire y Daniel Fisher (eds.), *Radio Fields. Anthropology and Wireless Sound in the 21st Century*. New York: New York University Press, pp. 197-215

DELEUZE, Gilles/GUATTARI, Félix (1997): *¿Qué es la filosofía?* Barcelona: Anagrama.

FAUSTO, Carlos (2008): "Donos demais: maestria e domínio na Amazônia". *Mana* 14 (2): 329-366.

GOSSEN, Gary H. (1974): *Chamulas in the World of the Sun. Time and Space in a Maya Oral Tradition*. Prospect Hights: Waveland Press.

KELLY, José Antonio/ALMEIDA MATOS, Marcos de (2019): "Politica da consideração: Açao e influência nas terras baixas da América do Sul". *Mana* 25(2): 391-426

KÖHLER, Axel (2004): "Nuestros antepasados no tenían cámaras: el video como machete y otros retos de la video-producción indígena en Chiapas, México". *Revista Chilena de Antropología Visual* 4: 391-406.

MAGAZINE, Roger (2012): *The Village is like a Wheel. Rethinking Cargos, Family and Ethnicity in Highland Mexico*. Tucson: University of Arizona Press

MARTÍNEZ MENDOZA, Sarelly/CORDERO FERNÁNDEZ, Francisco Javier/VILLAR PINTO, Hugo (2013): "El púlpito electrónico: La radio religiosa en Chiapas". *Razón y Palabra* 83 (Revista electrónica).

— (2015): "Expansión y presencia de la radio libre en Chiapas, un fenómeno de la globalización". *Correspondencias & Análisis* 5: 153-171.

OROBITG, Gemma/MARTINEZ MAURI, Mónica/CANALS, Roger/ CELIGUETA, Gemma/GIL GARCÍA, Francisco/GÓMEZ RUIZ, Sebastián/ IZARD, Gabriel/LÓPEZ GARCÍA, Julián/MUÑOZ MORÁN, Óscar/ PÉREZ GALÁN, Beatriz/PITARCH, Pedro (en prensa): "Los medios indígenas en América Latina: usos, sentidos y cartografías de una experiencia plural". *Revista de Historia* 23: pp. 46-82

Pitarch, Pedro (2013a): *La palabra fragante. Cantos chamánicos tzeltales*. Ciudad de México: Artes de México.

— (2013b): "Sobre el mal del texto. Lenguaje, escritura, enfermedad", en Pedro Pitarch, *La cara oculta del pliegue*. Ciudad de México: Artes de México, pp. 65-95.

— (2013c): "Los extravíos de la traducción: una versión tzeltal de la Declaración Universal de los Derechos Humanos en tzeltal", en Pedro Pitarch, *La cara oculta del pliegue*. Ciudad de México: Artes de México, pp. 181-209.

— (2019): "The Domestication of the Abstract Soul", en Pedro Pitarch y José Antonio Kelly (eds.), *The Culture of Invention in the Americas. Anthropological Experiments with Roy Wagner*. Cambridge: Kingston, pp. 73-91.

Neila Boyer, Isabel (s/f): *La sociedad tzotzil en la industria del ruido*. Manuscrito.

Sagi-Vela, Ana (2020): *Una etnografía de la escritura mixe*. Tesis doctoral, Universidad Complutense de Madrid.

Sztutman, Renato (2012): *O profeta e o principal: a ação política ameríndia e seus personagens*. São Paulo: Edusp.

Tedlock, Dennis (1983): *The Spoken Word and the Work of Interpretation*. Philadelphia: University of Pennsylvania Press.

Wortham, Erica Cusi (2004): "Between the State and Indigenous Autonomy: Unpacking Video Indigena in Mexico". *Journal of American Anthropologist* 106 (2): 363-368.

Ocupando espacios con palabras. Comunicadores populares en Bolivia

Óscar Muñoz Morán
(Universidad Complutense de Madrid)

La fundación jesuita Acción Cultural Loyola (ACLO) nace en Bolivia en 1966 por iniciativa de dos miembros de la congregación, Carlos Quiroga y Antonio Pascual. Éste último era por aquel entonces director de Radio Loyola en Sucre[1]. Ambos pensaron que una reciente partida de dinero llegada a ellos podría ser dedicada "a algún programa de alfabetización para la población campesina de Chuquisaca" (Pifarré, 2016: 9)[2]. Así nace la fundación y, al mismo tiempo, la idea de una radio homónima: ACLO[3]. La radio comienza a transmitir en 1971 con ayuda de Radio Loyola, pero hasta 1979 no cuenta con su propio repetidor, independizándose así de la anterior.

---

1. Radio Loyola nace en Sucre en 1950. Los jesuitas deciden ponerla en marcha tras el terremoto de finales de los años cuarenta del siglo pasado, con el fin de dar cobertura católica y asistencial a los sectores más populares y desfavorecidos de la sociedad chuquisaqueña.
2. La educación ha sido el eje sobre el que se han vertebrado la mayor parte de las radios mineras, comunitarias, populares o indígenas de Bolivia. Todavía hoy se piensa que es el principal objetivo de las mismas, pues de este modo pueden suplir la ausencia de la educación institucional en las zonas rurales (López, 2000 y Ramos, 2018). Para la importancia de la educación en la formación y desarrollo de ACLO, véase De Lara y Olabe (2012).
3. En su página web, ACLO se define de la siguiente forma: "Somos una institución de inspiración cristiana-ignaciana liberadora y con voz propia, que a través de sus acciones de promoción social, económico-productivas, educativas-comunicativas e incidencia política, y en armonía con el medio ambiente, buscamos lograr una vida buena" (<https://www.aclo.org.bo/mision-y-vision/>; última consulta 14 de agosto de 2019).

Hoy en día, radio ACLO se encuentra presente en prácticamente todo el ámbito rural del sur de Bolivia, en concreto en los departamentos de Chuquisaca, Potosí, Tarija y Santa Cruz; y, desde hace unos años y de manera creciente, en las denominadas zonas periurbanas de sus capitales. Actualmente cuenta con seis emisoras: Chuquisaca FM (conocida como ACLO Sucre) y Chuquisaca AM; Potosí AM; Tarija FM y Tarija AM; y Chaco FM. En términos generales se establece que las frecuencias moduladas (FM) cubren el contexto urbano y las amplitudes moduladas (AM), el ámbito rural. Sus dos emisoras de referencia son Radio Chuquisaca y Radio Potosí, que desde siempre han llegado por amplitud modulada a la población indígena del campo. Por esta razón, han sido emisoras que han centrado su programación, mayoritariamente en quechua, en dar servicio a las demandas de esta población: programas de educación y alfabetización, contenidos relacionados con el campo, avisos y noticias propias del mismo[4]. Por tanto, se puede decir que Radio ACLO ha sido desde siempre una radio dedicada a la población campesina e indígena, hecha desde la ciudad por personal de origen campesino. No obstante, aunque las autoridades de ACLO, siendo en última instancia quienes toman las decisiones, no son indígenas, sí hay trabajando para la radio personas que provienen del campo y son de tradición quechua. De hecho, se valora sobremanera y en algunos casos es un requisito imprescindible (aunque cada vez menos, al estar centrando sus esfuerzos más en las emisoras urbanas), que para trabajar en la radio se hable perfectamente esta lengua[5].

Las lógicas que voy a presentar en este trabajo no obedecen, por tanto, aunque compartan ciertas dinámicas, a las que comúnmente se atribuyen a las radios pertenecientes a diferentes grupos populares, muchos más comunes y objeto de la mayor parte de los estudios realizados hasta el momento. Me refiero a las que para efectos operativos

---

4.   Radio Potosí emitía exclusivamente por FM para la población del campo, pero al incorporar la AM, de ámbito urbano, ha centrado sus escasos esfuerzos en esta última, abandonando progresivamente la FM hasta cesar sus emisiones en 2007 por cuestiones legales. Por otra parte, Radio Tarija, aunque fue creada en la misma época que Radio Potosí, no tenía población quechua hablante y, por tanto, el contenido de su programación era claramente diferente. Algo parecido sucede con Radio Chaco, enfocada a población perteneciente a las tierras bajas del país.

5.   El lector interesado en conocer más sobre el perfil de los equipos radiofónicos podrá hacerlo en un artículo de próxima publicación (Muñoz, 2021).

llamaremos aquí radios populares: las radios mineras y las radios comunitarias e/o indígenas. Estas han sido caracterizadas por parte de los estudios, como medios de expresión de sectores subalternos que surgieron tras la Revolución de 1952 y se convirtieron en las plataformas de reivindicación y de voz marginal en los momentos críticos de la historia, así como en instituciones pensadas bajo estructuras propiamente indígenas (Huesca, 2016; Ramos, 2018). Un movimiento que, por otro lado, supera las fronteras del país andino para insertarse en un proceso de descolonización de los medios propio de Latinoamérica y que probablemente se comenzó a gestar ya en los años setenta del siglo xx (Chaparro, 2014). No es este el espacio para señalar la importancia de las radios mineras en Bolivia (O'Connor, 2006; Herrera y Ramos, 2013; Artz, 2016) ni para recordar el mapeo tipológico e histórico de las radios en el país (Aguirre *et al.*, 2003; Beltrán y Reyes, 1993; O'Connor, 2006; Ramos y Badillo, 2013; Ramos, 2018). Radio ACLO, la cual no entra dentro de esta categoría de radios populares, surge en pleno auge de las mismas y claramente inspiradas por ellas. No obstante, al contrario de lo sucedido con las radios mineras, no sufrió de la misma forma las políticas represiva de las dictaduras y de los gobiernos neoliberales (Herrera y Ramos, 2013) y tampoco se ha visto afectada por la institucionalización y manipulación de las Radios de los Pueblos Originarios (RPOs) (Ramos y Badillo, 2013)[6].

El interés en este texto por ACLO se justifica en que probablemente sea la institución y la radio más apreciada y querida por el campesino, mayoritariamente quechua, pero no únicamente, del sur de Bolivia, que la consideran como el medio a través del cual canalizar sus demandas y necesidades. Su prestigio está fundamentado en los numerosos proyectos de desarrollo, especialmente agrícolas, que han llevado a cabo, pero, sobre todo, por la identificación con la radio. Durante muchos años las emisoras de ACLO fueron las únicas que se

---

6.   Herrera y Ramos señalan, respecto a las radios mineras, que a partir de 1985 "la llamada Nueva Política Económica (NPE) y la relocalización de más del 80% de los trabajadores mineros trae la mengua de las audiencias y la imposibilidad del sostenimiento" (2013: 15). Por su parte, las RPOs fueron creadas durante el primer gobierno de Evo Morales, en 2007, imitando el sistema de radios indígenas y populares implantado en Venezuela. Como demuestra el texto de Ramos y Badillo, las RPOs están directamente supervisada por la Presidencia del Gobierno y por el Ministerio de Comunicación a través de la coordinación de la radio estatal Patria Nueva (2013).

escuchaban en el ámbito rural y el que la mayor parte de su programación fuera en quechua y destinada al campesinado, le hizo ganarse un prestigio que todavía se mantiene en las comunidades pese al despoblamiento de las mismas, el uso de las nuevas tecnologías y la llegada de nuevas frecuencias.

Campesino de la comunidad de Coipasi, Potosí, escuchando radio ACLO en un viejo transistor (al fondo).

En este texto me gustaría plantear, desde la etnografía, el análisis de las formas y las prácticas creadas por los dirigentes de ACLO para dar cobertura radiofónica al complicado ámbito indígena y quechua hablante del campo. Me centraré para eso, en el caso de los comunicadores populares de Radio Chuquisaca, aunque haré menciones también al caso de Radio Potosí[7].

____

7. Los comunicadores populares de Radio ACLO Potosí estuvieron activos hasta 1992, cuando tras una serie de encontronazos con la directiva regional de la fundación, esta decidió eliminar la formación y apoyo a los mismos. Hoy en día ACLO Potosí no cuenta con comunicadores populares, pero sí con ocho "corresponsales voluntarios" que envían noticias en quechua desde diferentes lugares del departamento.

En concreto, me interesa describir y proponer un modelo de interpretación etnográfica para las dinámicas que los denominados 'comunicadores populares' han puesto en circulación para incorporar su posición y acciones dentro del sistema de cargos políticos en las regiones de Chuquisaca y Potosí. Este punto de vista indígena será contrastado con el de la propia fundación, que ve en esta inserción del comunicador en el ámbito político local como un problema y un escollo para el desarrollo de la comunicación popular.

COMUNICADORES POPULARES

Inicialmente denominados reporteros populares, comenzaron a ser formados por los equipos de ACLO en 1984. Desde entonces, el objetivo principalmente ha sido que personas de cada comunidad, con reconocido don de palabra y liderazgo, se conviertan en reporteros voluntarios al servicio de la radio para que sean la voz de sus comunidades enviando notas sobre todos aquellos acontecimientos o noticias que consideran relevantes[8].

Señala Nilo Pérez, encargado en la actualidad de su formación para Radio ACLO Chuquisaca, que los comunicadores populares son, sobre todo, voceros de sus comunidades[9]:

> Él es como guía de la comunidad, es como voz de la comunidad. Cualquier cosa pasa, digamos: pasa desastre; o cuáles son sus necesidades de la comunidad; que cosa no ha cumplido el alcalde; por ahí los proyectos están paralizados; por ahí algo ha pasado… todas esas cosas, el comunicador de la comunidad mismo debe informar a la radio ACLO.

En una conversación mantenida con dos comunicadores populares, subrayaban que sin los comunicadores no se podría conocer lo que succde en cada comunidad[10]:

---

8. Por supuesto que los comunicadores populares de ACLO no son los únicos existentes en Bolivia, véase el ejemplo de los reporteros populares de Radio Pío XII (Huesca, 2016).
9. Los testimonios de Nilo Pérez son todos de enero de 2018.
10. Don Félix Pacheco es comunicador de la comunidad de Ravelo (que aunque pertenece al departamento de Potosí se encuentra dentro de la red de comunicadores de Chuquisaca) y don Julián Huallpa, de la comunidad de Sacavilique Chico

—Don Félix Pacheco: "Si no hay comunicador no sabemos nada, no hay como hacer conocer".
—Don Julián Huallpa: "Es como estar en corral cerrado".
—Don Félix Pacheco: "Es la voz de la comunidad".

En la actualidad, en Chuquisaca, calcula Nilo, habrá unos 1.500 comunicadores populares, aunque en realidad, que estén activos y colaborando con la radio, unos 500. Se pretende que haya al menos uno por comunidad y un número considerable por municipio. Por ejemplo, el municipio de Ravelo tiene actualmente 36. Es decir, la intención de ACLO es tener una red lo suficientemente extensa como para cubrir las noticias de cada rincón del departamento por muy alejado e inaccesible que sea. Don Félix Gonza, de Radio ACLO Potosí[11], me explicaba que la idea era que los comunicadores ayudaran a los periodistas cuando se desplazaban al campo o que les cubrieran cuando no podían hacerlo:

> Cuando había transmisión nosotros vamos y ellos también aportaban porque conocían más de usos y costumbres de las comunidades. Y nos ayudaban. Entraban y participaban (…) En fin, juntos trabajábamos. Y cuando no podíamos ir ellos iban y hacían. A veces cuando sabían usar grabadora, traían aquí. Ellos sabían, hacían automáticamente. Por los talleres ya sabíamos, nos explicaban.

El comunicador, una vez elegido por su comunidad para ello, suele formarse en varios talleres organizados por ACLO a lo largo de dos o tres años. En Potosí, hasta su desaparición, eran tres talleres y un encuentro al año. A aquellos de los participantes que la institución considera especialmente competentes, les ofrece una pasantía de unos dos meses en la emisora. En casos muy particulares, como el de Félix Gonza, llegan a quedarse y formar parte de los equipos permanentes de las radios. Don Félix comentaba que en los talleres no aprenden cómo se hace radio, únicamente entrevistas y a enviar noticias, es decir, a hacer de reporteros. Es en la radio, en el contacto con los equipos, donde aprenden cómo se hacen programas, a ponerse delante del micrófono.

(Chuquisaca). Sacavilique Chico es una comunidad especialmente aislada, pues se encuentra a nueve horas de transporte de Sucre. Las entrevistas por separado y en conjunto se realizaron el 15 de octubre de 2018.

11. Testimonio de enero de 2018.

Gran parte de la problemática actual respecto a los comunicadores populares, como veremos más adelante, gira alrededor del mecanismo de elección de las personas que son formadas en los talleres. Por lo general, las comunidades piensan que las más adecuadas para ser comunicadores son aquellas que están consideradas con capacidad de comunicación, a saber, el don de palabra, de compromiso:

> En la comunidad ven, ¿no? Digamos la habilidad. "Este chico puede ser un comunicador". Porque para ACLO se necesita uno que sabe hablar, que sabe expresarse, digamos algo: "este chico está bueno. Que capacite, que vaya a ACLO". Así ellos eligen ya (Nilo Pérez).

Veremos más adelante que la 'comunicación' en las comunidades se entiende tanto por el uso de la palabra como por la capacidad de poner esta en relación. De hecho, pude comprobar que no todas las personas que se forman y que, por tanto, han sido elegidas por la comunidad, tienen esta capacidad de "saber hablar" y, mucho menos, el interés por hacerlo. En enero de 2018 pude asistir a uno de los talleres de capacitación llevado a cabo por los miembros de ACLO en la comunidad de La Compuerta (Río Chico, Sucre). Este taller me mostró dos perfiles de personas que acceden al cargo de comunicador popular y que he podido confirmar posteriormente en conversaciones y entrevistas con ellos.

En primer lugar, el perfil mayoritario que se compone de campesinos que, siendo elegidos por sus comunidades para este cargo, no parecen estar especialmente interesados en la comunicación ni en ejercer como comunicadores populares. Los capacitadores de ACLO así me lo confirman, cuando me dicen que la elección muchas veces no va acompaña del compromiso del elegido:

> …en el caso de las comunidades rurales participan aquellas personas que fueron elegidas por su comunidad para el cargo, les guste o no. Participan porque la comunidad se los encomendó y, claro, hay varios de ellos que en el camino dejan la capacitación porque no les gusta (…) hay quienes asisten porque la comunidad se los encomendó, solo por cumplir (Daysy Ponce)[12].

---

12. Daysy Ponce es comunicadora y formadora de Radio ACLO Chuquisaca. Testimonio de septiembre de 2019.

Al taller celebrado en La Compuerta asistieron 13 de las 25 personas apuntadas inicialmente. Durante el desarrollo de la parte más teórica, en la mañana, ninguno de ellos tomó notas y, durante la parte práctica, en la tarde, sí participaron, pero el entusiasmo, salvo algunas excepciones, no era lo que más resaltaba. A la pregunta de qué les interesaba más del taller, la mayoría mencionó que era aprender a redactar noticias, dentro de la parte teórica, y tan solo unos pocos destacaron el aprender a hacer entrevistas, la parte de la práctica.

Taller de capacitación de comunicadores populares impartido por los miembros de ACLO en la comunidad de La Compuerta.

Es importante señalar que el taller se programaba en dos fines de semana. Al siguiente, se llevaría a cabo la segunda parte de la formación siempre obligada en cualquier taller que imparte ACLO, sea a comunicadores populares o en proyectos agropecuarios: la "formación de líderes", de la cual hablaré más adelante.

No podemos olvidar que la mayor parte de estas personas elegidas por su comunidad tienen en el campo (principalmente agricultura, aunque también ganadería) su principal dedicación, siendo esta la razón por la cual resulta complicado que inviertan su tiempo en participar de la red de comunicadores. Como digo, estos son la mayor parte de ellos y muchos, no solamente no parecen manifestar mucho interés por la labor de comunicador, sino que tampoco sienten atracción por el prestigio que supuestamente les da el cargo.

Por otra parte, están aquellos que son la élite de los comunicadores populares. No solamente los que participan activamente de la labor comunicadora, sino que también se implican a nivel organizativo. Durante el taller asistieron tres de estos líderes comunicadores. Claramente muy curtidos en la labor, fueron el apoyo constante de los formadores de ACLO, ya que no solo se encargaron de la apertura e inauguración del taller, sino que también abrían, con ejemplos prácticos y respondiendo a las preguntas, todos los módulos desarrollados durante la jornada.

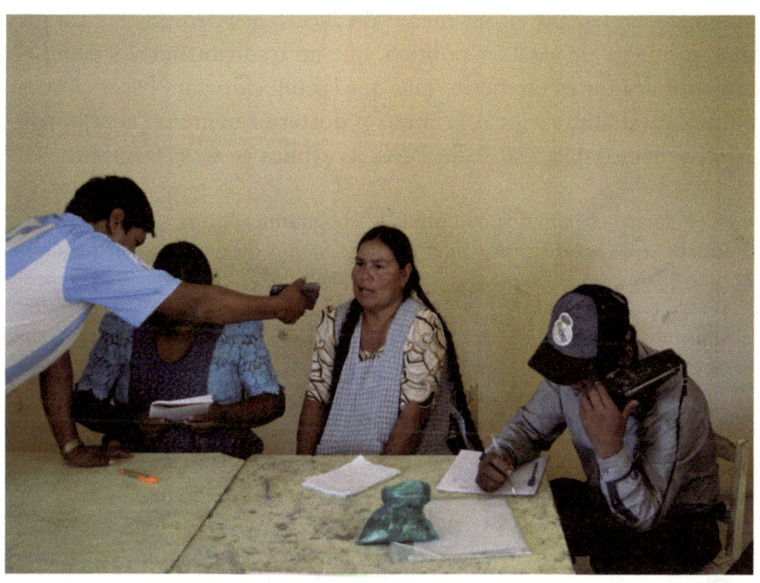

Los líderes Wilber, Santiago y Francisca participan activamente
en las actividades del taller de comunicadores populares.

De estos comunicadores comprometidos salieron aquellos que en toda Bolivia fungieron como creadores de radios comunitarias e indígenas (Ramos, 2018: 25). Es el caso de don Félix Pacheco, que ha fundado en su comunidad la Radio San Miguel de Ravelo, llevada por tan solo dos personas y que emite básicamente "bajando" la señal de ACLO.

DIMENSIÓN POLÍTICA Y PROBLEMÁTICA ACTUAL

ACLO como fundación, al menos sus autoridades en Chuquisaca, está realmente preocupada por el rol adquirido por los comunicadores populares. Afirma que la figura de los comunicadores ha quedado obsoleta, pues debido a su poco interés en la comunicación y en la formación básica que les puede ofrecer la fundación, no cumplen con el papel que se espera de ellos. Los comunicadores terminan usando este cargo y reconocimiento como plataforma política.

El ser comunicador para ACLO se ha convertido en estas comunidades indígenas en un medio de acceso a determinados cargos principalmente de carácter político, que no tradicionales. Es decir, el ser comunicador es un mérito más que reconocido para hacer carrera política en el ámbito local primero y posteriormente en el regional, algunos incluso nacional. Nilo Pérez lo explica en estos términos:

> Primero eligen en la comunidad. El comunicador ya sabe hablar, entonces "que sea dirigente, líder". Luego, como dirigente, como comunicador, "que sea subcentral", "que sea ejecutivo", "que sea nuestro representante de diputado": hay concejales, alcaldes, dirigentes, subcentrales, subcentrales regionales, ejecutivos nacionales, senadoras, senadores, diputados, llegaron, hasta gobernadores (…) *ACLO se ha convertido como en una escuela política*, digamos (…) si a ACLO va a entrar, sabe que se ha capacitado, que sabe de la vida, de la vivencia del campo, de la ciudad, y ellos valoran.

Estos comunicadores populares están organizados, desde hace 20 años, en la denominada Federación Departamental de Comunicadores de Chuquisaca, con un enorme poder regional, pues gran parte de sus dirigentes lo son también de la organización sindical de la Federación de Campesinos de Chuquisaca, perteneciente a su vez a la Central Obrera. Félix Pacheco, comunicador popular de Ravelo, actualmente dirigente de la Federación, me dice que tiene aspiraciones de ir ascendiendo: "hay que empezar de a poco, ¿por qué no? La comunidad te valora, te ve. Y luego te propone para dirigente y para subcentral…".

Esta situación ha generado una creciente preocupación en ACLO, que claramente ha observado que no tiene el control de la Federación Departamental de Comunicadores de Chuquisaca pero, sobre todo, que los comunicadores populares han perdido, en gran medida, la esencia original y que, en gran parte de los casos, ACLO y su formación son tan solo una plataforma de acceso a otros ámbitos que no son los de la comunicación.

Es por esta razón que ACLO Chuquisaca encargó a comienzos de 2019 la elaboración de un informe sobre la situación actual de los comunicadores populares, su formación y las estrategias de futuro[13]. Entre los numerosos problemas identificados en la formación actual de los comunicadores, en este documento se pone especial atención en la merma del rol de comunicador, a la par que se acrecienta el de líder comunitario, pero especialmente regional.

Para conocer la problemática es importante, primero que conozcamos los ámbitos donde desarrollan la carrera política las poblaciones campesinas del sur de Bolivia, así como el sistema de cargos en el que se insertan. En lo que respecta al perfil político, podríamos considerar que este se da en tres niveles. Por una parte, el más restringido de todos, el local, donde el comunicador, por tener tal condición, consigue un cierto prestigio que le permite acceder a otros puestos de los sistemas de cargos. Nos ocuparemos de este asunto en el siguiente apartado del capítulo. El inmediatamente superior al local es el poder municipal, donde, como bien refleja el documento de valoración, los comunicadores son utilizados y presionados por gobiernos municipales para ser voceros de sus políticas. Ser críticos con las mismas supone ponerte en contra a los gobiernos municipales, que como el mismo Nilo Pérez dice, en muchos casos son los únicos que ayudan a los comunicadores con financiación para formación, transporte, manutención, etc.[14]. Tenemos algunos ejemplos en los que los comunicadores se ven obligados a seguir las directrices de sus autoridades si quieren contar con apoyo económico para su labor:

---

13. *Valoración y rediseño de la propuesta de formación de comunicadores populares comunales y barriales* (2019). Documento interno de ACLO.

14. "Esos talleres municipales se llevan en coordinación con gobiernos municipales. Corren ellos con gastos de alimentación, pasajes, corren también alojamiento. Corren con gastos, cada municipio. Hacemos un convenio con ACLO con cada municipio para que ellos puedan solventar los gastos y nosotros capacitar..." (Nilo Pérez).

> La organización sindical los quiere manejar políticamente… se trata de que se actúen [sic] con mucha responsabilidad con transparencia en la información, pero a raíz de ello hay conflictos. Es por eso que el Gobierno Municipal que financia el proyecto con alimentación y pago trasporte [sic] no le gusta que hablen mal de su gestión, de ahí los desencuentros y conflictos entre el Gobierno Municipal y los reporteros populares, inclusive se da el conflicto con sus propios dirigentes porque actúan políticamente.
>
> El Alcalde decía si tu reflejas lo que yo hago porque somos de la línea…, te voy apoyar… incluso hasta créditos ofrecían[15].

Como menciona don Félix Rodríguez, comunicador popular hasta hace tres años[16], la supervisión de las autoridades se convertía en un requisito imprescindible, pues,

> Los dirigentes me decían "hay que sacar esto". Entonces los dirigentes me entregaban las noticias y juntamente con las autoridades enviamos las noticias que reportábamos. Entonces ahí nos preguntaban en Potosí, "siempre con el sello de algún dirigente". Entonces ahí para no estar pasando esos problemas, el dirigente me avalaba con las firmas, con el sellito. Entonces "esta es la noticia que hemos realizado", junto los dirigentes han avalado las noticias.

Por último tenemos el ámbito regional, que abarca a su vez el acceso a los puestos dirigentes de la Federación Departamental de Comunicadores de Chuquisaca y, como consecuencia, a otros muchos de carácter político, dentro de la Federación Sindical o incluso de la política regional. Trataremos también con detalles este asunto en el siguiente apartado.

En definitiva, el comunicador popular es hoy considerado, en gran parte de todo el ámbito del sur de Bolivia, más como una figura política que comunicadora. Así se sienten los propios protagonistas, que afirman, como hacía el don Félix Pacheco, que quieren ascender, ser considerados por sus comunidades como dirigentes. Así los ven los diferentes dirigentes que intentan usarlos para sus intereses. Y también son así vistos por las autoridades de ACLO, que sienten haber perdido el control de la organización de comunicadores y del sentido inicial para el cual comenzó el programa de formación.

---

15. *Valoración y rediseño de la propuesta de formación de comunicadores populares comunales y barriales* (2019). Documento interno de ACLO, p. 36.
16. Don Félix Rodríguez ha sido comunicador de Linares (Potosí), aunque actualmente reside en la ciudad de Sucre. Testimonio de septiembre de 2019.

Con el fin de poder encauzar esta formación, el documento de evaluación propone principalmente tres tipos de acciones: cambiar el sistema de selección de candidatos, no dejándolo únicamente en manos de las comunidades, teniendo ACLO la última palabra al respecto; mejorar el sistema de formación de los mismos principalmente reduciendo la frecuencia y aumentando la calidad de los talleres; y mejorar la coordinación y relaciones con todas las instituciones implicadas[17].

En dicho documento, y en lo que respecta a la formación de los comunicadores, se advierte de la diferencia entre una necesidad de formación en "liderazgo en la comunicación" y la existencia de un perfil de líder. Se dice al respecto que uno de los problemas más importantes en la estrategia seguida hasta el momento ha sido que los comunicadores han sido elegidos más por su potencial como líderes que como comunicadores:

> La selección de participantes a dichos proceso de formación obedeció más bien a criterios de liderazgo preexistente de los potenciales comunicadores en sus comunidades de origen que a mecanismos de selección basados en aspectos vocacionales, conocimientos previos o interés manifiestos de los mismos. Esta misma razón propicia que muchos de los comunicadores transitaran de la labor de comunicador a la de autoridades locales, municipales o regionales en función de uso previo reconocimiento de liderazgo, complementado con su formación y actividad como comunicador[18].

Al respecto, es interesante insistir en que todos los talleres de la institución estén destinados a comunicadores o a campesinos, deben

---

17. *Valoración y rediseño de la propuesta de formación de comunicadores populares comunales y barriales* (2019). Documento interno de ACLO. Gran parte de estos diagnósticos son compartidos por algunos de los comunicadores populares, aunque, en términos generales, solicitan mayor participación en todos los procesos: "Una parte faltaría un poco más hablar con las autoridades orgánicas. El comunicador popular es un mano derecha de las organizaciones. Ha nacido de las organizaciones. Entonces, nos gustaría que nos tomen en cuenta a las organizaciones de cerca. Primero coordinación. Después igualmente me gustaría gestionar talleres. Falta todavía un campesino, uno del campo, en un taller. Dos talleres, no es suficiente para ellos. Se logra solamente en dos talleres unos 20%, unos 30%, pero mucho falta todavía si queremos... pedir, hacer gestiones" (don Santos Toro). Don Santos Toro es vecino de Tablane (Chuquisaca) y su testimonio fue recogido en septiembre de 2019.
18. *Valoración y rediseño de la propuesta de formación de comunicadores populares comunales y barriales* (2019). Documento interno de ACLO, pp. 54-55.

tener obligatoriamente, como el que asistí en La Compuerta, una parte de formación de líderes. Como dicen los capacitadores, es muy importante "que los comunicadores sean capaces de resaltar en sus liderazgos". Los líderes surgidos de estas capacitaciones de ACLO, como he podido comprobar en la comunidad de Coipasi (Potosí) donde trabajo desde 2010, suelen ser jóvenes, hombres o mujeres, casados, con don de palabra y convicción, pero, sobre todo, capacidad de guiar a la comunidad en las relaciones con el exterior. Como veremos, todos ellos atributos que se esperan de los comunicadores y de los cargos políticos.

El comunicador en el sistema de cargos

Lo que parece evidente es que el comunicador popular se ha incorporado a las lógicas locales de los sistemas de cargos. Voy a intentar explicar, brevemente, cómo este proceso se ha dado en las comunidades quechua hablantes de los departamentos de Potosí y Chuquisaca[19].

En términos generales el sistema de cargos en estas comunidades está dividido en dos ámbitos. En el interior de la comunidad, lo que podríamos denominar el sistema tradicional, donde encontramos los cargos religiosos (pasantes de fiestas, priostes, etc.) y los cívicos, que principalmente tienen que ver con la configuración y gobernanza de los ayllus (*kurakas* o caciques, alcaldes, subalcaldes, corregidores, jueces de agua, miembros de la junta escolar, de la junta de vigilancia, etc.). La mayor parte de estos cargos, especialmente los cívicos, deben ser asumidos por todos los miembros de la comunidad[20], son rotativos

---

19. Siendo consciente de la dificultad de presentar una visión general de cómo funciona el sistema de cargos en todo el sur de Bolivia, se tomará como referencia las comunidades del centro de Potosí (en concreto el ayllu Coipasi). Para otros trabajos sobre el sistema de cargos en Bolivia, véase, por ejemplo, Riviere (1994).

20. Aquellos adultos, casados y con tierras en propiedad son quienes asumen los cargos. Es importante que estén casados, porque eso les permite acceder a la tierra y con ello a todos los derechos y obligaciones comunitarias y del ayllu, pero también porque no se puede asumir ningún tipo de cargo cívico sin el acompañamiento de una mujer o *mamathalla*. Las mujeres no tienen voto en las asambleas, pero sí participan de la toma de decisiones, siendo consideradas, en muchos casos, la voz principal. Por eso se entiende que una buena autoridad nunca podrá tomar decisiones importantes y de valor sin haberlo consultado antes en familia. Las *mamatha-*

y de carácter ascendente[21]. Es decir, son obligatorios y, como es sabido, en muchos casos son una verdadera carga económica y familiar para quien los asume, pues dependiendo del nivel de implicación y de los problemas a resolver, suelen conllevar el abandono, durante el mandato, de la labor agrícola y, por tanto, se hace necesario un reajuste en la economía y las necesidades familiares.

Pero, por otro lado, están los que podríamos denominar cargos políticos. Estos cargos, en algunos lugares del país, han ido ocupando los espacios de mayor poder antes reservados para los cargos cívicos tradicionales (Riviere, 1994; Nicolas, Zegarra y Pozos, 2005: 103). Nos referimos especialmente a los cargos en los sindicatos agrarios, campesinos u obreros, pero también a los cargos por designación electoral, como puedan ser los municipales o regionales. Los sindicatos campesinos fueron introducidos tras la Revolución Nacional de 1952 por el Movimiento Nacional Revolucionario. Se conformó entonces, una red de cargos sindicales que poco a poco se fue haciendo con el poder de las zonas rurales en coordinación con los diferentes gobiernos[22]. Aunque en la actualidad no tienen la fuerza que tuvieron hace unas décadas, todavía siguen siendo actores muy importantes de la arena política boliviana. Desde la llegada de Evo Morales al poder en 2006, se ha reforzado la figura de las autoridades tradicionales, especialmente de los *kurakas*, sobre todo en el ámbito regional. No obstante, en muchos lugares, los sindicatos y sus autoridades asumieron gran parte del poder de las comunidades, sobre todo, hacía el exterior. Internamente, seguían rigiéndose por el sistema tradicional de autoridades, aunque, como he comentado, cada vez se delegaba más en las organizaciones sindicales.

---

llas suelen acompañar a sus maridos siempre que pueden y, en caso de ausencia de estos, son ellas las que toman el control sobre cualquier tipo de eventualidad.

21. Estos cargos son los que habitualmente han sido considerados como los tradicionales por la literatura regional, que al contrario de lo sucedido en Mesoamérica, donde siempre ha sido un tema importante de reflexión antropológica, no ha ocupado en los Andes mucho espacio en las etnografías, un poco más en los estudios etnohistóricos. Una excepción al respecto son los trabajos de Beatriz Pérez (2004; 2008).

22. Para el caso de Tinkipaya, nos dicen Nicolas, Zegarra y Pozos que "la organización sindical logró implantarse realmente en Tinkipaya a partir de la creación de la CSUTCB (Confederación Sindical Única de Trabajadores Campesinos de Bolivia) en 1979. En los años 80, se crearon las subcentralías que conformaron una red de sindicatos que se sobrepuso a la organización territorial originaria" (2005: 103).

Este tipo de cargos no requiere necesariamente las mismas exigencias que los tradicionales. No son de carácter obligatorio, pues no repercuten en sanciones si uno los rechaza y, por tanto, no tienen tanta incidencia en las economías familiares como hemos visto para el caso de los cargos tradicionales. También pueden ser asumidos prácticamente por cualquier varón, sin la necesidad de estar casado, y de cualquier edad. Esto no quiere decir que no se valoren estas condiciones a la hora de tener legitimidad comunitaria para acceder a los puestos sindicales, pero se aprecian más otro tipo de características como son la comunicación en cuanto la capacidad de relacionarse con el exterior, es decir, el "ser líder". Precisamente, lo que más en consideración se tiene de los comunicadores populares.

En resumen, en la mayor parte de las comunidades indígenas de Bolivia el sistema de cargos está fraccionado entre los que podemos considerar cargos tradicionales, que a su vez se dividen en religiosos y cívicos, y los cargos políticos, especialmente sindicales. Con perfiles diferentes, pero sobre todo con valores y expectativas diferentes, en muchos casos compiten entre ellos y hay problemáticas graves en las comunidades sobre quién tiene verdaderamente el poder.

El comunicador popular se ha insertado, aparentemente sin mayores problemas, al comienzo de la escala del sistema político. No olvidemos que la Federación Departamental de Comunicadores de Chuquisaca "está enganchada", como dicen en la radio, o es la "mano derecha" según los propios comunicadores, a la Federación Sindical de Campesinos de Chuquisaca. El propio Nilo Pérez, como miembro del equipo de Radio Chuquisaca, comentaba que en la mayor parte de las comunidades, los ayllus, es decir, las autoridades, poco tienen que decir sobre la elección de los comunicadores, más bien es la Federación de Campesinos, "está avalado por ellos. Entonces, el dirigente, el subcentral, llega la convocatoria, y entonces el subcentral le dice al dirigente para que pueda elegir". En realidad, cuando se menciona que es la comunidad la que elige, se está hablando de estas autoridades de la Federación de Campesinos. Así se puede apreciar en el documento que don Julián Huallpa me mostró sobre su aval comunitario para ejercer como "reportero popular". En el mismo se pueden ver las firmas de "todas las autoridades sindicales, políticas y otras organizaciones de la comunidad".

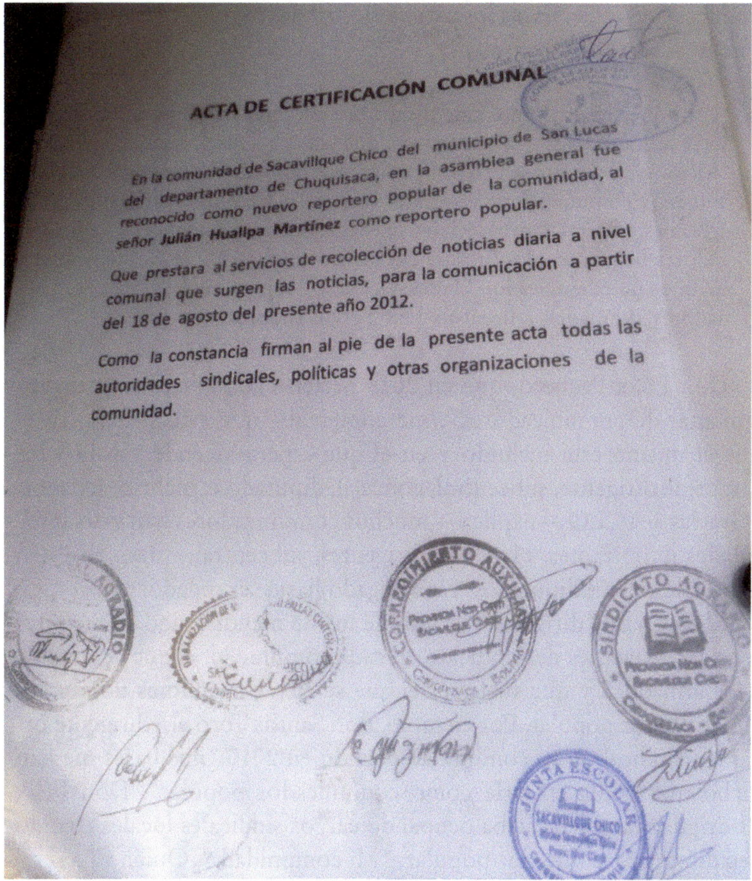

ACTA DE CERTIFICACIÓN COMUNAL

En la comunidad de Sacavillque Chico del municipio de San Lucas del departamento de Chuquisaca, en la asambiea general fue reconocido como nuevo reportero popular de la comunidad, al señor Julián Huallpa Martínez como reportero popular.

Que prestara al servicios de recolección de noticias diaria a nivel comunal que surgen las noticias, para la comunicación a partir del 18 de agosto del presente año 2012.

Como la constancia firman al pie de la presente acta todas las autoridades sindicales, políticas y otras organizaciones de la comunidad.

Aval de las autoridades de Sacavillque Chico para que don Julián Huallpa ejerza como comunicador popular.

Esto no quiere decir, no obstante, que para poder ocupar alguno de los cargos superiores, sea imprescindible haber sido comunicador. Al ser, como mostraré más adelante, un cargo de reciente creación y estar en proceso de inserción y adaptación al sistema, no resulta por el momento obligatorio en la escala de cargos, aunque sí se aprecia por las comunidades su inclusión. El sistema de cargos, como nos menciona el mismo Nilo incluye, además de los cargos sindicales de dirigentes, subcentrales, centrales provinciales o propios de la federación de comunicadores, ejecutivos; los cargos electorales municipales, regionales e incluso nacionales:

> El que sea dirigente. Este dirigente más, como ha sido comunicador, ya se ha capacitado, ya ha ido más, que sea subcentral, que sea ejecutivo. "Mejor que sea nuestro representante de diputado". Tenemos muchos. Tenemos comunicadores, muchos concejales, alcaldes, dirigentes, subcentrales, centrales provinciales, ejecutivos departamentales... comunicadores hemos tenido. Incluso ejecutivo nacional. De la Confederación, tuvimos un comunicador. Había senadora. Mujeres también llegaron. Senadores, diputados... llegaron. Hasta gobernadores.

Don Félix Pacheco, que en 2018 pertenecía a la ejecutiva departamental de comunicadores[23], me comentaba que este sistema en el que él mismo está incluido y en el que espera ascender, incluía los cargos de dirigente, subcentral, concejal, diputado e, incluso, senador: "Gracias a ACLO —explica— muchos comunicadores han sido autoridades importantes. Han sido dirigentes, subcentral... después están concejales, están diputados. Han llegado hasta ser senadores".

El cargo de "dirigente" es uno de los de menor rango. Hace referencia a dirigentes del sindicato en cada comunidad, el que "comanda a los afiliados" y que suele ser el que se ejerce cuando es nombrado comunicador popular. Por ejemplo, don Santos Toro era dirigente orgánico sindical de su comunidad cuando en 2010 "mis bases me han dicho que podía entrarle como comunicador popular". Don Félix Rodríguez también estaba ocupando cargos sindicales locales cuando decidió ser comunicador popular: "Mi comunidad. '¿Quién va a ser?' '¿Quién puede ir a capacitar?'. Entonces mi comunidad me ha elegido. Como secretario de agropecuario estaba. Entonces de ahí empezó, de ahí 'mucho más tienes que participar'. Y me hicieron ir".

Julián Huallpa y el mismo Félix Pacheco afirmaban que era importante ser la voz de la comunidad y que, cuando uno comienza a salir en la radio, ya es conocido, "todo el mundo conoce". Las comunidades entonces parecen elegir a sus comunicadores en relación a otros méritos que los requeridos para los cargos tradicionales, pues no es

---

23. La Ejecutiva Departamental de Comunicadores es el órgano encargado de la dirección de la Federación Departamental de Comunicadores de Chuquisaca. En ella se encuentran los comunicadores populares más experimentados y aquellos que suelen ocupar también cargos importantes en la Federación de Campesinos de Chuquisaca.

necesario ni siquiera estar casado y en muchos casos, en los de los más jóvenes, ni siquiera haber ocupado antes otros cargos. De hecho, Nilo Pérez comentaba cómo, en una ocasión, tuvieron de comunicador a un niño de 12 años. Ante mi sorpresa me respondió que era habitual, pues era el considerado como más válido por la comunidad para comunicar:

> En la comunidad ven, ¿no? Digamos la habilidad. "Este chico puede ser un comunicador". Porque para ACLO se necesita uno que sabe hablar, que sabe expresarse, digamos algo: "este chico está bueno. Que capacite, que vaya a ACLO". Así ellos eligen ya.

La palabra que ocupa espacios

Parecer ser entonces que la lógica indígena entiende, sin suponer, además, ningún tipo de conflicto para las propias comunidades, el puesto de comunicador popular como un nuevo cargo, externo al sistema tradicional, pero no al político. Es decir, entra dentro de lo normalizado y lo esperado en un recorrido político para alcanzar determinados cargos de responsabilidad. Al contrario de lo que sucede en ACLO, para las comunidades, que el puesto de comunicador sea un cargo político, no se presenta como algo problemático.

Son sobradamente conocidos los mecanismos mediante los cuales los indígenas son capaces "no sólo (…) de coexistir con la modernidad" y sacar "el mayor partido de ella (…) sino también, y sobre todo, cómo los indígenas producen sus propias formas de modernidad" (Pitarch y Orobitg 2012: 9)[24]. Como señaló Marshall Sahlins respecto a las lógicas indígenas, "en su forma de vida, las externalidades son *indigenizadas*, convertidas a configuraciones locales, y llegan a ser diferentes de lo que fueron" (Sahlins, 2001: 314). Lo que nos interesa es dar respuesta a la contradicción tantas veces señalada por Sahlins, es decir, no "únicamente saber cómo los eventos son ordenados por la cultura, sino como, en este proceso, la cultura misma es reordenada. ¿Cómo se convierte la reproducción de una estructura en su transformación?" (2004: 5).

---

24. Véanse al respecto los volúmenes publicados sobre la modernidad indígena en los últimos años (Pitarch y Orobitg, 2012; Halbmayer, 2018; López y Muñoz, 2020).

En ACLO esperaban que las "externalidades" fueran asumidas como tal por las comunidades y se encontraron con que han sido *indigenizadas*, convertidas a configuraciones locales. Pero, para las comunidades, la figura del comunicador popular se hace comprensible al presentar una serie de capacidades valoradas y reconocidas dentro de la lógica política indígena, como son la comunicación, el don de la palabra, el liderazgo y, sobre todo, las relaciones extracomunitarias.

La palabra adquiere en las culturas indígenas, y los Andes no son una excepción, un peso que no debe ser menospreciado en estas nuevas dinámicas en las que se insertan los comunicadores populares. La red a la que pertenecen, pero también su prestigio y sus modos de acción y del ejercicio del poder, se construyen, entre otras cosas, alrededor de la palabra. No es únicamente una cuestión de "saber hablar", de "saber expresarse", sino también de "saber tejer", y llenar el mundo conocido mediante la palabra. Quiero decir con esto, que en el contexto al que nos estamos refiriendo, el poder de la palabra, incluyendo aquí tanto las formas de generarla como de articularla[25], no se puede comprender sin integrarla en procesos mayores de relaciones entre agentes. En definitiva, la palabra es parte integrante de una red de relaciones propiamente andinas que tejen las formas de ser y estar en la región.

Propongo, entonces, entender la comunicación como los modos indígenas de articular las relaciones entre los miembros de su sociedad, usando para ello los medios a su alcance, principalmente la palabra, aunque no únicamente. Claude Lévi-Strauss ya nos avisó sobre una extensa articulación de "reglas" en torno a la comunicación que superaba el propio lenguaje:

la cultura no consiste solamente, entonces, en formas de comunicación que le son propias (como el lenguaje), sino también —y tal vez sobre

---

25. Desgraciadamente la antropología en los Andes no se ha ocupado demasiado de esta "etnografía del habla" (Gossen, 2001), más allá de las notables excepciones de los trabajos lingüísticos de, principalmente, Howard (2012; 2020) o Mannheim (1999; 2015). Gossen afirma que la "etnografía del habla", cuyo origen se debe a Dell Hymes y a Erving Goffman, obligó a todos aquellos que trabajan con los modos de discurso a repensar la idea del "texto" como "una forma de arte verbal [que] tendría que ser enfocada como siempre naciente, siempre recontextualizada, tanto en *performance* como en representación e interpretación" (Gossen, 2001: 291).

todo— en "reglas" aplicables a toda clase de "juegos de comunicación", ya se desarrollen estos en el plano de la naturaleza o de la cultura (2011: 317-318).

En definitiva, la comunicación no como una herramienta de relación, sino como un modo de hacer y estar relacionado. La comunicación no se presenta de este modo, como una simple "voz de la comunidad", sino como la forma utilizada por esta, por el colectivo, para ocupar los espacios que le corresponden en la región. El comunicador popular no es, así, un agente individual que representa a su comunidad; es la forma adoptada por esta para comunicarse en la región en determinados contextos. Voy, no obstante, a intentar explicar mejor esta red de relaciones en el contexto andino.

Son varios los autores que han señalado que la sociedad en los Andes se articula gracias a un sistema de relaciones complejas entre todos los seres, incluyendo así los lugares y el espacio. Catherine Allen menciona que en los Andes todos los seres "habitan en común un cosmos que llaman *pacha*" (2020). Los humanos forman parte de un cosmos que, al mismo tiempo, de forma fractal, alberga una cantidad indeterminada de microcosmos que se expanden y contraen. Así, Rosaleen Howard, a la hora de precisar la estructura ontológica donde se dan las relaciones entre seres la define como "planos de realidad (…) y de la naturaleza que se mueven dentro de y entre esos planos, con sus diversas perspectivas" (2020).

Esto nos remite a la idea de una fractalidad andina, ya señalada por otros autores. Por ejemplo, la misma Allen en su monografía sobre Sonqo (Perú) habló de "red de reciprocidad" (2002) y Van Kessel, también tomando como base la reciprocidad y la complementariedad, de "la relacionalidad de todo ser y todo acontecer" por medio de una "correspondencia y transición entre micro- y macrocosmos" (2003). Bruce Mannheim y Guillermo Salas han propuesto recientemente que el entorno conocido y compartido en los Andes tiene entre sus principales características el que se configure de forma fractal. Los lugares, por ejemplo, lo son en la medida en que de él derivan otros importantes (2015: 63). En definitiva, la idea de fractalidad en los Andes remite a un cosmos que se expande y contrae, donde "todos los seres están intrínsecamente interconectados compartiendo una matriz de sustancia mínima" (Allen, 2020).

Esta fractalidad existe en la medida que se piensa en que todos los seres que componen el cosmos andino están conectados entre sí por un sistema fluido de relaciones complejas. Es en esta conexión, donde el lenguaje y la palabra toman un especial protagonismo. El mismo Mannheim, por ejemplo, defiende que la labor etnográfica debe fijarse en el lenguaje para comprender los modos quechuas de tejer estas redes de relaciones (2020). Y Howard afirma que en el discurso quechua podemos ver las posiciones de cada ser en el cosmos y las relaciones entre ellos (2020). Es de esta forma como, en los Andes, lenguaje y palabra protegen y moldean un sistema fractal de relaciones sociales.

Por medio de este sistema fractal de relaciones múltiples e interconectadas entre sí debemos entender la labor y las formas de llevarla a cabo de los comunicadores populares. Tal vez podamos explicarlo mejor si echamos la mirada atrás para recordar el sistema de chasquis prehispánico. Los chasquis, durante el incanato, eran los mensajeros encargados de transmitir la información (aunque también de llevar mercancías con urgencia) proveniente de la administración centralizada en el Cuzco. Joseph de Acosta nos describe esta labor, así como la forma de llevarla a cabo:

> De correos y postas, tenía gran servicio el Inga en todo su reino. Llamábanles chasquis, que eran los que llevaban sus mandatos a los gobernadores y traían avisos de ellos a la corte. Estaban estos chasquis puestos en cada topo, que es legua y media en dos casillas, donde estaban cuatro indios. Éstos se proveían y mudaban, por meses, de cada comarca, y corrían con el recaudo que se les daba a toda furia, hasta dallo al otro chasqui, que siempre estaban apercibidos y en vela los que habían de correr. Corrían entre día y noche a cincuenta leguas, con ser tierra la más de ella asperísima. Servían también de traer cosas que el Inga quería, con gran brevedad, así tenían en el Cuzco, pescado fresco de la mar (con ser cien leguas) en dos días o poco más (2006: 338).

Lo hacían por la extensa red de caminos diseñada por los incas y en tramos cortos que debían de recorrer a toda velocidad. Y, como dice Guamán Poma, los chasquis, para avisar al siguiente que le tenía que hacer el relevo, además de llevar "una pluma quitasol de blanco en la cabeza (…) traía una trompeta, pututo, para llamar, para que estuviera aparejado llamándole por la *guayllapampa*" (1979: 254).

El chasqui y su pututo, según Guamán Poma, *Nueva corónica
y buen gobierno.*

Chasquis y comunicadores populares, por tanto, funcionan como
dos figuras que ponen en relación el territorio, sus gentes y las rela-

ciones entre ellos. Los comunicadores gustan de narrar las dificultades que han tenido que salvar para llevar la noticia a las radios de ACLO: inexistencia de señal, caída de las líneas, recorridos de hasta dos horas para encontrar un punto de red, traslados de hasta nueve horas para poder llegar a la radio, etc. Ambos, chasquis y comunicadores, se convierten así en los agentes que tejen redes que hacen fluir a sus comunidades por el abrupto territorio inca.

Los comunicadores populares, propongo, han sido tan bien acogidos por las comunidades indígenas de Bolivia porque en ellos se reflejan esa noción de una comunicación en cuanto cosmología, si se quiere fractal, que entiende la interrelación entre todo lo que comprende el mundo conocido. Como he precisado, la comunicación no se construye únicamente sobre la oralidad, ya que la palabra, en los Andes, implica mucho más que narratividad[26]. Implica un 'saber ser' —expresarse, hablar— , implica un 'saber estar' —ocupando espacios de decisión— e implica un 'saber relacionarse' —con el exterior, con las instituciones o agentes diversos de la región—.

No todos los que son designados por sus comunidades para acudir a los talleres, cumplen los tres saberes mencionados: ser, estar y relacionarse. Esto explicaría en parte la diferencia de cifras entre el número de comunicadores formados e incluidos en las listas de ACLO, alrededor de 1.000, según la web; según Nilo Pérez, 1.500. Los que realmente envían notas o participan de los procesos organizativos son, en realidad, unos 500. Como nos dice Daysy Ponce, miembro del equipo de Radio Chuquisaca, muchos de ellos abandonan, en cuanto pueden, la pretensión de formar parte de la red de comunicadores.

REFLEXIONES FINALES

Así, podemos entender que esta lógica de una extensa red rural de campesinos indígenas transmitiendo mediante la palabra avisos, noticias, sucesos o acontecimientos, reproduce ciertas redes de comunicación que en los Andes han sido comunes incluso desde la épo-

---

26. Un trabajo que quedaría por hacer es un análisis formal del género narrativo propio de estos comunicadores.

ca prehispánica. Pareciera que existe una necesidad de interconectar territorios alejados y abruptamente separados por un paisaje hostil, mediante un conjunto de redes de relaciones que incluye a un gran número de agentes. Estas redes se construyen sobre los grupos sociales —ayllus—, políticos —municipios o sindicatos— o, a efectos de este texto, de comunicación —los comunicadores populares—.

Debemos entender entonces que ACLO esté preocupado por el devenir del sustento más importante de su radio en la frecuencia AM, aquella destinada al mundo rural indígena. En la institución consideran que los comunicadores usan su posición para hacer carrera política, aunque, a mi juicio, siendo esto verdad, no parece perjudicar su labor comunicadora, que como he podido comprobar durante el trabajo de campo, es constante y en muchos casos entusiasta. El problema para ACLO es el poder adquirido por la Federación Departamental de Comunicadores de Chuquisaca.

Cuando en 1984 ACLO decidió formar a gente del campo para que fungieran como reporteros populares en sus comunidades, no estaba pensando en la creación de una red de comunicadores, aunque sin duda el fuerte empeño en la formación de líderes, como señala el documento de diagnóstico, ha contribuido a ello. La red no es una construcción, sino el resultado de un proceso conocido en la región, sobre la existencia del sistema de cargos y de unas interrelaciones regionales en todos los niveles. Esta red no ha sido creada por ACLO, sino por los propios comunicadores, bajo unos parámetros culturales claramente reconocidos. En ellos se inserta la nueva figura del comunicador, que no aparece como una 'externalidad' a la cultura local.

Por otra parte, se podría caer en la tentación de pensar, como ha sucedido con otras radios comunitarias e indígenas bolivianas, que este apoderamiento indígena de la figura del comunicador popular es la forma propia de conseguir una comunicación propia y utilizarla para denunciar su posición marginal en la sociedad. Como dice Ramos, estas radios populares ponen en juego

diferentes formas de comunicación horizontal, participativa, educativa y emancipadora a través de sus diferentes organizaciones en comunidad y en la defensa de los derechos culturales y de la comunicación, en la construcción de una memoria larga en lucha que desarrollará una identidad política propia como contrapoder y sujeto de control a los poderes políticos institucionales de las diferentes formas-Estado (Ramos, 2018: 20).

La *indigenización* de los medios de comunicación audiovisuales por parte de los indígenas en Bolivia no es algo extraño. Sucede con las radios, desde las formas de organización hasta los propios contenidos (Ramos, 2018); pero también con el cine indígena, de larga tradición en el país (Zamorano, 2017).

Para el caso que nos ocupa, los comunicadores no tienen interés en ser la radio, sino en participar de ella y ponerla al servicio de sus necesidades políticas, lo cual, evidentemente, sí se plantea como un problema para la Fundación. La prueba está en que las radios de ACLO han ido centrando gran parte de sus intereses en la ciudad, limitando la programación en quechua y los contenidos de interés rural, sin que ello haya supuesto un menoscabo de la acción de los comunicadores. Esto no ha mermado ni el interés de las comunidades por estar en la red de comunicadores populares, ni el poder adquirido por estos. Más bien todo lo contrario.

Como he intentado demostrar, desde el punto de vista de las comunidades, el cargo de comunicador popular ha sido asumido como un espacio dentro del sistema de cargos políticos. Siendo este espacio uno que no entra en contradicción con otros existentes y que se nutre de las mismas necesidades y funciones: la comunicación en cuanto generadora de una red de relaciones. Además, como dicen ellos mismos, se convierte en la voz de la comunidad, traspasando la existencia de la misma. Así, el mensaje comunitario, sea el que sea, llega más allá de los términos de la comunidad, del ayllu o del municipio, llega incluso hasta la ciudad donde muchos de los comunarios han inmigrado en los últimos años. Es decir, cumpliendo el deseo de don Julián Huallpa, comunicador popular de Sacavilique Chico, va más allá del corral donde pudieran sentirse encerrados.

Agradecimientos

La investigación realizada para elaborar este texto se debe a mi participación en el proyecto "Pueblos indígenas, medios de comunicación y significados del conflicto en América Latina. Un estudio de antropología", subvencionado por el Ministerio de Ciencia, Innovación y Universidades (HAR2015-65442-P). Agradezco a todos mis compañeros en el mismo los comentarios y críticas. No podría haber sido posible sin la inestimable ayuda y colaboración de todo el personal de ACLO, en especial a los miembros de las radios de Chuquisaca y Potosí. Mi especial gratitud a Roxana Dulón y a mi amiga Zulma Martínez.

Bibliografía

Acción Cultural Loyola (2019): *Valoración y rediseño de la propuesta de formación de comunicadores populares comunales y barriales*. Documento interno.

Acosta, Joseph de (2006 [1590]): *Historia Natural y Moral de las Indias*. Ciudad de México: Fondo de Cultura Económica.

Aguirre, José Luis/Reyes, Jaime/Arroyo, Carlos (2003): "Aproximaciones a una tipología de la radio en Bolivia". *Punto Cero*, 8(6): 57-63.

Allen, Catherine J. (2002): *The Hold Life Has. Coca and Cultural Identity in an Andean Community*. Washington DC: Smithsonian Books.

— (2020): "Inqaychus andinas y la animacidad de las piedras", en Óscar Muñoz Morán (ed.), *Andes. Ensayos de etnografía teórica*. Madrid: Nola, pp. 193-226.

Artz, Lee (2016): "Political Power and Political Economy of Media: Nicaragua and Bolivia". *Perspectives on Global Development and Technology*, 15: 166-193.

Beltrán, Luis Ramiro/Reyes, Jaime (1993): "Radio popular en Bolivia. La lucha de los obreros y campesinos para democratizar la comunicación". *Diálogos de Comunicación*, 35: 14-31.

Chaparro Escudero, Manuel (2014): "Prólogo", en Manuel Chaparro Escudero (ed.), *Comunicología de la liberación, desarrollismo y políticas públicas*. Málaga: COMandalucia/IMEDIA/Luces de Galibo, pp. 9-16.

De Lara González, Alicia/Olabe Sánchez, Fernando (2012): "La comunicación para el desarrollo. Análisis de caso: Fundación ACLO, educación a distancia por radio en Bolivia". *Razón y Palabra*, 81.

Gossen, Gary (2001): "Antropología del Nuevo Mundo y artes verbales amerindias", en Miguel León-Portilla (coord.), *Motivos de la antropología americanista. Indagaciones en la diferencia*. Ciudad de México: Fondo de Cultura Económica, pp. 277-304.

Halbmayer, Ernst (ed.) (2018): *Indigenous Modernities in South America*. Canon Pyon: Sean Kingston Publishing.

Herrera Miller, Karina/Ramos Martín, Juan (2013): "Comunicación, red y lucha social: hacia la reactivación de las radios mineras de Bolivia". *Quórum Académico*, 10(1): 11-28.

Howard, Rosaleen (2012): "Shifting voices, shifting worlds. Evidentiality, epistemic modality and speaker perspective in Quechua oral narrative". *Pragmatics and Society*, 3(2): 243-269.

— (2020). "Articulando perspectivas: el papel de la narración oral quechua en la construcción de la cosmovisión andina", en Óscar Muñoz Morán (ed.), *Andes. Ensayos de etnografía teórica*. Madrid: Nola, pp. 263-304.

Huesca, Robert (2016): "Participation for development in radio: An ethnography of the Reporteros populares of Bolivia". *Gazzette* 00: 29-52.

Lévi-Strauss, Claude (2011): *Antropología estructural*. Barcelona: Paidós.

López, Luis E. (2000): *La educación de jóvenes y adultos indígenas en Bolivia*. Informe Final para el Programa de Formación de Educación Intercultural Bilingüe para los Países Andinos (PROEIB Andes).

López, Julián/Muñoz Morán, Óscar (coords.) (2020). *Utopismos circulares. Contextos amerindios de la modernidad*. Madrid/Frankfurt am Main: Iberoamericana/Vervuert.

Mannheim, Bruce (1999). "Hacia una mitografía andina", en Juan Carlos Godenzzi (comp.), *Tradición oral andina y amazónica. Métodos de análisis e interpretación de textos*. Cuzco: Centro regional de Estudios Andino Fray Bartolomé de las Casas, pp. 47-80.

— (2015): "The social imaginary, unspoken in verbal art", en Nancy Bonvillain (ed.), *The Routledge Handbook in Linguistic Anthropology*. London: Routledge, pp. 44-61.

— (2020): "Relatividad ontológica restringida", en Óscar Muñoz Morán (ed.), *Andes. Ensayos de etnografía teórica*. Madrid: Nola, pp. 47-84.

Mannheim, Bruce/Salas, Guillermo (2015): "Wak'as: Entifications of the Andean Sacred", en Tamara L. Bray (ed.), *The Archaeology of Wak'as. Explotarions of the Sacred in the Pre-Columbian Andes*. Boulder: University Press of Colorado, pp. 47-72.

Muñoz Morán, Óscar (2021): "Radios buscando su identidad. El caso de ACLO en la Bolivia actual". *Disparidades*, en prensa.

Nicolás, Vincent/Zegarra, Sandra/Pozo, Miguel (2005): *Los ayllus de Tinkipaya. Estudio etnohistórico de su organización social y territorial*. La Paz: PIEB.

O'Connor, Alan (2006): *The Voice of the Mountains. Radio and Anthropology*. Lanham: University Press of America.

Pérez Galán, Beatriz (2004): *Somos como Incas. Autoridades tradicionales en los Andes peruanos, Cuzco*. Madrid/Frankfurt am Main: Iberoamericana/Vervuert.

— (2008): "Alcaldes y kurakas. Origen y significado cultural de la fila de autoridades indígenas en Pisac (Calca, Cuzco)". *Bulletin de l'Institut français d'études andines*, 37(1): 245-255.

Pitarch, Pedro/Orobitg, Gemma (2012) "Prefacio", en Pedro Pitarch y Gemma Orobitg (eds.), *Modernidades indígenas*. Madrid/Frankfurt am Main: Iberoamericana/Vervuert, pp. 9-20.

Poma de Ayala, Felipe Guamán (1979): *Nueva corónica y buen gobierno. Tomo I*. Transcripción, prólogo, notas y cronología de Franklin Pease. Caracas: Biblioteca Ayacucho.

Ramos Martín, Juan (2018). "Los medios comunitarios indígenas como construcción de memoria en resistencia en Bolivia". *América Latina Hoy*, 78: 17-36.

Ramos Martín, Juan/Badillo Matos, Ángel (2013): "Public Policy and Community Radio in Bolivia". *Journal of Radio & Audio Media* 20(2): 251-272.

Rivière, Gilles (1994): "El sistema de *aynuqa*: memoria e historia de la comunidad (comunidades *aymara* del altiplano boliviano)", en D. Hervé, D. Genin, G. Rivière (eds.), *Dinámicas del descanso de la tierra en los Andes*. La Paz: IBTA/ORSTOM, pp. 89-105.

Sahlins, Marshall (2001): "Dos o tres cosas que sé acerca del concepto de cultura". *Revista Colombiana de Antropología*, 37: 290-327.

— (2004): *Historical Metaphors and Mythical Realities. Structure in the Early History of the Sandwich Islands Kingdom*. Ann Arbor: The University of Michigan Press.

Van Kessel, Juan (2003): *Individuo y religión en los Andes*. Santiago de Chile: IECTA, Cuadernos de Investigación en Cultura y Tecnología Andina, n° 16.

Zamorano Villarreal, Gabriela (2017): *Indigenous Media and Political Imaginaries in Contemporary Bolivia*. Lincoln/London: University of Nebraska Press.

"Comunicamos para la vida".
Género y medios de comunicación
indígenas en Bolivia[1]

Beatriz Pérez Galán
(UNED)

"Pienso que la comunicación indígena es una herramienta para descolonizar, despatriarcalizar. Nosotras, desde nuestro punto de vista como mujeres, podemos aportar mucho más a descolonizar mentes y más que todo a educar. Nosotras tenemos otra forma, otra vivencia, otra forma de mirar ¿cómo le digo?, desde nuestra misma cultura, desde nuestros mismos principios y valores que son distintos, que no son del mundo de occidente sino de nosotros (…). La comunicación es fundamental para todas las mujeres porque nos sentimos con voz y sentimos que nos están escuchando. Y eso nos llena de mucha alegría a nosotras como mujeres, ver esa posibilidad que todas estamos trabajando para liberar y descolonizar la comunicación indígena" (Sandra Cossio).

---

1. El material y los extractos de entrevistas que se reproducen en este texto proceden del trabajo de campo etnográfico realizado en el marco del proyecto de investigación "Pueblos indígenas, medios de comunicación y significados del conflicto en América Latina. Un estudio de antropología" (2016-2018). Agradezco a Jesús González Pazos, María García-Cano, Manuel Chaparro y Francisco Sánchez sus valiosas aportaciones a la versión preliminar. Y, de forma muy especial, a todas las comunicadoras indígenas de Bolivia cuyos relatos nutren las siguientes páginas.

Sandra es comunicadora, *videasta* y *radialista* quechua de Bolivia, y activista por los derechos de las mujeres indígenas. Ha sido directora de la Coordinadora Audiovisual Indígena de Bolivia (CAIB) y es miembro de la Confederación Nacional de Mujeres Campesinas Indígenas Originarias de Bolivia Bartolina Sisa. Sandra comparte con otras muchas comunicadoras de América Latina experiencias de discriminación, racismo y desigualdad, entretejidas con aspiraciones, sueños e historias individuales, que se reflejan en sus formas de practicar y entender la comunicación indígena, sobre las que versa este capítulo.

En América Latina la comunicación indígena (en adelante, CI) comprende de forma amplia todos aquellos medios con fines de servicio público que emiten una parte sustancial de su programación en lenguas originarias y cuentan con la participación de población indígena —hombres y mujeres— en todas las fases del proceso comunicativo. A diferencia de los medios masivos, los objetivos de este sector de la comunicación comunitaria donde se ubican los medios indígenas están orientados a promover el desarrollo social, la diversidad cultural, la pluralidad de información y los derechos de estos pueblos. Entre ellos, destaca el derecho a contar con medios propios y a acceder al resto en igualdad de condiciones[2].

Si bien las primeras experiencias de medios indígenas y campesinos datan de los años cuarenta y cincuenta del siglo xx, la inclusión del derecho a la comunicación en la agenda del movimiento indígena y su internacionalización es reciente. Proviene de la IV Cumbre de Pueblos y Nacionalidades Indígenas de Abya Yala (Puno, 2009) y se asienta en la última década a través de la celebración de cuatro encuentros continentales de CI (Colombia, 2010; México, 2013; Bolivia, 2016 y Perú, 2019), festivales de cine y vídeo indígena y otros foros a nivel nacional e internacional apoyados por movimientos sociales, agencias y organizaciones de cooperación al desarrollo (CLACPI *et al.*, 2020). En la actualidad, algunos de los medios y procesos de comunicación indígena con mayor repercusión a nivel internacional son liderados por

---

2. Los instrumentos legales más significativos a nivel internacional para el reconocimiento del derecho a la comunicación en el caso de los pueblos indígenas son el Convenio 169 de la Organización Internacional del Trabajo de 1989 (art. 30) y la Declaración de Naciones Unidas sobre los Derechos de los Pueblos indígenas de 2007 (artículo 16.1).

mujeres[3]. Este liderazgo contrasta sin embargo con la escasa representación de comunicadoras indígenas que encontramos en los medios de comunicación a nivel local, regional y nacional, y confirmaría, como señalan Hernández y Canessa (2012: 17), que la existencia de unas pocas mujeres convertidas en iconos internacionales de la defensa de los derechos de estos pueblos a menudo oculta la marginación y la exclusión que experimentan la mayoría. A pesar de los avances realizados en la participación de mujeres rurales indígenas en América Latina (H. Asensio y Trivelli, 2014), en la CI persisten las desigualdades entrecruzadas por razón de género, lugar de residencia, formación, pobreza y origen étnico-cultural, obligándonos a repensar este ámbito desde perspectivas analíticas que incluyan además las relaciones de poder que atraviesan a los pueblos indígenas. Para contribuir a ese debate en las siguientes páginas reflexiono sobre el papel diferencial que ocupan las mujeres indígenas que trabajan en este sector de la comunicación a partir de dos preguntas generales y complementarias: ¿qué hace la CI a estas mujeres? y ¿qué hacen estas mujeres a la CI?

Una revisión de la literatura sobre pueblos indígenas y medios de comunicación en América Latina revela tres abordajes principales desde los cuales se ha interpretado la CI: como un acto político de autorrepresentación y visibilización de culturas que refleja diferentes lógicas indígenas de producción, reproducción y consumo cultural (Mora, 2015); como el ejercicio de un derecho fundamental de estos pueblos que debe ser reconocido e implementado por los Estados en el marco de las políticas de reconocimiento (Sudario, 2013; CLACPI *et al.*, 2020); y como una plataforma de resistencia política, descolonización y activismo mediático que se entreteje con la lucha por el territorio, la autonomía, la participación política y el fortalecimiento de las identidades culturales (Salazar, 2002).

---

3.   Destacan los casos de: el Tejido ACIN (Cauca, Colombia), la Escuela de Comunicación Wayúu (Guajira colombo-venezolana), la organización indígena Yanama (también en la Guajira), la Red de Comunicadores Indígenas del Perú (REDCIP), la Corporación de Productores Audiovisuales de Pueblos y Nacionalidades Indígenas de Ecuador (CORPAN), la Coordinadora Audiovisual Indígena de Bolivia (CAIB), la red T'zikin (Guatemala), el Centro de Mujeres Comunicadoras Mayas NUTZIJ, AMCMN (Guatemala) y NOTIMIA, la primera agencia de mujeres comunicadoras a nivel continental con sede en México. Por su parte, los festivales de cine FicMayab (Guatemala) y FicWallmapu (Chile), también son actualmente dirigidos por mujeres.

Mientras que los tres enfoques enfatizan en mayor o menor medida los usos políticos de la CI desde la diferencia cultural, adolecen de una perspectiva de género. Tampoco el enfoque descolonial y del feminismo indígena, estudiado por Hernández (2010), en su esfuerzo por producir un cambio epistemológico y recuperar una comunidad diversa, autonarrada que incluya nuevos temas, presta especial atención al ámbito de la CI. Dos elementos a mi modo de ver atraviesan este desencuentro. En primer lugar, el tratamiento marginal dispensado a la equidad de género, y más concretamente a los derechos de las comunicadoras, en la agenda de las cumbres continentales de CI[4]. Un tema que es percibido por la mayoría de los asistentes —tanto hombres como mujeres— como un discurso ajeno o impuesto, lo que provoca reticencia y desinterés. En segundo lugar, destaca la propia situación en la que se encuentra el debate sobre el género en el mundo indígena.

En un estudio sobre las diferentes perspectivas feministas en torno a raza, diferencia cultural, liderazgo político y género en sociedades indígenas, Hernández y Canessa (2012: 26) señalan que este debate parece haberse enquistado entre, por un lado, quienes argumentan que la complementariedad de género es un activo precolonial y que las nociones actuales de género y los derechos de las mujeres son fruto de la imposición colonial y poscolonial, y por otro, quienes sostenemos que los enfoques actuales de género no deberían impedir el debate sobre las experiencias de violencia y otras manifestaciones de la desigualdad que viven las mujeres en su doble-triple faceta de líderes, comunicadoras e indígenas.

Siguiendo a Ginsburg (2002), Salazar (2002), y Mora (2012 y 2015) entiendo la CI como un proceso político y cultural integral que promueve el agenciamiento individual y colectivo y la construcción de las identidades (étnico-culturales y de género) a través de la apropiación

---

4. La perspectiva de género no forma parte, a priori, de la agenda de las cumbres de CI y, cuando se trata, el espacio que se le reserva es ciertamente marginal respecto a los temas que componen el "núcleo duro" de la reflexión. Así, en la cumbre de Colombia (2010), el papel de las mujeres en la comunicación se trata ligado a la familia. En la de México (2013), se insiste en la línea de los derechos de las comunicadoras a la participación en igualdad. En Bolivia (2016) se produce el tránsito hacia posiciones de feminismo indígena, mientras que en el último encuentro celebrado en Perú (2019), el tema desaparece nuevamente.

de los medios y las nuevas tecnologías de la comunicación por parte de los pueblos indígenas. Desde esa perspectiva, de acuerdo con Orobitg (2020)[5], en las siguientes páginas indago en la CI como un espacio de experimentación social y agenciamiento para las mujeres. Un espacio que mientras reproduce las mismas desigualdades y exclusiones comunes a otros ámbitos de participación política para las mujeres, por ejemplo: limitando su acceso, dificultando el desempeño de sus tareas, o naturalizando y desvalorizando sus aportaciones, al mismo tiempo contribuye a su empoderamiento individual y colectivo. De modo análogo a lo observado por Oliart en un estudio sobre participación política de mujeres indígenas en Perú (2012), en este texto sostengo que la CI llevaría a estas mujeres a cuestionar el lugar asignado por sus culturas y también por las ideologías de género y, simultáneamente, a luchar por la defensa de la diferencia cultural y por sus derechos como mujeres y como indígenas en situaciones no exentas de tensión: entre los intereses individuales y los colectivos, entre las desigualdades estructurales y la agencia, y entre los límites siempre difusos de la cultura propia y la cultura apropiada.

Para contribuir a este debate el ejemplo etnográfico procede de Bolivia[6]. Este país no solo es uno de los pioneros en el desarrollo de la comunicación comunitaria indígena en América Latina, sino uno de los que más ha transformado este sector como resultado de las movilizaciones sociales de las décadas de 1990 y 2000 que llevaron a la victoria a Evo Morales en 2006.

---

5. En su caracterización de los sentidos de la apropiación indígena de los medios de comunicación, Orobitg (2020) privilegia dos: como puesta en relación de la sociedad indígena en distintos planos: comunitario, intercomunitario, interindígena, panindígena, local, nacional e internacional; como forma de experimentación social, produciendo nuevos modelos para significar el mundo y, potencialmente, transformar la sociedad.

6. El trabajo de campo concreto en el que se basa esta investigación fue desarrollado durante nueve semanas entre octubre de 2016 y febrero de 2018 en siete radios ubicadas en zonas urbanas y rurales de Cochabamba, Potosí, La Paz y El Alto, y en el Centro de Formación y Realización Cinematográfica (CEFREC) y su filial, la Coordinadora Audiovisual Indígena Originaria de Bolivia (CAIB), ambos en Cochabamba. En estos espacios realicé entrevistas en profundidad individuales en castellano a un total de 18 comunicadoras de ascendencia indígena, y 23 hombres, indígenas y no indígenas. Además, tuve la oportunidad de asistir a la III Cumbre de CI celebrada en Cochabamba, participar en sendos talleres de formación radial para comunicadores indígenas, y acompañar la dinámica cotidiana de algunas de las emisoras participando en sus programas.

Situados en este contexto, comienzo por caracterizar el complejo panorama de los medios indígenas en el país a través de un conjunto de medios seleccionados donde prestan sus servicios las comunicadoras indígenas entrevistadas. A continuación, indago sobre las razones que les han llevado a la comunicación y los obstáculos compartidos que enfrentan para acceder a estos medios a diferencia de sus compañeros, y me pregunto cómo repercuten en sus formas de concebir y practicar la CI. Seguidamente, me ocupo de aquello que les diferencia haciendo hincapié en su trayectoria profesional, en el tipo de vinculación que mantienen con el medio y en su perfil de líderes representantes de organizaciones comunales y supracomunales. Para concluir, reflexiono sobre los aportes recíprocos de estas mujeres a la CI y de la CI a la equidad de género.

Etnografiar los "medios indígenas" en Bolivia[7]

Existe un consenso generalizado en la literatura al reconocer el papel central desempeñado por los medios comunitarios —en especial de la radio en aymara— en la democratización de Bolivia (Beltrán, 2010). Desde las experiencias de las radios mineras y campesinas del norte de Potosí en el escenario precedente a la Reforma Agraria de 1952, la historia de este medio se entrelaza a la de la participación popular y las luchas sociales protagonizadas por la población indígena, campesina y chola[8], tanto hombres como mujeres. No obstante, en Bolivia no existe una política pública de comunicación comunitaria, y los medios oficialmen-

---

7.   La crisis política y social desatada tras la renuncia de Evo Morales (noviembre de 2019) entre acusaciones de fraude electoral y fundados temores de golpe de Estado, ha supuesto una fuerte convulsión en el sector de los medios comunitarios indígenas que forman parte de esta investigación. Especialmente los creados o promovidos durante su gobierno, han dejado de emitir o se han visto obligados a reorientar sus programaciones. Otros han sido saqueados y las comunicadoras y sus familias han sido amenazadas como resultado de la ola de violencia social y política. Este nuevo escenario, cuyo abordaje excede los objetivos de esta contribución, nos interpela sobre el futuro de la comunicación comunitaria indígena en tanto que expresión y garantía de derechos de la población indígena en Bolivia, y también acerca del impacto diferencial de esta crisis —de todas las crisis— sobre las mujeres indígenas ante el probable retroceso en el reconocimiento y el respeto a sus derechos.
8.   Cholo/chola es el término utilizado en los países andinos para referirse a la población de procedencia indígena migrante a la ciudad.

te denominados "de los pueblos originarios" son una creación reciente impulsada por el Estado boliviano durante el gobierno de Evo Morales (2006-2019). El resto de los medios, que cuentan con una trayectoria reconocida en CI, se encuentran diseminados en el sector de los privados y los comunitarios vinculados a movimientos ciudadanos, a la Iglesia católica y a organizaciones no gubernamentales. Esta situación marca una primera singularidad del caso boliviano respecto a otros países de su entorno: la mayoría de los medios que reconocemos como indígenas en Bolivia son el resultado de iniciativas promovidas "para" indígenas, pero no necesariamente "desde" la población indígena. El grupo de medios seleccionados en esta investigación refleja este panorama.

Así, según sea la propiedad del medio y la vinculación que mantienen con las organizaciones que los promueven dividiré los medios indígenas en Bolivia en dos grupos que ayudan a acotar el panorama: el primero está integrado por radios propiedad de la Iglesia católica con una larga trayectoria en el campo de la comunicación radial en lenguas indígenas, y el segundo por los medios de los pueblos originarios, indígenas y campesinos, propiedad de sindicatos y organizaciones indígenas impulsados durante el gobierno de Evo Morales y/o creados por el Estado durante su gobierno (2006-2019)[9].

Las radios que hablan de ellos

> "Aquí la radio les sirve para todo ¿no? O sea, vienen a la radio a preguntar de todo: ¿dónde me puedo sacar certificado?, ¿cómo puedo solucionar cuando mi marido me paga?, ¿dónde tengo que ir a hacer esto o lo otro? Nos ven como su mamá o su papá. La radio tiene que dar solución a ellos ¿no? Somos la radio que habla de ellos, de lo que a ellos les interesa" (Yolanda Choque, comunicadora, Radio Pío XII).

---

9.   De esta descripción se han excluido otro tipo de iniciativas de comunicación radial indígena, muy frecuentes en Bolivia, en las cuales un individuo o una familia de comuneros, con recursos propios o autofinanciándose mediante publicidad local, instala una antena en su vivienda, sin licencia ni frecuencia propia para emitir. La programación en quechua y aymara de estas emisoras "caseras" se reduce a uno o dos programas al día de avisos y felicitaciones y de entretenimiento.

Los medios indígenas incluidos en este grupo son tres radios: Radio San Gabriel, conocida como "La Voz del Pueblo Aymara" (El Alto); Pío XII, la "Indio Radio" (emisoras de Siglo xx, Cochabamba y Pocoata), y Radio ERBOL (La Paz). Se trata de actores políticos reconocidos a nivel local, regional y nacional cuyos orígenes datan de los años cincuenta y sesenta del siglo xx inspiradas en el paradigma de la comunicación popular. Sus fuentes de financiación incluyen la cooperación internacional, la publicidad y recursos propios. Son miembros fundadores de ALER (Asociación Latinoamericana de Educación y Comunicación Popular) y de ERBOL (Educación Radiofónica de Bolivia)[10], dos referentes en el desarrollo de la radio comunitaria en Latinoamérica. ERBOL es pionera en el desarrollo de redes satelitales en lenguas indígenas en Bolivia y cantera de varias generaciones de comunicadores y comunicadoras sociales. De hecho, el estilo participativo y el formato de su programación en lenguas indígenas, que es emitida en AM por las radios vinculadas a ERBOL, es replicado en gran medida por el resto de las emisoras comunitarias del país.

Esta programación es definida y conducida por comunicadoras y comunicadores indígenas íntegramente y se concentra en dos franjas: en la madrugada (de 4:30 a 8:00 am), y en la noche (de 21:00 hasta el cierre de emisión). Los contenidos abarcan un conjunto de temas muy variados, generalmente tratados desde un enfoque local y con un tono frecuentemente reivindicativo entre los que se incluyen: medicina tradicional, agropecuaria, cuentos y leyendas, historia, avisos y comunicados, informativos, radionovelas y revistas. Estas últimas tratan de la actualidad política regional, nacional e internacional, de economía, y también de derechos de las mujeres, la infancia, y los pueblos originarios y campesinos. Los fines de semana generalmente se reservan para la emisión de programas de entretenimiento, musicales y concursos, muy populares entre la población de ascendencia indígena y chola de provincias y de las zonas urbano-marginales de migración, que constituye el grueso de la audiencia que tienen estas radios.

---

10. ERBOL es la mayor red de medios radiales de inspiración cristiana de Bolivia. Fundada en 1967 para promover la alfabetización por radio, en los años ochenta se amplía a otros proyectos que promueven el derecho a la comunicación y a la información como base de otros derechos humanos de sectores populares, pueblos originarios y campesinos.

Otra seña particular de estos medios es el empleo de reporteros y reporteras populares. Este sistema está ligado al desarrollo de la radiodifusión en aymara y quechua impulsada por ERBOL desde mediados de la década de 1970. Se trata de una estrategia que promueve la capacitación política y comunicacional por parte del propio medio de personas nombradas y/o ratificadas por la comunidad para ejercer el cargo de corresponsales enviando noticias sobre sus comunidades.

Estas radios son los medios más grandes de la muestra (entre 40 y 100 empleados) y las comunicadoras representan en torno al 40% de la plantilla de personal contratado (a tiempo completo o parcial). De entre ellas, algo menos de la mitad son comunicadoras contratadas por el medio cuya primera lengua es el quechua o el aymara, y una proporción todavía menor (a veces inferior al 10%) son reporteras populares en El Alto y en otras provincias. En estas radios prestan sus servicios cinco de las dieciocho comunicadoras entrevistadas: cuatro comunicadoras y una reportera popular. Estas mujeres, al igual que sus compañeros varones, desempeñan el rol de locutoras, periodistas, libretistas de radionovelas, y ejercen el control técnico del medio. Aunque en menor medida, también participan en el resto de la parrilla de programación que emite el medio en su frecuencia AM. Los puestos de dirección, así como los de responsables de la programación son desempeñados en todos los casos por varones no indígenas, en dos de ellos, por sacerdotes en activo o ex sacerdotes.

Medios de los pueblos indígenas, originarios y campesinos

El segundo grupo de medios indígenas seleccionado en esta investigación está constituido por los creados durante el gobierno de Evo Morales y los que son propiedad de las organizaciones indígenas, campesinas, mineras y cocaleras afines al proceso de cambio instituido durante su mandato. En concreto, son tres radios y un centro de formación en comunicación audiovisual. Las radios son: Radio Soberanía y Radio Kausachun Coca, ambas ubicadas en el Trópico de Cochabamba —región del Chapare—, bastión político y económico del Movimiento de Acción al Socialismo (MAS), y Radio Alter-Nativa Lachiwana (ciudad de Cochabamba), vinculada a la Federación Campesina Departamental. En ellas trabajan tres de las comunicadoras entrevistadas.

Se trata de medios más pequeños (con una plantilla de entre seis y quince personas) donde la programación en quechua y aymara ocupa un espacio menor que en las radios de ERBOL e igualmente relegada a la madrugada y a la noche. La proporción total de comunicadoras es también similar a la del grupo anterior (en torno al 40% de la plantilla), pero la diferencia radica en que en estos medios las comunicadoras indígenas son mayoría. Los puestos directivos en las tres radios son ocupados por varones, dos de los cuales son comunicadores profesionales migrantes de ascendencia quechua formados en radios mineras y comunitarias que migran al Trópico en los años noventa. Allí reproducirán este modelo de organización y de comunicación en Radio Soberanía y Radio Kausachun Coca, respectivamente. Las fuentes de financiación de estos medios incluyen la cuota de los afiliados (campesinos, cocaleros, sindicalistas), aportes del Estado (vía publicidad o subvenciones directas) y la cooperación internacional.

Dentro de este grupo he incluido al Centro de Formación y Realización Cinematográfica (CEFREC) y a la Coordinadora Audiovisual Indígena Originaria de Bolivia (CAIB). No se trata propiamente de medios, sino de espacios de formación política y producción audiovisual del Sistema Plurinacional de Comunicación Indígena, Originaria y Campesina[11]. Creado en 2010 y financiado por la cooperación internacional, este sistema está basado en tres pilares que incluyen: la formación técnica en el conocimiento y control de los medios; la producción de materiales audiovisuales (vídeos, televisión y radio), y la difusión de los mismos en comunidades y centros urbanos (González, 2019: 121-128). Las producciones de cine y video indígena realizadas a través de CEFREC-CAIB durante los últimos 25 años son internacionalmente reconocidas (Schiwy, 2016; Zamorano, 2017).

Las comunicadoras y los comunicadores formados en la escuela de Formación en Derechos y Comunicación de CEFREC son seleccio-

---

11. Este sistema es heredero de las experiencias en comunicación realizadas en el marco del Plan Nacional de comunicación indígena, desde 1996, guiado por las cinco confederaciones indígenas, originarias y campesinas nacionales de Bolivia: la Confederación de Pueblos Indígenas de Bolivia (CIDOB), la Confederación Sindical de Colonizadores de Bolivia (CSCB), la Confederación Sindical Única de Trabajadores Campesinos de Bolivia (CSUTCB), el Consejo Nacional de Ayllus y Markas del Qollasuyo (CONAMAQ) y la Federación Nacional de Mujeres Campesinas Indígenas Originarias de Bolivia Bartolina Sisa "Bartolinas".

nados a propuesta de la comunidad y de acuerdo con la directiva del Centro. No obstante, como ocurre en el resto de los medios, aunque este proceso está abierto por igual a hombres y mujeres, la proporción de mujeres es minoritaria y los roles que desempeñan en algunos medios suele ser motivo de crítica. Es el caso de las locutoras y presentadoras del canal estatal "Bolivia TV" (antiguo Canal 7), generalmente mujeres jóvenes y guapas que visten costosos trajes convertidas en emblemas de autenticidad cultural indígena, a las que en la profesión se refieren como "muñequitas cholitas". En privado, algunas comunicadoras muestran su malestar no solo por el uso idealizado y poco representativo de la imagen de la mujer indígena que se hace en estos medios, sino porque su proceso de selección recae en los directivos de los medios, generalmente varones no indígenas. En otros casos prestan su servicio como formadoras para la escuela y, excepcionalmente, también son camarógrafas y realizadoras de cine y vídeo indígena. La dirección de CEFREC está ocupada por un varón no indígena y la de CAIB por una mujer indígena. En CEFREC-CAIB trabajan tres de las comunicadoras entrevistadas.

Un lugar singular en esta clasificación lo ocupa Radio Atipiri (El Alto). Fundada en 2006 por Donato Ayma, un comunicador aymara muy popular, Atipiri surge como el proyecto de una ONG local (CE-COPI) y de la Federación de Asociaciones Municipales. Sus fuentes de financiación proceden, casi íntegramente, de la cooperación internacional. Este medio es el único dirigido por una mujer no indígena (la hija del fundador) y dedicado específicamente a promocionar el trabajo con mujeres y jóvenes a través de su producción radiofónica. Una parte de su programación se nutre de reporteras populares que son formadas por el medio para enviar noticias desde sus localidades y participar como conductoras en dos espacios radiales con perspectiva de género. De aquí proceden las restantes siete comunicadoras entrevistadas, todas reporteras populares aymaras alteñas.

De esta breve descripción se deduce que la representación de mujeres en los medios indígenas seleccionados muestra un panorama no muy distinto al de los medios comerciales: se trata en general de espacios masculinizados cuyos cargos de mayor responsabilidad (directivos, gerentes, jefes de prensa, encargados de programación) son acaparados por varones no indígenas frente a las comunicadoras de pollera que desempeñan mayoritariamente el trabajo de secretarias, locutoras y reporteras de la programación indígena de las radios, y el de presentadoras en TV, siempre que se ajusten al canon de belleza definido por hombres.

En los medios descritos las dificultades de acceso a la formación, la discriminación y la violencia de género son algunos de los obstáculos comunes que experimentan estas comunicadoras para conciliar el triple rol productivo, reproductivo y de representación política y explican la división de género que se superpone a la división étnica.

DISCRIMINACIÓN, EXCLUSIÓN Y VIOLENCIA DE GÉNERO: RESISTENCIA Y COMUNIDAD

La incursión en el mundo de la CI tanto para mujeres como para varones se realiza de forma empírica y a menudo fruto de la casualidad. Son frecuentes las historias de jóvenes con talento, maestras rurales o líderes comunitarias que llegan a la emisora para cantar y contar historias o recitar poesía y son "descubiertas" por el director. En otros casos son seleccionadas por las autoridades comunales por su perfil de líderes para comenzar su proceso formativo en el medio.

Más allá del detonante concreto, muchas destacan el impacto causado por las radionovelas en quechua y aymara producidas por las radios de ERBOL con las que crecieron. El formato teatralizado, muy popular entre los indígenas, su tono moralizante y, especialmente, el uso de su lengua indígena a través de las ondas, marcan un primer vínculo afectivo de estas mujeres con la radio[12].

> Yo de chiquita escuchaba Radio San Gabriel novela, cuentos dramatizados. Es bonito, ahí puedes reír, puedes llorar, o sea vives como si fuera verdad. Y eso yo escuchaba desde chiquita con mi mamá y me gustaba tanto escuchar en aymara... Yo decía: "¿cómo puedo participar en esos cuentos, en novelas?" Era tan lindo... O sea, yo admirada a Radio San Gabriel, como he vivido en el campo, entonces yo deseaba trabajar ahí. Trabajando en la escuela yo enseñaba aymara, a hablar y a escribir también ¿no?, porque yo siempre he valorado lo que es nuestra lengua, lo que es nuestra cultura, lo nuestro (Viviana Cruz, comunicadora aymara, Radio San Gabriel, El Alto).

---

12. Albó estudia el papel central desempeñado por la radio aymara en la formación de una identidad y solidaridad grupal superior al de otras instituciones de relaciones intermedias, como por ejemplo las escuelas o la red comercial (1974: 117).

La procedencia rural de la mayoría y las experiencias de discriminación y exclusión vividas desde la escuela en sus lugares de origen y más tarde como migrantes cholas en las ciudades, empleadas domésticas, madres y esposas, va perfilando una concepción particular de la CI y del medio, marcada precisamente por el reconocimiento colectivo, la concienciación y el compromiso social.

> Como le digo en la ciudad estaba en la escuela y ahí todo lo indígena era lo inferior, o sea, eso te hacían ver ¿no? Pero cuando llegué a la radio me dijeron: "Tú tienes que defender a tus *llaqtamasis*, a tu gente, a tus raíces. ¿Eres de aquí o no eres de aquí?". Yo misma me lo preguntaba y he dicho: "Soy de aquí. Soy de sangre indígena y tengo que trabajar por mis raíces (Yolanda Choque, comunicadora quechua, Radio Pío XII, Emisora Pocoata, Potosí).

> En mi comunidad, cuando yo he entrado a la escuela había bastante discriminación a nosotros los quechuas. Como he vivido en medio de la discriminación mi objetivo era cómo llegar a la comunidad, cómo descubrir esa discriminación y porqué siempre nos decían: "Indios, indios salvajes, estas cochinas". De todo nos decía la gente de la ciudad: "Estos indios hacen macanas, mugrosos". Entonces yo quería descubrir porqué: por qué somos indios, por qué somos así cochinos, por qué somos mugrosos (Susana Paqare, comunicadora quechua, Radio Lachiwana, Cochabamba).

El papel desempeñado por los medios en tanto espacios de formación que contribuyen a reconocer la pertenencia grupal está muy presente en los relatos, tanto de varones como de mujeres. No obstante, las dificultades de acceso en el caso de las mujeres son mucho mayores.

En primer lugar, por el horario intensivo en el que se realizan los talleres (generalmente fines de semana completos) y en el que se emite la programación indígena (en la madrugada y en la noche). Este horario marginal condiciona fuertemente la participación de comunicadoras con hijos pequeños y se traduce en un riesgo adicional especialmente para las que viven en lugares alejados. Algunas refieren intentos de asalto y violación en el trayecto. Para evitar ese riesgo algunas "optan" por trasladarse a vivir a la emisora con sus hijos pequeños:

> En la emisora de Torotoro estuvimos cama adentro [risas]. O sea, con mi hijo yo vivía allá. Y ahora también aquí en Cochabamba. Porque la

compañera que estaba durmiendo antes acá se casó y bueno, no quisimos perderla, entonces dijimos hay que conseguir otra gente para que pueda venir a las cuatro y media de la mañana y no había. Entonces yo he preferido quedarme que venir a esas horas. Es peligroso. Y aquí hay cuartos. Por eso vivo aquí. Ya estoy dos meses con mis hijos (Emiliana Ayala, comunicadora quechua, Radio Pío XII, emisora Cochabamba).

La necesidad de contar con apoyos para conciliar las tareas domésticas y el cuidado de los hijos, tanto para completar la formación como para desempeñarse en el medio, es permanente en los relatos de las comunicadoras y se presenta como uno de los motivos más frecuentes de su exclusión, pero también de abandono de la labor de comunicación por parte de las mujeres. Una mirada atenta a su situación familiar avala esta afirmación: de las dieciocho mujeres entrevistadas cinco son solteras y sin hijos mientras que las restantes trece son madres. De estas, nueve están separadas o divorciadas y una es viuda. Solamente tres tienen pareja actualmente. En los casos excepcionales en los que las comunicadoras cuentan con pareja, los relatos hablan de la importancia de este apoyo para desempeñar su trabajo, y también de la negociación para poder realizar la labor de comunicadora, así como de la presión social y de los sentimientos de culpabilidad y frustración derivados de su decisión:

> Yo andaba en comunicación en medio de la gasificación, en medio de la represión, con mi panza así. A mí no me importaba si me reventaban la panza. No me importaba. Tenía el apoyo de mi esposo, siempre lo he tenido. Cuando el esposo te apoya eso es como si te apoyaría toda la población pero cuando no te apoya… ¡pucha, es terrible! La gente que te murmura: "Ahí está, ahí está: la madre que ha abandonado [a los hijos], ahí está el fruto" (…) A veces hasta te desligas de la familia para asumir estos retos en comunicación o sindical. Los hombres dejan fácil, las mujeres no (Susana Paqare, comunicadora quechua. Radio Lachiwana, Cochabamba).

> Sí, he tenido dificultad en el hogar. Sí, porque yo he abandonado a mis hijos (…) Mis hijos han crecido con gente porque mi esposo trabaja y yo también. Y mis hijos así menores no han tenido tanto cariño. Tal vez por eso son más independientes. Esa parte he tenido problema. Pero yo soy comunicadora ¿no? Y tengo que hablar, hablar. Estoy en eso, en hablar y hacer que comprendan esas cosas que nos pasan a las mujeres. En cuanto a mi pareja, me entiende, me comprende, pero a veces me dice: "¿Qué haces ahí siempre?, anda, vete nomás a la radio, ahí nomás anda a viví" (Viviana Cruz, comunicadora quechua, Radio Pío XII, Cochabamba).

Estos obstáculos para conciliar —comunes en las experiencias de las mujeres, sean indígenas o no indígenas— y la necesidad de contar con la familia para desempeñarse como comunicadoras revierten en una concepción de la CI más integral y menos autorreferenciada comparada con la de los comunicadores. Esta comprende a los hijos y a la familia y también a otras mujeres en circunstancias de opresión y discriminación similares. No obstante, en la medida en que el género atraviesa y se superpone al resto de dimensiones en las que se expresa la desigualdad que experimentan estas mujeres, las particularidades de su experiencia de la CI trascienden el mero ejemplo inspirador y multiplicador para influir en su manera de entender y hacer comunicación. Ese sentido político de la CI como un espacio de resistencia y de agenciamiento social y político, tanto a nivel individual como colectivo de comunicadoras, cobra su máxima expresión cuando se trata de situaciones de discriminación y violencia de género.

"En la radio hemos abierto el ojo". Los medios indígenas como espacios de resistencia

El avance legal producido en materia de igualdad en Bolivia en los últimos años tiene su correlato en los programas de formación que ofrecen las organizaciones indígenas y campesinas, las ONG, y también los medios indígenas. Así, al binomio "comunicación-liderazgo" de los talleres que convocan los medios, se ha incorporado en los últimos años el tema de los derechos de las mujeres y especialmente la violencia de género[13]. Para algunas comunicadoras este aprendizaje les confronta con su realidad y contribuye a cuestionar el papel que les ha sido asignado por su cultura y por las ideologías de género. Esto se traduce en la elaboración de un discurso y una toma de posición frente a la discriminación de género y la violencia que experimentan tanto por parte de sus parejas como de otros compañeros de profesión, indígenas y no indígenas.

---

13. Por un lado, la promulgación de la Ley integral de violencia de género" (Ley N° 348) en 2013, y por otro las medidas políticas adoptadas de discriminación positiva como la incorporación de mujeres al frente de la mitad de los ministerios durante el gobierno del MAS, han servido para incluir los derechos de las mujeres en la agenda política del Estado y, en consecuencia, contar con una mayor presencia de estos temas en los medios indígenas y no indígenas.

Hay compañeros varones que son machistas, siguen siendo machistas y siguen creyendo que tú no tienes esa formación, esa capacidad de poder agarrar una cámara, de poder editar, de poder hacer. Te creen una burra prácticamente. Y si usted va a una rueda de prensa y va a ver una sola camarógrafa, y no hay más. Y ahí también te dicen: "¿Qué estás haciendo vos aquí?, ¿por qué no va a la cocina?". A mí me ha tocado varias veces que me han dicho eso. Y yo he dicho: "Y a ti, a ti que te importa, porque me da la gana de estar". Yo me he vuelto media atrevida ¿sabe?, y les he mandado a cierta parte, punto, pues, y se callaban. En Santa Cruz, prácticamente somos pocas mujeres que todavía nos hemos echado la valentía de decir voy a una conferencia de prensa, me meto entre medio de estos machorros, como decimos. Generalmente te hacen desistir, aunque estés bien formada, porque son los mismos hombres los que dicen. "Esta no sirve". Si eres mujer, ya te califican ellos. Y nosotras desistimos de estar peleando contra hombres. Y hay compañeras que se embarazan, se casan y hasta ahí se quedó su formación de comunicación y se dedican a la familia. Por eso hay pocas, somos pocas las mujeres en comunicación, pero se ha dado un paso importante, sí eso sí. De lo que antes había dos o tres ahora creo que hay una cosa de diez, que ya es un avance, pero necesitamos dar más pasos (Sandra Cossio, comunicadora quechua).

En la radio hemos abierto el ojo, ¿no? Nosotras hemos pensado que tenemos marido, hijos y que ahí la vida ya ha acabado, atado al marido, servir, así único será y ya no hay paso adelante. Entonces cuando hemos venido aquí a capacitarnos hemos abierto los ojos y luego ya hemos puesto ánimo para seguir avanzando (Blanca Huanca, reportera popular aymara, Radio Atipiri, El Alto).

Los títulos y los contenidos de los programas radiales y de las producciones audiovisuales realizados por estas comunicadoras resultan elocuentes respecto al desafío y al acto de resistencia que supone para ellas narrar su cotidianidad desde abajo —desde la posición subalterna que ocupan como mujeres y como indígenas— y desde adentro —desde sus cosmovisiones, valores, lenguas—, para ser escuchadas por distintas audiencias a través de un medio de comunicación: *Si nos permiten hablar, La palabra es de ustedes, Yo siempre te he oído, ahora te toca escucharme a ti, Ñukanchikpa* (De nosotras) son algunos de ellos.

Hacemos el programa *Si nos permiten hablar*. Mire, es que a nosotras las mujeres nos han callado ¿no?, muchas veces, siempre lo hacen. Por eso es el nombre que le hemos puesto a nuestra revista y ahí hacemos justo este análisis. Tomamos temas como es la violencia de la mujer, la ley 348, ¿cuántos tipos de violencias hay? Y tratamos de que la ciudadanía nos escuche en ese tema. Abordamos temas que nos interesan a nosotras las mujeres y también a los hombres. Esta radio se tiene que caracterizar porque defiende los derechos de las mujeres, especialmente, no solamente de las campesinas, porque sabemos que, en todo Bolivia, tanto en el área urbana como en el área rural, se sigue repitiendo la violencia hacia la mujer ¿no? (Sandra Cossio).

En este somero recorrido sobre los obstáculos y las exclusiones de género a las que se enfrentan las mujeres indígenas en el acceso a la CI, un lugar destacado lo ocupan las frecuentes situaciones de violencia de género vinculadas a su decisión de dedicarse a la comunicación-liderazgo político que reportan más de la mitad de las comunicadoras entrevistadas. El alto grado de exposición y de reconocimiento social que implica convertirse en referentes públicos, el espacio social de encuentro con otras mujeres empoderadas en situaciones análogas que provee el medio, y el desarrollo de un creciente nivel de autoconsciencia vinculado al ejercicio de contar y ser escuchadas en su lengua, se superpone a las circunstancias personales de estas mujeres y de sus maltratadores como desencadenantes de la violencia.

A diferencia de lo señalado por otros investigadores sobre la violencia de género en comunidades rurales (Canessa, 2012), los casos recogidos en esta investigación no reportan episodios "excepcionales" provocados por el consumo de alcohol de sus parejas, sino violencia estructural resultado de las ideologías de género. A menudo, esta violencia comienza desde el momento que deciden salir de casa para asistir a los talleres de formación en el medio y se repite recurrentemente:

Dedicarme a la comunicación ha sido muy difícil para mí… Y casarme no ha sido porque me gustara casarme, sino prácticamente porque me han obligado a ello, a los trece años, y a los catorce ya tenía a mi primer hijito. Siempre mi intención de mí era ir a otro espacio, no ser solo ama de casa ni mamá, pero me tocó eso, conformarme, porque era esa mi realidad (…) Cuando las Bartolinas empezaron en comunicación una señora me ha dicho: "Sandra, vení a capacitarte". Yo tenía miedo, voy a ir y me va a pegar mi marido, se va a enojar porque no he hecho la comida. Entonces yo tenía a mi cuarto hijo, pero igual me fui con ellos. Me daba miedo al volver a casa y cuando la luz estaba apagada, recién entraba. Si no, no entraba. Me escondía hasta que se apague la luz (…). Volví a ir a las Bartolinas y aprendí con la computadora y me gustaba las formaciones que hacían. Me gustaba agarrar micrófono. Yo decía: "Yo quiero ser periodista", y empecé a formarme más y más. Después hubo esta convocatoria por el CEFREC de formación de comunicadoras. Él [su marido] me decía: "¿Qué estás haciendo ahí perdiendo tu tiempo?, las mujeres no sirven para esas cosas, ¿qué vas a lograr?, ¿qué crees?, así, vieja como eres ¿qué vas a salir en la tele?", y no me dejaba ir. Pero una vez más me escapé y esa fue la última. Al volver, lo mismo hice: espere a que se apague la luz y al entrar estaba apagado y pensé "Está dormido". Y ese fue la… el peor día de mi vida porque… eh… me estaba esperando detrás de la puerta y me golpeó muy fuerte y… me dejó paralítica. Un año estuve paralítica (…). Un compañero hizo la denuncia y lo metieron preso a mi marido. Este compañero me colaboró muchísimo y también la organización, la organización. Y me metí más y más a comunicación. Y yo hoy en día digo que ha sido quizás bueno que mi marido me tumbe para que yo aprenda que no debía confiar en él (Sandra Cossio).

En mi casa había mi esposo que me decía: "¿Dónde estás yendo?". De ocultitas me venía yo [a la radio]. Cuando él ya llegaba a casa, llegaba nomás yo también. Entonces no me hacía pescar. Cuando ya me ha pescado es porque me escuchado; "¿Habías ido a la radio?". "Sí, he ido, he ido ahora ¿qué vas a hacer?, me voy a ir", he dicho. "Tengo en la radio a Carminia, al licenciado Donato, hay abogados. Si me pegas yo te voy a demandar", le he dicho. "Ah, puedes ir, no me interesa", dice. En estos años ha sido la ley del 348, violencia de las mujeres, con eso más mi esposo se ha calmado. Después se ha enfermado y se ha ido, en 2012, 2013. Ahí he empezado a salir a las calles a reportar… (Elena Miranda, reportera popular, Radio Atipiri, El Alto).

Para aquellas mujeres como Sandra y Elena que con mucho esfuerzo personal y apoyo de distintas redes —familiares, gremiales, asociativas, ONG—, logran romper y sobreponerse a las humillaciones resultado de la discriminación machista y patriarcal vivida durante años, el acceso a la CI como espacio en el que desarrollan una conciencia étnica, de clase y de género se convierte además en un recurso sanador y empoderador, tanto a nivel individual como colectivo.

De este modo, el sentido político de la CI se concreta en varios aspectos. Por un lado, en el enfoque de denuncia que utiliza y en las audiencias a las que se dirige, tal y como ha sido estudiado por otros autores (Mora, 2015). Estas audiencias están ubicadas tanto "fuera" de la comunidad (a nivel regional, nacional e incluso internacional) visibilizando sus luchas y los abusos cometidos, y simultáneamente "dentro", construyendo y fortaleciendo su identidad y sus derechos como mujeres e indígenas en sus comunidades y grupos:

La comunicación indígena yo veo desde el punto de vista político como una resistencia, un ejercicio pleno de derecho de los pueblos indígenas. Para afuera es político, digamos, mostrar, que el país conozca a la gente indígena, que puedan conocer nuestra visión, nuestra realidad, nuestra cultura. Pero para interno también es político: cómo conservar, fortalecer, revitalizar nuestras culturas, internamente. (...). Para mi es primero la identidad, el autorreconocimiento como pueblo indígena. Si no tienes ese autoidentificación no sabes quién eres, de dónde vienes, o sea, cuál es tu proyección (Ana Vilacama, realizadora de vídeo y comunicadora quechua, CEFREC, Cochabamba).

Por otro lado, el sentido político de la CI que practican estas mujeres se concreta tanto en la selección y el alcance de temas abordados como en su tratamiento. Estos temas incluyen: derechos de las mujeres, maternidad, discriminación y problemas de conciliación para ejercer la comunicación y el liderazgo político, sexualidad, salud, violencia de género y, simultáneamente, el precio de la canasta básica, los abusos de las autoridades, la educación, el medio ambiente, la política nacional e internacional, las fiestas y las costumbres locales, entre otros. Todos ellos tratados desde un enfoque integral que comienza en el propio cuerpo, se extiende al entorno grupal y se realiza en la tierra-territorio como metáfora de vida. Como lo expresa Susana y otros relatos traídos a colación:

La mujer siempre tenemos una mirada amplia, siempre estamos pensando en los hijos, pensamos en lo económico, pensamos también en la formación, en la educación. Pensamos siempre que va a hacer mañana, que están los hijos, que está la producción. O sea, que siempre estamos igual que la tierra que cuanto más unido da siempre todo el fruto. (...) La comunicación indígena sabe a tierra y territorio. Cuando hablamos de tierra y territorio está todo inmerso. No hablar de la tierra y territorio es no hablar de nada (Susana Paqare, comunicadora quechua).

Comunicadoras profesionales y reporteras populares

A partir de experiencias comunes de discriminación, violencia física y simbólica y exclusión que, por un lado, dificultan el acceso a los medios, y, por otro, contribuyen al cuestionamiento de los roles de género tradicionalmente desempeñados y a construir un modo particular de experimentar la comunicación, en lo que sigue me centraré en lo que diferencia a estas mujeres.

Para ello, distinguiré dos tipos de perfiles que ayudan a entender la diversidad del colectivo: por un lado, las comunicadoras profesionales contratadas a tiempo completo o parcial por un medio, líderes de organizaciones comunitarias, y por otro, las reporteras populares que colaboran con el medio ejerciendo un cargo de servicio como representantes de su comunidad. Cada uno de ellos afronta problemas específicos relacionados con su procedencia, lugar de residencia, nivel de formación, experiencia en los medios y liderazgo político. Estas circunstancias se proyectan en formas particulares de concebir y practicar la CI.

¡Indios al poder! Liderazgo político a través de los medios

El grupo de las comunicadoras profesionales está formado por diez de las dieciocho mujeres entrevistadas que tienen entre 26 y 53 años, de las cuales siete son *radialistas*, y las restantes tres son realizadoras de vídeo o capacitadoras en comunicación audiovisual formadas por CEFREC.

Todas tienen una larga trayectoria en medios indígenas (entre diez y veinticinco años), especialmente en las radios de ERBOL, donde algunas comenzaron como reporteras populares, y otras lo hicieron en radios mineras. En cuanto a su formación académica, seis de las diez comunicadoras han cursado estudios universitarios, principalmente como maestras y comunicadoras —aunque no todas consiguieron titularse— y las restantes cuatro son bachilleres. Su situación familiar refleja el perfil anteriormente referido: solo tres tienen pareja en la actualidad, si bien la mayoría (ocho) son madres con hijos jóvenes bachilleres y universitarios, algunos de los cuales estudian comunicación y colaboran con ellas, y solo dos tienen hijos menores que a menudo les acompañan mientras desempeñan su trabajo Todas son bilingües, menos una, y algunas trilingües (quechua, aymara, castellano). Siete residen en grandes ciudades (Cochabamba, Santa Cruz, La Paz y El Alto), y tres en pequeños municipios ubicados en provincias (Rafael Bustillo, Chayanta y Caranavi).

Aunque la comunicación en los medios constituye la fuente principal de ingresos para todas ellas menos una, su dedicación es variable dependiendo tanto de sus circunstancias personales (proyectos formativos, familiares, etc.), como de la situación económica y política coyuntural del medio. Las dificultades de sostenibilidad de los medios comunitarios indígenas, en general muy dependientes de la cooperación internacional y de subvenciones directas o indirectas del Estado, revierte en una frágil estabilidad de las plantillas. Esta inestabilidad afecta sobre todo a las mujeres comunicadoras —indígenas y no indígenas— y les obliga a completar ingresos, de modo eventual, con otros trabajos como comerciantes, confeccionando artesanías para la venta, o agricultoras y ganaderas:

> Estoy haciendo despachos a radio Lachiwana, tengo un minuto, dos, diez minutos, hasta veinte minutos, luego entrevista siempre en las noches. De día voy a trabajar con machete al chaco[14]. Estoy produciendo naranja, ahorita está en crecimiento, también produzco plátano y chía (Susana Paqare).

El segundo rasgo diferenciador de las comunicadoras profesionales es su perfil como líderes políticas en organizaciones supracomunitarias (sindicatos, partidos). Si bien todas ellas atesoran una variedad de experiencias previas en asociaciones comunitarias y barriales (clubes de madres, comités de escuela, asociaciones deportivas, entre otros), la mayoría se forja en las movilizaciones sociales de la década de 1990 (Marchas indígenas a La Paz) y durante el llamado "ciclo rebelde" (2000-2005) que consolida un proceso de resistencia indígena de largo recorrido, estudiado por Espasandín e Iglesias (2007). Durante estos años los medios comunitarios adquieren un elevado protagonismo consolidándose como espacios políticos de resistencia y de lucha por los derechos que marcan la trayectoria de muchas de estas mujeres:

> En 1996 hemos ido a una marcha por Tierra y Territorio y esta radio [banda lateral] cargando hemos hecho llegar desde aquí, desde Cochabamba, hasta La Paz, en tres semanas. De los 20 comunicadores que éramos, la mayoría hombres, la única mujer era yo (…) ¡Uuucha, las luchas que hemos pasado en Bolivia!: la guerra del gas, la guerra de la coca… Mis hermanos del Trópico han pasado violaciones, han pasado encarcelaciones, han pasado incendios (…). En 1995, en la represión del Trópico, traen a la gente en brazos, muertos, arrastrando las tripas, partido la cabeza, salido el corazón. Así traían (…) A mí, la policía me chisgueteó con gas y el compañero así, chorreando sangre, me alcanza un papel y me dice: "Compañera Susana, llévamelo este papelito a la radio… dos compañeros están desaparecidos hace tres días. A cualquiera radio llévamelo". Yo fui corriendo así patapelá [descalza], a la radio Mosoqchasqui que es un radio

---

14. Lugar de cultivo.

evangélico. Y llego a la puerta y le digo: "Por favor señora, quiero que me lo lean este mi comunicado, tres compañeros están desaparecidos". "No. El orden de arriba es que pagas o no lo hacemos". Yo me puse a llorar porque mis compañeros estaban derramando sangre, y pensé en todos los mártires de todos los que han muerto y en toda la Pacha de los incas, ¡qué me ayuden a conseguir mi programa de radio!, ¡tengo que tener mi programa! (Susana Paqare, 54 años, comunicadora quechua. Radio Lachiwana, Cochambamba).

Susana Paqare y Soledad Rocha, comunicadoras, Radio Lachiwana, III Cumbre de Comunicación Indígena del Abya Yala (Tiquipaya, Cochabamba, 15 de noviembre, 2016).

La llegada al poder de Evo Morales y la paulatina transformación de la indigeneidad de "lugar de lucha y resistencia" a "lugar de poder" han impactado también en la CI. Durante estos años el traspaso de comunicadores, y en menor medida de comunicadoras indígenas, formados como líderes por los propios medios para ocupar cargos de representación política a nivel regional e incluso nacional se ha convertido en una oportunidad para la promoción social y política tanto a nivel individual como colectivo.

Antes, cuando yo llegué a la radio, ningún indígena había en el poder. En toda esta mi vida hemos ido junto con ellos apoyándoles para entrar: uno, dositos, tresitas y así sucesivamente. Pero ahora si ves en los munici-

> pios casi la mayoría [de los representantes políticos] es del campo... Por ejemplo, la actual senadora Adela Cusi ha sido "uno de los nuestros", digamos. El impulso de la radio cuando era dirigente ha sido digamos, muy importante. Le hemos jalado de la mano para caminar por aquí y entonces así llegó (...) Sí, nosotros como radio hemos dicho "indios al poder", y ahora están los indios al poder (Yolanda Choque, comunicadora quechua, Radio Pío XII, Pocoata, Potosí).

> Ya pues, en todo el país somos como 300 a 500 comunicadores capacitados ¿no?, y algunos están ejerciendo en sus comunidades de dirigentes, algunos son concejales o alcaldes en sus regiones. Otros son autoridades, asambleístas nacionales o departamentales. Y uno se siente contento. Es un reto en lo personal que también se traduce en lo colectivo porque uno no llega pues solita. Nos vamos construyendo desde la comunidad porque en mi vida yo no había soñado ser senadora (Ana Vilacama, comunicadora aymara, CEFREC, Cochabamba).

En este grupo hay cuatro mujeres que han ocupado cargos de representación política a nivel nacional y, en virtud de esa posición, lideran procesos de comunicación propia a nivel internacional mediante su participación en las cumbres continentales de CI, festivales y muestras de cine y vídeo indígenas. Estos espacios políticos, en los que las comunicadoras han ido ganando protagonismo y visibilidad en la última década en América Latina[15], sirven para una multitud de propósitos profundamente estratégicos tanto a nivel individual como colectivo, a saber: ganar capital político para sí mismas y para la organización a la que representan, trazar alianzas y construir una agenda común en el ámbito de la CI con otras organizaciones de mujeres indígenas (por ejemplo, denunciando el machismo y la violencia de género y reivindicando sus derechos como mujeres-líderes-comunicadoras), y facilitar el acceso a fuentes de financiamiento para sus organizaciones.

No obstante, lo más relevante en esta oportunidad, es el uso de estos espacios que hacen las comunicadoras para conocer y apropiarse de un discurso político sobre la CI amalgamado del movimiento indígena a nivel internacional, muy influido por los aportes de los pueblos indígenas de Colombia[16] y las posiciones del feminismo comunitario en Bo-

---

15. Véase nota 3.
16. Destacan los aportes realizados por los pueblos indígenas de Colombia —especialmente los nasa del Cauca (a través del CRIC, principalmente)—, y los wayúu

livia. Este discurso político se visibiliza por ejemplo en la introducción de una retórica particular —que incluye la "despatriarcalización" y la "descolonización" como objetivos prioritarios— alejándose de tradicionales posiciones de clase social más frecuentes en el resto de las comunicadoras entrevistadas. Y al mismo tiempo repercute en un cierto grado de esencialización del papel de las mujeres como responsables de la continuidad cultural del grupo y la defensa de una ancestralidad y de una cosmovisión panindígenas. A pesar de lo cual, estas comunicadoras no renuncian a denunciar el racismo, la discriminación y la violencia de género estructurales que experimentan como mujeres y comunicadoras.

Reporteras populares. La indigenización de los medios

El segundo grupo está formado por ocho mujeres que se desempeñan como reporteras populares, el sistema de corresponsales voluntarios extendido por las radios de ERBOL desde la década de 1980 en provincias y posteriormente a zonas urbano-marginales, destino de la migración indígena campesina.

Sus edades oscilan entre los 33 y los 64 años y colaboran en dos de las radios estudiadas (Atipiri y Pío XII). Todas menos una son aymaras y viven en El Alto y en La Paz donde migraron hace décadas. Tres de ellas trabajan como empleadas domésticas y cuatro, como comerciantes por cuenta propia, empleos que constituyen su fuente de ingresos principal. La última reside en una comunidad campesina del distrito de Pocoata (Potosí) donde es agricultora y ganadera. Todas utilizan el aymara o el quechua como primera lengua y, aunque son bilingües, algunas se expresan con dificultad en castellano.

La trayectoria de estas mujeres en comunicación es más reciente y breve comparada con las del grupo anterior (entre seis y diez años), y su nivel de formación también es menor: todas tienen estudios de secundaria menos una de ellas —la mayor del grupo— que no terminó los estudios de primaria. En cuanto a su situación familiar tres reporteras son solteras sin hijos y las cinco restantes son madres, de las cuales una es viuda y las otras cuatro, separadas con hijos mayores. Signifi-

---

de la Guajira colombo-venezolana, en la construcción de una agenda y un discurso que es utilizado a nivel continental sobre CI.

Pilar Rueda, reportera popular, Radio Siglo XX, emisora de Pocoata
(Pocoata, Potosí, 9 de febrero, 2018).

cativamente, las cinco madres comparten experiencias de violencia de
género relacionadas con su deseo de dedicarse a la comunicación, deseo
que han podido cumplir una vez "liberadas" de la pareja y de la crianza:

> Ya no estamos con mi esposo. Se ha ido porque yo me he enfermado
> fatal, me he fracturado mi columna y ha sabido irse, en el momento que he
> necesitado harto a mi esposo se ha ido, me ha abandonado. Y yo, así como
> un perrito amarrado de su soga cuando lo sueltas se va de aquí de allá y por
> lo menos corretea feliz, así me siento yo hermana. De ahí me he sanado, de
> ahí he pensado yo misma a venir a buscar este radio porque más antes era
> prohibido todo, con mi marido, qué a qué estas yendo, qué para qué te vistes
> así, para qué te peines tu trenza, que tú eres una tonta, tú eres este…qué cosa,
> que vos no sabes nada, así. ¡Ay no!, así nomás, ¿pero qué voy a hacer? Tam-
> bién mis hijos tengo, estoy criando, cocinar en la casa nomás, pero cuando
> ya son grandes, cuando mi esposo se ha ido, en radio estoy escuchando que
> hay talleres, hay seminarios ¿qué será seminario? (Teodosia Ramos).

Su llegada al medio se produce como respuesta individual a la convocatoria de un curso de formación que escuchan en la radio, o como
mandato comunal. Vale la pena recordar que desde la perspectiva de

los medios el empleo de reporteros —varones y mujeres— les permite abarcar una cobertura de noticias mayor sin necesidad de contratar personal, ampliar audiencias y contar con una red de promotores de desarrollo para sus proyectos en lugares lejanos. Mientras que, desde la perspectiva comunitaria, el reportero popular, al igual que otros cargos indígenas tradicionalmente desempeñados por varones, ejerce de intermediario y vocero de los intereses de la comunidad a través de la moderna plataforma que proporcionan los medios y las nuevas tecnologías de comunicación en la actualidad.

A ese lugar propongo llevar por último la reflexión sobre el sentido político de la CI que practican estas mujeres: como líderes e intermediarias entre la comunidad a la que representan y las autoridades supracomunales, las reporteras tienen la obligación de caminar el territorio visitando las casas de sus vecinos e informándose de sus demandas para darlos a conocer "hacia afuera" (a nivel supracomunal) y reclamar el cumplimiento de sus derechos a través del medio. Y simultáneamente "hacia adentro": promoviendo la participación local en la lucha por derechos colectivos, poniendo en valor todo aquello que les distingue como comunidad (celebraciones, ratificación de autoridades, costumbres), e informando en su doble faceta de intérpretes-traductores culturales de lo que sucede.

> Cuando yo quiero despachar noticias de aquí, de Pocoata, tengo que llamar y decir que es lo que está pasando. Por ejemplo aquí en Pocoata está granizando, cómo afecta a las chacras ¿no es cierto? Desastres naturales pasan ¿no ve? Y la gente vive aquí de la agricultura y si su chacra está dañado, ¿de qué va a vivir? Entonces eso tiene que conocer el gobierno municipal, qué es lo que está pasando y dónde se va a necesitar ayuda ¿no?, porque si no vamos a reportar ¿quién va a saber?, nadies… Por ejemplo, los derechos de una mujer, todas tenemos derechos: a libre expresión, al trabajo libre, al estudio libre, a todo ¿no es cierto? Tenemos derecho, pero si no vamos a hacer conocer nuestros derechos. Eso hay que fomentarle a esas mujeres, a esas señoras, ellas tienen que aprender. Sí, tengo derecho, tenemos derecho a trabajar, tenemos derecho a conocer, a contar dinero. Eso no podemos callar porque si no ¿para qué ser reportera?, para defender sus derechos de una mujer, del hombre, del niño, del mayor ¿no ve? (Pilar Rueda, reportera popular quechua, Radio Pío XII, Pocoata).

Las reporteras populares son también líderes en tanto que ejercen un cargo de representación política, pero, a diferencia de las comunicadoras profesionales, su ámbito de acción es comunitario y local y está sometido a las mismas reglas de reciprocidad que articulan cualquier otra forma de organización social y política andina analizadas en otras ocasiones (Pérez Galán, 2004). Al igual que otros cargos indígenas ser reportero no comporta remuneración económica ni por parte del medio ni por parte de la comunidad, sino estatus y reconocimiento social (respeto) a cambio de cumplir con un conjunto de obligaciones. Esa relación de reciprocidad comienza con una presentación formal a las autoridades comunales mediante invitaciones rituales a comida y bebida (cariño)[17]:

> Ese es la *vergüenza* porque yo, por ejemplo, en mi zona, aquí donde vivo en Achocalla, tengo que presentarme. Si nos queremos presentar por lo menos un refresquito, no sé, algo tenemos que poner de nosotros, nuestro cariño. Si no hay cariño, será así vacío, pero los que tenemos cariño, aunque sea un poquito de fiambre, refresquito tenemos que poner. No queremos ser boca vacío porque ese es el costumbre ¿no ve? Yo tengo ese educación de mi papá, el respeto, eso, siempre está en nosotros. Yo tengo que cocinar, aunque sea un poco, pero con cariño tengo que presentarme. Y eso me falta. Ahora voy a viajar a mi pueblo. Ahí están mi familia, mi padre y los vecinos ¿no? Porque soy de provincia ¿no? Entonces tengo que llegar y mi familia va a saber y también las autoridades tienen que saber. Como soy reportera tengo que contactarme con las autoridades, sí o sí yo tengo que invitar un poco siquiera (Blanca Huanca, reportera popular aymara, Radio Atipiri).

Además es preciso cumplir una serie de requisitos, a saber: ser mayor de edad, *ñawiyoq*[18], y ser considerado una persona "respetable". El cargo se ejerce de modo vitalicio y posee un equipo distintivo de alto valor simbólico, en este caso compuesto por: chaleco de prensa, credencial y grabadora o celular. La mayoría de estos distintivos son proporcionados por el medio, pero otros, los de mayor valor econó-

---

17. Esta sanción ritual es necesaria tanto en el caso de las reporteras que residen en sus comunidades como las migrantes a las ciudades que no han sido previamente nombradas por las autoridades comunales.

18. Voz quechua "tener ojos". Se refiere a las personas que saben leer y escribir, y son bilingües. Tradicionalmente los reporteros informaban de las noticias de su comunidad al medio por escrito, enviando las noticias a través del correo. En los últimos años con la extensión de la tecnología celular los envíos de noticias al medio se realizan mayoritariamente mediante audios lo que ha servido para relajar este criterio.

 BEATRIZ PÉREZ GALÁN

mico, deben ser adquiridos por las reporteras, caso del celular o la grabadora, hoy día indispensables para hacer su trabajo.

El gasto que genera el ejercicio de este cargo, con invitaciones rituales a comida y bebida, manutención, el pago de pasajes y la compra de una parte del equipo son algunos de los retos comunes a los que se enfrentan tanto varones como mujeres. No obstante, sus efectos son distintos. Para ellas, esta carga onerosa en tiempo y dinero se suma a otras tareas productivas que constituyen su fuente principal de ingresos —venta ambulante, servicio doméstico, agricultura y ganadería—, además del cuidado de los hijos y del hogar habitualmente infravaloradas, pero totalmente necesarias para el mantenimiento de la unidad doméstica. La presión social para que "no pierdan el tiempo", incluso cuando se trata del tiempo libre, en tareas no productivas es mucho mayor que en el caso de los varones.

> Para ser reportera popular hay que tener tiempo, tiempo, y necesitas siempre plata. Digamos, para caminar, para la movilidad, todo eso. Hasta a mí me dicen mis *cullacas* [hermana mayor]: "Vos en vano te has capacitado. Ni quisiera ganas un buen sueldo... Estás perdiendo tu tiempo. ¡Anda ve y al menos haz negocio!". Así me dicen (Cristina Ibáñez, reportera popular, Radio Atipiri, El Alto).

Para ellas el triple rol (productivo, reproductivo y de representación) que a menudo supone el ejercicio de la CI se traducen en mayores dificultades de acceso a la formación. Pero también en otras formas de exclusión que eventualmente se reproducen a nivel intraétnico y dentro del propio grupo de mujeres. Entre otras destacan las exclusiones que refieren las reporteras derivadas de su menor nivel formación en comunicación —que se restringe mayoritariamente a la recibida en el medio—y de las dificultades en el manejo del castellano. Desde esa perspectiva se entiende mejor el alto valor simbólico que estas mujeres otorgan al equipo (especialmente la credencial y el chaleco), a diferencia de los reporteros: no sólo les facilita su acceso a los lugares y a las personas para realizar sus entrevistas, sino que también les diferencia y legitima frente a las comunicadoras profesionales, indígenas o no indígenas:

> Yo en mi mente digo cualquier periodista sería libre de entrar a hacer entrevistar a una autoridad, pero por algo nosotros tenemos credencial y un chaleco, porque así nomás quizás la gente puede decir: "¿Qué derecho

tiene a preguntarnos?, aquí nos está viniendo a fregar", nos pueden decir. Pero si este chaleco o esa credencial llevas entonces más derecho tienes a donde entrar ¿no ve hermana?, ¿acaso en otros medios a las periodistas le dicen que tu jefe tiene que venir a dar orden para entrar a la alcaldía?" (Teodosia Ramos, reportera popular aymara, Radio Atipiri).

Las circunstancias personales, la *indigenización* del cargo y el contexto de relaciones de poder (intra e interétnicas, género, y clase social) que atraviesan el ejercicio de la CI revierten en el lugar central que las reporteras otorgan al reconocimiento social-familiar y al empoderamiento individual que consiguen a través de ésta y que las distingue grupalmente:

> Sí, a mí me dicen mis hermanos: "No te hemos creído". Si pues, ustedes han tenido la oportunidad, pero yo no he tenido, pero ahora sí. Aparte de mis hermanos, mi hija me dice: "Felicidades mami: ¿cómo has podido llegar ahí, no? en todo se te ha truncado la vida pero vos sola has podido". ¡Cuánto quisiera ser joven para ir a la universidad y estudiar comunicación! Pero mira, mi sueño ahora se ha cumplido. Estoy bien satisfecha. Me gusta también conducir un programa ¿no? y los vecinos, no solo mis familiares sino también los vecinos más que todo nos miraban, nos discriminaban y ahora me saludan con respeto: "¡Pero bueno!" dicen, "ella es la periodista". Más que todo, he recibido el respeto, el respeto en mi zona, como también en mi familia, en todo (Elena Miranda, reportera popular, Radio Atipiri, El Alto).

Del mismo modo que en el caso de las comunicadoras profesionales, ese capital social se enriquece con la formación que reciben en el medio, con el aprendizaje y la puesta en valor de su identidad étnica y de sus derechos como mujeres. No obstante, a diferencia de ellas y de sus compañeros varones en los medios estudiados no se detecta un traspaso de reporteras populares para ejercer cargos políticos de representación a nivel nacional e internacional. Su radio de influencia en términos de liderazgo se limita, al menos por el momento, al ámbito comunitario.

Conclusiones

En este texto he abordado las desigualdades entrecruzadas que experimentan las comunicadoras indígenas por razón de género, clase social, etnicidad, procedencia y formación y cuáles son sus efectos en la forma en cómo practican y conciben la CI. El análisis de los relatos de dieciocho mujeres, comunicadoras profesionales y reporteras populares, que desempeñan su trabajo en un conjunto de medios indígenas ubicados en zonas urbanas y rurales de Bolivia, permite constatar la diversidad y la heterogeneidad que caracteriza a ese colectivo y los obstáculos que enfrentan.

Para todas, ser comunicadoras y ejercer el liderazgo a distintos niveles implica enfrentarse a dificultades específicas que limitan su acceso a la formación empírica que facilitan los medios y al propio ejercicio de la comunicación, asumiendo costes más elevados que sus compañeros comunicadores (indígenas y no indígenas). El alto grado de precariedad económica en el que desempeñan su trabajo y la necesidad de sumar otras tareas "productivas" para contribuir al mantenimiento de la unidad doméstica, la conciliación con otras tareas de cuidado, la discriminación, el racismo y la violencia de género que experimentan al romper los roles social y culturalmente asignados y exponerse públicamente, son solo algunos de los muchos obstáculos que emergen frecuentemente en sus relatos. No obstante, sus experiencias en este campo son complejas y trascienden el imaginario que representa a las mujeres indígenas como rurales-pobres-analfabetas-subordinadas y víctimas del patriarcado, o como transmisoras naturales de pretendidas esencias culturales e iconos del nuevo feminismo indígena. En su lugar, reflejan una permanente tensión entre lo individual y lo colectivo, entre las desigualdades estructurales y la agencia, entre la singularidad de las propias dinámicas culturales y la coyuntura política, en las que es necesario situar cualquier análisis de la CI.

Respecto a la pregunta de los aportes de la CI a estas mujeres en primer lugar se constata su contribución al cuestionamiento de los roles tradicionales de género. En algunos casos, ello las ha llevado a negociar y reconstituir sus relaciones familiares y de pareja como requisito necesario para conciliar su rol de comunicadoras-trabajadoras, madres-hermanas-esposas y líderes, y avanzar en una mayor equidad de género en situaciones no exentas de conflicto personal. Mientras que otras, han optado por practicar la comunicación a pesar de la negativa de sus parejas y de su entorno social transitando por situaciones de abandono, maltrato, violencia física y simbólica y discriminación. Desde esa perspectiva, la CI sobre todo contribuye a elevar la autoestima personal y a fortalecer su proceso de empoderamiento individual a través del reconocimiento social que reciben estas mujeres.

En segundo lugar, la CI estimula el nivel de autoconsciencia y de pertenencia colectiva. A través de la formación empírica en comunicación-liderazgo que obtienen en los medios y de su propia trayectoria individual como representantes en organizaciones comunales y supracomunales, su vinculación a los medios incrementa su agenciamiento social y político para la defensa de derechos colectivos. Tal y como lo expresan, los medios les habrían permitido: "tener voz", "democratizar la palabra", "visibilizar nuestras luchas", "fortalecer nuestra identidad como pueblos originarios", "defender el territorio", "conocer y hacer conocer nuestros derechos como mujeres".

En tercer lugar, la CI promueve la emergencia de mujeres líderes a distintos niveles. Las distintas formas de ejercer el liderazgo están condicionadas al menos por tres factores: por las discriminaciones múltiples que experimentan (derivadas de su condición de mujeres, cholas, indígenas y también del nivel de formación); el tipo de vinculación contractual con el medio; y su trayectoria personal en organizaciones que amparan los medios indígenas en Bolivia y que facilitan su acceso a otros espacios de participación y activismo político a nivel nacional e internacional.

Respecto a cuáles son los aportes de estas mujeres a la CI, los ejemplos traídos a colación sugieren diferentes formas de concebir y practicar la comunicación con un denominador común: la CI como lugar de experimentación social y cultural para la acción política, que contribuye en primer lugar a la democratización de la palabra haciendo uso de ella desde abajo (desde su posición subordinada como mujeres, cholas, campesinas, indígenas) y desde adentro (desde sus prácticas cotidianas). Desde esa posición las comunicadoras construyen formas de autorrepresentación distintas a las hegemónicas —masculinas—. Esas narrativas expresan el sentido indígena de lo político que opera simultáneamente hacia afuera (en el objetivo de denunciar sus luchas y conseguir objetivos para sí y para el grupo), y hacia adentro (construyendo y proyectando sentido de pertenencia colectiva), conjugando lo local y lo global, lo propio y lo apropiado. Esto se visibiliza en la elección de los temas y en un enfoque singular de la comunicación. Este enfoque integral se extiende al grupo y al territorio. En palabras de Olimpia Y. Palmar, integrante de la Red de

Comunicación wayúu Putchimaajana y activista por los derechos de las mujeres indígenas: "Nosotras vemos la comunicación como un tejido de vida que va entrelazando distintos procesos: el de la educación, la construcción de ciudadanía, la defensa del territorio, el fortalecimiento de la cultura. Por eso nosotras decimos que comunicamos para la vida".

BIBLIOGRAFÍA

ALBÓ, Xavier (1974): "Idiomas, escuelas y radios en Bolivia". *Cuadernos de Investigación*, n° 3. La Paz: 92-133.

ASENSIO, Raúl H./TRIVELLI, Carolina (eds.) (2014): *La revolución silenciosa. Mujeres rurales jóvenes y sistemas de género en América Latina*. Lima: IEP/FIDA.

BELTRÁN, L. Ramiro (2010): "Prólogo", en Gumucio-Dragon y Herrera-Miller, (coords.), *Políticas y Legislación para la radio local en América Latina*. La Paz: Plural Editores, pp. 11-18.

CANESSA, Andrew (2012): "Soñando con los padres. Fausto Reinaga y el masculinismo indígena", en Aída Hernández y Andrew Canessa (eds.), *Género, complementariedades y exclusiones en Mesoamérica y los Andes*. Quito: Abya Yala, pp. 99-116.

CLACPI *et al.* (2020): *La situación del derecho a la comunicación con énfasis en las y los comunicadores indígenas y afrodescendientes de América Latina*. San Cristóbal de Las Casas: CLACPI/PVIFS/alterNativa/Cesmeca-Unicach/Cooperativa Editorial Retos/Clacso (Colección Conocimientos y Prácticas Políticas, tomo VI).

ESPASANDÍN, Jesús/IGLESIAS, Pablo (coords.) (2007): *Bolivia en movimiento. Acción colectiva y poder político*. Madrid: El Viejo Topo.

GINSBURG, Faye (2002): "Screen Memories: Resignifiying the Traditional in Indigenous media", en F. Ginsburg, L. Abu-Lughod y B. Larkin (eds.), *Media Worlds. Anthropology on New Terrain*. Berkeley: University of California Press, pp. 39-57.

GONZÁLEZ PAZOS, Jesús (2019): *Medios de comunicación. ¿Al servicio de quién?* Barcelona: Icaria.

HERNÁNDEZ CASTILLO, R. Aída (2010): *Signs: Journal of Women in Culture and Society* 35, 3: 439-445.

HERNÁNDEZ CASTILLO, R. Aída/CANESSA, Andrew (2012): "Identidades indígenas y relaciones de género en Mesoamérica y la Región

Andina", en Aída Hernández y Andrew Canessa (eds.), *Género, complementariedades y exclusiones en Mesoamérica y los Andes*. Quito: Abya Yala, pp. 10-42.

MAGALLANES, Claudia/RAMOS, José M. (coords.) (2016): "Introducción", en *Miradas propias. Pueblos indígenas, comunicación y medios en la sociedad global*. Puebla/Quito: Universidad Iberoamericana de Pueblo/Centro Internacional de Estudios Superiores de Comunicación para América Latina, pp. 11-16.

MORA, Pablo (2015): "Lo propio y lo ajeno", en Pablo Mora (eds.), *Poéticas de la resistencia. El video indígena en Colombia*. Bogotá: Cinemateca, pp. 15-45.

OLIART, Patricia (2012): "Las organizaciones de mujeres indígenas en Perú y los discursos de los derechos indígenas y la equidad de género", en Aída Hernández y Andrew Canessa (eds.), *Género, complementariedades y exclusiones en Mesoamérica y los Andes*. Quito: Abya Yala, pp. 117-145.

OROBITG, Gemma (2020): "La comunicación indígena, una práctica descolonizadora y para impulsar las lenguas indígenas", Proyecto MEDIOS INDÍGENAS, 26 de agosto de 2019, <http://mediosindigenas.ub.edu/2019/08/26/2844/> (acceso 29 de abril de 2020).

PÉREZ GALÁN, Beatriz (2004): *Somos como incas. Autoridades tradicionales en los Andes Peruanos*. Madrid/Frankfurt am Main: Iberoamericana/Vervuert.

PÉREZ GALÁN, Beatriz/PRIETO, Yolanda (2019): *La comunicación indígena. Un derecho en construcción*. Madrid: UNED. (Serie documental de tres episodios: 29', 2018-2019, <https://vimeo.com/user99091090> (acceso 29 de abril de 2020).

SALAZAR, Juan F. (2002): "Activismo indígena en América Latina: estrategias para una construcción cultural de las tecnologías de información y comunicación". JILAS, 8.2: 61-80.

— (2016): "Contar para ser contados: el video indígena como práctica ciudadana" en Claudia Magallanes y José M. Ramos (eds.), *Miradas propias. Pueblos indígenas, comunicación y medios en la sociedad global*. Puebla/Quito: Universidad Iberoamericana de Pueblo/Centro Internacional de Estudios Superiores de Comunicación para América Latina, pp. 91-110.

SCHIWY, Freya (2016): "¿Hay un común posible?", Claudia Magallanes y José M. Ramos (eds.), *Miradas propias. Pueblos indígenas, comunicación y medios en la sociedad global*. Puebla/Quito: Universidad Iberoamericana de Pueblo/Centro Internacional de Estudios Superiores de Comunicación para América Latina, pp. 17-44.

Sudario, Rosa E. (2013): *Derecho a la comunicación. Realidad y desafíos en América Latina. Pueblos indígenas y políticas públicas de radiodifusión*. Lima: SERVINDI.

Zamorano, Graciela (2017): *Indigenous Media and Political Imaginaries in Contemporary Bolivia*. Lincoln: University of Nebraska Press.

Definir el medio.
Radios comunitarias e indígenas en la Quebrada de Humahuaca y la Puna de Jujuy, noroeste argentino

Francisco M. Gil García
(Universidad Complutense de Madrid)

Desde finales de la década de 1990, y muy especialmente desde su inclusión en la Lista del Patrimonio Mundial de la UNESCO en 2003, la Quebrada de Humahuaca —y por extensión, la Puna de Jujuy, en el noroeste argentino— se constituye como un escenario de emergencia indígena y revitalización cultural de estructuras *indigenizadas*[1], comunitarias o populares, donde acontecen procesos socioculturales de intensidad y alcance variables en los que coinciden diferentes manifestaciones de identidad, identificación, etnicidad, etnogénesis, folklore, creatividad cultural, reclamos económicos y demandas de tierras. Un contexto que comunidades indígenas, organizaciones y movimientos de naturaleza variada, e instituciones vienen aprovechando para posicionarse en los medios de comunicación local o regional, y de este modo retroalimentar la construcción, expresión y legitimación de dichos procesos, ya sea desde lo político o desde lo cultural, pues en estos términos se estructura localmente el debate (Gil, 2021).

---

1. Frente a estructuras indígenas "tradicionales", utilizo la idea de estructuras *indigenizadas* para apelar a aquellas que, por adopción o afecto, han sido modificadas a través de la mímesis para hacerlas encajar en las expresiones de la cultura local de forma más práctica, visual y efectista, reordenando las categorías indígenas para adaptarlas a contextos —muchas veces politizados— de emergencia indígena, construcción de neocomunidades, exaltación de símbolos y emblemas, o (re) invención de tradiciones.

En términos generales, el entorno mediático regional está fuertemente dominado por radios alternativas de distinta filiación (indígenas, comunitarias con licencia, comunitarias sin licencia, populares, campesinas, rurales, cooperativas, socioeducativas, libres, estudiantiles), de las cuales solo algunas están explícitamente vinculadas con movimientos indígenas o campesinos, y tan solo unas pocas quedan integradas en redes de comunicación alternativa/comunitaria de ámbito nacional. Radios que tratan de acomodarse al espectro mediático argentino resultante de la Ley 26.522 de Servicios de Comunicación Audiovisual de 2009[2], que estableció su división tripartita en sectores público, privado/comercial y comunitario. Una Ley de Medios que desde su gestación viene espoleando intensos debates de diverso signo y calado, así como fuertes tensiones mediáticas, sociales e identitarias.

Atendiendo a esta escena regional y a su entorno mediático, en las páginas que siguen analizaré distintos puntos de vista sobre la consideración de la radio comunitaria e indígena en Argentina, para ir focalizando el debate en la Quebrada de Humahuaca y la Puna de Jujuy, y más concretamente en la población de Tilcara, donde encontramos varios medios (con licencia o sin ella) que se presentan a sí mismos como "comunitarios". Desde la experiencia de los medios en esta población, prestaré especial atención a cómo se entienden los conceptos de 'comunidad' y de 'lo comunitario', así como su participación en la construcción de 'identidades' y la expresión de 'identificaciones' por parte de distintos agentes sociales. Para ello me fijaré en cómo desde estas radios se entiende y se representa el medio comunitario, así como en los valores puestos en juego para su definición en términos de producción, uso y consumo de la radio. En suma, trataré de resolver qué elementos son barajados a la hora de considerar "comunitaria" una radio y si alguno de ellos es valorado por encima del resto en esta decisión. Introduciré en el análisis la cuestión de las radios indígenas en tanto que su concepto de "comunidad" difiere del que plantean las radios comunitarias, con las cuales, además, mantienen una situación de divergencia en parte surgida a partir de la Ley de Medios. Una

---

2. Esta Ley 26.522 de Servicios de Comunicación Audiovisual de 2009, más conocida como Ley de Medios, fue modificada y suspendida en 2016 como consecuencia del cambio de gobierno resultante de las elecciones de diciembre del año anterior, y se encuentra actualmente en revisión por parte de una comisión bicameral del Congreso de la nación.

divergencia entre medios comunitarios y medios indígenas, quiero avisarlo desde ya, en cuya calificación me guiaré por los argumentos clasificatorios que unos y otros se arrojan recíprocamente. Metodológicamente —y sin que ello signifique que, como etnógrafo, me decante por uno u otro punto de vista—, presentaré cada medio desde su propia perspectiva y en oposición al otro, elevando el volumen de las radios comunitarias sobre las indígenas y viceversa según quien esté hablando. Entrecruzaré los medios comunitarios e indígenas desde sus referentes y proyecciones, pero intencionalmente recortaré el espacio de diálogo entre los comunicadores comunitarios y los indígenas para centrar buena parte de mi análisis en los monólogos desde los cuales construyen sus diferencias, un procedimiento que —como veremos— resulta especialmente significativo a la hora de definir el medio.

Definiendo el medio comunitario

La definición de comunicación popular, alternativa y comunitaria, la delimitación de sus particularidades y similitudes, o los matices de cada término en según qué contextos, vienen articulando en América Latina —con sus continuidades y rupturas— debates de hondo calado desde los años setenta, tanto en comunicación, política, sociología y cultura; discusiones en las cuales han ganado peso específico los conceptos de horizontalidad, participación, polifonía, emergencia, resistencia, subalternidad, identidad, indigenidad, ciudadanía, politicidad[3], desarrollo o autogestión, entre otros[4].

---

3. Desde distintas miradas históricas, políticas o sociológicas sobre movimientos sociales, lógicas colectivas y nuevas formas de participación ciudadana, el concepto de 'politicidad' queda definido como la modificación de actitudes y relaciones al interior del campo popular, que son traducidas en acciones, presiones y reivindicaciones de actores sociales (individuales, pero especialmente colectivos) hacia el Estado, en pro de cambios económicos, sociales y políticos más allá de las instituciones. Desde escenarios micropolíticos, la politicidad busca así expandir el horizonte de "lo político" a través de la participación y la organización de sectores descontentos, marginales o subalternos. En este sentido, prestando especial atención a las prácticas que genera, y a cómo constituye cultura política, el concepto ha encontrado un campo de aplicación preferente en el análisis de formas de participación y acción comunitaria.

4. Dado que seguramente acabaríamos perdidos en la abundantísima bibliografía sobre este tema, no es mi intención recopilar aquí una historia de este proceso, ni posicio-

En términos generales, podríamos decir que la comunicación co-munitaria queda planteada como parte de un proceso de desarrollo local, pensada desde el cambio social y político profundo y democrático, articulada a partir de espacios para el diálogo, el debate y la crítica, y trabajada desde los intereses, problemas, necesidades e inquietudes locales. A partir de aquí, intentar definir qué es una radio comunitaria se torna tarea complicada, siendo seguramente difícil construir un relato único generalizador sin diluir aspectos sobresalientes del recorrido de cada medio en particular.

Quizás por ello la división argentina de la Asociación Mundial de Radios Comunitarias (AMARC)[5] resuelve que sería mejor "compartir acercamientos" que dar definiciones, pues a semejante pregunta no encontraremos sino respuestas múltiples, todas ellas marcadas por la promoción de la participación activa y la generación de condiciones para incidir en procesos de democratización. Considerando bajo un mismo rubro a las radios ciudadanas, comunitarias, populares, alternativas, "de nuevo tipo", 'truchas'[6], o barriales, lo fundamental para AMARC a la hora de definir la radio comunitaria es 1) el modo de incluir a la audiencia en su propuesta, 2) su intervención activa en los procesos de la comunidad de la que forma parte, 3) su voluntad de transformación de las injusticias e inequidades, 4) sus búsquedas y propuestas estéticas, artísticas, sonoras, y 5) el carácter más o menos colectivo de su propiedad y de la gestión del medio de comunicación[7].

Para el Foro Argentino de Radios Comunitarias (FARCO)[8], estas se caracterizan por 1) considerar la comunicación como un derecho humano esencial, 2) no perseguir un fin de lucro, y 3) estar gestio-

---

narme en la discusión teórica. Ambas cuestiones están sintetizadas en los trabajos recientes de Mata (2011) o Navarro y Rodríguez (2018). Asimismo, el caso particular argentino ha sido abordado con detalle por Segura (2016) o Kejval (2009, 2013, 2016).

5.   La Asociación Mundial de Radios Comunitarias se constituye desde 1983 en un espacio de encuentro y acción colectiva fundamental para debatir y delinear los horizontes del movimiento de medios comunitarios en el mundo. En Argentina, la red reúne a 30 emisoras, centros de producción y comunicadores comunitarios.

6.   En el español coloquial de Argentina, 'trucho/a' hace alusión a algo o alguien falso, ilegal, irregular, subrepticio, indigno de confianza, mentiroso. En este sentido, una "radio trucha" sería aquella que no cuenta con licencia.

7.   <http://amarcargentina.org/amarc/somos/>.

8.   Constituida en 1998, FARCO busca agrupar a las radios populares y comunitarias de Argentina, contando en la actualidad con 91 emisoras asociadas en todo el territorio nacional.

nadas en forma democrática y participativa por grupos de personas agrupados en asociaciones civiles, vecinales, cooperativas, sindicatos, mutuales, etc. Combatiendo algunos estereotipos, desde este foro desmienten que una radio comunitaria deba ser una radio pequeña, una radio pobre, una radio precaria, o una radio de baja potencia; tampoco un medio necesariamente local. Lo fundamental en su definición será el énfasis en la participación comunitaria para dar respuesta a los problemas propios, lo cual quedará patente en su formato, en sus contenidos, en sus puntos de vista y hasta en su lenguaje radiofónico[9].

Por su parte, la Red Nacional de Medios Alternativos (RNMA) de Argentina[10] plantea la comunicación alternativa, comunitaria y popular no solo como una herramienta, sino como un proceso de construcción colectiva; construcción desde la horizontalidad, y que va creciendo desde las prácticas comunes. Una comunicación entendida ni como mercancía ni como servicio, sino como un derecho popular y legítimo. En este sentido es que desde esta red se entiende la acción comunicativa como un proceso político, social y cultural de disputa ideológica ante la imposición de esos otros medios (hegemónicos) que tienden a naturalizar y legitimar las condiciones de dominación del capitalismo y el patriarcado[11].

Llegado el momento de articular la división en tercios que la Ley de Medios de 2009 hace del espectro audiovisual argentino, los medios comunitarios —junto con el resto de alternativos, campesinos, socioeducativos y artísticos— quedarán dentro de los prestadores de "gestión privada sin fines de lucro", diferenciándose así claramente de los medios públicos (estatales y no estatales) y de los privados/comerciales. De este modo, y en consonancia con los planteamientos que ya venían esgrimiéndose desde las tres redes susodichas —especialmente FARCO, que tuvo destacado protagonismo en los debates previos a su promulgación—, la Ley, en su Artículo 4, definió a las emisoras comunitarias como

> aquellos "actores privados que tienen una finalidad social y se caracterizan por ser gestionadas por organizaciones sociales de diverso tipo sin fines

---

9. <http://www.farco.org.ar/index.php/farco-somos/la-radio-comunitaria>.
10. La RNMA nace en 2004 fruto de un proceso de prácticas y debates entre diversos medios alternativos de ámbito nacional, ante la necesidad sentida de crear un espacio que sea parte de la lucha de los sectores populares.
11. <https://rnma.org.ar/quienes>.

de lucro. Su característica fundamental es la participación de la comunidad tanto en la propiedad del medio, como en la programación, administración, operación, financiamiento y evaluación. Se trata de medios independientes y no gubernamentales. En ningún caso se la entenderá como un servicio de cobertura geográfica restringida".

A priori, no debería haber habido lugar a discusión sobre estos tres puntos básicos que son la participación de la comunidad, el carácter independiente del medio, y su afán no lucrativo. Sin embargo, los matices respecto de los dos primeros fueron pronto planteados en función de ese requisito fijado por la Ley acerca de que se tratará de medios gestionados por organizaciones sociales de diversa naturaleza. Este condicionante dejó la puerta abierta a una casuística de lo más variopinta que, además de alentar múltiples suspicacias respecto de la intencionalidad de las partes implicadas, no haría sino soliviantar algunos de los debates acerca de qué medios debían integrar ese tercio de los alternativos-populares-comunitarios. Pero aún más crispante iba a resultar un inciso f) del Artículo 97 que contempla al actor comunitario en su especificidad, y expresa una voluntad por parte de la Ley por fortalecerlo "para proyectos especiales de comunicación audiovisual y apoyo a servicios de comunicación audiovisual, comunitarios, de frontera, y de los Pueblos Originarios, con especial atención a la colaboración en los proyectos de digitalización." Esta asociación entre medios comunitarios y medios indígenas no solo posicionaría a los segundos respecto de los primeros, sino que favorecería que algunas emisoras de militancia y reconocimiento indígenas se postularan para la obtención de una licencia como radios comunitarias, lo que encendería a algunos comunicadores indígenas contra esos a los que pasarían a considerar como traidores[12].

Las radios indígenas quedarían inscritas dentro del tercio de los medios públicos, donde ya desde los previos a la Ley de Medios fue-

---

12. Sobre el lugar de las radios comunitarias en la Ley de Medios y su aplicación destaco el trabajo de Ollari (2016). Por su parte, De Guio y Urioste (2017) analizan las estrategias de las organizaciones de medios comunitarios, alternativos y populares desde la promulgación de la Ley de Medios hasta el cambio de gobierno de 2015, mientras que Kejval (2016) se centra en la reconfiguración de la identidad (política) de las radios comunitarias, populares y alternativas —incluidas las radios indígenas— hasta la suspensión de la Ley en 2016. Específicamente sobre el acceso y participación de los pueblos indígenas en el sistema de medios argentino llamo la atención sobre los trabajos de Doyle (2018), Lizondo y Ortega (2013) y Siares y Belotti (2018).

ron ninguneados —de ahí que algunos medios buscaran su reconocimiento vinculándose al tercio de los comunitarios—; nunca obtuvieron licencia, sino una autorización vitalicia para emitir, generalmente acompañada de subsidios. Por su parte, las radios comunitarias tuvieron que pelear una licencia que, en el mejor de los casos —pues el cambio de gobierno de 2015 y la suspensión de la Ley de Medios en 2016 interrumpió muchos procesos de tramitación—, iba acompañada de cursos de capacitación y de la entrega por parte del Estado de los equipos técnicos. Sea como fuere, entre ambas se multiplicaron las que, abandonadas a su suerte, presa de problemas técnicos o enredadas en tensiones políticas, terminaron apagándose más o menos rápido; algunas ni siquiera llegaron salir al aire. Es cierto que la Ley de Medios definió un escenario inédito en la historia de la comunicación en Argentina, reconociendo por primera vez a los medios sin fines de lucro como prestadores de servicios audiovisuales. Paro también lo es, como apunta Segura (2016: 3), que "desde entonces, la lucha de estos medios ya no fue solo por hacer efectiva esa legalidad a través de la obtención de licencias, sino que también se fortaleció la búsqueda de soluciones para su sostenibilidad y crecimiento en las nuevas condiciones". En este sentido, me parece que para muchas radios lo segundo se convirtió en prioritario frente a lo primero. Pero esta es una coyuntura plagada de casos específicos que no abordaré en estas páginas. Mi propósito a continuación será el de tratar de resolver —licencias legales aparte— desde qué discursos se convierte a una radio en radio comunitaria, para lo cual me fijaré, por un lado, en cómo la idea de comunidad marca el principio de lo comunitario, y por otro, en la disyuntiva que a partir de esta fractura entre medios comunitarios e indígenas se va a establecer entre la identidad de la radio (comunitaria) y el concepto de radio con identidad. Vayamos por partes.

SEGÚN LA IDEA DE COMUNIDAD, ASÍ LA CONSIDERACIÓN DE LO COMUNITARIO

La Ley de Medios de 2009 impulsó una reorganización sin precedentes del escenario mediático nacional, acrecentando los matices de definición entre medios populares, alternativos y comunitarios. Para Segura (2016: 9-11; *cfr.* también Kejval, 2013; 2016 para una panorámica más detallada), lo popular pasó a ser disputado por afines y contrarios al kirchnerismo, lo alternativo fue recuperado por proyectos de izquierdas, y lo comunitario mantuvo la ambigüedad necesaria como para nombrar al conjunto de proyectos. En las radios populares ganó peso la construcción de la ciudadanía comunicativa, y la contrainformación lo hizo en las radios alternativas, siendo que en el conjunto de estos medios alternativos emergieron otros modelos de radios cooperativas, indígenas, campesinas, villeras, etc. Y sobre todas ellas —sentencia esta autora— la Ley apostó por el concepto de medios comunitarios ignorando las profundas diferencias dentro del sector, tanto en el plano ideológico —esta será para Kejval (2016: 47) la principal diferencia entre todos estos medios—, pero también en términos de recursos, estructuras e integrantes de esas radios.

Justamente tomaré esta cuestión de las enormes diferencias existentes entre las radios comunitarias —independientemente de que operen con licencia legal o no— para tratar de resolver cómo se entiende "lo comunitario" desde estos medios. Dicho en otros términos, ¿hablar de comunicación comunitaria es lo mismo que apelar a una comunicación de/en/para/sobre la comunidad? (más adelante se entenderá el porqué de este abanico preposicional).

A priori, una radio comunitaria no ha de ser simplemente una radio local, sino que —según plantean Geerts, Van Oeyen y Villamayor (2004: 34)— más bien desde ella ha de pretenderse crear comunidad en muchos sentidos. Comunidades geográficas, sociales, culturales, apuntan estos autores; y me permitiré añadir comunidades imaginadas (Anderson, 2006), comunidades inventadas (Hobsbawn, 1984), comunidades dispersas/desterritorializadas, comunidades virtuales (Kejval, 2010), "comunidades de oyentes" —que participan un poco de la idea de las cuatro anteriores—. Porque, en definitiva, la radio desempeña un rol fundamental en el proceso de construcción de ese principio de comunidad en tanto que algo subjetivo a partir de la identificación y el sentimiento de pertenencia. La comunidad como un microcosmos con organización, costumbres, tradiciones, redes sociales, prácticas culturales, etc., concientizadas como propias desde el imaginario social; un imaginario productivo y transformador de prácticas culturales —dirá Appadurai (2001: cap. 2)—, una forma de negociación entre la agencia individual y espectros de posibilidades globalmente definidos, que disloca y diferencia heterogeneidad frente a homogeneidad, facilitando así la representación de múltiples realidades desde las cuales responder y hasta subvertir la "realidad oficial".

Pensando así la idea de comunidad desde la relación entre lo local y lo global, por encima de muchos planteamientos teóricos —incluidos los de Geerts, Van Oeyen y Villamayor (2004)—, la radio comunitaria suele ser una radio local, una radio del pueblo —aunque no por ello necesariamente popular—, una radio instalada en un "paisaje mediático" (Appadurai, 2001: 45-47) que ella misma contribuye a componer a partir de narraciones alternativas a las ofrecidas por los medios hegemónicos; discursos que, justamente, permiten imaginar realidades, imaginar comunidades, incluso imaginar culturas, que recopilan materia prima desde la cual representar nuevos —o no tan nuevos— escenarios ideológicos (políticos) y proyectar nuevos —o no tanto— escenarios de conflicto sociocultural.

En síntesis, amalgamando esta diversidad en el concepto de comunidad y diferentes enunciados sobre los medios alternativos-populares-comunitarios, me atreveré a resolver que la radio comunitaria 1) estrecha vínculos con su entorno social y territorial; 2) aporta herramientas de empoderamiento cívico (Siares y Belotti, 2018); 3) juega un papel clave en la construcción de universos simbólicos y de representación de imaginarios de transformación social para sus oyentes; por lo que 4) abre múltiples posibilidades de reivindicar derechos sociales, políticos y culturales (Kejval, 2013; Segura *et al.*, 2018); siendo así que 5) a veces son consideradas no solo como el vocero del cambio, sino como su promotor y el actor clave del proceso de movilización social.

Darío Setta llegó a la Quebrada de Humahuaca desde Buenos Aires, con sus títulos universitarios de Periodismo y Antropología, con un importante bagaje de lecturas en la mochila, y sobre todo con la ilusión de armar un proyecto de radio diferente. Después de diez años de recorrido, finalmente consiguió sacar al aire la FM La Caprichosa, que obtuvo licencia de radio comunitaria en 2015 y que desde entonces viene batallando por consolidar su posición en el escenario mediático del pueblo de Tilcara. Para él, la radio comunitaria ha de ofrecer un punto de vista alternativo que invite a la reflexión:

una radio comunitaria tiene la obligación, entre otras, de poner otra voz, otro discurso y otra forma de entender la realidad […]. Tratar de que el debate vaya para ahí. Tratar de repensarnos como sociedad de una manera profunda (Darío Setta, Tilcara, 08.08.2017).

Y en ese repensar la sociedad tiene muy claro que el papel del medio comunitario, para no quedarse atrás, debe ajustarse a las reglas del juego que imponen los medios hegemónicos:

> A mí que no me vengan [con] que una radio comunitaria no tiene que persuadir, no tiene que generar efecto, no tiene que influir en la opinión pública general. Claro que sí. Lo tenemos que hacer. Justamente porque los otros lo hacen. Y porque si no lo hacemos nosotros, la trinchera se va a correr mucho más a favor de ellos (Darío Seta, Tilcara, 03.08.2017).

En el contexto de la entrevista queda claro que esos otros a los que se alude Darío son los medios hegemónicos y todos aquellos que siguen su estela, y que el nosotros apela a La Caprichosa y, por extensión, a los medios comunitarios. La cuestión sin embargo está en que, ya desde los debates previos a la Ley de Medios, esa primera persona del plural se transformó en una referencia de orden tremendamente disputada, y que esa metafórica trinchera no dejó de ser desplazada por unos y por otros, a veces sin quedar claro quiénes eran los compañeros de armas, los enemigos o los presuntos traidores a la causa. El éxito o el fracaso en la obtención de una licencia radiofónica generó rivalidad y resentimiento más o menos disimulados entre medios, pero —como ya he señalado— lo más significativo fue que la Ley abrió una brecha profunda entre radios indígenas y radios comunitarias; una brecha que, en realidad, no hizo sino trasladar a la escena mediática la bronca histórica entre la nación argentina y los pueblos originarios, pero también todos los "nuevos" conflictos que, desde hace dos o tres décadas, se han ido agudizando entre las comunidades indígenas y las poblaciones locales en las cuales se insertan o les quedan vecinas.

Aunque diversos movimientos y asociaciones indígenas trataron en un primer momento de forzar una división del escenario mediático en cuatro partes (medios públicos, comerciales y comunitarios, más otra para los medios indígenas), su proyecto nunca prosperó. Desde instancias legislativas se propuso integrar a estos medios dentro del tercio de los comunitarios, oferta que las poblaciones indígenas rechazaron de plano al considerar que con ello perderían su propia voz. Para Laura Méndez, comunicadora social, representante del Movimiento Indígena Cósmico de Jujuy e integrante de la Coordinadora de Comunicación Audiovisual Indígena de Argentina, la cuestión es clara, y pasa por defender la denominación indígena frente a la comunitaria:

> nuestra forma de vida es comunitaria, nuestra forma de ver el cosmos es comunitario en todos los sentidos, pero las radios nuestras son indígenas, no queremos que se llamen comunitarias (Laura Méndez, Tilcara, 02.08.2017).

Más ambiguo a la par que ecuánime es Rubén Hervás, representante de la comunidad indígena Maimaras, una de las dos adscritas a la población de Maimará, donde una radio indígena viene luchando hace años para poder finalmente salir al aire, contra los conflictos políticos regionales y contra las rencillas entre ambas comunidades. A priori, él no vería esa tensión entre estas dos denominaciones siempre que se impongan los valores de lo indígena:

> la radio indígena debe promover y valorar la cultura aborigen[13] [...], pero será comunitaria-indígena: comunitaria porque se la dio el Estado, indígena porque su voz debe ser india" (Rubén Hervás, Maimará, 17.08.2017).

En este marco de discusión conceptual y de reacomodo legal, en su lucha por adaptarse y sobrevivir a la Ley, algunas radios indígenas apostaron también por la licencia como radios comunitarias. Así lo hicieron entre otras la Radio Pachakuti de Abra Pampa[14], en la puna jujeña, primera radio indígena del país, o la Radio Wiphala, en Volcán, primera radio indígena de la Quebrada de Humahuaca. Y algunos lo interpretaron como una traición, un plegarse a los intereses políticos, un dejarse colonizar. Se dijo de quienes estaban detrás de estos medios

---

13. Efectivamente, el inciso ñ) del Artículo 3 de la Ley de Medios establece que uno de los objetivos de los medios indígenas será "la preservación y promoción de la identidad y los valores culturales de los Pueblos originarios". Un inciso que, lamentablemente, quedó sin reglamentar en el texto de la Ley ni posteriormente.

14. Aunque sin plantear una investigación específica sobre esta radio, Emilse Siares y Francesca Belotti (2018) toman la experiencia de la FM Pachakuti como uno de los casos de estudio a partir de los cuales caracterizan a los medios indígenas argentinos y plantean sus desafíos.

que no podían ser llamados comunicadores indígenas, porque el verdadero comunicador indígena debe hacer "comunicación con identidad" (volveré sobre este concepto en el epígrafe siguiente). Una idea de identidad que remite al concepto mismo de comunidad, y que abre otro intenso debate: en Argentina, el término "comunidad" no define exclusivamente a las comunidades indígenas, sino que en la práctica es también usado como sinónimo de pueblo/población; incluso, en lo que se refiere a comunicación no hegemónica, como referencia a una "comunidad de oyentes". Todo depende del tipo de "mediación" de los medios de comunicación, de su construcción del "acontecimiento" mediático y de la "representación" que desde este se hace de lo indígena/comunitario. Estos tres aspectos ligados al ejercicio de la comunicación los ponen en práctica tanto los medios comunitarios como los indígenas. Sin embargo, el cómo lo hacen constituye una pieza clave en la diferenciación entre radios comunitarias y radios indígenas, algo que ya abordé en otras páginas (Gil, 2021) y sobre la que solo volveré ahora sucintamente.

En el escenario que nos ocupa, cabría distinguir entre una producción de acontecimientos a escala local y regional, y una amplificación de acontecimientos producidos a escala provincial y nacional, aunque en tal caso —siempre que resulta posible— se procura la lectura local, y —toda vez que exista un vínculo, por pequeño que sea, aun forzadamente— no se pierde la oportunidad de conectarlo con la esfera de lo local/regional.

En este sentido, para Darío Setta, de La Caprichosa de Tilcara, la esencia del medio comunitario radica en su posicionamiento frente a la visión de la realidad que tratan de imponer los medios hegemónicos:

> Una radio comunitaria sirve para poder romper con esta idea de que la información que nos llega es solamente la de las grandes ciudades, que tal vez tiene que ver con hechos cotidianos no trascendentales para un pueblo como Tilcara. Qué sé yo… Cómo está el tránsito en Avenida Corrientes y 9 de Julio [de Buenos Aires], ¿no? Una radio comunitaria sirve para no hacer del medio el uso que hacen de él, hoy por hoy, los medios hegemónicos, como, por ejemplo, la cuestión de la inseguridad: le robaron a este y bla, bla, bla. Y la victimización, la culpabilización radicalizada del delincuente […], la criminalización de quien delinque, estigmatizar a determinados sectores de la sociedad. […] una radio comunitaria tiene la obligación, entre otras, de poner otra voz, otro discurso y otra forma de entender la realidad (Darío Setta, Tilcara, 08.08.2017).

Por esta razón La Caprichosa no hace conexiones con otras emisoras, persiguiendo esa mirada y esa reflexión desde lo local, desde lo comunitario. En esta misma línea se expresa Daniel Gaspar, fundador y director de la Radio Azul, también en Tilcara, una FM que se dice y se piensa en términos de comunitaria a pesar de no contar con la pertinente licencia:

> [La Radio Azul] es una radio que tiene al cien por ciento una elaboración propia, local. Lo que se diferencia con otras radios también es que esta radio nunca ha emitido a otras radios, como lo hacen otros medios; por ejemplo, radios de Buenos Aires, que te informan de cosas que pasan en Buenos Aires, robos en la ciudad, secuestro y todas esas cosas. Esta radio siempre le ha dado enfoque a lo local, y por eso es que siempre ha tenido sentido de pertenencia. Local, provincial, y luego, si hay más tiempo, a lo nacional y lo internacional, que por supuesto no está exento en el medio (Daniel Gaspar, Tilcara, 11.08.2017).

Esta saturación de información sobre lo que ocurre en la distante Buenos Aires, o simplemente de noticias pesimistas sobre el devenir del país, es lo que hace que la mayoría de conductores de *remis* (vehículos de transporte de pasajeros con chófer, que hacen las veces de taxis locales e interurbanos) prefieran escuchar música en lugar de programas informativos. Durante mi investigación de campo en agosto de 2017 trabajé fundamentalmente en Tilcara, aunque me alojé en la vivienda de unos amigos en la vecina localidad de Juella. Por la mañana, ellos me acercaban hasta Tilcara, pero a la tarde-noche solía tomarme uno de estos *remises* para regresar a casa; y no desaprovechaba el trayecto para continuar haciendo etnografía de los medios al hilo de la emisora que en cada auto fuera sintonizada. Lo más habitual era que los conductores más jóvenes escucharan su propia música a través de un CD o un *pendrive*, pero los mayores preferían la radio. Según las reseñas de estos desplazamientos que tengo anotadas en mi diario de campo, los gustos podrían repartirse entre programas musicales, deportivos o tertulias satíricas con imitadores; salvo excepciones contadas, la gran mayoría se expresaban hartos de verse casi obligados a escuchar en los noticieros la crónica negra bonaerense o información capitalina que no les afectaban y/o con las que no se sentían identificados. Pero paradójicamente, ninguno escuchaba las radios locales. Con mucha sorna uno de estos conductores me confesó que estaba cansado de tener que escuchar a pasajeros chismorreando de "las cosas del pueblo", y añadió: "para chusmear, ya tengo a mi esposa y a la suegra en casa; por eso me paso el día en el auto y sin radio". Sin radio local, ha de entenderse. Y no porque estas radios locales (autodenomínense comunitarias o no, tengan o no licencia de tal) sean en realidad meros amplificadores de los chismorreos del pueblo o de noticias y temas de alcance exclusivamente local. En contra de lo que solemos considerar en los estudios sobre comunicación comunitaria, hemos de pensar que el conjunto de la comunidad no tiene por qué estar interesado en los contenidos que se ofrecen desde las radios comunitarias, siendo entonces que la idea de una "comunidad de oyentes" se manifiesta como una perspectiva interesante y sugestiva de cara a etnografiar estos medios.

Y es que, tratándose de producción de acontecimientos locales, los protagonistas de las radios locales resultan ser las partes implicadas en lo cotidiano: personajes destacados de la comunidad, los vecinos de los barrios, los jóvenes, los grupos de madres, los estudiantes, los puesteros del mercado, los representantes de la cultura local (artesanos, músicos, poetas), distintos colectivos gremiales (docentes, hoteleros, *remiseros*, barrenderos, personal sanitario), los gestores municipales, el Intendente, los turistas, los hippies de la plaza, las comunidades indígenas, etc. En/entre todos ellos se generan relaciones de pertenencia, identidad, inclusión/exclusión, a veces bajo el signo de la política (la discusión política y/o —muy— politizada) o de la cultura.

Sebastián Sardina me cuenta que él se crió escuchando la radio, que empezó a hacer radio a finales de los noventa, con solo 12 años, que fue aprendiendo en varias radios de Tilcara o de las poblaciones vecinas, y en la ciudad de Córdoba, donde cursó sus estudios superiores. Hoy conduce su propio espacio en La Caprichosa, y administra un grupo de WhatsApp, "Entre oyentes", que nació ligado a esta emisora, aunque luego se fue desmarcando de ella, abriéndose a otros puntos de vista y a otro tipo de contenidos no exclusivamente ligados a esta radio. Sobre ese punto de la preeminencia de lo político sobre lo cultural o viceversa, y hablando de su propio espacio en La Caprichosa, resuelve que, en última instancia, también lo cultural acaba entrando en lo político:

Calle de Tierra es un programa de folklore, de arte y de cultura. Así es como nosotros lo quisimos enmarcar, pero después se fue tomando su propia forma al aire, y también se hizo de política (Sebastián Sardina, Tilcara, 14.08.2017).

A su modo de ver, "hay una problemática muy fuerte en Tilcara: la interculturalidad. Tilcara lleva como quince años de interculturalidad, pero la cosa últimamente viene complicada"[15]. Una "problemática" que enfrentan desde La Caprichosa no para resolver las categorías, sino para propiciar que su audiencia participe del debate intercultural, para alimentarlo, para fomentar la interculturalidad; "como una radio crítica, que habla claro, que no se calla ningún tema", dice Sebastián. Así, solo estando presente en las cosas que suceden en el pueblo, un medio podrá ser plenamente comunitario:

> de repente [esta radio] se vuelve un poco comunitaria, tiene esos hálitos de comunitaria, ¿no? Pero creo que nos falta, nos falta bastante para que realmente podamos decir que representamos o cubrimos las necesidades de la comunidad (Sebastián Sardina, Tilcara, 14.08.2017).

La cuestión pasaría entonces por resolver si con el abordaje de los temas locales se cubren ésas que él apunta como "necesidades de la comunidad". Más aún, tanto para la definición del medio como para su análisis antropológico, resultaría prioritario aclarar cuáles son esas "necesidades". Sin embargo, esta parece ser una cuestión sobre la que no acaban de ponerse de acuerdo las radios de Tilcara, cada una desde sus posicionamientos ideológicos, su consideración de "lo comunitario", su entendimiento y caracterización de lo que ha de ser un medio comunitario, o su percepción de lo que la comunidad de oyentes espera de su radio.

Para Darío Setta, fundador de FM La Caprichosa, el papel de la radio pasa por ponerse al servicio de la comunidad:

> La gente encuentra en la radio un lugar de encuentro, un punto de encuentro donde dejar mensajes, donde informar sobre cuestiones que pasan en el pueblo. Yo qué sé... Desde que llega el Camión de la Mujer al hospital, hasta un parte de la Municipalidad, hasta el cumpleaños de una niña rica. Es un lugar de encuentro. Y para que sea un lugar de encuentro

---

15. En otro momento de la entrevista alarga este período hasta veinte años, pero por el contexto de la conversación queda claro que Sebastián vincula el principio de esas "complicaciones" a la declaración de la Quebrada de Humahuaca como Patrimonio Mundial por la UNESCO en 2003.

verdadero, la gente tiene que participar, tiene que apropiarse de la radio (Darío Setta, Tilcara, 08.08.2017).

No es incompatible para una radio comunitaria que la gente la use para convidar, para vender un auto, para decir que se le perdió el perro. ¿Qué hay de malo en eso? Eso también es [la radio comunitaria] (Darío Setta, Tilcara, 03.08.2017).

Radio Central es una emisora que se dice independiente; no una radio cooperativa, pese a estar vinculada a la Organización Social de los Pueblos Unidos (OSPU), y tampoco una radio comunitaria, aunque al entender de Sergio Méndez, su director, "trabajar comunitariamente con la gente" es lo que hace de ella una radio muy popular, querida y escuchada entre los vecinos de Tilcara. Para él, trabajar "más bien por el bien de la comunidad" es ofrecer a sus oyentes aquellos contenidos "que de verdad le interesan":

> Les pongo la música que solicitan. Les leo los diarios de nuestra provincia, *La Nación*. Hablamos de deportes, de espectáculos, de cultura. Tratamos de llevarlo bien informado a la gente. Y en el tema deportivo local siempre me están haciendo llegar el *filtering* de los partidos que se juegan en distintas canchas [y ligas de Tilcara]. Por eso es muy escuchada la radio. Porque yo les dejo grabando los partidos para el fin de semana, y eso lo escucha mucho la gente. [...]. Música de rock nacional, disco, *gapulera*[16], cumbia, folklore. Lo dejo variado. Y, por ejemplo, algunos *spots* publicitarios de... diríamos del Hospital, para prevenir algunas enfermedades. Siempre estamos pasando de eso (Sergio Méndez, Tilcara, 15.08.2017).

Para Daniel Gaspar, de Radio Azul, el suyo es un medio "muy, muy comunitario, con mucha participación", involucrado plenamente en el día a día de Tilcara:

> el pueblo viene y dice: "bueno, necesitamos esto, necesitamos que se pase un parte de prensa, o [que se informe de] qué está pasando con aquella tierra" [...].
> —¿Para qué sirve entonces la radio?

---

16. El euro-disco de finales de la década de 1970 derivó durante el siguiente decenio en una variedad de sonidos electro-pop, electro-rock, disco-dance o *tekno*, que en los noventa dieron paso al *house* y el *dance*. A todas estas músicas de baile completamente electrónicas se las conoce en Argentina como *gapuleras* por alusión a Gapul, el principal sello discográfico especializado en ellas, y que en aquellos años las popularizó a partir sobre todo de LP recopilatorios y de versiones *megamix*.

> De todo. Para qué sirve en tal sentido de la comunicación social, muchísimo. Desde las instituciones, por ejemplo, para saber si hay clase o no. Desde el hospital, por los informes. Las mismas reuniones de los centros vecinales, qué se hacen. Estamos en constante comunicación con nuestro pueblo. Y sirve justamente para identificar, para que se dé la voz justamente desde la radio. Para que se enteren todos de las cosas que están ocurriendo en nuestro pueblo de Tilcara. De alguna forma, igual las manifestaciones culturales que hay a lo largo y a lo ancho de Tilcara (Daniel Gaspar, Tilcara, 11.08.2017).

En fin, pareceres estos totalmente contrarios a la opinión de aquel *remisero* que no escuchaba las radios locales por considerarlas puro chascarrillo, y que evidencian que "la comunidad (= pueblo)" y "la comunidad de oyentes" no siempre van a coincidir en la definición que desde las radios se hace del medio comunitario.

Con matices, según el medio (indígena, comunitario, alternativo), el protagonista o la referencia del acontecimiento tiende a ser "la comunidad", sirviendo así las radios de pulsómetro de las relaciones sociales; más tensas cuanto más hacia fuera, pero también más tensas hacia adentro cuanto más politizados estén los posicionamientos ideológicos de los actores implicados, o si entran en juego la gestión municipal, temas de tierras, intereses económicos o actuaciones patrimoniales. Lo mismo ocurre con las redes sociales, especialmente los grupos de WhatsApp.

En todo caso, tengo la impresión de que los medios comunitarios buscan referentes culturales desde los cuales potenciar, defender, valorizar lo propio en términos de pertenencia a la colectividad, mientras que los medios indígenas aparentemente se centran en referentes políticos desde los cuales generar una diferenciación marcadamente combativa, reivindicativa o victimista, exclusivamente de la comunidad indígena. En este sentido, un mismo acontecimiento tendrá múltiples presentaciones y representaciones según el medio que lo produzca o amplifique. Pensemos, por ejemplo, en los rituales en honor a la Pachamama[17]. Los medios comunitarios los abordaban como algo tradicional, ahondando en sus raíces históricas y sus dimensiones antropológicas, presentándolos como característicos de la región en tanto que participante de "lo andino", practicados por todo el mundo con mayor

---

17. Por haber hecho trabajo de campo durante el mes de agosto, mes de la Pachamama, este fue un tema de conversación recurrente no solo en mi etnografía de los medios de comunicación, sino en conversaciones cotidianas con todo tipo de interlocutores (locales, indígenas, citadinos avecindados y foráneos).

o menor creencia, herencia de los abuelos, analizando sus procesos de cambio, vinculándolos con el patrimonio y el turismo, etc. Por su parte, los medios indígenas los ensalzan como herencia de los ancestros, prueba fehaciente de la estrecha relación que los indígenas mantienen con el cosmos y con la Madre Tierra, evidencia de una presunta conciencia ecologista propia de los indígenas y de la cual adolecen los no-indígenas, a los cuales además no será extraño que se culpabilice de haber pervertido estos ritos, de haberlos despojado de sentido y valor al practicarlos por moda o inercia, etc. Lo que quiero decir es que, en tanto que los medios comunitarios se acercan a las tradiciones y el folklore desde una perspectiva local, regional (ya sea quebradeña o puneña) o incluso "andina", poniéndolos en valor desde la identidad cultural, los medios indígenas las van a reivindicar como algo típica y exclusivamente indígena, desde la identidad étnica, convirtiéndolas en argumento desde el cual reforzar sus reivindicaciones en los más diversos escenarios, y muchas veces llevándolas a la arena política.

En resumen, y quizás simplificando en exceso las cosas, para los medios comunitarios la cultura (en términos de identidad cultural y de patrimonio cultural) es primero, y desde ahí se alcanza la política —tal y como apuntaba Sebastián Sardina al hablar de su programa *Calle de Tierra*—, mientras que para los medios indígenas lo cultural generalmente termina siendo politizado, e incluso es desde la política como se llega a lo cultural. Todo ello sin perder de vista que, en ocasiones, las relaciones entre la comunidad (= el pueblo) y las comunidades indígenas (generalmente, parte autosegregada del pueblo) no son fáciles. De ahí las posiciones diferenciadas en torno a lo tradicional, ancestral, "andino": si en ambos casos es sentido como propio y generador de identidad, desde los sectores comunitarios/alternativos se viene experimentando una sensación creciente de que las identidades indígenas actuales no son representativas de la colectividad, y que más bien contribuyen a romper esa identidad popular predominante. Tal vez por esta razón los medios comunitarios, aun no siendo ignorantes de los temas y las problemáticas indígenas a escala local, regional y nacional, y aun prestándoles atención puntual, no terminan de integrarlos plenamente a sus cuadros de programación y contenidos[18].

---

18. Sobre este punto se me quejaba la comunicadora indígena Laura Méndez en una entrevista mantenida el 02 de agosto de 2017 en Tilcara, indicándome que desde

Cuando Darío Setta llegó a la Quebrada de Humahuaca empezó a trabajar con el INTA (Instituto Nacional de Tecnología Agropecuaria), por eso quizás La Caprichosa nació vinculada al proyecto "Sembramos palabras, cosechamos derechos", impulsado por el Ministerio de Agricultura, Ganadería y Pesca de la Nación, a través de la Secretaría de Agricultura Familiar. Sin embargo, tenía claro que, para conseguir la licencia de radio comunitaria, no quería asociar su radio a una organización rural o campesina, convencido de que ello la iba a contener o incluso encorsetar en exceso. Tampoco pensó nunca La Caprichosa como un medio indígena o con predominancia de lo indígena en sus contenidos, pues lo consideraba incompatible con la pluralidad de voces que él estaba buscando en esta nueva radio:

> No, porque lo indígena es una voz más en el crisol de voces a las que pretende abrirse el proyecto […]. Por eso, una radio indígena es para quien cree en los proyectos indígenas. Y es muy difícil hacer entrar voces divergentes en proyectos de radio indígena. No digo que está mal; por favor, que se entienda. Pero mi proyecto era otro (Darío Setta, Tilcara, 03.08.2017).

El quid de este proceso que, en cierta medida, enfrenta a medios comunitarios e indígenas parece situarse en una transformación del discurso eminentemente político de los segundos en un discurso eminentemente cultural por parte de los medios comunitarios. En los medios indígenas encontramos alusiones a los procesos de dominación, de descolonización, de expolio de tierras, de abusos por parte de los poderes fácticos, los terratenientes o los empresarios hoteleros;

Radio Azul se apoyaban y difundían los temas indígenas, a pesar de no generar un discurso crítico al respecto; y que también lo hacía La Caprichosa, aunque en este caso, y a su manera de ver, con poco entusiasmo. Sin embargo, desde los primeros meses de 2019, Radio Azul ha incorporado a su programación "un espacio radial con la mirada de los pueblos indígenas", que es el lema con el que se anuncia el espacio semanal *Ser Protagonista!*, conducido por la propia Laura, y en el que se abordan temas diversos: la situación de distintas comunidades indígenas de la región y de otras partes del país, la participación de la Asamblea de Comunidades e Indígenas Libres en Jujuy en distintos conflictos y movilizaciones, tierras, reclamo de derechos económicos, minería, derecho indígena, medicina ancestral, feminismo plurinacional, persecución a pueblos indígenas de Abya Yala, entre otros, y más recientemente, la afectación de los mapuches por la crisis que se vive en Chile desde octubre de 2019, o todas las ramificaciones, consecuencias y derivaciones del presunto golpe de Estado contra Evo Morales en Bolivia en noviembre del mismo año.

sin embargo, al mismo tiempo, se mantienen posiciones ideológicas e imposiciones lingüísticas llegadas fundamentalmente desde Bolivia, y que los lugareños sienten como una suerte de colonización cultural. El discurso cultural predominante en los medios comunitarios defiende lo local, pero sin perder de vista la identidad regional, provincial e incluso nacional; bebe de un *ethos* de la Quebrada de Humahuaca y la Puna de Jujuy para reforzar su construcción de un principio de comunidad por encima de los particularismos reivindicados por las comunidades indígenas.

Podría decirse que Jorgelina Molina empezó a militar en comunicación popular urbana desde la infancia, siempre vinculada a medios comunitarios, alternativos o populares, primero en su Bahía Blanca natal, y desde ahí a lo largo y ancho del país. En La Caprichosa conduce un programa sobre librepensamiento, ateísmo, feminismo, ecologismo, situación del colectivo LGTBI; "un espacio de lucha y de militancia", lo define ella misma. Por su procedencia y por esta especificidad de contenidos, siempre hubo quien la tildó de hacer radio "para gringos, para foráneos". Pero ante esta acusación, y en alusión a esa divergencia entre medios comunitarios e indígenas, ella se expresa en términos muy gráficos, reivindicando la opción de cada uno a expresarse consecuentemente con su idea del medio:

> ¿Qué me queda? ¿La alternativa cuál sería? ¿Vestirme de *kolla*, ponerme una pollera de chola, un gorro [andino], y hacerme las dos trenzas en lugar de una, y empezar a hablar con tonada jujeña? Digamos, si la alternativa es caretearla, todo bien, pero adaptate vos (Jorgelina Molina, Tilcara, 31.07.2017).

Es en este escenario dicotómico, de acusaciones e imposturas, donde la identificación con el medio de comunicación se torna en clave para el análisis. Dadas algunas incongruencias de la Ley de Medios de 2009, y considerando la ambigüedad generada desde su suspensión en 2016, se impone la (auto)definición de "medios comunitarios", y por encima del marco legal muchas veces se asigna el etiquetado de un medio como indígena o comunitario a partir de la consideración de este por parte de la audiencia[19]. Una consideración argumentada fun-

---

19. Sobre esta cuestión de las audiencias en la caracterización de los medios comunitarios, populares y alternativos argentinos remito al trabajo de Segura *et alii* (2018).

damentalmente desde el tipo de contenidos y los discursos generados en torno al acontecimiento, y desde el modo y la medida en que estos apelen a criterios de identidad; una identificación no tanto étnica sino comunitaria, preferentemente local, pero también regional en términos geo-histórico-culturales. En estos juegos discursivos es donde llama la atención el hecho de que los medios autodenominados indígenas pierdan calado y proyección social en beneficio de los considerados comunitarios; medios comunitarios que muchas veces reformulan los acontecimientos producidos por los medios indígenas, logrando con ese cambio de perspectiva no solo amplificarlos, sino también movilizar a la sociedad y generar opinión pública incluso en otros medios (por ejemplo, grupos de WhatsApp o prensa provincial de masas).

Como he señalado a partir de varios testimonios, las comunitarias se dicen radios que están con la comunidad, entendida esta en términos locales y regionales, que trabajan por y para ella, que son participativas, que escuchan a los *comunarios*, que hablan de sus cosas. Para Daniel Gaspar, de la ya mencionada Radio Azul, una radio comunitaria "está en el día a día de la comunidad, le da vida"; por eso "tiene sentido de pertenencia con el pueblo, porque el pueblo se identifica con la radio" (Tilcara, 11.08.2017).

Esto perfila un escenario radiofónico en la Quebrada de Humahuaca y la Puna de Jujuy donde encontramos radios comunitarias (con licencia) que no son ni percibidas ni sentidas como tales, y otras radios que (sin licencia) se perciben y se sienten más comunitarias que las propias radios comunitarias. Por citar algunos ejemplos, la ya mencionada Radio Wiphala de Volcán, reconocida a la vez como comunitaria e indígena, aunque todo el mundo la percibe como indígena; tal cual sucede con la Radio Pachakuti de Abra Pampa, nacida como iniciativa del autodenominado Equipo de Comunicación Andina, y que lleva señal a las 30 comunidades del departamento de Cochinoca. En Purmamarca, la Radio Viltipoco se autodefinía como comunitaria, pero, cuando en mayo de 2018 se procedió a su cierre por dictamen judicial, la comunidad miró para otro lado y dio la espalda a su responsable. Radio Candela, de Maimará, es un referente de radio comunitaria en la región, aunque su licencia es de medio comercial. Los vecinos de Tilcara reconocen mayoritariamente como su radio comunitaria la Radio Azul, que sin embargo no tiene licencia, mientras que La Caprichosa, con licencia de radio comunitaria, suele ser vista como una radio de/para gringos, *hippies* o foráneos; por su parte, Armando Álvarez, *alma mater* de FM Pirca, una radio nacida del Proyecto de Integración y Rescate de la Cultura Andina en los años posteriores a la dictadura militar como "un micrófono puesto en la cultura andina", un icono de los medios comunitarios locales y regionales, siempre ha rechazado todas las etiquetas de comunitaria, alternativa, indígena —"indigenista menos", me bromeó una vez (Tilcara, 10.08.2017)—, y prefiere considerar su medio simplemente como "radio, radio a secas", con plena independencia. Otro referente de estas radios indígenas-comunitarias es la FM Warisata de La Quiaca, que surgió para comunicar las acciones del Movimiento Originario y Campesino de Jujuy (MOCAJU), que se fue transformando en un espacio de representación de muchas otras voces relegadas en los medios comerciales y oficiales, y que se encuentra temporalmente fuera del aire por problemas técnicos.

En el fondo, me atrevería a decir que la existencia de todas estas radios "comunitarias" se haya en continuo proceso de transformación. En parte, como consecuencia de esta disonancia discursiva sobre "lo comunitario" que vengo analizando. En términos de teoría de la comunicación, Jorgelina Molina apela a falsas etiquetas y falta de compromiso de los medios comunitarios que no crean desde la comunidad, sino que se limitan a reproducir lo que se difunde en los medios hegemónicos:

> Quienes se dicen ser medios comunitarios en realidad seguían respondiendo a la lógica de los medios masivos de comunicación. Tenían una radio chica, indígena, comunitaria, que reproducía el noticiero de la tele de la tarde. Entonces, de alguna forma, cuando tu medio sigue reproduciendo [...], en lugar de ir en búsqueda de esas otras palabras, me parece que es cuando ahí se corta lo de medio comunitario, popular y alternativo como una alternativa a ese medio hegemónico (Jorgelina Molina, Tilcara, 31.07.2017).

Sebastián Sardina, muy crítico con las idiosincrasias culturales en la región, lo contempla en términos análogos, apelando a las potencialidades de las radios para despertar el sentido comunitario:

> En realidad, no estamos acostumbrados a crear colectivamente. [...]. Eso hay que destruirlo, y la única forma de destruirlo es la radio, despertando ese sentido comunitario. Y la única forma de despertarlo acá es a

través de las radios, yendo a buscar […]. Me refiero a que hay que salir a buscar la noticia, o el sentido comunitario. El sentido comunitario no va a entrar a la radio solito. No ha pasado eso nunca. Nunca (Sebastián Sardina, Tilcara, 14.08.2017).

Junto a este punto, y quizás como razón fundamental del desencuentro entre medios comunitarios e indígenas, las grandes diferencias de sentido que cada uno dio a la máxima de que las radios comunitarias nacían para dar voz a los que no tenían voz.

Radio con identidad, identidad en la radio

Durante bastante tiempo, y por parte de muchos comunicadores y activistas, se consideró que los medios alternativos estaban llamados a convertirse en voceros de aquellos sectores de la sociedad silenciados desde los medios hegemónicos. Así lo expresa, por ejemplo, Daniel Gaspar, de Radio Azul, al referirse a los sin voz:

> la radio [comunitaria] nace con la idea de dar voz a los que no tenían voz: los pueblos indígenas, las comunidades. Era muy difícil, pero así empieza la radio: a partir de una negativa, de que nos cortaron la libertad de expresión (Daniel Gaspar, Tilcara, 11.08.2017).

Lo que a esta idea siempre han contestado los movimientos y los comunicadores indígenas —y por eso intentaron que la Ley de 2009 repartiera el espacio mediático en cuatro partes, con los medios indígenas ubicados en un cuarto propio y desvinculados de los comunitarios— es que las comunidades indígenas no necesitan de vocero alguno, ya que tienen su propia voz, y reclaman expresarse por sí solas.

Ante mi pregunta sobre esta pugna entre medios, Laura Méndez, de la Coordinadora de Comunicación Audiovisual Indígena de Argentina, recuerda cómo esta cuestión ya se planteó así en los debates previos a la Ley de Medios, donde los reclamos indígenas de una comunicación propia chocaron con las propuestas desde las radios comunitarias:

> estando en las altas autoridades, [los indígenas] no lograron en estas propuestas alternativas tener una participación como sujeto activo,

sino más bien como sujeto pasivo, desde esa mirada de la dádiva, de la caridad, de ayudar al pobre indio, digamos [de] hablar por el pobre indio. A esto estaban acostumbrados, porque desde diferentes organizaciones la práctica habitual venía siendo armar proyectos para los indígenas sin consultarles, de hablar por los indígenas. Pero los indígenas ya no querían que alguien hable por ellos, más en algo tan delicado como es la comunicación indígena. Entonces fue como un choque de miradas con las [radios] comunitarias (Laura Méndez, Tilcara, 02.08.2017).

Aquella propuesta del reparto en cuartos nunca prosperó, y —como ya comenté—, algunos medios indígenas buscaron licitarse como radios comunitarias. De todos ellos, me diría Laura con pena y resquemor, considera que han traicionado las aspiraciones indígenas a una comunicación propia:

yo los veo como traidores, indígenas traidores, que ya no los considero comunicadores indígenas. [...] porque un comunicador comunica, produce contenido comunicativo crítico, hace escuchar la otra voz alternativa frente al discurso del poder. Y si esos comunicadores no difunden, no critican, [...] entonces son traidores. Yo los llamo diplomáticos protocolares, silenciosos diplomáticos.

Mantengo muy vivo el recuerdo de nuestra entrevista, en el bar de la terminal de ómnibus de Tilcara, largo rato midiéndonos las distancias antes de entrar en materia, mientras que en apariencia compartíamos una merienda cual dos viejos conocidos. Ante la dureza de estas palabras contra los que ella consideraba traidores yo le hice dos preguntas insidiosas: para empezar, si acaso dudaba de la existencia de medios "verdaderamente indígenas", y para rematar, si acaso aquellos que se expresaban y reivindicaban como medios indígenas no le inspiraban confianza. Si en aquel momento —quizás al obligarnos a ambos a poner todas las cartas sobre la mesa— estas preguntas cambiaron (para mejor) el rumbo de la entrevista, su respuesta a ellas no hará sino aproximarnos de vuelta al punto de partida. Laura Méndez critica a esas radios presuntamente indígenas —pero consolidadas como radios comunitarias gracias a la Ley de Medios— por haber dejado de difundir las injusticas que se cometen hacia los indígenas, alejándose por esta razón de todos los valores que, a su manera de ver, deben impregnar a una "verdadera" radio indígena:

> Yo creo que son muy *light*-folklóricos. Porque en esa época de auge
> de la Ley [de Medios] surgieron comunicadores valiosos, que lucharon
> defendiendo la Pacha [Mama], el indianismo de Fausto Reinaga, las re-
> beliones indígenas en la formación de la nación… Pero a medida que se
> consolida la Ley dejan de difundir, de criticar las agresiones que están
> sufriendo las comunidades indígenas. Eso más lo difunden otras radios
> que se consideran "ciudadanas" [*sensu* comunitarias], no indígenas (Laura
> Méndez, Tilcara, 02.08.2017).

Más allá de que la Ley desencadenara un reajuste estructural de la
escena mediática argentina y un replanteamiento de posiciones para
los distintos medios, lo que activó, ya desde sus debates previos, fue
un concepto nuevo hasta ese momento. Se consideró que lo comunita-
rio/popular/alternativo no alcanzaba a contener la comunicación indígena, y además la limitaba en tanto que desconocía el carácter jurídico
y político de las poblaciones originarias con identidad propia, dejando
a estas comunidades en desigualdad de condiciones frente al resto de
medios (Doyle, 2018: 41-42). Así nació el principio de "comunicación con identidad" para referirse a la actividad comunicadora ejercida
por los pueblos indígenas. Aunque el término no fue reconocido en
el texto legal ni en su posterior reglamentación, sí abrió una intensa
discusión sobre el modo de entender los medios indígenas en Argentina, diferenciados (¿o más bien diferenciándose?) de los medios comunitarios, campesinos, rurales, alternativos en su conjunto (Lizondo,
2015, 2018). Un debate que todavía hoy entrecruza comunicación con
identidad y política, y remite a las relaciones que, desde el Estado, se
establecen con la nación y las diversidades que la integran. Una comunicación con identidad —señala Lizondo (2015: 55)— que debiera
aspirar a un diálogo intercultural desde el cual el espacio comunicacional pueda entenderse como aquel donde la comunidad habla y a la
vez es hablada, siendo en esas maneras de hablar donde se carguen las
características del discurso local, y por ende comunitario, añadiré yo.

La interculturalidad es esta "problemática muy fuerte" que Sebastián Sardina situaba como determinante en la historia reciente
de Tilcara y la Quebrada de Humahuaca, cual espada de Damocles.
Unos planteamientos interculturales que muchos ven contradictorios
al concepto mismo de "comunicación con identidad" que la comunicación comunitaria también disputa. Entre ellos, por ejemplo, Darío
Setta, fundador de La Caprichosa, quien dice entender la complejidad

cultural de la región, las problemáticas indígenas, la discriminación sufrida históricamente por las comunidades indígenas, pero que critica abiertamente el sectarismo que —a su entender— algunas de estas comunidades están imponiendo sobre otros movimientos sociales, rurales, comunitarios, y también sobre todos aquellos proyectos de comunicación que no compartan sus posicionamientos. Conversando sobre esa supuesta traición de aquellos medios indígenas que obtuvieron licencia como comunitarios, arremetió duramente contra todos los comunicadores indígenas que, en los previos a la Ley de Medios, optaron por radicalizar su discurso y no quisieron hablar ya más de comunicación popular, comunicación rural, comunicación para la transformación, y empezaron a reivindicar el concepto de "comunicación con identidad", como si la identidad fuera algo exclusivo de los indígenas.

> Vos fijate: comunicación con identidad. Ellos mismos, la mayoría de los que hacen radio indígena, se definen que hacen comunicación con identidad. ¿Eso qué quiere decir? ¿Qué nosotros, los que tenemos proyectos de comunicación popular y que no somos indígenas, no tenemos identidad? ¡¿Comunicación con identidad?! Nooooo, es comunicación con su identidad. Es muy fuerte… Porque tenemos identidades que nos atraviesan [… y] a veces no podemos aportar nada desde esa identidad. No podemos cerrarnos a una identidad, a dogmas, a trincheras, etc. Hay que abrirse a una identidad común, compartida, en la que todos suman, no generar identidades múltiples, fraccionadas (Darío Setta, Tilcara, 03.08.2017).

En un extremo opuesto, pero igualmente cuestionando el concepto y el éxito de ese debate intercultural podríamos situar a Laura Méndez, para quien el problema radica en todas aquellas radios aparentemente indígenas nacidas no del deseo de las comunidades, sino del empeño de instituciones públicas como la Subsecretaría de Agricultura Familiar, el INTA o el Instituto Nacional de Asuntos Indígenas quienes, según ella, utilizaron los proyectos de creación de radios indígenas para crear, en su lugar, radios comunitarias:

> Iluminados que armaron el proyecto asesorando a las comunidades, manipulándolas. Creando radios, e incluso robando esas radios a las comunidades indígenas para crear, desde esos proyectos, radios comunitarias. […]. Pretendían que [esos medios] hablaran del mundo indígena, pero sin ser indígenas. Y eso genera estereotipos y perjuicios. Y por eso

todo el mundo fue cortando espacios. Y se lograron más autorizaciones de radio indígena que licencias de comunitarias, pero muchas de ellas [están] sin funcionar (Laura Méndez, Tilcara, 02.08.2017).

El problema fundamental en este punto pasaría por resolver si estas radios en conflicto hablan por el otro, si son parte del discurso del otro, o si más bien expresan un discurso sobre el otro, según parece sugerir Laura desde su posición de comunicadora indígena. Sea como fuere, esta necesidad que tanto las radios indígenas como las comunitarias sienten a la hora de diferenciarse mutuamente es algo que llama poderosamente la atención, y sobre lo que lo cual convendría ahondar de cara a plantear un análisis etnográfico y a alcanzar una interpretación antropológica más detallada al respecto.

Consideraciones finales

Sobre esta consigna de "dar voz a los que no tienen voz" (comunidades, indígenas, campesinos, obreros, etc.), Mata (2011: 2-3) se cuestiona si no tener voz es lo mismo que haber perdido la palabra; si recuperar la palabra equivale a librarse de la opresión; o si son ellos quienes realmente recuperan la palabra, más bien se les da, o incluso simplemente se les presta. Trasladando estas dudas al tema de las radios comunitarias e indígenas en la Quebrada de Humahuaca y la Puna de Jujuy, he planteado aquí un análisis de los discursos sobre el medio, tratando de ver si aquello que la gente se cuenta a sí misma y sobre sí misma al hablar de sus radios permite o no definirlas.

En este sentido, quizás yo mismo he pecado en dar la palabra de un modo intencionalmente tendencioso, haciendo hablar primero a los medios comunitarios y luego a los medios indígenas, sin dejarlos dialogar demasiado entre ellos, aunque sí atendiendo a las críticas que recíprocamente se arrojan. Como especifiqué en las primeras páginas, ello no implica necesariamente que comparta las opiniones de mis interlocutores, o que me decante por un medio frente al otro; ha sido un mero ejercicio metodológico, un jugar con la referencia del punto de fuga para obtener diferentes perspectivas en el análisis.

Si desde los medios de comunicación se generan representaciones, se crean identidades y se imaginan realidades, he pretendido explorar si estas radios son sentidas de la comunidad, o si por el contrario son simplemente percibidas como un medio en la comunidad. También sondear si las radios, tanto comunitarias como indígenas, contribuyen a formar subjetividades y a generar y expresar sentimientos de identidad e identificación, si son medios que hacen comunidad o que más bien imaginan comunidad. Y si resultara esto último, hasta qué punto esa "comunidad imaginada" (Anderson, 2006) acaba transformándose en real o al menos que influya en la realidad para componer esos "paisajes mediáticos" (Appadurai, 2001) entre lo local y lo global, lo heterogéneo y lo homogéneo, lo alternativo y lo oficial, lo comunitario y lo hegemónico.

Mi intención ha sido interpretar de qué manera se apela a los medios comunitarios e indígenas en las prácticas cotidiana y extraordinaria de crear e impugnar representaciones de uno mismo y del otro; representaciones de proximidad territorial, cultural y/o política ancladas en diferentes acepciones de "lo comunitario". Llegados hasta aquí, y a la luz de los testimonios presentados, quizás no sea tan descabellado el compartir acercamientos más que buscar definiciones. Cada radio recrea su pasado, construye su presente y especula sobre su futuro, y se presenta a los demás desde una lectura propia de la realidad y al amparo de unos principios políticos y de unas identidades sociales y culturales particulares. Son radios que se piensan diferente, que suenan distinto y que se posicionan divergentes, resultando especialmente significativa esta necesidad de diferenciarse que tanto unas como otras expresan; una necesidad mutua de diferenciarse. Comunitarias o indígenas, son radios que construyen sus discursos en base al principio de comunidad y al convencimiento en la casi obligación de expresar otra palabra. Qué idea de comunidad y qué lenguaje manejen será lo que las diferencie y las distancie. Unas buscarán la identidad en la radio, la identidad de su radio, generar un sentimiento de pertenencia, propiciar una "comunidad de oyentes"; otras perseguirán una "comunicación con identidad". Creo que es a partir de estos puntos como hay que tratar de definir a ambos medios. Sin embargo, no estoy seguro de haber alcanzado aquí esa definición, sino más bien de haber evidenciado la cuestión y aportado —desde el estudio de caso— un abanico amplio de elementos de análisis para aproximar su definición.

Bibliografía

Anderson, Benedict (2006): *Comunidades imaginadas. Reflexiones sobre el uso y la difusión del nacionalismo* [1983]. Ciudad de México: Fondo de Cultura Económica.

Appadurai, Arjun (2001): *La modernidad desbordada. Dimensiones culturales de la globalización* [1996]. Ciudad de México: Ediciones Trilce/Fondo de Cultura Económica.

Doyle, Mª Magdalena (2018): "Acceso y participación de los pueblos indígenas en el sistema de medios de Argentina". *Anuario Electrónico de Estudios de Comunicación Social "Disertaciones"*, 11(2): 30-49.

Geerts, Andrés/Van Oeyen, Víctor/Villamayor, Claudia (coords.) (2004): *La radio popular y comunitaria frente al nuevo siglo: la práctica inspira*. Quito: ALER/AMARC.

Gil García, Francisco M. (2021): "Discursividades sobre la radio comunitaria en la Quebrada de Humahuaca (Noroeste Argentino): problemas y perspectivas". *Disparidades. Revista de Antropología* [en prensa].

Guio, Susanna de/Urioste, Joaquín (2017): "Estrategias de organizaciones de medios comunitarios, alternativos y populares en la Argentina en el periodo 2010-2015". *Sphera Publica. Revista de Ciencias Sociales y de la Comunicación*, 17(1): 2-24.

Hobsbawn, Eric J. (1984): "Inventing Traditions", en E. J. Hobsbawn y T. Ranger (eds.), *The Invention of Tradition*. Cambridge: Cambridge University Press, pp. 1-14.

Kejval, Larisa (2009): *"Truchas". Los proyectos político-culturales de las radios comunitarias, alternativas y populares de Argentina*. Buenos Aires: Prometeo.

— (2010): "En busca de la comunidad perdida", en Gabriela Cicelese (coord.), *Comunicación comunitaria. Apuntes para abordar las dimensiones de la construcción colectiva*. Buenos Aires: La Crujía, pp. 33-49.

— (2013): *Significaciones en torno a las radios comunitarias, populares y alternativas argentinas*. Tesis de Maestría en Comunicación y Cultura. Universidad de Buenos Aires.

— (2016): *Ante la Ley. Reconfiguración de la identidad política de las radios comunitarias, populares y alternativas argentinas (1983-2015)*. Tesis de Doctorado en Ciencias Sociales. Universidad de Buenos Aires.

Lizondo, Norma Liliana (2015): "Comunicación con identidad o comunicación comunitaria. El caso de la FM 'La Voz Indígena'". Tesis de Maestría en Planificación y Gestión de la Comunicación. Universidad Nacional de La Plata.

— (2018): "La comunicación con identidad. Regulaciones y un estudio de caso". *Anuario Electrónico de Estudios de Comunicación Social "Disertaciones"*, 11(2): 50-65.

Lizondo, Norma Liliana/Ortega, Mariana de los Ángeles (2013): "Comunicación con identidad, entre la Ley de Servicios de Comunicación Audiovisual y la comunicación popular", en Lucas Valdés y Susana Morales (comps.), *Industrias culturales, medios y públicos: de la recepción a la apropiación*. Córdoba: Universidad Nacional de Córdoba.

Mata, Mª Cristina (2011): "Comunicación popular. Continuidades, transformaciones y desafíos". *Revista Oficios Terrestres*, 1(26), <https://perio.unlp.edu.ar/ojs/index.php/oficiosterrestres/article/view/982>.

Navarro Nicoletti, Felipe/Rodríguez Marino, Paula (2018): "Aproximaciones conceptuales: comunicación popular, comunicación comunitaria y comunicación alternativa". *Commons. Revista de Comunicación y Ciudadanía Digital*, 7(2): 37-66.

Ollari, Marina Alejandra (2016): "El lugar de las radios comunitarias ante los desafíos de la implementación de la Ley de Servicios de Comunicación Audiovisual". *Questión. Revista Especializada de Periodismo y Comunicación*, 1(50): 370-386.

Segura, Mª Soledad (2016): "Los medios comunitarios, populares y alternativos de Argentina desde la Ley Audiovisual. De la lucha por la legalidad al debate sobre la sostenibilidad". *Diálogos de la Comunicación. Revista Académica de la Federación Latinoamericana de Facultades de Comunicación Social*, 92, <http://dialogosfelafacs.net/los-medios-comunitarios-populares-y-alternativos-de-argentina-desde-la-ley-audiovisual-de-la-lucha-por-la-legalidad-al-debate-sobre-la-sostenibilidad/>.

Segura, Mª Soledad/Longo, Verónica/Hidalgo, Ana Laura/Traversano, Natalia/Linares, Alejandro/Vinelli, Natalia/Espada, Agustín (2018): "Los públicos de medios comunitarios, populares y alternativos en América Latina. El caso argentino". *Commons. Revista de Comunicación Ciudadana Digital*, 7(1): 5-45.

Siares, Emilse/Belotti, Francesca (2018): "Los medios indígenas en Argentina: caracterización y desafíos a partir de la experiencia de dos radios kollas". *Anuario Electrónico de Estudios de Comunicación Social "Disertaciones"*, 11(2): 86-103.

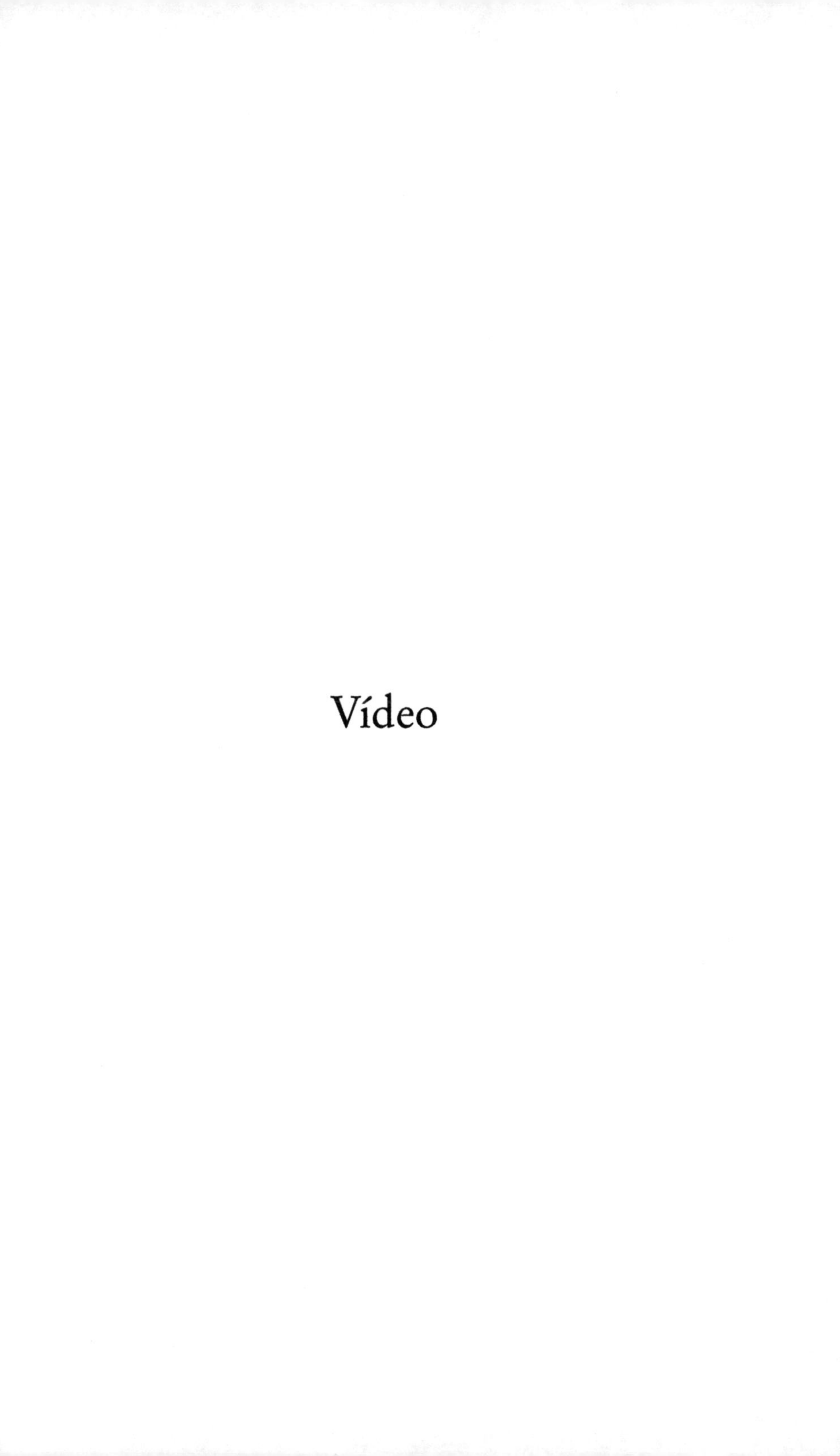

Vídeo

"Ir escuchando".
Una propuesta arhuaca
de la comunicación desde la Sierra
Nevada de Santa Marta, Colombia

Sebastián Gómez Ruiz
(Universidad El Bosque, Bogotá)

Introducción

En el contexto de la modernidad y el desarrollo se han producido imágenes de los indígenas de la Sierra Nevada de Santa Marta (SNSM)[1] de Colombia como nativos ecológicos (Ulloa, 2008); sin embargo, en los últimos años se han configurado también como nativos comunicadores. El pueblo arhuaco entiende la comunicación como un "ir escuchando" que hace parte de la Ley de Origen (Seyn Zare) y tiene unos padres espirituales dentro de su sistema de creencias. La comunicación, en este sentido, se centra en los sentidos auditivos, en un gesto casi corporal de acompañar y de reconocer al otro. A partir del trabajo etnográfico con Amado Villafaña, director del Colectivo de Comuni-

---

1. La Sierra Nevada de Santa Marta (SNSM) es un macizo aislado de la cordillera de los Andes de aproximadamente 16.400 kilómetros cuadrados. Alcanza las nieves perpetuas (con su máxima altura a 5.757 msnm) a tan solo 45 kilómetros del mar Caribe. Es un hito geográfico único en el mundo que comprende una gran diversidad de nichos ecológicos en todos los pisos térmicos. Cuatro pueblos indígenas (arhuacos, kogis, wiwas y kankuamos) habitan el territorio bajo la figura de resguardos, que abarcan los departamentos de Cesar, Magdalena y La Guajira. Asimismo, los cuatro pueblos provienen de la familia lingüística chibcha.

caciones Arhuaco Yosokwi (CCAY) en el asentamiento de Ikarwa, se argumenta que la comunicación para el pueblo arhuaco se ha materializado en películas, pero también en artefactos comunicativos que tienen un ritmo de producción y circulación más intensos, propios de la modernidad. En algunas ocasiones, estos objetos están dirigidos al "hermanito menor" (no indígenas) y en otras ocasiones, tienen un uso interno. "Ir escuchando" es una propuesta indígena de la comunicación que guarda un conocimiento sobre la naturaleza y lo espiritual, pero que al mismo tiempo supone un saber social y técnico.

¿Cuáles son las imágenes que se han producido de la Sierra Nevada de Santa Marta, desde el naturalismo, el Estado y las empresas minero-energéticas? ¿Cómo dialogan los indígenas con estas imágenes? En este texto, me interesa rastrear las imágenes que circulan de la Sierra Nevada de Santa Marta. Se trata de un tránsito que va de las personas al paisaje, de la imagen a la escucha, en un movimiento de afuera hacia adentro y de adentro hacia afuera, o mejor, de un diálogo continuo entre los indígenas, sus representaciones y el territorio. En este proceso, los indígenas no solo producen y difunden sus imágenes, sino que proponen una teoría propia de la comunicación.

El 27 de septiembre de 2018, en el asentamiento arhuaco de Kutunzama[2], en el marco del "Festival de Cine y Video Indígena Daupará. Los Espíritus de la Imagen", se realizó un diálogo entre el realizador arhuaco Amado Villafaña, el *mamo* Camilo Izquierdo, comunicadores indígenas del resto del país e investigadores en comunicación, cine y antropología. La reunión se realizó en la tarde en una casa ceremonial (*kankuruma*) construida especialmente para recibir a visitantes no indígenas. En la ronda de preguntas, el crítico de televisión Omar Rincón[3] preguntó: "Entre ustedes hablan de comunicación y dicen la palabra comunicación en español, como si no existiera en su lengua ¿existe una traducción para esta palabra?". El *mamo* Camilo Izquierdo habló en iku y Amado tradujo: "Nosotros utilizamos la palabra 'comunicación' cuando se trata de hablar en los términos del hermanito menor, pero tenemos nuestra propia palabra que es *renokwa awekweyka*, que se traduce como 'ir escuchando'".

---

2.   También conocido como Katansama y Kutunsama. Entre los kogi se llama Nitansama.
3.   Texto de Omar Rincón. *El Tiempo* 7/9/2018, <https://www.eltiempo.com/cultura/cine-y-tv/la-tv-indigena-los-espiritus-de-la-imagen-columna-de-omar-rincon-277898>.

Los *mamos*[4] y los comunicadores indígenas cumplen un papel fundamental como traductores de la Ley de Origen. Hacen un esfuerzo por elaborar y traducir estos principios en términos que los pueda entender el "hermanito menor", con el uso de la palabra, la imagen y el sonido. El "ir escuchando" permite abarcar los temas que se están presentando en la Sierra Nevada de Santa Marta, en torno al cuidado del agua, los proyectos de desarrollo y la protección del medio ambiente, desde su actualidad y resonancia.

Desde la lógica mercantil neoliberal, la Sierra Nevada de Santa Marta es un territorio que debe explotarse, desarrollarse y servir como un enclave económico. De Sousa Santos (2010: 24) denomina "la lógica productivista" al crecimiento económico como un objetivo racional incuestionable y, de esta forma, es también incuestionable el criterio de productividad que mejor sirva a ese objetivo. El lugar que ocupan los indígenas en este escenario es incómodo. Su imagen es usufructuada y al mismo tiempo invisibilizada. La producción de imágenes, de y sobre los indígenas, supone una paradoja en la que la imagen cumple dos funciones: una como aliado, y otra, contra sí mismos. La imagen implica un reto porque distribuye a las personas y los lugares representados (Gell, 1998). Lo que se representa se vuelve vulnerable, múltiple y objeto de intervención. Amado Villafaña lo resume de la siguiente forma: "Tomar fotografías en la Sierra Nevada es como desnudar a la madre". Esta doble connotación de "desnudar" tiene una acepción erótica y sensual de mostrarla, de develarla y al mismo tiempo se relaciona con la fragilidad de la representación. La imagen desempeña un doble papel que desafía los límites de la representación y el conocimiento: por un lado, el "mostrar" un territorio sagrado, la comunidad y el ecosistema, permite visibilizar las problemáticas de un territorio amenazado y, por otro lado, "desnuda la tierra", con las implicaciones sagradas que esto tiene para los indígenas, en un contexto de permanentes conflictos ambientales y sociales. La paradoja de la imagen que plantea Amado, también corresponde al mismo quehacer etnográfico: visibiliza y empodera a los grupos humanos, pero también los hace vulnerables.

En las páginas de internet de las empresas mineras como El Cerrejón, Puerto Brisa o Drummond LTD, no aparece en ningún lugar

---

4. Autoridades políticas y religiosas de los pueblos indígenas de la Sierra Nevada de Santa Marta.

imágenes de pueblos indígenas. Esta invisibilidad hace que resuenen las palabras de German Zarate, gerente de Puerto Brisa, en la película *Resistencia en la Línea Negra* (2011): "Acá no existen, ni han existido indígenas, esta reclamación es absurda". La imagen del indígena es negada al representar una amenaza para los intereses económicos de explotación territorial del Estado y las multinacionales. Este mismo discurso ha sido reactivado por el ex vicepresidente German Vargas Lleras, quien en un artículo en el periódico *El Tiempo* llamado "País ingobernable"[5], señala que es necesario "poner fin a los autodenominados pueblos ancestrales" y limitar su participación en todo lo relacionado con "proyectos mineros estratégicos para el desarrollo del país" Luego, continúa haciendo una comparación con Latinoamérica:

> Baste decir que, en Colombia, con una población indígena que no supera el 3,5 por ciento del total de habitantes, hemos ejecutado más de 4.500 procesos, mientras que, en Chile, Perú y Bolivia, con poblaciones indígenas mucho mayores, han realizado 36,28 y 40, respectivamente. Incluso, se trata de naciones con recursos, tradición y actividad minera más importantes que los nuestros. ¿Qué puede explicar esta situación? En mi concepto, una interpretación excesivamente garantista de la Constitución y, hay que decirlo, el abuso de quienes intervienen en estas.

Desde cierto discurso estatal y de las corporaciones mineras, se quiere invisibilizar, subestimar y minimizar la presencia de los pueblos indígenas. Su existencia resulta incómoda porque recuerda la deuda que el Estado tienen con esta población históricamente marginada, resituando a los indígenas en una narrativa de los "salvajes" y "los que obstruyen el desarrollo". Sin embargo, los indígenas de la Sierra Nevada de Santa Marta han utilizado la producción audiovisual de películas como una herramienta simbólica y política para defender su territorio y su principal recurso: el agua. Mientras estas películas cuentan con una narrativa y cinematografía que suponen más tiempo de elaboración, de manera simultánea, también han producido artefactos comunicativos como vídeos, recorridos con imágenes de dron, videos en Google Earth y han hecho uso de redes sociales como Facebook,

---

5. Tomado el 17/10/2018 del periódico *El Tiempo*, <https://www.eltiempo.com/opinion/columnistas/german-vargas-lleras/pais-ingobernable-german-vargas-lleras-265864>.

WhatsApp e Instagram. Estos artefactos comunicativos se caracterizan por tener la intencionalidad de comunicar de manera más inmediata o, si se quiere viral, lo que sucede en el territorio. Este tipo de activismo cultural (Ginsburg, 2011) por medio de la imagen y la palabra, plantea algunas preguntas: ¿cómo se debe comunicar lo indígena?, ¿cómo se producen estos artefactos comunicativos? La producción de imágenes y su identificación con los pueblos indígenas de la Sierra, dan cuenta de las experiencias de ser indígena hoy. No hay una sola forma de ser indígenas, sino que existen diversas, que se adaptan, se reactualizan y se transforman. En este artículo argumento, a partir de mi trabajo etnográfico, que la producción de estos artefactos comunicativos ha implicado una reelaboración sintética sobre lo que significa ser indígena en la Sierra Nevada de Santa Marta, que Ulloa (2008) ha caracterizado como un nativo ecológico condensado en principios como la protección del agua, la lucha contra las empresas mineras y los derechos del medio ambiente. Al mismo tiempo, estos frentes de acción son la expresión de una estrategia compleja de sobrevivencia y de ser en el mundo, que hace que el uso de los medios de comunicación, los convierta también en nativos comunicativos que son, hablan y, sobre todo, escuchan.

En este texto, intento hacer un bosquejo de las estrategias comunicativas del pueblo arhuaco relacionadas con proyectos de desarrollo a partir de mi experiencia etnográfica en Ikarwa (Besotes) y la producción de un vídeo en rechazo de la construcción de la represa Besotes. En la primera parte, planteo las discusiones teóricas en torno al desarrollo y la modernidad, y cómo se han creado unas prácticas discursivas que han inventado la Sierra Nevada de Santa Marta como un territorio de intervención. Luego, hago una breve descripción de los planteamientos teóricos sobre comunicación indígena, como un campo de investigación angular para entender la etnicidad contemporánea. En la segunda parte, de carácter etnográfico, describo cómo se han configurado los medios de comunicación indígena desde la creación de artefactos comunicativos. Estos se caracterizan por contener, tanto conocimientos tradicionales, como técnicos y tecnológicos. En su discurso, se busca una comprensión de la naturaleza como sujeto de derechos. Finalmente, discuto lo que significa la comunicación como un "ir escuchando" que consiste en una forma de conocimiento que se basa en la resonancia de lo que está sucediendo en el territorio.

Imágenes de la Sierra Nevada de Santa Marta. Desarrollo y modernidad

Durante el trabajo campo, en uno de los recorridos a Nabusímake, cuando viajaba de Valledupar a Pueblo Bello, escuché la siguiente conversación entre el conductor y tres mujeres de Valledupar de aproximadamente 60 años. Una de las mujeres le preguntó al conductor:

> Mujer: ¿Hay carros de Pueblo Bello a San Sebastián del Rabago[6] (Nabusímake)?
> Conductor: Sí claro, pero la carretera es muy mala.
> Mujer: Y eso ¿por qué?
> Conductor: Es que hay mucho indígena y usted sabe que al indígena no le gusta el progreso, ni la electricidad, ni las vías.
> Mujer: Eso es verdad.

La conversación resume la manera como muchos de los pobladores de Valledupar representan a los indígenas de la Sierra Nevada de Santa Marta. Son discursos que circulan desde ámbitos políticos, a través de los medios de comunicación y cotidianamente. Los indígenas han sido imaginados como: "primitivos", "salvajes" "subdesarrollados", "perezosos", "sucios", "supersticiosos", "ateos", "corruptos" y "borrachines". No hay una frase más colombiana como la de "la malicia indígena", como un designio de degeneración moral. Sin embargo, y paradójicamente, al mismo tiempo que existen estos regímenes de representación, también son vistos como los "sabios de la montaña", "los nativos ecológicos" y cuando se trata de unos discursos institucionales aparecen frases como "nuestros indígenas", "la diversidad de Colombia". En la modernidad, la imagen del indígena se usa, se fagocita y luego se expulsa. Existe una relación de seducción e incomodidad que se da simultáneamente. Su imagen es camaleónica al igual que sus regímenes de representación se acomodan y se filtran por los intersticios que oscilan entre el paternalismo, la romantización y su invisibilización. La representación de los indígenas, al igual que las representaciones sobre la Sierra Nevada de Santa Marta, son flexibles, plásticas y contradictorias. Por un lado, la Sierra se ha construido

---

6. Es la forma empleada durante la denominación española de lo que ahora se conoce como la capital arhuaca de Nabusímake.

como un lugar que debe ser respetado, por ser un macizo único en el mundo con picos nevados, diversidad de ecosistemas que da al mar Caribe y, por otro lado, como un lugar que debe ser intervenido, administrado, explotado y desarrollado.

La relación entre regímenes de representación, desarrollo y modernidad ha sido ampliamente trabajada desde la perspectiva decolonial y posestructuralista (Bhabha, 1990; Mignolo, 1995; Said, 2008; Escobar, 2014). El uso de la "representación" establece una forma de análisis en el que los regímenes del discurso, los regímenes de representación y las imágenes se configuran como lugares desde donde se origina, se simboliza, se imaginan geografías y se intervienen los territorios en la modernidad (Said, 2008). Desde una perspectiva posestructuralista se parte de un énfasis en las dinámicas del discurso y el poder como lugar de creación de la realidad social. Foucault (1968) ha sido fundamental para entender cómo la dinámica del discurso hace que ciertas representaciones se vuelvan dominantes y se cristalizan en los modos de imaginar la realidad y la relación con ella, desde unos modos de pensar, clasificar y ordenar permisibles. De acuerdo con Escobar (2014), el discurso del desarrollo ha sido uno de los modos de representación dominantes en "la invención del tercer mundo" de los países latinoamericanos, desde la pobreza, la desnutrición y el atraso, que desde ciertas políticas nacionales e internacionales son la base que tienen para intervenir, administrar y gestionar los territorios. A esto, Trouillot (2003), lo ha denominado "geografía del manejo y la gestión" (*geography of management*).

En Colombia, el trabajo de Margarita Serge (2005) es especialmente relevante para establecer cómo las metáforas en torno al espacio desde los saberes cartográficos y científicos han inventado unas formas de ver, que lejos de ser parciales y objetivas, reflejan los modos bajo los cuales se produce el territorio y, en consecuencia, se actúa frente a él. Serge (2005) sostiene que desde los discursos institucionales se ha fragmentado el territorio colombiano a partir de la idea de "la ausencia del Estado". Para esto, se propone mostrar cómo se ha producido discursivamente esta idea. No se trata de una "ausencia del Estado", sino que históricamente este territorio ha sido representado como "salvaje", "romántico", "voluptuoso" y un conjunto específico de imágenes y metáforas como las de "frontera", "tierra incógnita", "periferia", "tierra de nadie", configurado así unas determinadas formas de intervención. Desde los mismo marcos epistemológicos, siguiendo a Quijano, las ciencias sociales han estado marcadas por el imaginario colonial-moderno, que en Colombia parte de una narrativa sobre el tópico de la violencia en la que el Estado, es responsable del conflicto armado, pero al mismo tiempo se presenta como la única alternativa para afrontar esas violencias (Serge, 2005: 73).

Las representaciones románticas de Humboldt del siglo xix de una naturaleza rica y abundante han formado el pensamiento de la élite criolla, que parte de la idea de civilización y adopta el pensamiento ilustrado para poder comprender el paisaje y designar sus característi-cas estéticas y naturales (Serge, 2005: 130-131). Esta visión romantiza-da de la naturaleza como lugar exuberante con diversidad de paisajes y climas, convierte estos territorios en lugares con potencial económico por sus recursos naturales. Es desde la racionalización y unas formas de organizar, clasificar y medir propias de la modernidad como se conforman la base epistémica para gestionar el territorio (Pool, 2000; Serge, 2007). Al mismo tiempo que estetizan y erotizan estas "tierras de nadie", se configura un pensamiento técnico y científico que ve en los salvajes y lo desconocido, una posibilidad de domesticación desde una intervención racional inserta en el proyecto de la modernidad.

Desde las imágenes románticas del siglo xix, la Sierra Nevada de Santa Marta se define como un objeto de deseo, como un arquetipo fe-menino que carga con una historia en la que lo salvaje hace parte de la naturaleza, de su voluptuosidad y su seducción desde la proyección de un territorio virgen y sagrado (Serge, 2008: 81). En esta búsqueda de un territorio místico, prevalecen las imágenes de los indígenas, dentro de una epistemología binaria de civilizado/salvaje y naturaleza/cultu-ra. En el fondo, se trata de una epistemología occidental de construir al otro y al territorio desde la relación sujeto-objeto (Serge, 2005: 246). En las imágenes de la Sierra Nevada de Santa Marta, se hace énfasis en la pureza de los picos nevados, para luego bajar por el páramo, hasta llegar a una altura en la que la vegetación es húmeda y salvaje, para finalizar el recorrido en las enormes piedras con petroglifos y la playa. Dentro de sus representaciones se mezcla lo extraño, lo exótico, lo auténtico, lo misterioso, lo sobrenatural, lo antiguo, lo histórico y lo sagrado. Las imágenes de la Sierra Nevada de Santa Marta confluyen de manera paradójica y muchas veces contradictoria: 1) Como sistema montañoso del litoral más alto de Colombia, conformada por montañas con picos nevados que guardan una gran diversidad de nichos ecológicos[7]. 2) Como región de planificación que tiene que ordenarse de acuerdo a unos saberes científicos. 3) Como enclave de desarrollo económico regional. 4) Como "tierra de nadie" tomada por el narcotráfico y la presencia de actores armados. 5) Como lugar de aventura inexplorado que, desde el turismo, revitaliza el romanticismo de los exploradores y viajeros europeos del siglo xix. 6) Como territorio étnico que guarda los saberes espirituales y ecológicos de los indígenas.

La invención de la Sierra Nevada de Santa Marta como relato cultural, de acuerdo con Serge (2008), permite aproximarse a los modos como se ha creado el espacio, en tanto lugar utópico. Estas narrativas configuran ciertas formas de ordenar el espacio y al mismo tiempo aluden a las nociones de territorialidad de las poblaciones. La Sierra Nevada de Santa Marta como lugar histórico, paisajístico y cultural se ha representado como un sistema homeostático de adaptación al medio (Uribe, 1988, 2006; Ulloa, 2004: 33). Esta visión de la planificación del territorio como un lugar de adaptación y de autorregulación por parte de las comunidades indígenas, contrasta con el uso que las poblaciones colonas han hecho del territorio.

Desde la colonización española, pasando por la bonaza marimbera en los años setenta, el narcotráfico de cocaína en los ochenta y noventa, los pueblos indígenas han tenido que poblar las tierras altas, para escapar de la guerra. Esta representación de la Sierra Nevada de Santa Marta como un territorio en permanente conflicto entre actores armados como la guerrilla, los paramilitares y el ejército, presenta un tipo de geografía política de un territorio ingobernable, que dentro de una lógica administrativa abarca un territorio salvaje en el que está presente la muerte, el endeudamiento, la prostitución y la explotación intensiva de cultivos ilícitos (Serge, 2005). Esta forma de representación de "la ausencia del Estado" y "la ley del monte", ha justificado que "ese espacio", empiece a ser ocupado por empresas desarrollistas (mineras, hidroeléctricas, petróleo), que han pasado a ocupar el lugar del Estado ausente. En efecto, la "ausencia del Estado" ha servido primero, como narrativa para intervenir el territorio militarmente y segundo, lo ha construido cómo un lugar de desarrollo económico.

---

7.   La UNESCO declaró al Parque Tayrona de la Sierra Nevada de Santa Marta reserva de la biosfera y Patrimonio de la Humanidad en 1979.

La representación de la Sierra Nevada de Santa Marta como un lugar que es necesario explotar, desarrollar e intervenir se mantiene en la actualidad. A la vez que estos proyectos toman más fuerza en los territorios, también aparecen otras formas alternas de pensarlo. De acuerdo con Escobar (2014), desde el sur global, las comunidades campesinas, las mujeres y los pueblos indígenas han hecho un cuestionamiento a las prácticas de conocimiento del desarrollo y a las ideas de crecimiento, progreso y modernidad. Los pueblos indígenas, especialmente, han impulsado unas ontologías múltiples que han pasado de una comprensión moderna del mundo a una que lo entiende como *pluriverso*. Se trata de una epistemología que ha hecho un intento por deconstruir la relación entre un sujeto contemplativo y un objeto naturaleza, para hacer un "giro biocéntrico" que se aleja del antropocentrismo de la modernidad. Se constituyen cosmovisiones u ontologías relacionales que evitan la división binaria entre naturaleza/cultura, individuo/comunidad y hace énfasis en entender la naturaleza como sujeto de derechos. Estas "luchas ontológicas", de acuerdo con Escobar, tienen el potencial de desafiar el orden liberal, en tanto cuestionan sus principios.

¿Cómo es la relación entre estos discursos y el territorio?, ¿cómo se producen? En la segunda mitad de los años noventa, Castells (1996) empezó hablar sobre la "sociedad de la información" y desde ese momento su trabajo se convirtió en una referencia para entender cómo se han tejido discursos que cuestionan los modelos de desarrollo, desde el acceso a los medios de comunicación y la sociedad en red como un entramado trasnacional de acción política. En efecto, la crítica posestructuralista de Foucault, "ha contribuido para desarmar epistemológicamente el norte imperial, pero no para armar epistemológicamente al sur anti imperial" (De Sousa Santos, 2010: 21). Los medios de comunicación indígena, en la actualidad, se han configurado como un campo desde donde se producen y circulan esas otras ontologías, esas otras formas de entender el desarrollo desde nociones de "decrecimiento", "buen vivir"[8] y "derechos de la naturaleza". Sus formas de

---

8. En los debates suscitados sobre el posdesarrollo (Escobar, 2014), se pueden identificar dos alternativas al desarrollo: el buen vivir y el decrecimiento. El buen vivir aparece enunciado en los principios de algunos Estados latinoamericanos como Ecuador y Bolivia en 2008. Se considera como una serie de políticas que subordina los objetivos económicos a criterios ecológicos, resaltando valores como dignidad

organización y relación no se limita a un diálogo con los Estados nacionales, sino que trasciende a ámbitos trasnacionales en los que cada vez más instituciones, como la Organización de las Naciones Unidas (ONU), se han apropiado de estos lenguajes. La representación de los indígenas de la Sierra Nevada como nativos ecológicos y espirituales, se configura de manera estratégica, en la que se mezcla la técnica, la tecnología y un lenguaje nativo. La sofisticación de su comunicación adopta las nuevas —o no tan nuevas— tecnologías de comunicación para ocupar un lugar distinto en el mundo, que históricamente les ha sido negado. Como decía McLuhan (2003): "el medio es el mensaje".

Medios indígenas

Los colectivos de comunicaciones indígenas de la Sierra Nevada de Santa Marta, vienen llevando acabo procesos de autorrepresentación y reivindicando un uso soberano de sus imágenes desde principios del siglo XXI. A finales de 2002, por causas de enfrentamiento entre la guerrilla y el ejército, cerca de la cuenca del río Guatapurí, Amado Villafaña, el gobernador Rogelio Mejía y el *mamo* José Izquierdo decidieron que era necesario trasmitir el pensamiento de los indígenas. Para esto, contaron con el apoyo de diferentes organizaciones internacionales como USAID[9], fotógrafos de National Geographic y el antropólogo Pablo Mora, entre otros. Crearon el Colectivo de Comunicaciones Zhigoneshi (CCZ), conformado por comunicadores de los pueblos kogi, wiwa y arhuaco. La palabra *zhigoneshi* significa "yo te ayudo, tú me ayudas". Como colectivo de comunicaciones indígena produjeron varios documentales, como *Palabras mayores* (2009), *Resistencia en la Línea Negra* (2011), entre otros. En 2014 el Colectivo de Comunicaciones Zhigoneshi se separó y cada pueblo tomo su propio rumbo. Los arhuacos crearon el Colectivo de Comunicaciones Arhuaco Yo-

---

humana y justicia social, en el marco de lo que se ha llamado economías sociales, solidarias y mixtas. Las teorías del decrecimiento también empezaron a aparecer a partir de la aguda critica que se hizo al "desarrollo" en los años ochenta. El decrecimiento designa una posibilidad o alternativa al desarrollo que cuestiona los modos de vida centrados en el consumo. Para esto se basa en valores como la soberanía alimentaria, el cuidado y el empoderamiento de los campesinos y los pueblos indígenas.

9.   (USAID) United States Agency for International Development.

sokwi (CCAY), dirigido por Amado Villafaña. Yosokwi, en la mitología arhuaca, es un pájaro que aprendió desde la imitación. Los colectivos indígenas de la Sierra Nevada han creado documentales sobre la defensa del territorio, el agua y la amenaza de las empresas minero energéticas, entre otros temas.

Serie documental *Palabras mayores*. Fuente: Catálogo Zhigoneshi.

En el siglo xxi, la posibilidad de acceder a las tecnologías de comunicación ha sido generalizada, especialmente entre personas jóvenes que han nacido en la era digital, quienes las han incorporado de manera natural como parte de su vida cotidiana. El acceso a las tecnologías de información y comunicación (TIC) no ha sido ajeno a las naciones y pueblos indígenas Estas comunidades históricamente subordinadas tienen sus propios canales de televisión y plataformas de internet, lo que permite así la creación de redes de intercambio de información, conocimiento e imágenes. En la era de la comunicación, la posibilidad de obtener cámaras digitales o a plataformas *online* es cada vez más plausible para todo tipo de grupos y colectividades. En las diferentes teorías que se han desarrollado con respecto al uso de las TIC y los pueblos indígenas, se pueden identificar dos posiciones. Por un lado, una que le asigna mayor agencia a los objetos tecnológicos y a los cambios de tecnología; esta posición hace énfasis en el acceso tecnológico y la capacidad de conectividad a internet (*online*). Por otro lado, una que sitúa la agencia en los sujetos sociales y su capacidad de producción cultural, adaptación y apropiación (Ramos, 2015). Si bien desde la perspectiva de la brecha digital existen territorios y poblaciones relegados en los avances tecnológicos (Raad, 2006), lo cierto es que las TIC han generado unas transformaciones indudables en las formas de sociabilidad contemporánea. Las relaciones entre pueblos indígenas e internet, y el uso y las formas de significación y apropiación, son experiencias contemporáneas que dan cuenta del contexto actual de los pueblos indígenas, que, siguiendo a Marcus (1995), no se restringen a un lugar físico concreto, sino que se desplazan a relaciones locales, nacionales y transnacionales.

Las comunidades indígenas no se encuentran aisladas y, como sugiere Sahlins (1999), las interacciones externas e internas con el mundo digital e internet han permitido que costumbres, rituales y celebraciones se fortalezcan en interacciones que se acomodan a las relaciones y estructuras previamente existentes. De acuerdo con Postill (2011), es desde la producción de localidad donde se dinamizan las relaciones y prácticas sociales por medio de la realización y circulación de contenidos, situando contextualmente los espacios *online* y *offline*. Para Ginsburg (2008), la categoría de era digital genera unas formas jerárquicas entre quienes pueden programar, quienes solo utilizan el ordenador y quienes no tienen acceso a estas tecnologías. Reconoce que, dentro de ciertas comunidades, existe un uso estratégico de los medios de comunicación, tanto para mantener un sentido de comunidad, como para crear representaciones de un tradicionalismo estratégico. Ginsburg denomina a este fenómeno como activismo cultural (*cultural activism*) en el que el uso de las tecnologías se produce de manera contextualizada a partir de sus intereses locales. Lo pueblos indígenas, a la vez que se apropian de los medios y sus tecnologías, también crean una teoría propia de la comunicación.

"IR ESCUCHANDO": DERECHOS DE LA NATURALEZA Y PRODUCCIÓN DE ARTEFACTOS COMUNICATIVOS

El día 26 de septiembre de 2018, en el asentamiento wiwa de Gotshezhi (vereda El Encanto), ubicada en la cuenca del río Guachaca, se presentó la película *Ranchería* (2017), del director arhuaco Amado Villafaña, producida por la embajada de Suiza en Colombia, en el marco del "Festival de Cine y Video Indígena Daupará. Los Espíritus de la Imagen", celebrado en la Sierra Nevada de Santa Marta. La pantalla se ubicó en un lugar de reunión tradicional de la comunidad wiwa, en el que se encontraban varios comunicadores y realizadores indígenas del ya disuelto Colectivo de Comunicaciones Zhigoneshi (CCZ): Amado Villafaña, Roberto Mujica, Saúl Gil y Pablo Mora, que estaban en calidad de anfitriones del festival. También había comunicadores y comunicadoras indígenas de los pueblos emberá, wayuu, nasa, kuna, entre otros. La mayoría del público eran niños, mujeres y hombres wiwas, habitantes del asentamiento. Amado Villafaña empezó su intervención hablando sobre la resistencia que han llevado acabo los cuatro pueblos indígenas de la Sierra Nevada en la denominada Línea Negra[10] y el papel en la defensa del territorio, especialmente del cuidado del agua y la amenaza que representan los proyectos de explotación minero-energéticos. La película trata sobre el pagamento[11] de un *mamo* wiwa que viaja con un niño aprendiz y la *saga*, que son mujeres de conocimiento entre los wiwa, con un rol similar al de los *mamos*. Se dirigen desde el nacimiento del río Ranchería, en territorio wiwa, hasta su desembocadura, en territorio wayuu. En su travesía pasan por las minas de la empresa Cerrejón, mostrando la devastación ecológica, y de paso, el

---

10. La Línea Negra se configura como la frontera geográfica y espiritual de los cuatro pueblos indígenas.

11. El pagamento es un rito que consiste en un pago o una retribución a los padres espirituales (montañas, ríos, imágenes etc.), desde la intermediación de los *mamos*. Se hace un pagamento como una prácticas religiosa y espiritual para desarrollar una determinada actividad.

significado del agua para los wiwas y lo que implicaría su desviación. Según el *mamo*, sería como tapar las vías de escape del pene. El documental termina con el testimonio de una mujer wayuu que dice que el gobierno colombiano les dio las mejores tierras a las empresas de explotación carbonífera y cómo esto ha hecho que el pueblo wayuu se esté muriendo de hambre y sed. El documental tiene una importancia por su componente multiétnico: es dirigido por un arhuaco, trata sobre un pagamento wiwa y aborda la problemática nacional sobre la escasez de agua y alimento en La Guajira que está matando al pueblo wayuu[12]. Al terminar la película, uno de los miembros del Colectivo de Comunicaciones Wayuu Putchamaajana (CCWP), intervino señalando cómo finalmente se logró parar la desviación del río Ranchería. Este proceso significó un triunfo de la movilización no solo de los pueblos indígenas del norte de Colombia, quienes contaron además con la solidaridad de otros colectivos no indígenas de todo el país. Para las comunidades indígenas implicó un periodo de persecuciones de sus líderes por parte de Cerrejón, de acuerdo con algunas de las intervenciones de los comunicadores wayuu. *Ranchería* (2016) es un manifiesto sobre el tema del agua y los proyectos desarrollistas ligados a la explotación de recursos minerales y desvío de cuencas.

En la serie *Palabras mayores* (2009), en la sección "¿Por qué nuestra tierra es sagrada?", el *mamo* arhuaco José Romero Mamo explica qué es ser indígena y el papel que cumplen para proteger la Sierra Nevada de Santa Marta:

> Lo hacemos porque nuestro padre Serankua hizo la tierra y las normas. A nuestros padres, madres, abuelos y bisabuelos les dejaron estas tierras para que la cuidaran y esa es la razón de ser indígenas. Debemos tratarla bien, así como hacemos con nuestro cuerpo. Debemos tener en cuenta el nacimiento, el desarrollo y la vejez de cada ser.

En la sección "¿Quién amenaza el agua?", el *mamo* kogi José Shibulata explica la importancia del cuidado del agua:

> Así nos lo dejaron saber. Esta es nuestra Ley de Origen. Pero el maltrato a nuestros sitios sagrado ha causado muchos problemas. Aunque cancele-

---

12. En *Revista Vice*, <https://www.vice.com/es_co/article/yv7vvx/en-colombia-la-falta-de-agua-potable-esta-matando-miles-de-ninos-indigenas> (11/6/1019).

mos el tributo, el daño ya está hecho. Por eso, tenemos que intervenir en los sitios sagrados. Algo está pasando con el río Ranchería. Es como si taparan el pene, así ¿quién puede orinar? Si no se orina, se puede inflar el estómago y puede morir. Entonces será que estos sitios no sienten el mismo dolor.

Existen dos elementos comunes en el discurso de los *mamos*. Por un lado, se establece una relación ritual con el territorio y el cuidado de la naturaleza desde el pagamento, es decir, desde una práctica que permite que se recobre el equilibrio. Por otro lado, crean metáforas en las que el cuidado de la tierra se relaciona con el del cuerpo[13]. Al igual que el cuerpo sufre y siente dolor, también los elementos de la naturaleza como el agua lo hacen. Esta vinculación profunda con el territorio desde lo ritual y el cuerpo comprende una epistemología no binaria sobre cómo se clasifica la cultura, la naturaleza y el cuerpo.

La comunicación indígena entendida como *renokwa awekweyka*, que se traduce como "ir escuchando", aborda los principios de la Ley de Origen interpretada por los *mamos* y los comunicadores indígenas. Estos principios se materializan en lo que he designado como artefactos culturales, que son películas como *Palabras mayores* (2009) o *Naboba* (2016). Los artefactos culturales se caracterizan por: 1) ser nómadas, 2) contener y articular temporalidades, 3) poder ser exhibidos a una diversidad de públicos (Gómez Ruiz, 2018). No obstante, los artefactos comunicativos, además de tener estas características, se distinguen de los culturales porque son vídeos que tienen unos ritmos de producción y circulación más intensos, propios de la modernidad, en la que es necesario contar de manera más inmediata lo que pasa en el territorio. En este sentido, están destinados a unos públicos más amplios y diversos, aunque en otras ocasiones tienen un uso interno, como se mostrará más adelante.

Quizás una de las películas que más ha circulado de Amado Villafaña —y que personalmente he tenido la oportunidad de ver en diferentes contextos como Barcelona, Bogotá y Kutunzama— ha sido *Naboba* (2016), financiada por la ONG norteamericana The Nature Conservancy. La película empieza con la siguiente frase: "Hemos fallado en hablar con ustedes" refiriéndose a los "hermanitos menores" (no indígenas), y termina con el *mamo* Camilo Izquierdo tocando la

---

13. Se trata de una identificación general de los pueblos mesoamericanos, anclado en los discursos políticos en torno al "territorio-cuerpo".

flauta en Kutunzama. *Naboba* (2015) es la historia de un pagamento en el que se hace un recorrido por diversos asentamientos arhuacos, desde la Ciénaga Grande hasta los picos nevados, dónde se encuentra la laguna sagrada de Naboba. El documental tiene como línea argumental un viaje por las montañas en la que los protagonistas pasan por diferentes comunidades y se entrevistan con algunos *mamos* sobre la responsabilidad de los “hermanos mayores” del cuidado del agua, la naturaleza, la protección de los picos nevados y la amenaza que representan la expoliación de las empresas mineras. En cada presentación, la película ha logrado interpelar de manera distinta a los públicos y ha puesto en escena uno de los problemas más complejos que afrontan los pueblos indígenas en la actualidad: el envenenamiento del agua por la explotación de minerales y su desperdicio. En efecto, una de las mayores críticas que se le hace a la minería es la contaminación de las fuentes hídricas. El agua se configura en su narrativa como un elemento central dentro del sistema de creencia en los indígenas de la Sierra Nevada, como un ser que tiene vida propia y que, por lo tanto, debe ser sujeto de derechos jurídicos y sociales.

Póster Naboba. Fuente: Catálogo Zhigoneshi.

La invisibilidad de los pueblos indígenas de la Sierra Nevada de Santa Marta por parte de las empresas minero energéticas contrasta con la visibilidad de la lucha frontal que han llevado contra esta empresa desarrollista, por medio de la producción de documentales como: *¿Por qué el agua?* (2009), *Naboba* (2015) y *Ranchería* (2016). No obstante, la problemática de la explotación minera es compleja y difusa desde el mismo hecho de identificar los territorios específicos en donde se quiere explotar el territorio, hasta la posibilidad de rastrear los capitales de las multinacionales involucradas. De acuerdo con la abogada Luisa Castañeda, de la Confederación Indígena Tayrona (CIT), la minería en la Sierra Nevada de Santa Marta se caracteriza por la presencia de canteras. La Confederación Indígena Tayrona (CIT) no tiene identificado quiénes son los actores o multinacionales interesados en los títulos mineros, ni tiene una información precisa de la situación real de la minería. No existe información accesible para las comunidades, en la que exista una caracterización o geo-referenciación de los territorios que se verían afectados por los proyectos minero energéticos. Si bien se tiene una información del año 2014 por parte del Ministerio del Interior, esta resulta sumamente desactualizada, ya que en los últimos años se ha aumentado exponencialmente la expedición y solicitud de títulos mineros, y licencias ambientales en la Sierra Nevada de Santa Marta. El ocultismo y la atomización de esta información y de los capitales es parte de las estrategias de las multinacionales para no ser identificadas y que, de esta forma, se diluyan las responsabilidades concretas que afectan al territorio. Lo que termina pasando es que el Estado distribuye responsabilidades entre las multinacionales y estas terminan por ocupar el lugar del mismo Estado, reduciendo su presencia casi exclusivamente al orden jurídico y policial. La responsabilidad termina ocultándose y difuminándose como si fuera parte de un juego de lo visible y lo invisible.

El lugar de la comunicación: proyecto hidroeléctrico en Ikarwa, drones y etno-georreferenciación

Durante el trabajo de campo en la Sierra Nevada de Santa Marta, tuve la oportunidad de hacer parte de la producción de dos artefactos comunicativos con el Colectivo de Comunicaciones Arhuaco Yosokwi (CCAY) realizados a partir de una reunión celebrada en el asentamiento arhuaco de Ikarwa (Besotes), en el que se quiere hacer el embalse multipropósitos Los Besotes[14]. Si bien el tipo de proyecto no está relacionado con la minería, este contexto etnográfico me permitió acercarme a los procesos de producción de artefactos comunicativos en una situación en la que se involucran actores, disputas y procesos colectivos en un territorio especifico. El primer artefacto fue un vídeo en el que se hacía uso de un dron para mostrar el asentamiento que se estaría inundado por una parte del curso del río Guatapurí que se proyectaba desviar. Durante la grabación, se aprovechó la presencia de diferentes líderes indígenas, miembros de la ONU y representantes del Estado para escuchar sus testimonios e integrarlos en la narrativa del vídeo en defensa del territorio. El segundo artefacto fue un vídeo para Google Earth en el que se hacía un recorrido identificando los asentamientos indígenas de la cuenca del río Guatapurí para propósitos internos. La reunión en Ikarwa permitió que confluyeran en un mismo punto varios hechos que estaban sucediendo. La suma de actores y el detonante comunicativo de la opinión en contra de la posición de los indígenas que se expresó y difundió en la radio local (Radio Guatapurí) obligó a los arhuacos a pronunciarse. La conjunción de estos elementos, aparentemente azarosos, empezó con emisiones de radio. Luego, el mensaje replicó en las cadenas de mensajes por WhatsApp, para que, finalmente, fuera respondido por los indígenas en un comunicado conjunto en forma de vídeo. La escucha tomó un lugar en el espectro electromagnético desde una respuesta colectiva que cobró significado en el territorio de Ikarwa. La comunicación desde el "ir escuchando" se delineó y se cimentó en el lugar afectado, desde donde se produjo el pronunciamiento final, haciendo uso de la palabra y la imagen.

Todo comenzó con la nota de opinión política que apareció en mayo de 2017 en la local Radio Guatapurí, en el programa *Maravilla estéreo*. La nota comenzaba así:

A raíz de la reunión que hubo en Medellín, en donde se entregó el estado de factibilidad de la represa, o el embalse multipropósito de Beso-

---

14. Este proyecto fue ideado en 1969 y tiene como propósito la construcción de una represa para abastecer de agua y electricidad a la ciudad de Valledupar, capital del departamento del Cesar. De acuerdo con los estudios, la represa se localizaría en la cuenca del río Gutrapurí, en las estribaciones de la Sierra Nevada de Santa Marta, territorio de los pueblos indígenas arhuaco y kankuamo.

tes, ya los indígenas salieron a cacaraquear, a decir que ellos no han dado permiso, que la situación debe ser concertada, que la consulta previa y todo aquello. Lo que hay que pensar es que está en riesgo el futuro de Valledupar, de sus habitantes y sus influencias.

Otro de los periodistas continuó con el discurso y este fue el comentario que más indignación causó entre los indígenas:

> Aquí tenemos la bendición de contar con varios ríos y el más importante, por supuesto, es el río Guatapurí y resulta que no podemos, so pretexto de un derecho que tienen los indígenas, por… perdónenme la expresión: atravesarse como una vaca muerta en este proyecto.

La animalización como forma de designar a los indígenas con términos como "cacarear" y "vaca muerta" responde a una vieja forma colonial de anular la alteridad y hacer, de acuerdo con Castillejo (2016), que el otro devenga un peligro, en un constructo que lo sitúa en algo menor a lo humano. La periodista continúa:

> El mensaje es claro, es que los indígenas no pueden seguir siendo la piedra en el zapato de los proyectos de infraestructura en el país. No solo pasa en el Cesar, sino en el Cauca y en el interior del país. A ellos hay que socializarles esto, pero tienen que entender que no pueden seguir un argumento que dentro de su cosmovisión es respetable, pero que no tiene ningún sustento científico o técnico porque la madre tierra no lo permite.

En otra parte reafirma el mismo argumento: "Eso es lo que tenemos que entender, que si tienen unos derechos [los indígenas], pero al fin y acabo no pueden ser la cortapisa del desarrollo."

En estos dos fragmentos se retoma el discurso desarrollista que se ampara en la ciencia y la técnica como único lugar legítimo de enunciación y ordenamiento del territorio. La epistemología indígena es anulada y reducida a una "cosmovisión" que hace parte del mundo de la fantasía, de la superchería y la creencia, que no es digna de tomarse en cuenta para asuntos tan complejos y "técnicos" que solo corresponde a los expertos y que ni siquiera los oyentes pueden entender:

> Hay cuatro escenarios en los cuales se podría realizar la represa con una expectativa razonable de viabilidad financiera. Esto traduce que hay un escenario uno, un escenario dos, un escenario tres y un escenario cua-

tro. Es muy complejo y técnico explicarlo ahora, pero hay esa viabilidad financiera.

El argumento de la periodista termina por afirmar que no importa desviar el río Guatapurí si existe una "viabilidad financiera". En el fondo, no es importante discutir lo que implicaría reubicar a las poblaciones indígenas asentadas, desviar el curso fluvial y ocasionar una intervención drástica en el territorio. Lo importante, para la periodista, y en lo que hace permanente énfasis, es que dentro de los acuerdos a los que llegaron los expertos existe una "viabilidad financiera". Sin embargo, dicha "viabilidad" se encubre de argumentos técnicos que son invisibles e incomprensibles para la opinión pública.

El 30 y 31 de mayo de 2017 se desarrolló en Ikarwa (Besotes) la reunión organizada por la ONU y financiada por la Oficina de Asuntos Exteriores de España, con el fin de establecer un protocolo sobre la consulta previa al pueblo arhuaco. Las autoridades indígenas habían escogido este lugar de manera estratégica, por el pronunciamiento reciente de los medios locales sobre el embalse multipropósitos Los Besotes, que se desarrollaría precisamente en ese asentamiento arhuaco. Amado Villafaña me llamó para que lo acompañara en calidad de camarógrafo. Nuestra presencia consistía en hacer una memoria visual del evento y así establecer una estrategia comunicativa para responder a la nota de Radio Guatapurí, que para muchos arhuacos había sido una ofensa. En la reunión, al aire libre, las mujeres estaban separadas de los hombres tejiendo mochilas y los hombres mientras tanto *poporeaban*[15], sin perder la atención a lo que se decía. En esta ocasión, asistían más hombres que mujeres, sin embargo, contaban con la presencia de mujeres líderes como Leonor Zalabata y Benerexa Márquez[16], entre otras. Este tipo de reuniones son largas, porque cada intervención se traduce del *iku* al español y viceversa, con la ayuda de

---

15. El poporo es un objeto de uso ceremonial y cotidiano. Está hecho de calabazo, cal, madera y fibra vegetal. Tiene una función práctica, espiritual y para hablar, o como se dice "mojar la palabra". También con la hoja de coca (*ayu*) se intercambia como una forma de saludo.

16. Leonor Zalabata es una líder arhuaca que ha sido defensora de los derechos de los pueblos indígenas en Colombia. Ha sido delegada para los programas de desarrollo y ha denunciado los asesinatos de los líderes indígenas en los años noventa en La Haya. Benerexa Márquez es una líder arhuaca, delegada de los planes de salud y en la actualidad encargada de los temas de infancia.

Adriano, el traductor oficial de la Confederación Indígena Tayrona (CIT). En la reunión, además de las autoridades arhuacas, había representantes de la ONU, en su mayoría mujeres, y comunicadores contratados por el organismo internacional llamado La Plena. También había indígenas nasa del Cauca (que habían llegado con el apoyo de la ONU) y, el segundo día, asistieron miembros del Ministerio del Interior, Defensoría del Pueblo y Procuraduría. En un mismo lugar se encontraban reunidos no solo actores nacionales, sino internacionales y comunicadores indígenas y no indígenas. El primer día del evento empezó la reunión con la intervención de los nasa, quienes contaron su experiencia con la represa La Salvajina, en el valle del Cauca, y las consecuencias medioambientales y sociales que tuvo. De acuerdo con su experiencia, la represa fue construida a pesar de su oposición y, en efecto, hubo varios problemas medioambientales y de desplazamiento de las comunidades asentadas. Resulta relevante cómo este tipo de espacios permiten generar un diálogo interétnico sobre los proyectos de desarrollo que los afectan como pueblos en el escenario nacional.

El segundo día de la reunión, por la mañana, antes de la firma del protocolo con la presencia de los represes del Estado, se puso el audio de Radio Guatapurí. La líder Leonor Zalabata, quién fue nombrada en la locución[17], señaló cómo la consulta previa es un compromiso no solo con el Estado, sino con la Organización Internacional del Trabajo (OIT) y recordó los acuerdos de Ginebra. Al terminar su pronunciamiento, algunos líderes sugirieron incluso interponer una demanda a Radio Guatapurí por sus comentarios ofensivos y denigrantes. Antes del almuerzo, se procedió al acto protocolario de la firma. Sin embargo, la representante del Ministerio del Interior decidió no firmar porque, según ella, en el texto decía que se había acompañado a las comunidades durante todo el proceso cuando esto no había sucedido realmente. Uno de los análisis extraoficiales de la reunión señalaba que el protocolo impulsado por la ONU podría resultar contraproducente para las comunidades, porque lo que hacía era centrarse solo en el pueblo arhuacos, quienes si bien se han caracterizado por su diplomacia y su carácter conciliador y político, reconocido nacionalmente, no invo-

---

17. "¿Y dónde vive la mayoría de la población indígena? Ya no vive en la Sierra, viven en los centros urbanos. Mire a ver, dónde estudian los hijos de Leonor Zalabata…" (Radio Guatapiurí, *Maravilla estéreo*, mayo de 2017).

lucraba al resto de pueblos indígenas de la Sierra Nevada, produciendo fragmentaciones. Esto hacía que los indígenas no pelearan en bloque, sino de forma autónoma. En el fondo, más allá de las buenas intenciones de la ONU, existía una lógica de "divide y vencerás".

Líder arhuaca Leonor Zalabata. Reunión Ikarwa.
Foto: Sebastián Gómez Ruiz.

De manera paralela a este proceso, junto con el Colectivo de Comunicaciones Arhauco Yosokwi (CCAY), nos encargamos de grabar las intervenciones de los diferentes actores mencionados, en la que hacíamos tomas de contexto de la reunión y tomas aéreas con el dron. Para esto, Amado Villafaña había contratado un operador de dron con quién había establecido un intercambio no monetario en la que le cedían las imágenes a Yosokwi. Amado, como director, me dio indicaciones de filmar a los niños y a las mujeres, y así generar un tipo mayor de sensibilidad para que el vídeo tuviera un mayor alcance y se volviera viral. Amado ya había utilizado el dron para películas como *Ranchería* (2016), en la que mostraba cómo el río estaba cercado por la empresa del Cerrejón. El vídeo de Ikarwa tenía la finalidad de informar a "los hermanitos menores" sobre los proyectos de desarrollo en la Sierra Nevada de Santa Marta y la visión de los indígenas. La escala de la mirada del dron permitía un ojo mecánico de águila, que desde el cielo puede ver lo que desde la tierra es imperceptible. Las imágenes se sitúan en un lugar en donde el ojo humano no tiene acceso, ampliando el paisaje y permitiendo una visión en que los hermanitos mayores (indígenas) guían el recorrido con el conocimiento del territorio y el manejo de la técnica audiovisual. El ojo del dron se eleva en los cielos y amplía la perspectiva del territorio y dimensiona visualmente los alcances del megaproyecto hidroeléctrico. En efecto, este artefacto volador, localiza e identifica los lugares específicos en los que se va a intervenir el ecosistema.

Fotograma del vídeo Ikarwa.

Los procesos comunicativos de filmar, registrar y documentar permiten un acceso privilegiado en contextos en los que participan líderes, autoridades indígenas y actores nacionales e internacionales. En mi rol de camarógrafo de Yosokwi, tuve la oportunidad de registrar una parte de la memoria audiovisual del pueblo arhuaco, y en ese sentido, hacer una elección de lo que se graba y lo que no, de lo visible y lo invisible. Un ejemplo de esto fue un espacio autónomo de discusión de los arhuacos que no se grabó por expreso señalamiento de Amado. De manera análoga, lo mismo sucedió cuando se estaba modificando el documento del protocolo y las autoridades indígenas señalaron que existen cosas que "no pueden decírsele al *bunachi*"[18]. Nuevamente, lo visible y lo invisible cobra un matiz distinto. Para comunicar, en este caso, se trata de escuchar atentamente y seleccionar el lugar, el medio y la información que se le quiere decir al "hermanito menor", en un proceso de traducción que contiene las dificultades y desafíos que implican la comunicación transcultural. Así lo señaló un líder indígena:

> Es difícil hacerle entender a los hermanitos menores la idea, el pensamiento. Cómo se proyecta el indígena hacía el futuro para la permanencia, no solamente de los indígenas, sino de la humanidad, de todo ser viviente. Y me llena de contento porque hay civiles que están ayudando a hacer documentos realmente como pensamos los indígenas. Y que las entidades Defensoría del Pueblo, Procuraduría, el Ministerio del Interior, Asuntos Étnicos entiendan cuál es nuestro pensamiento. Los indígenas no solamente queremos sembrar una mata de maíz para mirar sembrarla, sino miramos la cosecha: el resultado. Las represas que se han hecho en el país —aquí en La Guajira se hizo una, pero se gastó mucha plata— han tenido impacto, pero el beneficio ninguno[19].

La producción de artefactos comunicativos se elabora, según la idea arhuaca del "ir escuchando", desde dónde se enuncia y se propaga la comunicación en contextos específicos. Estos artefactos, se producen con el uso de tecnologías y programas de computación, a los que los pueblos indígenas cada vez tienen más acceso, como drones y programas de georreferenciación, etc. En el caso del vídeo que realizamos, llamado *Rechazo a la represa Bezote (Ikarwa)* (2017), se usaron cámaras, sonidos, drones y programas de edición en Mac. Mientras tanto, en el segundo artefacto que desarrollamos con el Colectivo de Conminaciones Arhauco Yosokwi (CCAY) utilizamos fundamentalmente Google Earth. El producto consistió en hacer un trabajo de etno-referenciación del recorrido del río Guatapurí, desde los picos nevados, pasando por sus diferentes cuencas, hasta llegar a su desembocadura. Este recorrido virtual permitía localizar las diferentes comunidades asentadas cerca de la cuenca fluvial y la forma en que se verían afectadas en una eventual construcción de la hidroeléctrica. La realiza-

---

18. No indígena.
19. *Rechazo a la represa Bezote (Ikarwa)*, <https://www.youtube.com/watch?v=o TbZOednkYY&t=46s> (09/11/2018).

ción de este artefacto comunicativo implicó no solo un conocimiento técnico del manejo de Google Earth, sino un profundo conocimiento del territorio. Muchos de los lugares por donde pasa el río Guatapurí no aparecen en Google Earth, lo que supuso que se necesitara el conocimiento de Amado Villafaña y de su hijo Ángel Villafaña para identificar los asentamientos y sus nombres, en un proceso de creación colaborativo. A diferencia del vídeo de Ikarwa, que era un artefacto comunicativo orientado hacia afuera y a los hermanitos menores, el de Google Earth tenía una orientación interna, especialmente para las autoridades indígenas. La intención del Colectivo de Conminaciones Arhauco Yosokwi (CCAY), de igual manera que el vídeo de Ikarwa, consistía en poder tener la aprobación de las autoridades arhuacas y, de esta forma, poder grabar en las partes altas de la Sierra Nevada de Santa Marta para, eventualmente, hacer un documental y tener registro visual más detallado. El recorrido en Google Earth identificaba los asentamientos cercanos a los ríos Guatapurí y bajaba nombrando los asentamientos y estipulando a qué pueblo indígena pertenece cada asentamiento (kogi, arhuaco, wiwa, kanakuamo).

Tanto el vídeo de Ikarwa, como el recorrido del río Guatpurí, en tanto artefactos comunicativos, condensan un entendimiento profundo sobre lo que es el agua, la naturaleza y la gestión del territorio. En el diálogo que establecen los arhuacos en Ikarwa a partir de la escucha, se hace un esfuerzo por incluir a la mayor cantidad de actores estatales y no estatales. Se apropian del lenguaje del hermanito menor desde la construcción de documentos escritos (protocolo de consulta previa) y recogen el lenguaje legalista del Estado. Su comunicación es amplia y hacen uso de la palabra y la imagen como un lugar común para buscar otros interlocutores, no solo con el Estado, sino con organismos internacionales. Los artefactos comunicativos que producen también les sirven en la parte interna y les permiten comprender el territorio desde otras perspectivas que amplifica la mirada desde el cielo. Sin embargo, el mensaje sigue siendo el mismo. Se parte de una defensa del territorio desde el entendimiento ecológico de la naturaleza como sujeto de derechos y desde los principios de la Ley de Origen. Así lo señala Amado Villafaña al final del vídeo:

Nosotros no podemos mendigar lo que ya está escrito en la Constitución, lo que ya se reconoce en la lucha de los pueblos indígenas. Que se cumpla las garantías. La Procuraduría, Defensoría, realmente comiencen a ejercer lo que les corresponde hacer. Reconocer a la naturaleza como ser viviente con derechos, es lo que debemos hacer todos. Esa visión de creación que no nos hace propietarios de un territorio, sino que somos hijos de ese territorio. Nos da a entender que no vamos a permanecer toda la vida, sino que vamos de paso y nuestra responsabilidad es con nuestros hijos. Que sigan cumpliendo esa Ley de Origen para que sigan disfrutando de lo que es la madre tierra.

Al reconocer a la naturaleza como sujeto de derechos se opone a la racionalidad mercantil, amparada en el desarrollo, la técnica y la "viabilidad económica". Reconoce los derechos del agua y su importancia como ecosistema para la vida y la sobrevivencia. De acuerdo con De Sousa Santos (2010), las epistemologías dominantes se basan en la ciencia y las leyes, las cuales han sido históricamente construidas a partir de las necesidades de dominación del sistema económico capitalista y el colonialismo. Estas epistemologías hegemónicas se han basado en la producción de un otro ignorante, retrasado, inferior e improductivo (De Sousa Santos, 2010: 22), que se relaciona con lo premoderno, lo simple y lo obsoleto. Prioriza unas formas de saber basadas en la ciencia moderna y la alta cultura como únicos criterios de verdad. Parte de una idea lineal de la historia, que solo tiene sentido desde el progreso, la modernización y el desarrollo y unas formas jerárquicas de organización, en las que la mujer, el negro, el campesino y el indígena han sido históricamente inferiores. Esto ha creado unas formas históricas que De Sousa Santos (2010) ha llamado *epistemicidio*, palabra que designa el proceso de destrucción de los conocimientos vernáculos de los pueblos. Sin embargo, para el autor, las luchas más innovadoras y transformadoras vienen ocurriendo en el sur global en el contexto de realidades socio-político-culturales muy distintas y al mismo tiempo particulares. La emergencia de estas luchas se basa en lo que él denomina una ecología de saberes que presupone la idea de una diversidad epistemológica del mundo, del reconocimiento de la existencia de una pluralidad de conocimientos que van más allá del conocimiento científico. Parte de una interconexión en la que incorpora otros saberes sin olvidar el de sí mismo, abrazando, de esta forma, tanto el conocimiento científico como el no científico. Su posibilidad radica en crear mundos no imaginados desde el uso de diferentes categorías y universos simbólicos. Parte de la prudencia como elemento rector de conocimiento, no desde unos dictámenes infalible, sino que, por el contrario, se encuentra en contante diálogo con el mundo occidental. En efecto, los artefactos comunicativos indígenas, como se vio con el vídeo del recorrido por la cuenca del río Guatapurí en Google Earth, o el vídeo viral sobre la represa de Ikarwa, realizados en un contexto en el que participaron diferentes actores sociales, guardan un cocimiento que incluyen el logos y lo mítico, la técnica y principios de la Ley de Origen, la experiencia y el conocimiento científico. Son artefactos que, si bien son traducciones de unas formas de pensamiento más densas, resumen la complejidad de las interacciones que viven los indígenas de la Sierra Nevada de Santa Marta, marcados por lo local y lo global, lo tecnológico y lo tradicional.

Ir escuchando

Al llegar a una comunidad indígena es usual encontrar que las autoridades estén en reuniones en diferentes partes de la Sierra Nevada de Santa Martas, siempre atentas a lo que está sucediendo en el territorio. Al margen de que, en la actualidad, estos mensajes se trasmitan por teléfonos celulares o redes sociales, se mantiene una cultura de la oralidad que continúa en el uso de los medios de comunicación. La cultura de la oralidad supone una comunicación más directa con los otros basada en la palabra y la escucha. La atención que supone "ir escuchando" significa un tipo de relación con el territorio desde el movimiento, el cambio y la trashumancia. Estar atentos a lo que sucede en el territorio desde la escucha comprende una atención permanente que actúa desde lo auditivo, como si fueran ondas electromagnéticas que se propagaran de una forma no siempre identificable, descriptible u organizada, pero al ser un fenómeno sonoro es siempre omnipresente. De acuerdo con la filosofía, el paso del mito al logos fue el hecho que permitió fijar el pensamiento en el texto, configurando un discurso lógico o unas formas de argumentación más lineales. La comunicación como un "ir escuchando" le da un lugar privilegiado a la oralidad que responde a un tipo de pensamiento que no es necesariamente lineal, sino más cercano a lo fragmentado, relacionado con el eco. Jean-Luc Nancy (2007) sostiene que la escucha se relaciona con unas formas de entendimiento que no están inscritas en un sentido claro, sino en una resonancia:

> En todo decir (y quiero decir, en todo discurso, en toda cadena de sentido) tiene lugar el entender, y en todo entender mismo, en su fondo, una escucha; esto querría decir que quizás es preciso que al sentido no le baste con tener sentido (o con ser logos), sino que además ha de resonar (2007: 6).

Las estrategias comunicativas de los indígenas de la Sierra Nevada de Santa Marta para afrontar los temas relacionados con megaproyectos de desarrollo suponen una atención permanente frente a lo que está pasando en el territorio. El "ir escuchando" implica una comprensión profunda de lo que acontece en el presente, que es al mismo tiempo atención y acción. La narrativa indígena relacionada con la naturaleza como sujeto de derechos no siempre responde a una dinámica que se pueda localizar de manera clara, pero guarda una resonancia no solo nacional, sino trasnacional. Unas veces las estrategias comunicativas se logran cristalizar en artefactos y otras no. En una época en la que la comunicación se basa siempre en dar opiniones, hablar, en tener siempre una respuesta para todo, la comunicación como escucha se preocupa más por crear vínculos y lenguajes comunes, que en dar dictámenes. El "ir escuchando" parte de un interés por el otro, e intenta crear espacios de diálogo, se da desde un tipo de conocimiento sobre la comunicación que es colectivo y cuyo poder está en revelar, en adaptarse y en su capacidad de ocultación. Tiene una tradición que viene de la oralidad, que es anterior a la misma aparición de los artefactos comunicativos. El "ir escuchando" supone, en el fondo, una mezcla de los sentidos: los ojos y los oídos no están fragmentados, sino que el ver es también escuchar y el escuchar es también ver.

Bibliografía

Bhabha, Homi (1990): "The Other Question. Difference, Discrimination and the Discourse of Colonialism", en Russell Ferguson, Martha Gever, Trinh T. Minh-ha y Cornell West (eds.), *Out There. Marginalization and Contemporary Cultures*. New York/ Cambridge: The New Museum of Contemporary Art/MIT Press, pp. 71-89.

Castells, Manuel (1996): *The Rise of the Network Society*. Oxford: Blackwell.

Castillejo, Alejandro (2016): *Poética de lo Otro. Una antropología de la guerra, la soledad y el exilio interno en Colombia.* Bogotá: Ediciones Uniandes.

De Sousa Santos, Boaventura (2010): *Descolonizar el saber, reinventar el poder.* Montevideo: Ediciones Trilce.

Escobar, Arturo (2014): *La invención del desarrollo.* Popayán: Editorial Universidad del Cauca.

Foucault, Michel (1968): *Las palabras y las cosas. Una arqueología de las ciencias humanas.* Buenos Aires: Siglo Veintiuno Editores.

Gell, Alfred (1994): *Art and Agency. An Anthropological Theory.* Oxford/New York: Clarendon Press/Oxford University Press.

Ginsburg, Faye (2008): "Rethinking the Digital Age", en David Hesmondhalgh y Jason Toynbee (eds.), *The Media and Social Theory.* New York: Routledge, pp. 127-144.

— (2011): "Native Intelligence. A Short History of Debates on Indigenous Media and Ethnographic Film", en Marcus Banks y Jay Ruby (eds.), *Made to Be Seen: Perspectives on the History of Visual Anthropology.* London/Chicago: The University of Chicago Press, pp. 234-255.

Gómez Ruiz, Sebastián (2018): "Imágenes de la Sierra Nevada (Colombia): el artefacto cultural como una manera para aproximarse a los medios de comunicación indígena", en Amparo Huertas Bailén y Maria Luna (eds.), *Culturas indígenas: investigación, comunicación y resistencias.* Barcelona: Institut de la Comunicació-Universitat Autònoma.

McLuhan, Marshall (2003a [1964]): *Understanding Media: The Extensions of Man.* Corte Madera: Gingko Press.

Mignolo, Walter (1995): "Occidentalización, imperialismo, globalización: herencias coloniales y teorías postcoloniales". *Revista Iberoamericana* vol. LXI n° 170-171: 27-40.

Nancy, Jean-Luc (2007): *A la escucha.* Buenos Aires: Amorrortu Editores.

Poole, Deborah (2000): *Visión, raza y modernidad. Una introducción al mundo andino de las imágenes.* Lima: Sur/Casa de Estudios del Socialismo.

Postill, John (2011): *Localizing the Internet: An Anthropological Account.* Oxford: Berghahn.

Ramos, Óscar (2015): *Internet y pueblos indígenas de la Sierra Norte de Puebla, México.* Tesis de Doctorado. Universitat de Barcelona.

Raad, Ana María (2006): "Exclusión digital: nuevas caras de viejos malestares". *Revista Mad*, n° 14, mayo: 40-46.

Said, Edward W. (2008): *Orientalismo*. Barcelona: Debolsillo.

Sahlins, Marshall (1999): "What is Anthropology Enlightenment? Some Lessons of the Twentieth Century". *Annual Review of Anthropology*, vol. 28: i-xxiii.

Serje, Margarita (2005): *El revés de la nación. Territorio salvaje, fronteras y tierra de nadie*. Bogotá: Ediciones Uniandes.

— (2008): "La invención de la Sierra Nevada". *Antípoda* 7: 197-229.

Trouillot, Michel-Rolph (2003): *Global Transformations: Anthropology and the Modern World*. New York: Palgrave-MacMillan.

Ulloa, Astrid (2004): *La construcción del nativo ecológico*. Bogotá: ICANH/Colciencias.

— (2008): "La articulación de los pueblos indígenas en Colombia con los discursos ambientales, locales, nacionales y globales", Marisol de la Cadena (ed.), *Formaciones de la indianidad. Articulaciones raciales, mestizaje y nación en América Latina*. Popayán: Envíon, pp. 279-318.

Uribe, Carlos A. (1988): "De la Sierra Nevada de Santa Marta, sus ecosistemas, indígenas y antropólogos". *Revista de Antropología y Arqueología*, 4(1): 7-35.

— (2006): "Y me citarán por muchos años más: el modelo interpretativo de Garardo Reiche-Dolmatoff y la antropología de la Sierra Nevada de Santa Marta", en A. Abello (ed.), *El Caribe en la nación colombiana*. Bogotá: Museo Nacional de Colombia/Observatorio del Caribe Colombiano, pp. 277-289.

Wilson, Pamela/Stewart, Michelle (eds.) (2008): *Global Indigenous Media. Cultures, Poetics and Politics*. Durham/London: Duke University Press.

Filmografía

Colectivo de Comunicaciones Zhigoneshi (2009): *Palabras mayores* I y II (5 x 7:00 min). Producción. Película. Colombia.

Gómez Ruiz, Sebastián/Villafaña, Amado (2017): *Wàsi (ver)*. Producción Colectivo de Comunicaciones Arhuaco Yosokwi y Antropò. 17 min. Película. Colombia

Villafaña, Amado (2016): *Naboba*. Producción Colectivo de Comunicaciones Arhuaco Yosokwi (CCY). Película. Colombia.

— (2017): *Ranchería*. Producción Colectivo de Comunicaciones Arhuaco Yosokwi (CCY). Película. Colombia.

Comunicación y etnicidad en un festival emberá de cine indígena

Gabriel Izard
(*Universitat de Barcelona*)

El objetivo de este capítulo es analizar el papel del cine indígena como medio de comunicación que busca mostrar desde una perspectiva endógena lo que significa ser indígena en las naciones latinoamericanas hoy en día. Al mismo tiempo y en relación con ello, se plantea la necesidad del énfasis no solo en la producción de cine indígena, sino especialmente en su consumo y recepción. Para ello se presenta aquí una etnografía del Primer Festival Internacional de Cine Indígena de Panamá Jumara, celebrado en una comunidad emberá, Piriatí, que permitirá ahondar en la conexión de los procesos de etnicidad derivados del cine indígena con los procesos de etnicidad derivados del sentido dado a ese cine en eventos concretos. Porque en Piriatí Emberá, el carácter reivindicativo del cine indígena, basado en la defensa de la especificidad cultural, del patrimonio fundamentado en unas tradiciones ancestrales, y en la defensa de los derechos colectivos que permitan proteger esa especificidad y los territorios habitados, conectó con la dimensión marcadamente reivindicativa de la etnicidad emberá. De esta manera, en Piriatí Emberá el cine indígena fue el motivo para afirmar la cultura emberá y reivindicar las principales demandas del grupo.

Se arguye pues que el foco etnográfico en los festivales celebrados en comunidades indígenas posibilita analizar en toda su profundidad la dimensión comprometida y activista del cine indígena, y permite conectar un proceso continental, hecho de historias particulares de distintas comunidades de los pueblos originarios, con la historia particular de un festival concreto.

Tras una primera parte dedicada a la relación entre comunicación y etnicidad en el cine indígena latinoamericano a partir de la bibliografía existente sobre el tema, se planteará la pertinencia del análisis de los festivales de cine indígena, y sobre todo los que se celebran en localidades indígenas, con el ejemplo de Jumara, haciendo una contextualización del grupo emberá. Las conclusiones pondrán el énfasis en la necesidad de este enfoque para comprender mejor el significado de este medio de comunicación con relación a la etnicidad indígena, es decir, a las características y el sentido de la conciencia de ser indígena en la Latinoamérica actual.

Comunicación y etnicidad en el cine indígena latinoamericano

El cine indígena latinoamericano debe ser entendido como medio de comunicación caracterizado por la voluntad de mostrar, ante las comunidades indígenas y ante el mundo, la propia identidad. Va más allá del cine etnográfico, que pese a responder a un interés científico y visibilizador de conocimiento de las minorías excluidas, surge de una mirada externa[1]. Las películas hechas por los sujetos sociales —*subject-generated films*—, tal como las define Ruby, son herramientas usadas por grupos marginados para negociar una nueva identidad cultural (Ruby, 2000: 196), para afirmar la diferencia y la voluntad de supervivencia. Este autor incide también en la relación de este tipo de películas con las ideas antropológicas que desde hace unas décadas plantean el valor de la subjetividad y entienden la cultura no como algo fijo y externamente objetivable sino como algo en constante construcción por los propios actores que participan en la vida social. Ahí radica el gran valor etnográfico del cine indígena, en mostrar la cultura como un acto de creación y recreación.

De esta manera, el cine indígena es una vía importante de análisis del sentido de una identidad propia —*selfhood*— y las retóricas de construcción del yo —*rethorics of self-making*— (Battaglia, 1995), de los discursos internos de la identidad y por tanto de la etnicidad indígena. Este cine comporta una alta carga de reflexividad sobre lo que

---

1. El cine etnográfico tiene una larga y profusa historia, con nombres clásicos como Robert Flaherty o Jan Rouch. Para una aproximación crítica a la historia de esta modalidad cinematográfica, véanse Piault, 2002 y Durington y Ruby, 2011.

significa ser indígena, y más precisamente sobre lo que significa ser indígena en el momento actual, en la modernidad (Keraj, 2014: 22).

El cine y/o vídeo indígena surge con fuerza en América Latina en la década de los ochenta como herramienta de autoexpresión y autorrepresentación de los pueblos indígenas, como vía para romper la invisibilización (el indio ausente, invisible) o la estigmatización (el indio atrasado, subdesarrollado) históricas y empezar a narrar, a través de los medios audiovisuales, la propia cultura y las propias historias (Córdova, 2011).

La utilización indígena del audiovisual, de la palabra y la imagen como vías de comunicación, responde por una parte a un uso histórico de la oralidad como forma de expresión, y por otra, al aprovechamiento de las tecnologías visuales a la hora de perpetuar y divulgar la memoria. Como afirman los comunicadores kankuamos de Colombia Ketty Fuentes y Daniel Maestre, "[las herramientas audiovisuales] nos han posibilitado trascender la tradición oral, de modo que ahora tenemos, además de las narraciones cotidianas, los registros de video que permiten que nuestra voz, nuestra imagen y nuestras miradas puedan trascender y ser compartidas con nuevas generaciones. Cada vez que un video reproducido se comparte, ni los conocimientos y ni especialmente los rostros quedan en el olvido, sino que permanecen en el ejercicio continuo de la memoria de más y más personas" (Maestre Villazón y Fuentes Bolaño, 2015: 136).

En relación con lo anterior, en la era de la "convergencia digital", que acorta la distancia entre productores y consumidores de imágenes, estas últimas tienen un enorme potencial como plataformas de comunicación intercultural (Zirión Pérez, 2015: 46). En este sentido, las producciones de cine indígena no solo pueden ser vistas en festivales u ocasionalmente en la televisión, sino que los nuevos mecanismos de difusión de material audiovisual —Vimeo, YouTube, etc.—, así como las redes sociales —Facebook, Instagram, etc.—, permiten compartir las películas con una audiencia amplísima. La página de Facebook del festival Jumara, por ejemplo, contiene varios links con las obras de Iván Jaripio, el cineasta emberá organizador del evento de quien hablaré más adelante.

En la dimensión comunicativa radica, según Salazar y Córdova (2008: 40), el carácter "poético" de este tipo de cine: si el término poesía viene del griego *poiesis*, es decir, "la acción creativa o el proceso de creación" ("active making or the process of making"), en este caso, se trata del proceso de hacer visible la cultura indígena. Esto está relacionado a su vez, como indican los propios autores, con la idea de "estéticas incrustadas" ("embedded aesthetics") o "estéticas enraizadas", tal como ha traducido el término Amalia Córdova (2011), señalada por Faye Ginsburg en relación al cine y vídeo aborigen australiano, caracterizado por poner la forma narrativa y visual al servicio de la acción social (Ginsburg, 1994: 368-369). Al carácter poético se le suma pues un carácter político en la estética del cine indígena, definida por la voluntad de mostrar la cultura de manera reivindicativa.

Esta dimensión comprometida hace que tengamos que contextualizarlo en movimientos más amplios vinculados a las demandas de autonomía y autodeterminación (Ginsburg, 2002: 211), en todo un entramado que Juan Francisco Salazar describe como "un ensamblaje sociotécnico que involucra y entrelaza tecnologías, recursos, organizaciones sociales, marcos jurídicos y burocracias, saberes e imágenes" (Salazar, 2016: 93). En el caso que aquí nos ocupa, el de Panamá y más concretamente el grupo emberá, las películas del cineasta Iván Jaripio, giran alrededor de la reivindicación de los derechos territoriales como vía indispensable para asegurar la supervivencia del hábitat en el que se desarrolla la cultura propia. Ya sea de manera explícita filmando las manifestaciones por la titulación colectiva del territorio o los efectos de la deforestación, o a través de metáforas en las que la desaparición de las pinturas corporales de un cuerpo femenino a consecuencia de la lluvia nos habla de la pérdida de la cultura provocada por la destrucción de la naturaleza, las películas de Iván tienen como eje principal el binomio inseparable territorio-cultura.

Así pues, el cine indígena y sus festivales deben ser encuadrados en un contexto activista (Iordanova y Torchin, 2012, en Peirano 2017: 74). Todo este panorama hace que las narrativas expresadas en el cine indígena suelan girar alrededor de unos ejes principales: la defensa del territorio y el uso sustentable de los recursos ante la amenaza del Estado y las empresas capitalistas; la necesidad de preservación de las especificidades culturales —la lengua, las creencias religiosas, los cuentos y leyendas preservados en la tradición oral, los tejidos, el arte y la artesanía; la gastronomía; la medicina tradicional—; y la defensa de los derechos humanos ante las injusticias y la violencia.

Es fundamentalmente un cine de género documental, la ficción es escasa, posiblemente no solo porque esta última requiere de una producción más costosa sino sobre todo porque existe una necesidad de sacar a la luz las cuestiones relativas a los derechos colectivos (Córdova, 2011: 90). En este sentido, la estrategia descolonizadora que implica el cine indígena parte de la idea de considerar el derecho a la comunicación como uno más de los derechos indígenas reivindicados desde hace décadas en el continente americano en un proceso generalizado de movilización étnica, junto con el derecho a la autonomía política, a la propiedad colectiva del territorio, a la preservación de la lengua y la cultura, a la implicación estatal en la lucha contra la exclusión y la discriminación, etc. El derecho a la comunicación propia que permita a los pueblos indígenas gestionar la propia voz y la propia imagen, visto como "una herramienta empoderadora de autorrepresentación y análisis de la realidad propia"[2], ha sido uno de los puntos centrales en la agenda de las Cumbres de Comunicación Indígena del Abya Yala celebradas en Colombia (2010), México (2013) y Bolivia (2016).

La vinculación con los derechos colectivos y la idea de activismo y compromiso social explican que se trate de un cine que, pese a ser normalmente de autoría individual, sea entendido por sus creadores como reflejo de las expresiones colectivas. De esta manera, los cineastas indígenas que se han labrado un nombre en el panorama latinoamericano, como la huave mexicana Francisca Palafox y la mapuche chilena Jeannette Paillán, por poner solo dos ejemplos, tienen muy clara su posición de transmisores de historias colectivas. En el caso que nos ocupa, Iván Jaripio, por ejemplo, combina su dimensión de individualidad —acude a festivales y gana premios— con una temática marcadamente étnica, colectiva, relativa a la realidad y las reivindicaciones de su grupo.

El cine indígena ha contado desde el principio con la colaboración fundamental de unas organizaciones —ONG, coordinadoras, universidades, en algunas ocasiones agencias estatales— encargadas de la articulación y difusión de las diversas iniciativas audiovisuales a través de encuentros y festivales y de la capacitación técnica mediante talleres de filmación, de montaje, de guion, de producción, así como, en algunas ocasiones, a través del financiamiento mediante becas. Lo anterior

---

2.   Entrevista al antropólogo Jesús González Pazos en la serie de televisión *La comunicación de los pueblos indígenas: un derecho en construcción*, 2018, dirigida por Yolanda Prieto a partir de una propuesta de Beatriz Pérez Galán.

ha ido conformando un entramado de redes de apoyo, integradas por gentes indígenas y no indígenas, un campo aliado que por ejemplo, incluye a nivel continental a CLACPI —Coordinadora Latinoamericana de Cine y Comunicación de los Pueblos Indígenas—, plataforma creada en 1985 en México por antropólogos latinoamericanos comprometidos con los derechos de los pueblos originarios que ha ido incorporando después a cineastas indígenas (Nahmad Rodríguez, 2007; Bermúdez Rothe, 2013); o la organización sin fines de lucro canadiense Wapikoni Mobile, creada a principios de la década del 2000 por la cineasta quebequesa Manon Barbeau y líderes indígenas. En ocasiones, las redes de apoyo externas han desembocado en proyectos indígenas duraderos y destacables, como por ejemplo el colectivo Ojo de Agua Comunicación en Oaxaca —México—, surgido a partir de una iniciativa de transferencia de tecnología audiovisual del Instituto Nacional Indigenista (Bermúdez Rothe, 2013). También es destacable el rol colaborativo desempeñado en algunas ocasiones por antropólogos como Vincent Carelli en Brasil y su proyecto de Vídeo nas Aldeias, iniciado en 1986 en territorios nambiquara y xavante por la ONG Centro de Trabalho Indigenista. A partir de la distribución de equipos, el proyecto se fue transformando en un centro de producción de vídeos y una escuela de formación audiovisual en colaboración con asociaciones indígenas[3]. En Colombia, el antropólogo Pablo Mora asesoró un proyecto de vídeo indígena de la Sierra Nevada de Santa Marta llamado Zhigoneshi —"yo te ayudo, tú me ayudas", en lengua kogui— (Ospina Obando, 2019). Tal como afirma el propio Pablo Mora, las experiencias colaborativas no solo "han ofrecido la posibilidad de percibir más directamente el punto de vista indígena", sino que también "han resituado los viejos roles de la producción de etnografías visuales y de documentales antropológicos", al tiempo que "se han convertido en interesantes herramientas para negociar identidades culturales y quebrar la hegemonía de quienes han controlado históricamente las tecnologías audiovisuales" (Mora, 2015: 34).

También en Europa se ha desarrollado este campo aliado, como, por ejemplo, la ONG catalana Alternativa Indígena, organizadora de una muestra anual de cine indígena en Barcelona, o la ONG inglesa Native Spirit Foundation, organizadora de un festival en Londres.

---

3.   <http://www. videonasaldeias.org.br> (visionado el 12-7-2019).

En el caso concreto de Panamá nos encontramos, además de las redes de ámbito continental, con entidades como Mente Pública, una organización sin fines de lucro creada en 2010 por personas vinculadas al mundo de la producción cinematográfica y dedicada a fomentar proyectos de cine "comunitario", es decir, según palabras de uno de los coordinadores de la organización, llevado a cabo por gentes de los barrios populares de la capital y localidades rurales del interior del país indígenas y no indígenas. También está el Grupo Experimental de Cine Universitario (GECU) de la Universidad de Panamá, o Acampadoc, una organización sin fines de lucro dedicada a la capacitación de jóvenes en cine documental sobre el patrimonio nacional, fundamentalmente inmaterial, a través de campamentos-encuentros cinematográficos.

En definitiva, el campo de apoyo a la producción de cine indígena va en ocasiones más allá de lo indígena para incorporar otros sectores como las áreas rurales en general y los barrios de las ciudades, en el marco de la voluntad de reflejar los distintos patrimonios nacionales y el valor de lo "popular", de las historias de colectivos ausentes en los medios de comunicación hegemónicos. De esta manera, el cine indígena puede ser enmarcado en un proceso más general de replanteamiento, por parte de distintos actores sociales, de la idea de nación, a partir de la valoración de la riqueza derivada de la diversidad cultural y las expresiones de resistencia de los grupos subalternos.

Los festivales de cine indígena y el análisis de los procesos de comunicación y etnicidad

Los festivales de cine indígena son un escenario privilegiado para el análisis de los procesos de comunicación y etnicidad referidos en el apartado anterior. En este sentido, pueden ser entendidos como "reuniones sociales que constituyen comunidades particulares, [y] crean regímenes de valor" ("social gatherings that constitute particular communities, [and] create regimes of value", Ginsburg, 2017: xv).

Estos eventos se desarrollan desde hace años en toda América, de norte a sur, y en otros lugares como por ejemplo Australia, donde existe también una importante producción de cine, vídeo y televisión indígena vinculada a las ansias de auto-determinación de la población aborigen (Ginsburg, 1995 y 2002), y también en Nueva Zelanda. En

Canadá y Estados Unidos se organizan varios de estos festivales, como por ejemplo el ImagineNATIVE + Media Art Festival en Toronto; el Vancouver Indigenous Media Arts Festival, el First Peoples Festival, en Montreal; el American Indian Film Festival de San Francisco o el First Nations/First Features Showcase of World Indigenous Film and Media de Nueva York y Washington.

En cuanto a los festivales latinoamericanos destacan, por poner algunos ejemplos, el Festival de Cine de los Pueblos Indígenas del Chaco, Argentina, con formato de muestra itinerante en distintas localidades indígenas de la región; la Muestra de Cine y Vídeo Indígena Daupará, Colombia, organizada por un grupo de comunicadores, activistas y documentalistas vinculados a organizaciones indígenas y a la CLACPI[4], que alterna anualmente su escenario entre Bogotá y un territorio indígena del país (en 2018 se realizó, por ejemplo, también en formato itinerante multisede, en la Sierra Nevada de Santa Marta); y el Festival Internacional de Cine y Vídeo de los Pueblos Indígenas de la propia CLACPI, celebrado cada año en un lugar distinto, que constituye un encuentro social y un intercambio cultural muy importante (en 2018 tuvo lugar en distintas localidades de Guatemala el 13° Festival Internacional de Cine y Comunicación de los Pueblos Indígenas FICMAYAB, y en 2021 se organizará, en la ciudad chilena de Temuco, el 6° Festival Internacional de Cine Indígena de Wallmapu FICWALL-MAPU). A través de los talleres, foros y seminarios que acompañan la proyección de películas en los festivales de la CLACPI, los más destacados del área latinoamericana, estos se convierten en una fuente de transmisión de conocimiento, no solo sobre el cine, sino también sobre las condiciones de vida de los pueblos indígenas (Peirano, 2017: 79-81).

Hay que subrayar que todo este panorama de festivales —así como otros ámbitos como, por poner un ejemplo, programas conjuntos de universidades indígenas o interculturales como la Maestría Internacional en Comunicación Intercultural de la Universidad de las Regiones Autónomas de la Costa Caribe Nicaragüense URACCAN, la Universidad Autónoma Indígena Intercultural UAII de Colombia y la Pluriversidad de Amawtay Wasi de Ecuador, en el marco de la Red de Universidades Indígenas, Interculturales y Comunitarias de Abya Yala RUIICAY— se nos muestra como una arena de expresión de una

---

4.   <http://www.daupara.org> (visionado el 12-7-2019).

etnicidad panindígena articulada alrededor de las narrativas y temáticas referidas más atrás, que giran sobre los ejes del valor del territorio y la cultura entendidos como patrimonio, como herencia que se reelabora para mantenerse en un mundo diverso y cambiante. En el cine indígena y sus festivales se construye pues también, como en otras instancias, una conciencia cultural de los pueblos originarios del continente.[5]

En paralelo a los festivales de cine indígena, existen no solo en América sino en todo el mundo una serie de eventos de cine sobre unas temáticas sociales determinadas, por ejemplo, los derechos humanos o la conservación del medio ambiente, en las que también participan películas de temática indígena hechas por gente indígena o no indígena. Más adelante referiré algunos ejemplos en relación a la obra de Iván Jaripio.

El festival Jumara y los emberá de Panamá

En el festival Jumara que tuvo lugar en la localidad de Piriatí Emberá, Panamá, en 2018, se hizo evidente la importancia que los indígenas otorgan al cine indígena en la medida en que les permite contar su propia historia, y especialmente la importancia que los emberá en particular, otorgaron a este evento como vía para reivindicar y celebrar la cultura propia. Previamente al análisis del festival, conviene hacer una breve introducción socio-histórica del grupo emberá que nos ayude a entender el sentido del evento.

Los emberá son un grupo étnico caracterizado por el movimiento constante a consecuencia del desplazamiento obligado. Su idioma pertenece a la familia lingüística chocó, al igual que la del grupo wounaan, otro de los grupos indígenas de la nación panameña junto con los guna, los ngöbe, los buglé, los naso-tjërdi y los bri-bri. Los emberá son originarios de la zona selvática que constituyen las regiones del Darién panameño y el Chocó colombiano, y en lo que hoy en día es Panamá han ido desplazándose hacia el oeste, desde el siglo XVIII hasta

---

5.   En relación con la etnicidad indígena y panindígena, cabe remarcar la complejidad del término indígena, que no solo alude a los grupos nativos americanos sino a otras poblaciones de distintas partes del globo que tendrían en común el carácter de "pueblos originarios" marginalizados por el colonialismo. Para un reporte de los criterios de "indigenidad" a partir de las reivindicaciones llevadas por las organizaciones indígenas a los organismos internacionales como la ONU, véase Wilson y Stewart, 2008.

la actualidad a causa de la conquista española primero y de la escasez de caza o la competencia por el territorio con campesinos mestizos desde principios del siglo xx (Colin, 2010; Faron, 1962; Guionnau de Sinclair, 1990). A ello hay que añadir la violencia relacionada con la guerrilla, los paramilitares y el narcotráfico que se vive en esa región de frontera, sobre todo en el lado colombiano. El hecho de que los emberá pertenezcan a la misma familia lingüística chocó que los wounaan, y de que unos y otros sean originarios de la región homónima, ha hecho que en algunas ocasiones la literatura antropológica se haya referido a ambos grupos como chocoes, algo con lo que los wounaan y los emberá no están en absoluto de acuerdo. Esto no quita que ambos grupos compartan territorio en el Darién y desarrollen una alianza estratégica en la reivindicación de sus derechos, como veremos a continuación.

Hoy en día viven en Panamá unos 30.000 emberá, principalmente en la provincia del Darién, dentro y fuera de la Comarca Emberá Wounaan, área autónoma y de propiedad colectiva creada en 1983 como resultado de la respuesta del régimen de Omar Torrijos, presidente fallecido dos años antes, a las demandas indígenas; en la Cuenca del Lago Bayano en la provincia de Panamá, donde se encuentra Piriatí Emberá; en la Cuenca del Canal y el Parque Nacional Chagres, que se encuentran en esta última provincia y en la de Colón; y en la capital, donde se han conformado en las afueras algunos barrios emberá (Velásquez Runk *et al.*, 2011).

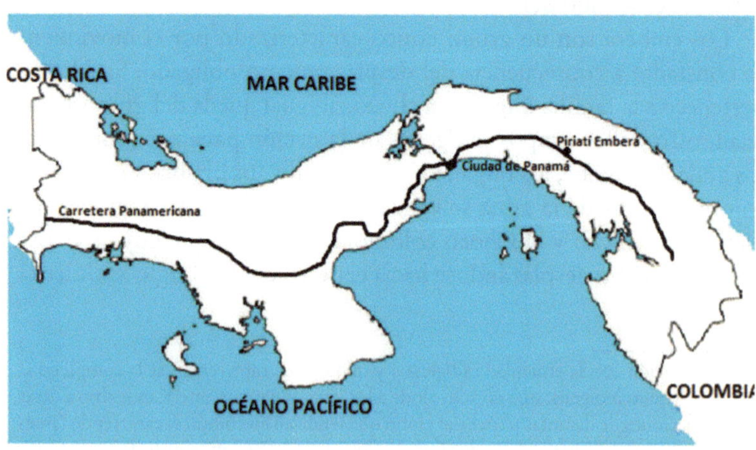

Mapa de Panamá con la ubicación de Piriatí Emberá.

Sus actividades económicas son muy variadas, e incluyen la agricultura, fundamentalmente de plátano, maíz, arroz, yuca y ñame, la caza y la pesca en los ríos junto a los cuales siempre construyen sus asentamientos, así como la ganadería, todas ellas estrategias mayoritarias en las áreas rurales; el trabajo remunerado en el sector primario o terciario en las comunidades urbanas en Ciudad de Panamá o en menor medida Colón o próximas a ellas; y el turismo junto con la venta de artesanías.

Los emberá dirimen los asuntos colectivos en congresos regionales, siguiendo el modelo iniciado por los guna, cuyo patrón organizativo ha sido la guía para los otros pueblos indígenas del país (Velázquez Runk *et al.*, 2011: 21). Los habitantes de la comarca están representados por el Congreso General Emberá Wounaan, y los de los otros territorios por el Congreso General de Tierras Colectivas Emberá Wounaan. Los congresos se subdividen en instituciones de ámbito geográfico más reducido, y en todos ellos fungen como representantes los caciques —este es el nombre que reciben los líderes comunitarios por parte de los propios emberá— de las distintas comunidades, elegidos democráticamente mediante el sistema de "fila india" que consiste en agrupar en filas a los seguidores de los candidatos para poder contarlos y elegir al que más tiene. En el pasado eran exclusivamente hombres, pero desde hace unos años son también mujeres.

La reivindicación principal emberá, como bien indica el nombre del Congreso General de Tierras Colectivas, ha tenido siempre que ver con los derechos territoriales. La propiedad colectiva de la tierra, asegurada por una autonomía político-administrativa que también permita el manejo colectivo de otros asuntos relativos a la cultura propia, es vista como la garantía de control comunitario sobre un territorio amenazado por agentes externos, como ganaderos, empresas hidroeléctricas, compañías mineras y madereras, etc.

La reivindicación territorial de autonomía y titulación colectiva es común a todos los grupos indígenas de Panamá, y es la que propició en 1989 la creación de la Coordinadora Nacional de los Pueblos Indígenas de Panamá, COONAPIP. Y esta preocupación es la que llevó a que los emberá, junto con el grupo wounaan, presionaran al Estado panameño para conseguir la demarcación de la citada comarca en el Darién en 1983, como también hicieron los grupos guna en 1953 y ngobe-buglé en 1997, y es la que continúa marcando la reivindicación de titulación colectiva de los territorios fuera de ella, reivindicación amparada por la ley de 2008 de propiedad colectiva de tierras indígenas que requiere la titulación de las mismas.

La comunidad de Piriatí Emberá surgió en 1975, tras la reubicación
de los indígenas guna y emberá que poblaban la cuenca del río Bayano
en la que se construyó la represa para dotar de agua y electricidad a la
capital del país (Pastor, 1975). Tiene unos mil habitantes y se encuentra
en la carretera Panamericana, que recorre el país de este a oeste, a cien
kilómetros o unas dos horas en vehículo de la capital. En palabras del
joven cineasta Iván Jaripio, impulsor del festival Jumara, no es una
comunidad "tradicional" a la manera de las que se encuentran más alejadas, en la provincia de Darién, con casas hechas de madera y techo de
palma. Las casas de la comunidad son en su mayoría de construcción
moderna, con paredes de cemento y techo de zinc, ya que los materiales tradicionales son más difíciles de obtener y además las casas tradicionales son vistas aquí como un signo de pobreza. En Piriatí Emberá,
muchas personas se dedican a la agricultura, otras a la ganadería, y mu

Cartel del festival a la entrada de la casa comunal.

chas también alternan la vida en la localidad con estancias en la capital para realizar estudios o distintos trabajos remunerados.

El festival Jumara, palabra que en lengua emberá significa "todos", surgió de la iniciativa y el tesón del protagonista de esta historia, Iván Jaripio, joven cineasta emberá. Iván es hijo del que fuera primer cacique del Congreso General Emberá del Alto Bayano y sobrino de la primera mujer cacique de Ipetí, otra comunidad emberá de reubicados por la represa. A Iván le gustaba el cine desde pequeño, cuando se quedaba hasta tarde viendo películas en la televisión de la tienda de al lado de su casa. Hace unos años, llegó a las comunidades guna, emberá y de campesinos y ganaderos mestizos de la Cuenca del Bayano, por iniciativa del Instituto Smithsonian de Estados Unidos —centro de educación e investigación público que tiene en Panamá su única sede en Latinoamérica— y la ya citada organización canadiense Wapikoni Mobile que financia cine indígena, un programa de talleres de cine documental llamado "Juntos para proteger nuestra Cuenca". Iván dejó sus estudios de Administración de Empresas en la universidad para participar en esa iniciativa, de la que surgió el cortometraje colectivo y multiétnico *Retratos del Bayano*[6]. La experiencia se repitió al año siguiente, y en el área emberá Iván y la también joven emberá Detsy Barrigón realizaron el cortometraje *Dadji De* (Nuestro hogar)[7], que aborda la reivindicación de la titulación colectiva de las tierras asignadas tras la reubicación a causa de la construcción de la represa.

A partir de estos dos talleres, Iván y Detsy, junto con otro documentalista guna de la Cuenca, fueron seleccionados para participar en Canadá en los talleres de Wapikoni, pero prefirieron usar el dinero de la beca en un equipo de audio y filmación con el que realizaron el cortometraje documental *Arimae*[8] sobre la deforestación en la comunidad que da nombre al documental, emberá y wounaan, de la provincia de Darién. *Arimae* muestra los estragos provocados por la industria maderera, en concreto sus graves consecuencias ecológico-culturales: la desaparición de los bosques, los ríos y los animales, así como de los materiales necesarios para la construcción de las casas y para las pin-

---

6. Se puede visionar el cortometraje en <http://www.wapikoni.ca/movies/retratos-del-bayano>.

7. Se puede visionar el cortometraje en <http://www.wapikoni.ca/films/nuestro-hogar>.

8. Se puede visionar el cortometraje en <https://vimeo.com/123862156>.

turas corporales hechas con el tinte del fruto llamado jagua. Tras la filmación, Iván pudo viajar finalmente a Canadá, donde participó en un taller en una comunidad indígena del norte de la provincia de Quebec y asistió a un festival de cine indígena en Montreal.

Arimae concursó en 2015 en el Festival de Cine Pobre (nombre tomado de una experiencia similar de Cuba) de Panamá, llamado también Panalandia, un evento iniciado en 2013 por la ya citada organización sin fines de lucro Mente Pública, que desarrolla talleres de capacitación en guion, edición y producción de documentales. El festival es el espacio de difusión de lo que surge en esos talleres y en otros ámbitos. *Arimae* ganó el Premio del Jurado, que consistió en una beca para realizar un taller de producción en la Escuela Internacional de Cine y Televisión de San Antonio de los Baños, en Cuba.[9]

En 2016 Iván tuvo que devolver los equipos de Wapikoni Mobile, y trabajó ocho meses de camarero en Ciudad de Panamá para comprarse una cámara. En ese tiempo se implicó en las luchas por los derechos territoriales de su comunidad, y realizó el cortometraje experimental *Identidad*[10], una hermosa metáfora sobre la pérdida de la cultura y el embrutecimiento de la naturaleza, representado en imágenes de la construcción de edificios, la mecanización agrícola y la deforestación, y su reflejo en la desaparición de las pinturas corporales de un cuerpo femenino emberá. La película participó en distintos festivales, como Panalandia 2018, en el que obtuvo el Premio al Mejor Experimental; Bannabá Fest-Festival Internacional de Cine de Derechos Humanos de Panamá 2017, en el que obtuvo el Premio Especial del Jurado; el Kuala Lumpur Eco Film Festival-KLEFF 2017 de Malasia, en el que obtuvo el Premio al Servicio Público (Public Service Announcement Award); o el Environmental Film Festival 2018 de Washington, D.C.

Todas estas experiencias llevaron a Iván a sentir la necesidad de organizar un festival de cine indígena en su localidad de Piriatí Emberá, para de este modo llevar el cine indígena, normalmente exhibido en capitales

---

9. La Escuela de Cine y Televisión de San Antonio de los Baños, fundada en 1986 por el Premio Nobel de Literatura Gabriel García Márquez y adscrita a la Fundación del Nuevo Cine Latinoamericano, ha sido siempre un espacio de confluencia de jóvenes cineastas del continente. Por ella pasó también, gracias a una beca de la CLACPI otro personaje destacado, como Iván, del cine documental indígena panameño: Orgun Wagua, de etnia guna y autor de, entre otras películas, *El héroe transparente* (2013).
10. Se puede visionar el cortometraje en <https://vimeo.com/269560314>.

y grandes ciudades, a una comunidad indígena. Y así nació Jumara, organizado por Iván con el apoyo de Mente Pública, y patrocinado también por el ya referido Grupo Experimental de Cine Universitario (GECU) de la Universidad de Panamá, el Instituto Nacional de Cultura (INAC) panameño, el Congreso General Emberá del Alto Bayano, McGill University de Canadá —que colabora frecuentemente con Wapikoni Mobile—, y la también referida anteriormente organización Acampadoc.

Para reunir las películas a exhibir, que debían tratar temas indígenas independientemente de si sus autores eran o no indígenas, se envió la convocatoria a dos plataformas *online*, Clickforfestivals y Filmfreeway. De ahí surgió la cuarentena larga de películas exhibidas en la casa comunal de Piriati, el espacio dedicado a las reuniones y eventos de la localidad, entre el 12 y el 14 de julio de 2018.

La mayoría de las películas eran cortometrajes documentales, aunque también algunos de ficción, de países latinoamericanos (México, Guatemala, Brasil, Chile, Argentina, Perú, Ecuador, Bolivia, Colombia, Panamá) que trataban temáticas relacionadas con los ejes narrativos característicos del cine indígena ya citados: la defensa del territorio y el uso sustentable de los recursos ante la amenaza del Estado y las empresas capitalistas; la necesidad de preservación de las especificidades culturales; y la defensa de los derechos humanos ante las injusticias y la violencia estatal. Algunos de estos documentales tenían el formato de animación y estaban dirigidos a un público infantil. Algunos mostraban manifestaciones culturales propias de la "modernidad", como por ejemplo el rap o el *reggae* y la estética *hip hop*, como vías de expresión, en lengua indígena, de la cultura indígena. Algunos, a su vez, habían sido producidos mediante el sistema de *crowdfunding*.

En la mayoría de sesiones, el público era relativamente escaso, entre diez y quince personas, con excepción de algunas sesiones a las que asistieron, acompañados por sus maestros, los alumnos de la escuela, y los actos de inauguración y clausura que fueron verdaderamente multitudinarios, con la asistencia de prácticamente todos los habitantes de la localidad. A la inauguración asistieron también algunos representantes de las instituciones patrocinadoras; hubo discursos de Iván, el organizador y las autoridades locales, por ejemplo, el cacique de la localidad. En todas las intervenciones se insistía en la necesidad de visibilizar a los pueblos indígenas y de contar a través del cine las propias historias, así como en reivindicar la titulación colectiva del territorio.

La inauguración concluyó con una muestra de las danzas tradicionales realizadas por un grupo de niñas de la comunidad.

En el Festival estuvo también presente uno de los responsables de Mente Pública, acompañado por un grupo de voluntarios, jóvenes cineastas panameños que ofrecieron un taller de documental a los muchachos y muchachas del pueblo. Estos jóvenes, no indígenas y procedentes de la capital y de la ciudad de Colón, algunos de ellos capacitados en Mente Pública y/o Acampadoc, han realizado ya algunos cortometrajes, por ejemplo, una ficción histórica sobre la conquista y la resistencia indígena, que se presentó en el festival, y algunos de ellos pertenecen a otras organizaciones sin fines de lucro dedicadas a la capacitación en cine documental. Entre estas últimas está por ejemplo Contra-peso, que organiza anualmente el Festival de Cine Afro en Colón, la segunda ciudad de Panamá, habitada mayoritariamente por gente negra o afrodescendiente, que incluye también un taller de capacitación del que surgen cortometrajes sobre temáticas vinculadas a la provincia de Colón. Se trata en definitiva de una espiral de capacitación y aprendizaje, de una dinámica perpetua de redes de apoyo que van también, como he señalado anteriormente, más allá de lo indígena en un contexto de valoración de lo "popular", y que muestran, en palabras de uno de estos jóvenes documentalistas en Piriatí Emberá, un escenario de "jóvenes educando jóvenes".[11]

Estos jóvenes filmaron *in situ*, durante los días del festival, un cortometraje sobre el mismo que fue exhibido la noche de clausura.[12] Esta consistió, además, en la entrega de los premios, incluyendo el Premio del Público tras votación de los asistentes al festival. Como ninguno de los premiados, cineastas de otros países, asistió al evento, todos los premios fueron recogidos por una joven de Piriatí Emberá. El parlamento final de Iván trató la necesidad de contar las propias historias, así como de visionar otras historias indígenas de otros lugares, a través

---

11. Esta afirmación fue hecha en entrevista personal por un miembro de Contra-peso, natural de Colón, fiel representante de la diversidad étnica panameña y los procesos de mestizaje, pues es hijo de madre indígena guna y padre afro-antillano, término con el que se conoce a los migrantes procedentes del Caribe, fundamentalmente anglófono, que llegaron a finales del siglo XIX y principios del XX para trabajar en la construcción del Canal y el ferrocarril, y a sus descendientes.
12. Se puede visionar el cortometraje en <https://www.facebook.com/jumarafestival/videos/645559335816264/>.

del cine; y el del cacique local sobre la necesidad de luchar por la supervivencia de la cultura propia a partir de la reivindicación territorial y el mantenimiento de las tradiciones —la vestimenta, las danzas, la lengua—. Se concluyó con una nueva exhibición de danzas del grupo de niñas de la localidad, seguido de un concierto-baile de música tradicional emberá amenizado por un grupo procedente de otra localidad.

La inauguración y la clausura fueron vividas por los habitantes de Piriati Emberá, en su mayoría indígenas emberá, pero también campesinos mestizos, como una celebración de la cultura propia. Se aplaudían con entusiasmo los parlamentos y los espectáculos de música y danza; se bailaba; la gente acudía con vestimentas tradicionales y las pinturas corporales, que son uno de los máximos emblemas étnicos del grupo, pinturas que eran también realizadas desinteresadamente a todo aquel foráneo que quisiera. En cuanto a la vestimenta, cabe subrayar que el atuendo de uso común, cotidiano, en cualquier comunidad emberá no difiere del atuendo "occidental" en cuanto a los hombres, pero sí en cuanto a las mujeres, que visten siempre la también emblemática falda estampada, *paruma*. En las ocasiones especiales, como en el caso del festival Jumara, las mujeres pueden añadir a la *paruma* un corpiño de aros metálicos y los hombres lucen un guayuco de tela o una falda de chaquiras. En la clausura se proyectaron, además de otras películas, los ya citados documentales hechos en territorios emberá *Nuestro hogar*, *Arimae* e *Identidad*, así como el vídeo del festival hecho por "los jóvenes voluntarios". Quizás estos fueron los trabajos seguidos con mayor atención y alegría.

Por otra parte, el festival era visto por los organizadores no solo como una celebración de la cultura, sino también como una posibilidad de dinamización, aunque fuera por unos días, de la economía local. En este sentido, durante todo el evento un grupo de mujeres cocinaba y vendía comida, en un local adyacente a la casa comunal, a los asistentes de fuera de la localidad; también habitantes de la localidad alquilaban cuartos a los asistentes al festival.

El sentido del festival Jumara: reivindicación cultural y celebración de la etnicidad

El festival organizado en Piriatí Emberá fue una fiesta comunicativa, un momento de clímax cultural reivindicativo articulado alrededor del cine, una celebración de etnicidad indígena y emberá. Centrarse en la celebración del festival de cine indígena Jumara permite poner el foco no solo en la producción, sino sobre todo en el consumo de cine indígena. Esto está relacionado con la "teoría de la recepción" de la antropología de los medios de comunicación, dedicada al análisis del impacto de los medios en sus usuarios —en el público— ya que "reconoce que los mensajes no son inherentemente significativos y que lo que el público de los medios percibe y comprende depende en gran medida de las características de la audiencia, más que de las intenciones de los comunicadores o de cualquier característica intrínseca de los programas de los medios" ("[it] recognizes that messages are not inherently meaningful, and that which is perceived and understood by media audiences depends largely on the characteristics of the audience, rather than the intentions of communicators or any intrinsic features of media programs"; Caldarola, 1990: 3-4, en Ruby, 2000: 183). Las preguntas que se hacen desde el análisis de la recepción llevan a la reflexión sobre la consideración indígena de la comunicación a través de los medios indígenas, así como sobre las condiciones de su visionado y de las relaciones de poder que se desarrollan a través de esta comunicación: ¿cómo comprenden los espectadores nativos esta nueva forma de comunicación?, ¿en qué situaciones sociales se da el visionado?, ¿hay algunas jerarquías preexistentes implicadas en el proceso, o surgen algunas nuevas? (Ruby, 2000: 217). Lo acontecido en Piriatí Emberá evidenció al menos dos cosas que conviene subrayar: por un lado, la naturaleza festiva-reivindicativa de la etnicidad de los emberá, caracterizada por la voluntad de mostrar *performativamente*, en eventos como el festival, la dimensión más visual de la identidad, en particular las vestimentas tradicionales y las pinturas corporales. Esa dimensión *performativa* debe ser entendida como la voluntad de afirmación étnica de una sociedad preocupada por la supervivencia de sus territorios y, en relación con ellos, de su cultura. Por otro lado, la comunicación indígena a través del cine permite el surgimiento de nuevos liderazgos, o cuando menos nuevos roles con influencia social como el de Iván, ilustradores de una nueva generación de activistas comunicadores que, en este caso desde la producción de cortometrajes y la celebración de festivales, ejercen de portavoces de la realidad, las problemáticas, las demandas de sus grupos.

Finalmente, centrarse en el festival Jumara permite incidir en la idea de la doble dimensión del cine indígena, en la pantalla —*onscreen*, en relación a las historias contadas en las películas— y fuera de la pantalla —*offscreen*, en relación a su rol social al posibilitar en los festivales unas prácticas en las que se crean nuevas formas de solidaridad, identidad y comunidad—. Dowell (2006), que documenta en su artículo la edición de 2005 del ya citado Festival First Nations/First Features: A Swowcase of World Indigenous Fims and Media, organizado por el Museum of Modern Art (MOMA) de Nueva York y el Smithsonian's National Museum of the American Indian (NMAI) de Washington, se refiere con su idea de *offscreen* al encuentro de cineastas indígenas que significó ese evento, en el que no solo se exhibieron películas, sino que hubo riquísimos debates sobre las "condiciones sociales en la filmación de cine indígena" ("social conditions of Indigenous filmaking"), desde los problemas de financiamiento y apoyo institucional hasta el difícil equilibrio entre la necesidad de narrar historias basadas en las tradiciones orales y la de llegar a públicos más amplios (2006: 382). Y aunque Jumara fue otra cosa, pues se trató de un festival de cine indígena en una comunidad indígena y no de un encuentro de cineastas indígenas en un espacio no indígena, considero que la idea de la dimensión *offscreen* también es pertinente al poner el acento en el valor del festival como hecho social.

A partir de todo lo anterior, lo acontecido en Piriatí Emberá puede ser visto poniendo el énfasis en la perspectiva de los emberá, que aprovecharon la ocasión del festival para celebrar su cultura más que para ver todas las películas que se exhibían. En relación con esto, hay que insistir una vez más en el gran interés de los emberá en la conservación de su patrimonio cultural, incluyendo en él a sus territorios, y la relativa profusión en distintas localidades de eventos culturales intercomunitarios que responden a una firme voluntad de mantener, actuándolo, ese patrimonio. Por poner solo un ejemplo, en el mismo mes de julio de 2018 en que se celebró Jumara, se organizaron los Juegos Ancestrales Emberá de la cercana localidad de Ipetí Emberá en la Cuenca del Bayano, clasificatorios para los Juegos Mundiales de los Pueblos Indígenas.[13] En este evento deportivo en Ipetí, también se dio especial

---

13. Evento internacional iniciado en 2015 en Brasil en el que atletas de pueblos indígenas de todo el globo compiten en deportes "tradicionales" como canotaje, nado,

importancia, más allá de las actividades específicas del evento, a los espectáculos de música y danza y a charlas de dirigentes emberá sobre las amenazas de desaparición de la lengua y la cultura propia. Por otra parte, se instaló un punto de venta de artesanías y diversas "fondas" de gastronomía emberá, con el objetivo, como en Piriatí, de fomentar la cultura y al mismo tiempo dinamizar la economía local, aunque fuera solo por unos días. Al igual que en Piriatí Emberá, los actos del evento fueron vividos enfáticamente por los habitantes de la localidad y de pueblos vecinos como una celebración de la cultura: se aplaudían con entusiasmo las competencias deportivas, animando a los participantes, y los espectáculos de música y danza que se celebraban en la noche en la casa comunal, y se acudía a los mismos con las vestimentas tradicionales y las pinturas corporales de jagua. Cabe insistir en la importancia en eventos de este tipo de estos dos elementos, vestimenta y pinturas corporales, que nos muestran el valor de la dimensión visual y corporal, *performativa*, de la especificidad étnica, entendida como tradicionalidad que debe ser vivida para su mantenimiento. La importancia de esta dimensión de la tradicionalidad étnica nos la ilustra también el afán por mostrarla a los visitantes en las localidades del grupo más orientadas al turismo (Theodossopoulos, 2010).[14]

Así pues, lo que significa el cine indígena fue seguido en Piriatí Emberá con atención, especialmente en los actos de inauguración y clausura. Pero, además, o más allá de eso, los parlamentos de los organizadores y las autoridades poniendo el énfasis en la titulación colectiva de las tierras, en la necesidad de hablar emberá —exhortando a los padres y madres a hablarlo con los hijos— y preservar las tradiciones específicas —haciendo especial énfasis en la música, la danza, la vestimenta y la ornamentación corporal—, los espectáculos culturales cen-

---

lucha, tiro con arco, cabo de fuerza, carrera con tronco, pero también fútbol o atletismo. La segunda edición se celebró en Canadá en 2017.

14. En las zonas emberá más cercanas a la capital del país como las de la Cuenca del Canal, existen una serie de comunidades orientadas al turismo, que organizan con turoperadores nacionales visitas de un día en las que el reclamo es conocer un grupo indígena "tradicional". Esta tradicionalidad es mostrada a través de su dimensión más visual: la arquitectura de madera y palma, que es utilizada aquí como se sigue haciendo en el Darién, y a diferencia de lo que ocurre en otras localidades fuera del Darién no orientadas al turismo, como Piriatí Emberá; y las vestimentas y pinturas corporales con las que se recibe a los turistas, que disfrutan además de un espectáculo de danzas.

trados en la música y la danza, y la escenificación alegre y reivindicativa de la vestimenta y la pintura corporal, constituyeron los elementos centrales de un evento festivo y comunicativo de vivencia y muestra del orgullo de ser indígena, del orgullo de ser emberá.

Conclusiones: cine indígena, comunicación y etnicidad en Piriatí Emberá

La documentación etnográfica y el análisis de lo acontecido en Piriatí Emberá en julio de 2018 nos muestran el vínculo entre cine indígena, comunicación y etnicidad en los emberá de Panamá, un grupo étnico preocupado y movilizado por unos territorios amenazados y por su cultura.

El cine indígena es la vía de expresión de una conciencia de lo que significa ser indígena en la actualidad a partir de unas narrativas y actuaciones específicas. Las características del proceso comunicativo del cine indígena pueden ser analizadas, por un lado, a partir de la producción, es decir poniendo el foco en la emisión de los mensajes, y por otro lado, a partir del consumo, analizando la recepción de las producciones. Por ello el protagonismo de este capítulo ha recaído en Iván Jaripio y su obra, así como en el festival que organizó en su comunidad.

El cine indígena nos cuenta historias particulares centradas en la estrecha relación entre territorio y cultura. Se trata de una construcción de resistencia política que reivindica que la pervivencia de la cultura indígena necesita de un territorio, y las películas de Iván van exactamente en esa dirección. Poner el foco en lo acontecido en Piriatí Emberá, además, nos permite centrarnos en la historia particular que se desarrolló allí, donde por unos días el cine indígena fue el motivo para afirmar de forma alegre y reivindicativa la cultura propia. Los relatos visuales que surgían de la pantalla de la casa comunal a partir de la iniciativa y el trabajo de unos organizadores, de unos mediadores en este proceso de comunicación —el propio Iván, la gente de Mente Pública, el GECU y Acampadoc, el cacique local, etc.—, fueron el origen de este otro relato, también visual y *performativo* de las vestimentas, las pinturas y las danzas, en el que fluía la celebración festiva de la propia identidad.

Cabe subrayar que todos estos relatos, los de las películas exhibidas y el de lo que aconteció en Piriatí Emberá, nos muestran una idea de preservación del patrimonio cultural que nada tiene que ver con su congelación en un museo o un archivo fotográfico, sino con su práctica y su vivencia constante. En definitiva, las historias de distintos lugares conformadoras de una fragmentada, pero llena de elementos comunes, conciencia indígena latinoamericana, dieron paso a esta nueva historia que nos habla de la conciencia de los emberá de Panamá. En octubre de 2019 se celebró la segunda edición del festival, y en 2021, en función de la evolución de la pandemia de Covid-19, se celebrará la tercera. Y así sucesivamente, de manera que quizás Jumara se convierta en ritual de etnicidad de una cultura que se resiste a desaparecer.

Bibliografía

Battaglia, D. (ed.) (1995): *Rhetorics of Self-making*. Berkeley/Los Angeles: University of California Press.

Bermúdez Rothe, B. (2013): "CLACPI, una historia que está pronta a cumplir 30 años de vida". *Revista Chilena de Antropología Visual* 21: 20-31.

Caldarola, V. J. (1990): "Reception as Cultural Experience. Visual Mass Media and Reception Practices in Outer Indonesia". Ph.D. diss, Annenberg School for Communication, University of Pennsylvania.

Colin, F. L. (2010): *Nosotros no solamente podemos vivir de cultura: Identity, Nature and Power in the Comarca Emberá of Eastern Panama*. Ottawa: Department of Geography and Environmental Studies.

Córdova, A. (2011): "Estéticas enraizadas: aproximaciones al vídeo indígena en América Latina". *Comunicación y Medios* 24: 81-107.

Dowell, K. (2006): "Indigenous Media Gone Global: Strengthening Indigenous Identity On and Offscreen at the First Nations/First Features Film Showcase". *American Anthropologist* 108 (2): 376-384.

Durington, M./Ruby, J. (2011): "Ethnographic film", en M. Banks y J. Ruby (eds.), *Made to be Seen: Perspectives on the History of Visual Anthropology*. Chicago: University of Chicago Press, pp. 190-208.

Faron, L. C. (1962): "Marriage, Residence and Domestic Group among the Panamanian Chocó". *Ethnology* 1: 13-38.

Ginsburg, F. (1994): "Embedded Aesthetics: Creating a Discursive Space for Indigenous Media". *Cultural Anthropology* 9 (3): 365-382.

— (1995): "Production Values: Indigenous Media and the Rhetoric of Self-Determination", en D. Battaglia (ed.), *Rhetorics of Self-*

making. Berkeley/Los Angeles: University of California Press, pp. 121-138.

— (2002): "Mediating Culture: Indigenous Media, Ethnographic Film and the Production of Identity", en K. Askew y R. R. Wilk (eds.), *The Anthropology of Media: A Reader*. Oxford: Blackwell Publishers, pp. 210-235.

— (2017): "Preface. Screening Anthropology across the Planet", en A. Vallejo y M. P. Peirano (eds.), *Film Festivals and Anthropology*. Newcastle upon Tyne: Cambridge Scholars Publishing, pp. xiii-xvi.

GUIONNAU DE SINCLAIR, F. (1990): "Dinámica de las migraciones amerindias y no amerindias en la provincia de Darién". *Scientia* 5: 53-63.

IORDANOVA, D./TORCHIN, L. (eds.) (2012): *Film Festival Yearbook 4: Film Festivals and Activism*. St. Andrews: St. Andrews Film Studies.

KERAJ, S. (2014): "Indigenidad y cine indígena". *Poliantea* 10 (18): 11-32.

MAESTRE VILLAZÓN, D./FUENTES BOLAÑO, K. (2015): "'Antes uno solo escuchaba y aprendía de forma distinta'. Reflexiones sobre la memoria audiovisual del pueblo kankuamo", en P. Mora (ed.), *Poéticas de la resistencia. El video indígena en Colombia*. Bogotá: Cinemateca Distrital/IDARTES, pp. 133-139.

MORA, P. (2015): "La autorrepresentación audiovisual indígena en Colombia", en P. Mora (ed.), *Poéticas de la resistencia. El video indígena en Colombia*. Bogotá: Cinemateca Distrital/IDARTES, pp. 27-98.

NAHMAD RODRÍGUEZ, A. D. (2007): "Las representaciones indígenas y la pugna por las imágenes. México y Bolivia a través del cine y el vídeo". *Latinoamérica (Revista de Estudios Latinoamericanos)* 45: 105-130.

OSPINA OBANDO, D. (2019): "La otra mirada. Conversación con Pablo Mora a propósito del cine indígena en el FICCI". *Cero en Conducta* 5, <www.revistaceroenconducta.com>.

PASTOR, A. (1975): "Antropología aplicada en el Bayano. Alternativas para el traslado de la población chocoe". *Revista Panameña de Antropología* 1: 56-75.

PEIRANO, M. P. (2017): "Ethnographic and Indigenous Film Festivals in Latin America: Constructing Networks of Film Circulation", en A. Vallejo y M. P. Peirano (eds.), *Film Festivals and Anthropology*. Newcastle upon Tyne: Cambridge Scholars Publishing, pp. 73-87.

PIAULT, M. H. (2002): *Antropología y cine*. Madrid: Cátedra.

RUBY, J. (2000): *Picturing Culture: Explorations of Film and Anthropology*. Chicago/London: University of Chicago Press.

SALAZAR, J. F. (2016): "Contar para ser contados: el vídeo indígena como práctica ciudadana", en C. Magallanes Blanco y J. M. Ramos

Rodríguez (coords.), *Miradas propias. Pueblos indígenas, comunicación y medios en la sociedad global.* Puebla/Quito: Universidad Iberoamericana/Centro Internacional de Estudios Superiores de Comunicación para América Latina (CIESPAL), pp. 91-109.

Salazar, J. F./Córdova, A. (2008): "Imperfect Media and the Poetics of Indigenous Video in Latin America", en P. Wilson y M. Stewart (eds.), *Global Indigenous Media: Cultures, Poetics, and Politics.* Durham/London: Duke University Press, pp. 39-57.

Theodossopoulos, D. (2010): "Tourism and Indigenous Culture as Resources: Lessons from Embera Cultural Tourism in Panama", en D. V .L. MacLeod y J. G. Carrier (eds.), *Tourism, Power and Culture: Anthropological Insights.* Bristol: Channel View, pp.115-133.

Wilson, P./Stewart, M. (2008): "Introduction: Indigeneity and Indigenous Media on the Global Stage", en P. Wilson y M. Stewart (eds.), *Global Indigenous Media: Cultures, Poetics, and Politics.* Durham/London: Duke University Press, pp. 1-35.

Velásquez Runk, J./Martínez Mauri, M./Sarsaneda del Cid, J./ Quintero Sánchez, B. (2011): *Pueblos indígenas en Panamá: una bibliografía.* Ciudad de Panamá: Acción Cultural Ngöbe.

Zirión Pérez, A. (2015): "Miradas cómplices: cine etnográfico, estrategias colaborativas y antropología visual aplicada". *Iztapalaba* 78: 45-70.

Redes sociales

Los espíritus interfaciales.
Comunicación, mediación y presencia en el culto a María Lionza

Roger Canals
(Universitat de Barcelona)

En el campo de la informática, el concepto de "interfaz" hace referencia a una conexión física y funcional entre dos aparatos, circuitos o dispositivos independientes. La interfaz es así una membrana que hace posible el intercambio de información entre varios conjuntos operacionales. Por otro lado, "interfaz" designa todo aquello que permite la interacción entre el usuario y el ordenador: la pantalla, por ejemplo, es una interfaz en la medida en que posibilita al usuario adentrarse en el *hardware* de la máquina —y, al revés, hace posible que el ordenador transmita mensajes e instrucciones al usuario—. Finalmente, el término "interfaz" es ampliamente utilizado hoy en día en el ámbito de la realidad aumentada y la realidad híbrida[1] para designar el conjunto de herramientas, códigos y señales que hacen posible la visualización y navegación entre el mundo físico y el mundo virtual (por ejemplo, a través de dispositivos ópticos). Así pues, en términos generales, la "interfaz" puede definirse como una superficie de contacto o, dicho en otras palabras, como un espacio de comunicación multidireccional en el que los diferentes elementos o actores en juego se entrecruzan, afectándose mutuamente.

El concepto de "interfaz" ha sido recientemente incorporado al ámbito de las ciencias sociales. El antropólogo Stephan Palmié (2013),

---

1. En la realidad virtual uno se sumerge de llena en el mundo virtual sin referencia alguna al mundo físico que rodea el usuario. Esto la distingue de la realidad híbrida o aumentada.

por ejemplo, ha utilizado este término para describir la propia naturaleza de la situación etnográfica —y, por extensión, de toda realidad social—. Así, Palmié define la "ethnographic interface" como una zona de contacto donde los diferentes actores involucrados (básicamente el antropólogo o antropóloga y "sus informantes") no se limitan a "analizar" u "observar" la realidad de "los otros" sino que generan una nueva realidad como consecuencia de su interacción a través de acciones y actos de comunicación. La interfaz etnográfica constituye un proceso creativo y dialógico de aprendizaje mutuo. Es importante resaltar que en esta producción colectiva de significados siempre intervienen, en mayor o menor medida, agentes no directamente presentes en la situación etnográfica como, por ejemplo, los profesores o amigos de los investigadores, cuyas opiniones determinan, de forma más o menos consciente, sus decisiones, o, en el caso de muchas de las comunidades estudiadas históricamente por la antropología, los antepasados, que constituyen una parte integrante de la persona. Así, toda interfaz etnográfica posee un cierto grado de "presencialidad" y de "virtualidad".

En una línea diferente, la ensayista Ingrid Guardiola (2018) ha propuesto recientemente el concepto de "interfaz" como una herramienta teórica para pensar nuestra experiencia mediática en el mundo globalizado contemporáneo, un mundo donde las técnicas de control social a través de imágenes y dispositivos electrónicos, el Big Data y el uso masivo de internet y las nuevas tecnologías han resultado en una permanente imbricación entre lo "físico", "lo virtual", "lo presencial" y "lo ausente". Nuestro tejido de relaciones sociales puede definirse como una matriz en la que, a través de actos de comunicación, se cruzan continuamente una multitud de actores sociales de muy diversa índole —desde nuestros familiares o amigos íntimos hasta las grandes corporaciones que rastrean nuestras decisiones a través de nuestros aparatos tecnológicos—. A través de estos dispositivos interfaciales incidimos en el mundo y somos afectados por él.

La idea principal que quisiera exponer en este artículo es que la noción de interfaz —entendida en términos de una superficie de contacto donde "lo físico" y "lo virtual" se imbrican continuamente mediante actos de comunicación— puede resultar de utilidad a la hora de analizar el uso de las nuevas tecnologías por parte de los creyentes de las llamadas "religiones afroamericanas"[2] y, más concretamente, del culto a María Lionza, una práctica religiosa originaria de Venezuela basada en la posesión espiritual por parte de espíritus y antepasados. Como mostraré, en el culto a María Lionza las redes sociales operan como un dispositivo relacional orientado a crear situaciones de copresencialidad entre creyentes, espíritus y antepasados con el objetivo de actuar sobre lo real.

Este texto está estructurado en cuatro partes principales. La primera consiste en una introducción a los conceptos de "mediación", "confianza" y "verificación mediática". La segunda aporta una breve presentación de las religiones afroamericanas y del culto a María Lionza en particular. En la tercera parte analizaré algunos de los usos que los creyentes de esta "religión" hacen de internet y de las nuevas tecnologías. Finalmente, dedicaré algunas reflexiones al concepto de "circulación", básico para entender la lógica de la comunicación en las redes sociales y el mundo digital contemporáneo. Considero que ciertos aspectos de esta reflexión acerca del uso de las nuevas tecnologías en los cultos afroamericanos (como, por ejemplo, la íntima relación entre comunicación, mediación y ritualidad) puede hacerse extensiva a otros medios de comunicación (radio, televisión, prensa) y a otros contextos culturales (como, por ejemplo, el "mundo indígena").

Este artículo es el resultado de una etnografía llevada a cabo a lo largo de más de quince años sobre el culto a María Lionza en Venezuela, Puerto Rico, Barcelona y en internet (Canals, 2017). En este sentido, uno de los elementos que he podido constatar a lo largo de este período es que existe una íntima continuidad entre la práctica del culto dentro y fuera de Venezuela, así como en el mundo "físico" y en el mundo *online*. Esta continuidad aparece con especial claridad cuando rastreamos itinerarios espirituales concretos. Por ejemplo, debido a la grave crisis económica que atraviesa Venezuela, algunos de los *marialionceros*[3] que conocí inicialmente allí se han mudado a Barcelona, donde continúan practicando el culto, haciendo a su vez un uso intensivo de las nuevas tecnologías para realizar rituales *online* con sus

---

2. Por "religiones afroamericanas" me refiero al conjunto de prácticas religiosas que surgieron en América y el Caribe a partir de la conquista europea como consecuencia del encuentro entre las prácticas sagradas indígenas, el catolicismo y los ritos aportados por los esclavos de origen africano.
3. Este es el término usado para referirse a los creyentes en el culto a María Lionza.

compañeros de culto residentes en su país de origen o en otras partes del mundo. Esta nueva lógica globalizada y deslocalizada del culto a María Lionza, que contrasta con la práctica altamente localizada que lo caracterizaba hasta hace solamente una década, desvanece la distinción clásica entre "centro" y "periferia"[4] y obliga a integrar el estudio de los medios de comunicación como un elemento estructural de la práctica religiosa contemporánea.

A nivel metodológico, he tenido en cuenta para el presente artículo informaciones encontradas en internet en grupos de WhatsApp, Twitter y Facebook entre los años 2016 y 2019. He utilizado información extraída de cuentas de acceso público y de grupos cerrados donde participo regularmente, y donde siempre me he presentado como "antropólogo" (y nunca como "creyente" o "practicante")[5]. Finalmente, algunas de las informaciones que aquí presentaré han sido obtenidas a través de una página web sobre el culto a María Lionza que puse en marcha en 2016 y a través de la cual los creyentes han podido mandarme información sobre sus prácticas rituales[6].

MEDIACIÓN, PRESENCIA Y VERIFICACIÓN

Durante la última década, el concepto de "mediación" ha experimentado un importante auge en el campo de la antropología (Engelke, 2010). Este interés ha surgido en gran parte vinculado a los estudios sobre religión y, más concretamente, a raíz del uso abrumador y apasionado que muchos grupos de fieles han hecho de las nuevas tecnologías y los medios de comunicación. Así, autores como Meyer (2009) se cuestionaron la razón por la que la mayoría de los movimientos religiosos se habían adaptado tan fácilmente a las nuevas tecnologías (blogs, redes sociales, cine digital), incorporándolas con sorprendente naturalidad no solamente como estrategias de proselitismo y publicidad, sino, más radicalmente, como dispositivos de acción ritual. Esta apropiación de los medios por parte de la religión (entendida como como un sistema

---

4. Barcelona, Madrid o Miami son hoy en día espacios de producción de culto tan importantes como Caracas o Maracaibo.
5. Salvo consentimiento explícito, usaré pseudónimos para referirme a los creyentes con quien he mantenido una relación a través de las redes sociales.
6. Véase <www.marialionza.net>.

de creencias y prácticas referentes al ámbito de lo sagrado) parecía contradecir las clásicas tesis de herencia evolucionista según las cuales la supuesta "tecnificación" y "occidentalización" del campo social tenía que traducirse en un decrecimiento de los sentimientos de pertenencia religiosa. No solamente los nuevos medios de comunicación y las tecnologías de la imagen no han suplantado la experiencia de lo religioso, sino que parecen haberla incrementado.

Lo que sugieren estos autores (Houtman y Meyer 2012) es que la propia etimología de la noción de "medio" o "mediación" nos ofrece una pista para entender, al menos parcialmente, la afinidad existente entre los medios de comunicación y el ámbito de lo religioso. Mediar significa primeramente poner en contacto, establecer una relación entre dos o más agentes sociales. Esta idea de enlace es precisamente lo que define a la religión y al ritual en particular que, como sugiere Marc Augé (2003), puede entenderse como una doble estrategia de mediación o conexión: conexión "horizontal" entre los diferentes creyentes y relación "vertical" entre estos y los seres sobrenaturales con los que los "creyentes"[7] interactúan. La religión es así un mecanismo de mediación o relación social que opera como un dispositivo de acceso a otros niveles de lo real mediante actos de comunicación (plegarias, rezos, cantos), que poseen a su vez una dimensión corporal y afectiva.

Otro elemento que han puesto sobre la mesa estos autores es lo que llaman "la paradoja de la mediación". Como apunta Meyer (2011), esta paradoja consiste en el hecho de que la mediación solo funciona plenamente cuando se disuelve como tal en el acto de mediación. Por ejemplo, cuando hablamos por teléfono con una persona, el teléfono actúa como medio entre los dos hablantes. Sin embargo, mientras estamos hablando no tenemos la impresión de conversar con un dispositivo tecnológico sino directamente con la persona que está al otro lado de la línea. La mediación —y, por consiguiente, la comunicación— se logra al precio de que deje de percibirse como tal, dando lugar a una situación de (aparente) copresencialidad e inmediatez. Sin embargo, el hecho de que el medio actúe como conector entre las partes (y que se "diluya" en el acto de comunicación) no significa que no influya en

---

7. Pongo el término "creyente" entre comillas puesto que no es claro que su relación con seres sobrenaturales pueda describirse en términos de "creencia". De hecho, en muchos de estos contextos, la gente no "cree" en los espíritus, sencillamente vive con ellos.

el desarrollo del proceso comunicativo, al contrario: por sus propias características materiales o tecnológicas, el medio determina (al menos parcialmente) el mensaje transmitido y el contexto de recepción —*the medium is the message*, que decía MacLuhan ya en 1964—. No se puede transmitir lo mismo por radio, por internet o a través de la prensa escrita. Tampoco atendemos a los mensajes proferidos por estos medios de la misma manera.

La conclusión de todo ello es que el medio de comunicación siempre se encuentra en una suerte de ambivalencia ontológica y funcional, a la vez disolviéndose en el acto de comunicación y determinándolo por sus propias características materiales y tecnológicas. Ello produce que, tanto desde la perspectiva del emisor como desde la perspectiva del receptor, opere una ambigüedad entre el medio como "simple" conector o el medio como agente autónomo. Por ejemplo, racionalmente sabemos que cuando escuchamos la radio no estamos oyendo a una "máquina hablante" sino que estamos escuchando a quién habla a través de ella. Sin embargo, tendemos a subjetivar o sustantivar al medio "diluyendo", en este caso, el papel del emisor. Así lo dejan entrever expresiones como "escuchar la radio", "mirar la tele" o "leer el periódico". Esta sustantivación del medio es particularmente clara cuando se pierden los referentes de la relación mediática —es decir, en ausencia de situaciones de copresencia—. Cuando uno lee algo en el periódico (sin atender a quién lo ha escrito) tiende a afirmar que es el periódico quien lo "ha dicho". De la misma forma se puede sostener que alguien ha oído algo "en la radio" o visto algún contenido "en internet", omitiendo la cuestión de la autoría. En estos casos el medio es percibido como medio y emisor a la vez.

Finalmente, es importante resaltar que para que un medio funcione como tal, es indispensable que tengamos una cierta confianza en él. Confiar en el medio significa creer que puede actuar como un conector entre dos o más sujetos sin alterar significativamente los actos de comunicación. Cuando hablamos por teléfono con alguien, por ejemplo, creemos en la veracidad del dispositivo telefónico (aunque quizás no sepamos cómo funciona). Si no creyéramos en él —es decir, si no pensáramos que es a través del teléfono que estamos hablando efectivamente con la otra persona— no llevaríamos a cabo el acto de transmisión de información propio de todo acto comunicacional. Lo mismo ocurre cuando escuchamos la radio, miramos la tele o leemos un periódico. Cada medio posee así un determinado capital mediático que hace que creamos más o menos en él, un capital que puede variar a lo largo del tiempo y en función de cada contexto cultural[8]. Los creyentes del culto a María Lionza, por ejemplo, tienen confianza en el tabaco como medio para adivinar el futuro, pero a veces desconfían de la capacidad de los medios digitales para lograr este fin, lo que requiere de ejercicios constantes de "verificación mediática" en el entorno virtual.

Todos estos elementos son relevantes para el estudio de los usos de los medios de comunicación en el culto a María Lionza porque, como mostraré más adelante, el uso que los creyentes hacen de estos medios se fundamenta en la posibilidad de contactar con los espíritus a través de ellos, es decir, de alcanzar situaciones de copresencialidad e inmediatez, "diluyendo" el medio. Lo que vemos sin embargo es que las propias características del medio influyen en la naturaleza de los actos de comunicación que se dan a través de él, como lo muestran los rituales "exprés" a través de WhatsApp, inexistentes antes de la emergencia de este dispositivo. Observamos también cómo, en el caso del culto a María Lionza, difícilmente opera una sustantivación total del medio: como todo fenómeno ligado a la magia o a la religión, la cuestión de la autoría (el quién ha dicho qué) es ineludible, y de hecho los creyentes movilizan abundantes recursos comunicativos para poder rastrear la identidad de las personas (o espíritus) que profirieron ciertos mensajes. Finalmente, quisiera mostrar en este texto cómo el culto a María Lionza contempla una serie de procesos de verificación mediática orientados a reforzar (o cuestionar) la confianza en los medios digitales.

Antes de analizar el uso específico que hacen los creyentes del culto a María Lionza de las nuevas tecnologías es importante aportar algunas informaciones básicas sobre esta práctica religiosa.

El culto a María Lionza y las nuevas tecnologías

El término "culto a María Lionza" designa una práctica ritual originaria de Venezuela basada en el contacto e interacción con una serie de "espíritus" o "entidades", también llamados "hermanos". El culto

---

8. Por ejemplo, hoy en días la creencia o confianza en la fotografía es muy menor a lo que era en tiempos de la fotografía analógica. De ahí todos los procesos actuales de *image-checking*.

reúne rituales de adivinación, curación e iniciación en los que la posesión espiritual es frecuente. María Lionza es la divinidad principal de esta práctica religiosa. Se trata de una figura poliédrica y cambiante, imaginada y representada de formas muy distintas: como una india cabalgando un tapir, como una reina blanca o mestiza, o como una santa católica, para mencionar solo algunos ejemplos. La pluralidad iconográfica de María Lionza es inagotable (Canals, 2017), como lo son también los mitos y leyendas sobre su origen. Nuevas representaciones y versiones sobre la diosa aparecen constantemente, sobre todo en internet, que se ha convertido en el lugar donde mejor se expresa la creatividad visual que caracteriza el culto.

María Lionza es acompañada por un vasto panteón espiritual constituido por innumerables cortes o grupos de espíritus. Así, encontramos la Corte Médica (compuesta por célebres doctores venezolanos), la Corte Malandra (que reúne antiguos delincuentes muertos en enfrentamientos con la policía), la Corte Negra (sede de los antiguos esclavos africanos) o la Corte Vikinga (donde hallamos a los vikingos que supuestamente llegaron a Venezuela antes de la colonización española), entre muchas otras. Todos estos espíritus tienen su representación material en forma de estatuilla o de estampa. Históricamente, los altares han constituido la principal forma de visualización material de las cortes del culto (Ferrándiz, 2004). Hoy en día, los altares tradicionales son complementados por lo que he llamado "altares digitales", suerte de *collages* hechos por ordenador en los que los creyentes hacen visible su versión del panteón espiritual. Dichos altares digitales son muy populares en las redes sociales como Facebook.

Los espíritus que componen dichas cortes pueden "bajar" al cuerpo de los médiums —también llamados "materias"— mediante episodios de posesión espiritual. La posesión es más violenta según el espíritu que "baja" y según la forma de trabajar de cada médium. Los médiums pueden ser hombres o mujeres, y suelen ir acompañados de un asistente espiritual llamado "banco". El culto a María Lionza contempla toda una serie de protocolos para determinar si una posesión espiritual es verdadera o falsa[9]. Esta serie de mecanismos de verifica-

---

9. Estos protocolos tienen que ver esencialmente con la amnesia después del ritual, el tipo de mirada que tiene el médium durante la posesión y la resistencia a ciertas pruebas físicas. El término utilizado para designar la posesión falsa es "plataneo".

ción mediática son análogos a los que luego describiré en relación a la práctica del culto a través de redes sociales como Facebook o Twitter.

En términos de composición social, la pertenencia al culto no se define por criterios raciales ni nacionales. Así, el culto reúne a seguidores autoidentificados como "indios", "negros", "blancos" o "mestizos". Muchos son venezolanos, pero cada vez hay más seguidores de otras nacionalidades. Los grupos de culto reciben el nombre de "caravanas". Cada caravana tiene un espíritu principal que la identifica (Negro Felipe, Indio Tiuna, José Gregorio, etc.). Este espíritu distintivo suele ser presentado en los perfiles sociales que las caravanas tienen en las redes sociales. Aunque el culto es practicado por personas de diferentes clases sociales (desde abogados y políticos hasta representantes los estratos más humildes), es innegable que históricamente esta práctica religiosa ha tenido un rol particularmente relevante entre las clases más desfavorecidas, operando como un mecanismo de resistencia, solidaridad social y supervivencia económica, lo que se conoce coloquialmente como "rebusque"[10]. La dimensión económica del culto está bien presente hoy en día en internet, donde numerosos médiums ofrecen lecturas de tabaco *online* e incluso "trabajos espirituales" a distancia.

En la literatura antropológica e histórica, el culto a María Lionza se ha considerado a menudo como un ejemplo de las llamadas "religiones afroamericanas" (Mintz y Price, 1976) o "afro-latinoamericanas" (Andrews 2004), cercanas a la santería cubana, al vudú, la umbanda o el candomblé (Régine y Hervieu-Léger, 2010). Sin embargo, esta asociación es solo parcialmente correcta y puede llevar a confusión. A diferencia de las religiones afroamericanas mencionadas anteriormente, el de María Lionza no es un culto con raíces directamente africanas, traído de África por esclavos durante la conquista y hoy en día practicado mayoritariamente por descendientes de africanos. Desde una perspectiva histórica, diferentes autores sostienen que el origen del culto se remonta a un grupo de prácticas sagradas amerindias de la época prehispánica originadas en la región de Yaracuy, en la parte oriental central de Venezuela, donde la práctica del culto es todavía hoy particularmente intensa (Barreto, 1990; Pollack-Eltz, 2004). Estos

---

10. Término utilizado para designar las estrategias inventivas de obtención de dinero mediante trabajo informal.

rituales consistían en la adoración de las divinidades femeninas asociadas al agua de los ríos, la serpiente y el arcoíris. La adoración se realizaba a través de pequeñas estatuillas que se han encontrado cerca de los lagos o dentro de cuevas (Barreto, 1998). Estas figuras desempeñaron un papel como divinidades de la fertilidad y la cosecha y, más en general, como fuerzas de la naturaleza, y se asociaron con elementos naturales (quebradas, árboles, el arcoíris) y animales (como la mariposa o la serpiente). Desde el inicio de la colonización española, estas prácticas religiosas recibieron la influencia del catolicismo. A lo largo de los años, el culto integró elementos católicos como la adoración de los santos, la cruz cristiana o la construcción de altares religiosos (Clarac de Briceño, 1996).

Con el tiempo, el culto a María Lionza, que se extendió por todo el territorio venezolano, incorporó algunas características de los cultos de origen africano que se practicaban en Venezuela, como el de San Benito y el de San Juan, particularmente populares en regiones con gran presencia de población de ascendencia africana, como el lago de Maracaibo o la región costera de Barlovento. Además, a finales del siglo XIX, el culto experimentó la influencia decisiva del espiritismo de Alan Kardec, que se introdujo en Venezuela a través de Brasil. Durante la década de 1950, y coincidiendo con el auge del petróleo, el culto a María Lionza, que hasta entonces había sido esencialmente rural, emigró hacia las grandes ciudades como Caracas. Con esta migración, comenzó a experimentar un proceso de africanización, debido a la influencia de la santería cubana, la umbanda y el palo mayombe, un proceso todavía hoy muy vivo (Ascencio, 2012). Es por esta razón que en otro texto (Canals, 2017) he definido el culto a María Lionza como un "culto afro-americanizado", para hacer referencia al proceso histórico a través del cual esta práctica religiosa ha incorporado gradualmente elementos de algunos de las llamadas "religiones afroamericanas".

Esta africanización del culto se contrapone actualmente a una corriente importante dentro del mismo que reclama un regreso a su carácter puramente "indígena". Según este movimiento indigenista, que se define como un ejercicio de purificación moral y espiritual, la vinculación del culto a María Lionza con "lo africano" ha comportado una nociva desviación en relación a la "auténtica" práctica ritual. Esta corriente sostiene que el culto a María Lionza debería abandonar quehaceres hoy en día muy extendidos como el sacrificio animal, la posesión espiritual o el toque de tambor, y adoptar una filosofía "chamánica" y ecológica, basada en el respeto a todos los seres vivos y a la naturaleza en general. Este acercamiento se enraíza con las cosmologías *new age*, cuyo contacto con el culto empezó ya en los años setenta. Ambas corrientes —africanista e indigenista— se oponen en el terreno de la experiencia cotidiana (las discusiones, a veces violentas, en los espacios de culto son frecuentes), pero también a través de las redes sociales donde los creyentes se critican mutuamente en interminables chats y foros, o a través de Facebook e Instagram.

La ausencia de censos religiosos hace difícil aportar un número aproximado de creyentes del culto. Sin embargo, lo que parece claro es que, al menos hasta hace poco, constituía la segunda "religión" de Venezuela detrás del catolicismo. Hoy en día es posible que el auge del evangelismo y la consolidación de la santería cubana hayan desplazado al culto a María Lionza. Lo que sí puedo atestiguar a partir de mi trabajo de campo es que su presencia en el espacio público venezolano ha decrecido notablemente en la última década, una invisibilización que contrasta con el aumento de su popularidad en internet. Esto se debe, en parte, a las agresivas campañas de las iglesias evangélicas emergentes, difundidas a través de las redes sociales y los programas sensacionalistas en muchos medios de comunicación diferentes, que han alimentado la creencia de que el culto es una guarida de delincuentes, prostitutas e ignorantes, en la que se realizan rituales siniestros e irracionales (Smilde, 2007). Frente a estos ataques los creyentes han tendido a replegarse. La crisis económica del país puede haber también influenciado en este decrecimiento de la práctica pública (pocas caravanas pueden permitirse el coste de desplazar a todos sus integrantes hasta espacios naturales alejados de sus lugares de residencia). En todo caso, asistimos a un proceso de privatización del culto, que se practica cada vez más en los interiores de las casas y en espacios de difícil acceso.

Es importante señalar que la indiferencia ante el culto mostrado por los gobiernos de Chávez (1999-2013) y Maduro (2013-) no ha ayudado a popularizarlo o a revertir el sentimiento hostil que muchos venezolanos y extranjeros tienen hacia él. Esta desatención por parte del gobierno no es algo nuevo. Desde la era de Gómez (1908-1935), hay registros de la hostilidad de los poderes políticos hacia esta práctica religiosa —una hostilidad que no impedía que, en secreto, la mayoría de los representantes políticos establecieran "pactos" con María Lionza y sus cortes (Coronil, 1997)—. Desde el poder, el culto a María Lionza siempre se ha visto como un elemento potencialmente subversivo. El culto, sin voceros oficiales, libros o sacerdotes, ha sido históricamente ingobernable e incontrolable, y todos los esfuerzos para legalizarlo —y, por lo tanto, controlarlo— institucionalmente han fracasado de forma estrepitosa.

Este carácter marginal y antioficialista del culto permite entender que hasta la fecha sus seguidores no hayan gozado de radios, medios escritos o cadenas de televisión donde hablar o mostrar su práctica religiosa. El culto se ha desarrollado así con cierta opacidad y marginalidad, como una realidad subterránea de Venezuela. Como desarrollaré más adelante, esta es una de las razones que permite entender el entusiasmo con el que los creyentes han adoptado las nuevas tecnologías, cuyo uso individualizado y privatizado no precisa de permisos institucionales y escapa con cierta facilidad al control estatal.

Por ende, es importante resaltar que, como apuntaba anteriormente, el culto a María Lionza es hoy en día practicado más allá de las fronteras venezolanas. Particularmente notorio es la presencia de grupos de culto en países como Colombia, España o Ecuador. Nunca como hoy había habido tantos practicantes del culto a María Lionza fuera de las fronteras venezolanas. En ciudades como Barcelona la práctica del culto es muy clandestina, y se centra sobre todo en lo que yo he llamado los "rituales de ley" (Canals, 2020)[11]. Otro elemento clave del ritual "en la diáspora" es el uso de las nuevas tecnologías como medios de comunicación, como explicaré en el siguiente apartado.

El culto a María Lionza en internet

Como acabo de mencionar, los creyentes del culto no han dispuesto históricamente de radios, prensa o cadenas de televisión. Esto no significa que el culto haya estado ausente en estos medios. En efecto, radios y televisiones venezolanas e internacionales han hecho numerosas referencias al culto, si bien las más de las veces en términos cla-

---

11. Los "rituales de ley" están orientados a cuestiones administrativas y burocráticas. Son habituales los ritos para obtener la nacionalidad española, para encontrar trabajo o para convalidar el permiso de conducir.

ramente peyorativos. Así, son conocidos los documentales "amarillistas" (efectistas) que muestran el culto como una amalgama de actos demoníacos e irracionales, próximos al obscurantismo y a la magia negra. Este tipo de reportajes son habituales en cadenas globales como National Geographic o BBC. En Venezuela, se han realizado algunos telefilmes y series de televisión sobre la figura de María Lionza, entre los cuales destaca el telefilm *María Lionza* (2006), protagonizado por la ex miss universo Ruddy Rodríguez y producido por RCTV[12], que batió récords de audiencia, y donde María Lionza aparece como una divinidad indígena capaz de conciliar a un pueblo venezolano sumido en una grave fractura social a raíz del auge del chavismo.

La mayor parte de los creyentes con los que yo he podido hablar conciben estas producciones como algo lejano, ajeno y hostil. No es el caso de algunos de ellos, que vieron en algunos de estos telefilmes elementos "verdaderos", y que los integraron como mecanismo de transmisión del culto. Así, varias veces me ha ocurrido durante mi trabajo de campo que, al preguntar acerca de una cuestión del culto, el creyente me remitiera a una serie de televisión o una película de alto presupuesto para encontrar la respuesta. Estos son ejemplos de lo que propongo llamar "reapropiación mediática" —uso "local" y "estratégico" de contenidos difundidos por los medios de comunicación oficiales—. Otro ejemplo de reapropiación mediática es la suerte de "sincretización" que algunos creyentes han hecho entre María Lionza y el filme *Avatar* (2009) de James Cameron. María Lionza ha sido así interpretada como un "avatar" (como un doble) de la Madre Naturaleza o de alguna divinidad superior. Este tipo de hibridaciones visuales, muy frecuentes en internet, deben ser tomadas en consideración en una antropología de los medios. En vez de interpretarlas únicamente como una suerte de "colonización del imaginario" (Gruzinski, 1994), pienso que deben ser entendidas como ejercicios creativos de actualización mitológica a partir de la reapropiación local de contenidos mediáticos globales.

Sin radio, televisión o prensa escrita, las nuevas tecnologías e internet se han convertido en el medio de comunicación privilegiado

---

12. RCTV es una cadena explícitamente contraria al chavismo. Fue cerrada en 2007, aunque después siguió operando, con distintos nombres, a nivel internacional, encontrando diversos problemas legales con el gobierno venezolano.

para los creyentes en María Lionza. Particularmente importante son las redes sociales como Facebook, WhatsApp o Twitter. Este uso se ha incrementado sin duda alguna a raíz de la propia diáspora de la población venezolana, que ha dificultado las relaciones de copresencialidad, obligando a encontrar nuevos recursos comunicacionales. La naturaleza de las páginas web dedicadas a María Lionza es muy diversa. Una distinción importante es la que separa las páginas sobre el culto y las páginas del culto. Las primeras incluyen artículos académicos, anuncios turísticos de la región de Yaracuy, enciclopedias virtuales y blogs de todo tipo. Pueden ser gestionadas por creyentes o por agentes externos a la práctica religiosa. Estas páginas se oponen a las páginas del culto. Administradas por seguidores de María Lionza, estas páginas se conciben como parte integrante del proceso ritual, es decir, como una interfaz que hace posible el contacto entre una pluralidad de actores sociales.

Entre las páginas del culto encontramos en primer lugar las tiendas esotéricas *online*. Muchos de los recursos materiales que allí se venden (plantas, imágenes, velas, inciensos, aceites) son producidos fuera de Venezuela y distribuidos internacionalmente mediante una industria esotérica globalizada —China, por ejemplo, es ya productora de imaginería afroamericana—. En internet es fácil encontrar también un gran número de blogs gestionados por creyentes, que se presentan a menudo como "estudiosos" del culto. En estos sitios, los creyentes presentan su visión acerca de la imagen de María Lionza. También contienen innumerables versiones sobre su mito de origen. Es frecuente también observar en ellas acusaciones a otros grupos de culto o a las iglesias evangélicas, muy hostiles en relación a esta práctica religiosa.

YouTube y Vimeo también se han erigido en un banco de datos de imágenes de María Lionza. Abundan las escenas de rituales filmados por los propios creyentes, lo cual implica un fuerte cambio en relación al régimen de visibilidad históricamente operativo en el culto —es decir, en relación a lo que podía ser visto públicamente y a lo que debía permanecer oculto—. Así, muchas prácticas que anteriormente era secretas o muy difíciles de presenciar (purificaciones, iniciaciones, sacrificio de animales), ahora son expuestas y visibilizadas por los creyentes mismos en las redes sociales. La cuestión del secreto y la opacidad ritual sigue presente en el culto (especialmente las que se relacionan con la "magia negra"[13]), pero es innegable que la exposición mediática del ritual se está constituyendo como parte integrante del ritual mismo. A menudo parece como si una forma de rendir homenaje a los espíritus fuera precisamente a través de su propia exposición en los medios, es decir, como si el número de *likes* o de comentarios dejados en YouTube fuera no solamente una forma de valorar al grupo de culto responsable del ritual, sino también una manera de homenajear a los espíritus, incrementando su popularidad y su poder. Así lo sugieren muchos comentarios como "Gracias Negro Felipe", "Qué bien que trabaja Eric (el Vikingo)" o "Muy agradecida Tibisay", que se dejan en los foros de YouTube. Esta plataforma se convierte así en una superficie de contacto entre diferentes temporalidades (pasado y presente) y entre diferentes actores sociales (creyentes, estudiosos, detractores del culto, espíritus). En las redes sociales como Facebook esta dinámica interfacial es todavía más evidente.

El culto a María Lionza en las redes sociales

A pesar de su presencia en ámbitos como YouTube o Vimeo, es en las redes sociales como WhatsApp, Twitter o Facebook donde el culto a María Lionza ha encontrado su ámbito de acción privilegiado.

Los seguidores del culto utilizan estas redes sociales para tres fines principales. En primer lugar, sirven para transmitir informaciones prácticas o compartir comentarios de carácter aparentemente "no religioso". Uno encuentra así numerosos *posts* relativos a temas administrativos (alquiler o compra de apartamentos o coches), políticos (a favor o en contra del gobierno de Maduro), legales (obtención de permisos o titulaciones), laborales (acerca de cómo encontrar trabajo) o sobre problemas de seguridad ciudadana. Uno podría encontrar inapropiado que este tipo de comentarios circule en un foro del grupo que lleva el nombre de María Lionza o de otro espíritu del culto. Sin embargo, yo considero que es un elemento revelador del hecho de que "lo religioso" en este culto no constituye una esfera separada o separable de la "vida cotidiana", sino que impregna todo

---

13. Me refiero a aquellos rituales que no se hacen para sanar un paciente, sino para atacar a otra persona.

el campo de lo social. Cuando los creyentes hablan de la situación política de Venezuela, del cumpleaños de una sobrina o de la inseguridad ciudadana están hablando de religión, sencillamente porque en todos estos eventos intervienen de una forma u otra las fuerzas y los actores sociales que definen el campo de "lo religioso" (médiums, "brujos", espíritus, almas, antepasados). Las redes sociales ponen en evidencia la continuidad y la inseparabilidad entre "lo sagrado" y "lo profano".

En segundo lugar, encontramos en las redes sociales conversaciones de carácter informativo u organizativo que tienen que ver explícitamente con temas relacionados con la práctica del culto. Esta información puede concernir, por ejemplo, el lugar donde se va a realizar un determinado ritual, así como los recursos materiales (imágenes, ofrendas, velones) que hay que llevar para su correcto desarrollo. Es también habitual ver comentarios reivindicando una versión del mito a María Lionza o una determinada representación de la diosa. Muchos tuits contienen comentarios acusatorios en los que se critica cierto grupo de culto por malas prácticas o donde se advierte contra la mala intención y el engaño de determinados brujos.

El tercer grupo constituye sin duda alguna el más significativo. Se trata de los actos de comunicación que se presentan explícitamente como una extensión de la práctica ritual y en los que intervienen directamente espíritus, almas o antepasados. Por ejemplo: cada vez es más frecuente que los creyentes pidan a través de las redes sociales lecturas de tabaco *online*. La lectura de tabaco es una práctica muy extendida consistente en "leer" la forma de la ceniza para adivinar el futuro de una persona o determinar las causas de algún mal. Muchos creyentes sacan fotos de sus tabacos y las publican en las redes sociales, pidiendo que alguien con autoridad haga una interpretación de la forma de la ceniza. Normalmente la petición recibe la respuesta de alguien con quien el "paciente" ya tiene una amistad previa (al menos virtual), y suele suscitar una cadena de comentarios en la que otros creyentes dan su punto de vista sobre la lectura.

Este es un claro ejemplo de lo que propongo llamar la "cadena de mediaciones". En el culto a María Lionza, el tabaco constituye en sí mismo una estrategia de comunicación y mediación entre los creyentes y los espíritus. La palabra de los espíritus en la ceniza es luego leída por el médium, que actúa como una segunda mediación. En las redes sociales observamos cómo a la mediación del tabaco y del medio se le añaden tres mediaciones más: la fotográfica, la de las redes sociales (*hardware* y *software*) y las opiniones de todas las personas que intervienen en la conversación que, en la medida en que influyen sobre la lectura final del tabaco, deben ser también consideradas como actos de mediación. Se establece así una cadena de mediación que permite y condiciona la comunicación entre espíritu y paciente. Algo similar ocurre en los *posts* donde se pregunta acerca de la interpretación de un sueño (en las religiones afroamericanas el sueño es una mediación entre hombres y espíritus que debe ser interpretada por un médium con autoridad), o cuando una materia[14] poseída habla con creyentes que se encuentran en otro lugar a través de Skype. Los medios de comunicación se convierten así en una interfaz que pone en contacto diferentes agentes a través de una lógica comunicativa que va más allá del modelo clásico emisor→receptor, y que adopta una estructura matricial o reticular.

Por lo que a WhatsApp se refiere, es habitual ver médiums que ofrecen consultas "exprés" 24 horas al día. Se trata de algo así como una suerte de consultorio espiritual permanente para cuestiones rápidas y urgentes. Este fenómeno también es observable en Twitter. Es habitual, por ejemplo, que algún seguidor del culto pregunte, a través de un grupo de WhatsApp, acerca de cómo curar el mal de ojo por envidia. Normalmente se le recomienda hacer una limpieza con miel y leche, y reventar una vela negra. Lo relevante es que habitualmente la persona afectada suele reescribir días más tarde confirmando que la solución ha funcionado, lo cual acostumbra a generar largas listas de comentarios, agradecimientos y referencias a los espíritus. Este tipo de comentarios confirmatorios, donde se reafirma la validez y eficacia del ritual *online*, actúa como lo que he llamado "procesos de verificación mediática". Sirven para certificar la legitimidad del medio como dispositivo de presencia y, a la vez, certifican la calidad del médium y el poder de los espíritus. Es cierto que este tipo de comentarios existen en todo proceso ritual, pero en el caso de los rituales *online* (rituales

---

14. La materia o médium es la persona capaz de expulsar su espíritu y acoger en un su cuerpo el espíritu de un antepasado, de una divinidad o de un difunto. Hay médiums que solo pueden "incorporar" una clase específica de espíritus o entidades. Los que pueden incorporar toda clase de espíritus son conocidos como "materias universales".

relativamente nuevos en los que no hay una relación de copresencialidad entre los diferentes sujetos participantes en el ritual) adquieren un
sentido particularmente fuerte.

Otro de los recursos de verificación mediática que he observado es
cuando los espíritus intervienen "directamente" a través de las redes
sociales sin la participación de los creyentes. Circulan múltiples historias de entidades que han subido fotos o comentarios para comunicar
con sus fieles. Esta suerte de epifanías digitales remite claramente a
los incontables casos recogidos en la tradición católica (y en todas las
religiones afroamericanas) acerca de apariciones marianas, visiones o
movimientos milagrosos de íconos sagrados. Son episodios en los que
el signo (o medio) se funde con aquello que representa (es decir, con
su referente). El medio se diluye como medio para pasar a ser explícitamente una presentación del sujeto emisor, haciendo posible un contacto "no mediado" entre quien profiere el mensaje y quien lo recibe.
Estos momentos de contacto inmediato —lo que Pierce llamaría "índices" (1994)— son necesarios para continuar confiando en el medio
(y, en consecuencia, en las divinidades mismas) y constituyen algo así
como el grado cero de la mediación. Son episodios que también ocu-
rren en nuestra experiencia cotidiana. Por ejemplo: el efecto que se
crea cuando un programa de radio llama directamente a las casas de
los oyentes o cuando una emisión de televisión invita los espectadores
a asistir en el plató es el de una verificación mediática. Tenemos entonces la certeza de que lo que comunica el medio existe en sí y fuera
de él. En el caso de las nuevas tecnologías, y dada la reluctancia inicial
de ciertos creyentes del culto a María Lionza hacia ellas en tanto que
dispositivo de presencia, estos procesos de verificación mediática son
particularmente importantes, y en todo ritual *online* siempre hay, a
posteriori, un sinfín de *posts* atestiguando de la certeza del ritual llevado a cabo.

Por ende, el ejemplo que he descrito en relación al uso del Whats-
App para realizar rituales exprés pone también en evidencia cómo
las características materiales y funcionales del medio (en el caso de
WhatsApp: la brevedad de los mensajes, la inmediatez de la comunicación y la síntesis del contenido) determina, al menos parcialmente,
las características del acto de comunicación y, en consecuencia, el desarrollo del ritual. El ritual presencial implica una serie de gestos y
formalidades relativos al saludo, a la exposición de los problemas y

a la petición de permiso y ayuda a las divinidades. Leer un tabaco o hacer una consulta requiere a menudo mucho tiempo. WhatsApp ha contribuido a comprimir el tiempo ritual, aportando una nueva temporalidad mediática adaptada a las necesidades de los creyentes de hoy en día.

Circulación y acción

La circulación o distribución de información se ha erigido en uno de los elementos distintivos de la comunicación contemporánea. Es cierto que desde siempre han existido estrategias de circulación de la información (oralmente o a través de medios escritos o gráficos), pero en la era digital esta dinámica ha adquirido una nueva relevancia. Pongamos el ejemplo de la fotografía. Como argumenta Fontcuberta (2010), la fotografía digital, especialmente la que se hace con dispositivos móviles, es esencialmente una imagen hecha para ser compartida a través de las redes. La captación de lo real está supeditada a un acto de comunicación. Pero no solo hacemos fotos para compartir, sino que reenviamos fotos y textos que recibimos, a menudo resignificándolos a través de comentarios o fotos añadidas. Los usuarios de las redes sociales somos nodos de redistribución de información. Es importante en este sentido poner de relieve la dimensión creativa de la circulación de información, pues circular implica siempre resignificar el mensaje inicial ya sea incorporando contenidos visuales o escritos, ya sea por el simple hecho de introducirlo en una nueva red de relaciones sociales. El acto de circulación supone también una intensificación del carácter interfacial de los medios de comunicación digitales por cuanto conlleva extender la cadena comunicativa, incorporando a nuevos actores sociales.

En el culto a María Lionza encontramos numerosos ejemplos de circulación de la información. El usuario llamado Tres Potencias puso una vez una fotografía en Twitter de la montaña de Sorte, centro de peregrinaje de los creyentes en Venezuela, donde se veía un montón de basura. La imagen se fue "retuiteando" y creó un vivo debate. Inicialmente, la mayoría de los tuits consistía en críticas hacia los creyentes irrespetuosos con este medio natural, hasta que una creyente aprovechó la cadena de tuits para pedir perdón a María Lionza, rogándole que intercediera en el problema. La conversación terminó desembocando en la organización de una caravana para limpiar la montaña de Sorte, una iniciativa que adquirió un sentido a la vez político, religioso y ecológico, y que ocasionó que muchos creyentes que antes no se conocían físicamente entrasen en contacto y terminaran entablando una relación presencial.

Circulan también por las redes sociales muchas versiones del mito de María Lionza. La mayoría de estas versiones incluye *links* a vídeos (a menudo anónimos) sobre el mito autoproducidos por los creyentes y que se encuentran en YouTube o Vimeo. Esto también implica un cambio substancial en términos de transmisión mitológica, pues históricamente, en el culto a María Lionza, era el médium de la caravana quien relataba la versión del mito al resto de los miembros del grupo y especialmente a los más jóvenes. Como muchos de estos vídeos no tienen autoría y son de dudosa fiabilidad, los creyentes recurren a la circulación de la información para llevar a cabo los procesos de verificación mediática. Así, cuando se retuitean estos vídeos piden a menudo la opinión de otros creyentes (o espíritus). Y así, poco a poco, y a través de los dispositivos interfaciales, el mito se transmite, se reinventa y se actualiza.

Quisiera acabar este apartado sobre la circulación de información en las redes refiriéndome a mi propio trabajo. Surfeando por internet he encontrado varias fotos mías reutilizadas por los creyentes sin ninguna referencia a mi autoría. Los creyentes les introducen nuevos usos y significaciones, extrayéndolas del ámbito académico donde inicialmente las publiqué. Esto demuestra bien lo que decía el propio Palmié (2013) en la relación a la interfaz etnográfica: estudiar un hecho social implica, de una forma u otra, intervenir en él, generando una nueva realidad. Las redes sociales favorecen estos mecanismos de reapropiación y resignificación de la información, y los académicos no estamos exentos de ello.

Conclusiones

Los medios de comunicación vinculados a las nuevas tecnologías —y en especial las redes sociales— constituyen un elemento central de la actual práctica del culto a María Lionza. Los creyentes de esta práctica religiosa han explotado con entusiasmo las posibilidades del mundo digital como estrategia comunicativa y como dispositivo ritual.

Este entusiasmo se explica por diversas razones. La primera es de carácter "administrativo": las cuentas en Twitter, Facebook o Whats-App, o el uso de Skype, Vimeo o YouTube, no precisan de permisos institucionales o estatales (como sí la radio, la televisión o la prensa escrita), lo cual es importante para un culto que siempre ha vivido en una situación de persecución gubernamental y de marginalidad. Internet se adapta así particularmente bien al carácter subterráneo y descentralizado que siempre ha caracterizado el culto a María Lionza. En segundo lugar, existen razones de carácter económico para entender la presencia abrumadora del culto a María Lionza en internet: los medios digitales representan dispositivos poco costosos (la mayoría de ellos son gratuitos), que pueden ser fácilmente utilizados por las clases sociales más humildes, de donde proceden la mayoría de seguidores del culto a María Lionza. Las redes sociales presentan, en tercer lugar, la ventaja de ser medios de comunicación intrínsecamente relacionales. Con ello quiero decir que no se limitan a ser canales de difusión de información (como la televisión o la radio), sino que posibilitan la creación de comunidades virtuales en las que los miembros pueden intercambiar, a menudo en tiempo real, opiniones, imágenes y documentos acústicos. Este carácter dialógico de las redes sociales encaja particularmente bien con las necesidades rituales de los creyentes en María Lionza.

Aparte de estas razones, pienso que existe una cierta homología en términos funcionales u operativos entre el medio virtual y la propia naturaleza del culto a María Lionza. Internet es un ámbito extremadamente versátil y fluctuante, donde es muy fácil subir y modificar contenidos textuales, visuales o acústicos. Este carácter líquido e inestable del entorno digital parece adaptarse particularmente bien a la condición inventiva y transgresora del culto a María Lionza, un culto en movimiento continuo, siempre apto a incorporar nuevas imágenes, nuevos mitos y nuevos recursos rituales. Esto permite entender que en internet encontremos permanentemente altares digitales inéditos, grabaciones originales de toque de tambor, películas caseras relatando de forma novedosa los mitos de las divinidades o recreaciones estéticas de lo más irreverentes sobre María Lionza y sus cortes. Parece que es en internet donde los creyentes han encontrado un espacio de libertad ritual y artística cada vez más difícil de lograr en las sociedades donde viven.

Por otro lado, el uso de las redes sociales por parte de los creyentes en el culto a María Lionza pone de relieve que los medios de comunicación no pueden ser pensados separadamente, sino como conjuntos de medios o redes mediáticas. Los medios se entrelazan y se complementan mutuamente. Así, es habitual en el culto a María Lionza (y en nuestra experiencia mediática en general) que informaciones inicialmente "subidas" en Facebook pasen luego a Twitter, después se comenten de viva voz y terminen siendo transmitidas en una conversación (o, en nuestro caso, un ritual) realizado vía Skype. En el caso del culto a María Lionza, habría que añadir a estos medios tecnológicos las estrategias de mediación propias del culto con las que las redes sociales interactúan constantemente: el tabaco, los sueños, los cuerpos de los médiums, las imágenes religiosas o los múltiples mecanismos de adivinación ritual (caracoles, cartas, café). Asistimos así a la emergencia de cadenas de mediaciones orientadas a poner en contacto diferentes agentes sociales que no se encuentran en una situación de copresencialidad. Unas cadenas, sin embargo, que exigen, en determinados momentos, de procesos de verificación mediática que certifiquen la fiabilidad del medio. Estos procesos de verificación son particularmente necesarios ante medios poco consolidados desde el punto de vista ritual, como son las redes sociales.

En resumen, en este texto he querido mostrar cómo, en el culto a María Lionza, los medios de comunicación constituyen estrategias rituales *per se*, en los que las entidades sobrenaturales y los creyentes interactúan constantemente incidiendo sobre el devenir de los acontecimientos. En este sentido, he propuesto entender los medios de comunicación dentro del culto como dispositivos interfaciales, un término voluntariamente extraído del campo de la informática y la realidad virtual que permite pensar cómo los medios operan como zonas de contacto y de comunicación entre diferentes actores y ámbitos de lo real, haciendo posible un intercambio multidireccional de información entre diferentes agentes a través del cual estos redefinen eso que Marc Augé llamó sus "identidades relativas". Y es que comunicar no es solo informar: es ante todo definir quiénes somos, quiénes queremos ser y qué relaciones aspiramos a mantener con los demás.

Bibliografía

Andrews, George Reid (2004): *Afro-Latin America, 1800- 2000.* Oxford: Oxford University Press. [Edición en español (2007): *Afro-Latinoamérica, 1800-2000.* Óscar de la Torre Cueva, trad. Madrid/Frankfurt a. M.: Iberoamericana/Vervuert.]

Ascencio, Michaelle (2012): *De que vuelan vuelan. Imaginarios religiosos venezolanos.* Caracas: Editorial Alfa.

Augé, Marc (2003): *Pour quoi vivons-nous?* Paris: Fayard.

Azria, Régine/Hervieu-Léger, Danièle (2010): *Dictionnaire des faits religieux.*Paris: PUF.

Barreto, Daisy (1990): "Perspectiva histórica del mito y culto a María Lionza". *Boletín Americanista* 39-40: 9-26.

Canals, Roger (2017): *A Goddess in Motion. Visual Creativity in the Cult of María Lionza.* Oxford: Berghahn Books.

— (2020): "Spirits against the Law". *Ethnos* 85.3: 507-531.

Clarac de Briceño, Jacqueline (1996): *La enfermedad como lenguaje en Venezuela.* Mérida: Universidad de Los Andes.

Coronil, Fernando.(1997): *The Magical State.* Chicago: The University of Chicago Press.

Engelke, Matthew (2010): "Religion and the Media Turn. A Review Essay". *American Ethnologist* 37(2): 371-79.

Ferrándiz, Francisco (2004): *Escenarios del cuerpo.* Bilbao: Universidad de Deusto.

Fontcuberta, Joan (2010): *La cámara de pandora.* Barcelona: Gustavo Gili.

Guardiola, Ingrid (2019 [2018]): *El ojo y la navaja.* Barcelona: Arcàdia.

Gruzinski, Serge (1994): *La colonisation de l'imaginaire.* Paris: Gallimard.

Houtman, Dick/Meyer, Birgit (eds.) (2012): *Things: Religion and the Question of Materiality.* New York: Fordham University Press.

Johnson, Paul C. (ed.) (2014): *Spirited things. The work of "Possession" in Afro-Atlantic Religions.* Chicago: Chicago University Press.

Meyer, Birgit (ed.) (2009): *Aesthetic formations. Media, religion, and the senses.* New York: Palgrave Macmillan.

Meyer, Birgit (2011): "Mediation and Immediacy: Sensational Forms, Semiotic Ideologies and the Question of the Medium". *Social Anthropology* 19 (1): 23-40.

Mintz, Sidney/Price, Richard (1992 [1976]): *The Birth of African-american Culture.* Boston: Beacon Press.

Peirce, Charles Sanders (1994): Peirce on Signs: Writings on Semiotic, James Hoopes, ed. Chapel Hill: University of North Carolina Press.

Pollack-Eltz, Angelina (2004): *María Lionza, mito y culto venezolano*. Caracas: Universidad Católica Andrés Bello.

Smilde, David (2007): *Reason to Believe: Cultural Agency in Latin America Evangelicalism*. Berkeley: University of California Press.

Palmié, Stephan (2013): *The Cooking of History. How Not to Study Afro-Cuban Religion*. Chicago: Chicago University Press.

Negociar el secreto.
Internet y la transnacionalización de las religiones afrocubanas

Marta Pons Raga
(Universitat de Barcelona)

Este capítulo analiza los distintos usos, sentidos y apropiaciones que hacen los practicantes de las religiones afrocubanas en Barcelona de internet. Después de un trabajo de campo de seis años con distintos practicantes de santería en esta ciudad española, he podido constatar que la heterogeneidad estructural que caracteriza esta práctica religiosa convierte los distintos usos y apropiaciones de los medios de comunicación en algo plural, complejo y conflictivo.

Uno de los conflictos principales que enfrenta los practicantes de santería en el actual contexto de transnacionalización religiosa gira en torno a los regímenes confrontados de visibilidad del secreto; por un lado, hay unos practicantes que defienden comunicarlo y compartirlo a través de internet y, por otro lado, hay otros practicantes que abogan por proteger su divulgación *online*. Dos ideas fundamentales permiten ahondar en el análisis de este conflicto. Primero, debemos concebir estas religiones como un campo sinérgico en constante recomposición (Palmié, 2018; Espírito Santo y Panagiotopoulos, 2015; Argyriadis y Capone, 2011; Holbraad, 2012; Beliso-De Jesús, 2015). Esta idea permite comprender la creatividad de los santeros y santeras como la lógica estructural de estas prácticas religiosas. Las dimensiones temporales de la improvisación creativa de los actores sociales, plasmadas a través del análisis etnográfico, dan cuenta de una suerte de artesanía ontológica (Espírito Santo y Panagiotopoulos, 2015), es decir, de cómo a través del quehacer ritual y del discurso cosmológico se generan nuevas realidades, las cuales no pueden ser concebidas, pues, a partir de características definitorias apriorísticas.

La segunda idea que permite enmarcar la problemática es el contexto de individualización extendido de manera generalizada en el marco euroamericano (Asad, 2003; Mahmood, 2009; Prat, 2012; Taylor, 2007; Hanegraff, 1998). El llamado individualismo institucionalizado (Beck y Beck-Gernsheim, 2003) afecta al ámbito religioso dando lugar a una proliferación de nuevos imaginarios religiosos emparentados con lo que Noomen, Aupers y Houtman (2012) llaman las espiritualidades holísticas. Este contexto permite —y facilita— comprender el camino religioso como una vía de aprendizaje personal (Prat, 2012; Hanegraff, 1998; Taylor, 2007), en la que la experiencia de lo vivido deviene piedra angular de la verdad religiosa (Aupers, 2012: 344). Ambas ideas mantienen una estrecha relación, ya que esta suerte de artesanía ontológica incorpora aspectos contextuales de la misma manera que lo ontológico constituye las prácticas y las representaciones que caracterizan y posibilitan el contexto que lo ampara (Espirito Santo y Panagiotopoulos, 2015).

Así, no debe sorprender que las nuevas concepciones que algunos santeros han otorgado al secreto emerjan en uno de los epicentros de lo que Asad (2003) llama proyecto de modernidad. El hecho de despojarse de unas estructuras estrictamente mágico-religiosas consideradas tradicionales, como puede ser el secreto dentro de la santería, y abogar por otras que permiten desarrollar un aprendizaje personal a través de la experiencia vivida i compartida en muchas ocasiones mediante Internet parece ser, cada vez más, uno de los rasgos definitorios del contexto religioso europeo contemporáneo.

La santería como campo sinérgico

La praxis cotidiana y los discursos de los practicantes de la santería *performan* nuevas clasificaciones y nuevas categorías acerca de lo que esta es. Por este motivo, Palmié afirma lo siguiente: "There are no cultures, societies, economies, languages, or Afro-Cuban religions out there in the world, only slices of life variously put under cultural, social, economic, linguistic [...] descriptions, differentially institutionalized as such, and given consensual 'reality' to locally and historically varying degrees by human collectivities" (2013: 7).

A pesar del reto que este hecho pueda parecer a la hora de realizar un análisis antropológico sobre la santería en Barcelona, se trata de definir los efectos de realidad (Palmié, 2018), es decir, no tanto aquello que la realidad supuestamente es, sino cómo está construida y qué efectos produce: "only if we consider how some such objects subsequently begin to do things in the world" (Palmié, 2013: 7). Este campo sinérgico creador de realidades o, apelando a Holbraad, "in motion" (2012), mantiene una estrecha relación con lo que Barad llama *Intra-activity* (2007). Para la autora, es la relacionalidad permanente lo que genera la potencialidad de los elementos que podrán ser diseminados y susceptibles de análisis. Se trataría de partir de una ontología de la relacionalidad, puesto que no habría ningún elemento ontológicamente distinto, exento o previo a su relación en esa suerte de fuerza sinérgica o de intra-actividad.

La santería *in motion*: la consolidación de dos tendencias

Uno de los efectos de realidad (Palmié, 2018) resultado de la intra-actividad (Barad, 2007) que caracteriza a la santería en Barcelona es el surgimiento y la progresiva consolidación de dos tendencias en cuanto a la manera de entender, practicar y vivir las religiones afrocubanas. A pesar de que la frontera entre ambas suele ser permeable, en ocasiones se torna gruesa y opaca, generando dos posicionamientos claramente distinguidos. Una de estas ocasiones tiene que ver con el hecho de que los partidarios de una de las tendencias defienden compartir el secreto, especialmente por internet, y los otros, rechazan tal opción.

Por "tendencia" me refiero a una estructura bajo la cual se pueden englobar ciertos usos y representaciones de los practicantes en relación a las religiones afrocubanas en general y a la santería en particular. Ahora bien, si la noción de tendencia connota una dirección, también incluye en su definición la incapacidad para definir algo como compacto, estanco, inmóvil o reificado. Esto, en la práctica, significa que podemos observar practicantes que tienden a vivir la religión de una determinada manera, pero en ningún caso se debe comprender esta tendencia a modo de instrucciones de uso a las que se adhieren sin excepción. Los actores de una y otra tendencia (muchos de ellos, amigos y conocidos entre sí) comparten prácticas, ideas, objetos, etc.

La imposibilidad de fijar categorías también tiene una implicación en cuanto a la misma concepción del secreto religioso. La heterogeneidad, sinergia y recomposición permanente de las religiones afrocubanas hace que incluso dentro de cada tendencia existan opiniones contradictorias acerca de los límites del secreto y de lo que en efecto el secreto es, convirtiéndola así en una categoría negociada permanente. Por este motivo, establecer este doble patrón o tendencia no supone ninguna contradicción con el hecho concebirlas como un conjunto de prácticas enormemente plurales y cambiantes, ya que son tendencias que, como tal, incluyen esta heterogeneidad en su seno.

Con esta doble tendencia, pues, no se pretende dar cuenta de la realidad social completa en relación a las religiones afrocubanas (tarea lógicamente inalcanzable), sino que modestamente se pretende mostrar un episodio vivo de realidad social, un episodio en el que esta división existe por parte de los propios practicantes y sirve para articular sus discursos acerca de cómo se autodefinen y se autorrepresentan, así como se distinguen entre sí. Todo grupo social, tal como establece Espírito Santo (2010) tiende a proteger los límites de sus actividades para preservar su autonomía y legitimación. A menudo lo hace proponiéndose como alternativa u opuesta a otra corriente, una tarea que la autora denomina *boundary-work* (2010). La división entre estas dos tendencias debe comprenderse en estos términos, en tanto que los partidarios de cada una de ellas tienden a definirse en oposición a la otra y uno de los ejes fronterizos entre ambas es la protección o divulgación del secreto, a pesar de las contradicciones y conflictos que pueda haber dentro de cada tendencia. Por un lado, una tendencia, la santería tradicional, se muestra más cercana a la convención ritual, a la manera como se practica la religión en el territorio de origen de esta praxis: Cuba (aunque sea a nivel discursivo) y, por lo tanto, a la preservación del secreto religioso. Los partidarios de esta tendencia se reúnen habitualmente en asociaciones culturales, una de las cuales, la Asociación Ilé-Oriaté, situada en el Prat de Llobregat, ha sido uno de los núcleos de mi trabajo de campo en los últimos años. Esta asociación está liderada por un *oriaté*, Leandro, y aúna entre cuarenta y sesenta personas que acuden de manera más o menos habitual a la asociación, aunque también recibe visitas de clientes esporádicos. El discurso predominante en esta asociación por parte del *oriaté* o padrino y secundado por la mayoría de los demás asistentes tiene que ver con la voluntad de preservar la tradición y no contaminarla con elementos nuevos y considerados falsos respecto a la práctica religiosa original. De esta manera, Leandro decía lo siguiente: "No hay que dejar que estos que están haciendo cosas nuevas y estrambóticas ganen la batalla. A mí me han enseñado así y esto es lo que hay que preservar". Con esta cita se hace evidente la importancia de proteger o preservar el secreto religioso por ser parte estructural de la tradición santera.

En cambio, la otra tendencia, que propongo llamar neosantería, se presenta con una voluntad explícita de ruptura con ciertos esquemas tradicionales dentro de la religión, como el sentido del secreto y su difusión a través de internet. Para los practicantes de esta tendencia, que se autodenominan neosanteros, es fundamental considerar la religión como una fuente de aprendizaje personal que hay que compartir y divulgar. Teo, un sacerdote, *obá*, afirmaba lo siguiente: "Yo tengo un montón de conocimiento, podría escribir libros enteros. Yo esta información siento que tengo que compartirla". Se observa, con esta cita, la importancia otorgada al conocimiento por parte tanto de Teo como del resto de los practicantes de la neosantería. En los discursos de los neosanteros, los cuales son mayoritariamente europeos y tienen entre veinte y cuarenta años de edad, es habitual hacer referencia al aprendizaje, el cual suele venir siempre en última instancia por una experiencia vivida y, a su vez, al hecho de que la acumulación de todas estas experiencias conduce a un enaltecimiento como individuos. La jerarquía religiosa tradicional, determinada en gran medida por el conocimiento y adquisición del secreto sagrado, no es relevante para estos practicantes, sino que se valora positivamente cuanta más capacidad para aprender y crecer.

La importancia de un conocimiento que pasa por la subjetividad, por su experiencia y sus sensaciones, tan importante para la neosantería, no es un fenómeno aislado. Joan Prat (2012) propone el término de "nuevos imaginarios culturales" para hacer referencia al conjunto de nuevas y renovadas prácticas religiosas extendidas especialmente en el contexto euroamericano (aunque no exclusivamente). Se trata de unas prácticas que tienen como eje fundamental —incluso definitorio— una energía espiritual que se encuentra en el interior de cada individuo, haciendo evidente que lo que cada uno siente y experimenta deviene el núcleo de lo divino: "the lingua franca of the New Age is that every person is, in essence, spiritual" (Aupers, 2012: 343).

Una de las características más importantes de estos nuevos imaginarios, además del auge de la subjetividad empoderada como ser espiritual, tiene que ver con un alejamiento de las corrientes religiosas tradicionales, como el cristianismo, pero también de la santería más convencional, en el caso de los practicantes de esta religión en el contexto europeo. Así, es habitual que los practicantes de estos imaginarios se consideren seres espirituales, pero no religiosos[1], que en vez de practicar rituales, realizan trabajos energéticos. Para estos practicantes, la "energía" debe comprenderse en términos holísticos, es decir, como el conjunto de fuerzas que abarcan aquello tangible y material y aquello intangible y espiritual o mental. Para hacer énfasis en la cuestión de la completitud, otros autores han propuesto el término, como he mencionado anteriormente, de "espiritualidades holísticas" (Noomen, Aupers y Houtman, 2012), que pretende superar el término más ampliamente extendido del "movimiento de la nueva era" (Hanegraaff, 1998), el cual tiene unas connotaciones milenaristas que no siempre comparten todos sus practicantes.

La digitalización de la santería

Argyriadis y Capone proponen concebir las religiones afrocubanas en la actualidad a partir de su condición de campo transnacionalizado, caracterizado por una plurilocalidad ritual y cosmológica (2011). En este fenómeno transnacionalizado y en recomposición permanente, internet, como medio de comunicación, desempeña un papel fundamental, por dos razones, principalmente. En primer lugar, permite modificar la distancia geográfica existente entre distintos practicantes de la santería que se encuentran alejados entre sí; de manera que es cada vez más habitual que se produzca lo que Beliso-De Jesús (2015) denomina *tecnorituales*, es decir, rituales que se ejecutan con participantes situados en lugares distantes del planeta y que a través de plataformas como Skype pueden participar de manera conjunta del evento religioso. La segunda razón tiene que ver con el *boundary-work* (Espírito Santo,

---

1.   Bauman denomina este proceso como "destradicionalización", es decir, un fenómeno que está llevando al declive aquello que se considera tradicional por ser considerado algo retrógrada, folklórico y, en definitiva, con tremendos rasgos peyorativos que, por lo tanto, hay que superar.

2010) de los distintos practicantes de la santería, es decir, con la construcción de la identidad y la transmisión de esta. Muchos estudiosos han tildado el contexto actual de era digital[2] (Ginsburg, 2008: 293), y los practicantes de la santería no se mantienen al margen de esta expansión de los medios de comunicación digitales.

Ginsburg, Abu-Lughod y Larkin (2002) ofrecen una clasificación dentro de lo que consideran un *continuum* sociopolítico en relación a los usos de medios de comunicación. En un extremo, estarían los llamados *mass media* apropiados por parte de gobiernos o de empresas privadas con el objetivo de formar ciudadanos modernos y consumidores (2002: 7). En el otro extremo habría apropiaciones por parte de sectores sociales que se definen como autorreflexivos y que tienen el objetivo de contestar cosmologías y prácticas *mainstream*. El objetivo de emplear los *media* por parte de estos sectores tiene que ver con la búsqueda de un empoderamiento a nivel político y cultural o, tal y como mencionan Ginsburg, Abu-Lughod y Larkin, el objetivo es un "'talk back' to structures of power that have erased or distorted their interest and realities" (2002: 7) y, por ello, Ginsburg habla, en este caso, de "activismo cultural" (2002: 8). En este *continuum* que proponen dichos autores, se parte de colectivos, más o menos consolidados, que se apropian de los medios de comunicación de una manera bien precisa. No obstante, cuando pensamos en el uso de los *media* por parte de los practicantes de las religiones afrocubanas en un contexto transnacionalizado y particularmente europeo hay que pensar en ampliar o, al menos, introducir algún matiz a este *continuum*.

En primer lugar, la enorme heterogeneidad y la carencia de asociaciones u otras instituciones de practicantes de religiones afrocubanas en Barcelona hace que sea una tarea casi imposible considerarlos un colectivo o un grupo de culto y, aún menos, consolidado[3]. Sánchez

---

2. Denominar el momento presente como una era digital sin matices es concebir la contemporaneidad como un todo homogéneo y, así, obviar la "digital divide" (2008: 293), es decir, el hecho de que los medios de comunicación participan e incentivan las estructuras de poder subyacentes y externas a ellos, pero que por otro lado se encargan de reproducir sistemáticamente. De esta manera, considerar el contexto de digitalización sin tener en cuenta las desigualdades sociales en cuanto al acceso, la comprensión y el uso de los nuevos medios resulta, señala la autora, un acto inevitablemente etnocéntrico (Ginsburg, 2008: 293).
3. Pueden constituirse grupos o colectivos en un determinado momento o para una determinada finalidad, pero no hay conciencia de grupo de culto consolidado,

afirma que "su presencia [la de los cubanos en Barcelona] en el espacio público de la ciudad pasa más bien desapercibida como colectivo social" (2008: 48). Esta suerte de fragmentación, según el autor, hace que no se pueda considerar la población cubana establecida en Barcelona como un "enclave étnico", empleando la terminología de Margolis (2004 en Sánchez, 2008), es decir, como una comunidad establecida económicamente en el país de destino, ocupándose de un sector del mercado determinado (Sánchez, 2008).

La fragmentación de la población cubana establecida en Barcelona va en paralelo a la individualización de los practicantes de la santería en esta misma ciudad y es, según un gran número de autores, signo de la modernidad religiosa contemporánea (Prat, 2012; Taylor, 2007; Asad, 2003; Mahmood, 2009; Turner, 2011; Aupers, 2012; Noomen, Aupers y Houtman, 2012; Hanegraaff, 1998; etc.). Por ello, Prat (2012) propone el término de "usuario". Se trata de un término que refleja con más precisión la manera en que muchos de los practicantes se relacionan con sus religiones, dado que las usan para aliviar un malestar y en cuanto lo han hecho muchos de ellos no vuelven a practicarlas o bien lo vuelven a hacer cuando las necesitan de nuevo. Es decir, son religiones de servicio (Pasqualino, 2011: 248), y los practicantes las usan para adquirir su bienestar, físico, mental y espiritual.

Los usuarios-practicantes de la santería en Barcelona emplean internet como una herramienta para agruparse, para comunicar, para autodefinirse y autorrepresentarse, para contestar a los que se consideran opuestos al propio credo religioso, y, en algún caso, para visibilizar el secreto religioso y romper, así, con la vertiente más tradicional de esta religión. Noomen, Aupers y Houtman argumentan que internet "gives groups and individuals room to voice their criticisms of modern society and its dominant culture and provides them with a platform to connect, share their ideas, and reach out to others" (2012: 390).

Si, por lo tanto, debemos considerar a los practicantes de las religiones afrocubanas como usuarios[4], que, además, son conscientes de

---

dada la enorme variedad de personas que pueden participar de estos cultos, incluso en la misma asociación Ilé-Oriaté.

4. A pesar de la designación de usuarios, propongo que se parta de dos tipos de usuarios distintos, los esporádicos y los comunitarios o, en términos de Hanegraaff (1998), *seekers* y *dwellers*. Los esporádicos son aquellos que usan la religión para una finalidad concreta y, a menudo, usan otras religiones de manera complemen-

esta dispersión y no presentan intención de constituirse como colectivo, no podemos pensar en una elaboración tan sistematizada como la que propone Ginsburg en relación a ciertos colectivos indígenas en cuanto al uso de los media para construir comunidad y erigirse como sujetos políticos empoderados. Así pues, internet deviene una suerte de "third space", tal como propone Bhabha (1989 en Ginsburg, Abu-Lughod y Larkin, 2002: 7) que, contrariamente a los *mass media* más tradicionales permite que pequeñas sumas de individuos se dirijan a audiencias muy determinadas que, a menudo, además, están vinculadas a una actividad concreta. Así, podemos constatar cierta correspondencia entre esta fragmentación de practicantes-usuarios y el uso de lo que Ginsburg, Abu-Lughod y Larkin llaman "forms of decentralized 'small media' [...] that is more fragmented and diverse in its economic and social organization" (2002: 3).

La constatada descentralización de los practicantes de las religiones afrocubanas en Barcelona, eso es, de sujetos transnacionales o, apelando a Beliso-De Jesús, *cross-spatial subjects* (2015: 42), que viajan permanentemente, con medios de transporte o con medios tecnológicos de comunicación, crea, a través de sus experiencias, nuevas maneras de vivir y de practicar la religión, dando lugar a lo que Canals llama "nomadismo religioso" (2014). Este hecho, a su vez, hace que la presencia de estas prácticas en internet se deba comprender como una suerte de "jungla", apelando a Noomen, Aupers y Houtman (2012: 386), es decir, un lugar en el que cada cual puede dar su opinión, generando una multiplicidad de explicaciones que a menudo generan conflictos y una consecuente lucha por la legitimación. Así pues, las apropiaciones que los practicantes de las religiones afrocubanas hacen de internet no suponen un proceso sencillo, sino, múltiple, complejo y conflictivo.

LA SANTERÍA TRADICIONAL Y LOS *SMALL MEDIA*: PROTEGIENDO EL SECRETO

Desde la santería tradicional, hay un posicionamiento opuesto a la visibilización del secreto religioso y al uso de internet para difundirlo.

---

taria para paliar un malestar. Los usuarios comunitarios tienen una intención de participar más sistemáticamente de esta religión (sin mostrar demasiado interés en la práctica de otras religiones). Ahora bien, estos usuarios-comunitarios o *dwellers* siguen practicando la religión por su elección y con una finalidad concreta.

El secreto es algo constitutivo de las religiones afrocubanas, por un lado, a nivel estratégico y por otro, teológico. En cuanto al nivel estratégico, cabe señalar que el origen de estas religiones se sitúa en el contexto de la esclavitud, por lo que muchos autores las han definido como religiones de resistencia (Mintz y Price, 2002) que, para sobrevivir, debían mantenerse ocultas por parte de sus practicantes.

Así pues, el hecho de ocultar, de mantener secretas sus prácticas está en los orígenes mismos de estas religiones y tiene un carácter estratégico. Asimismo, estas prácticas siguieron desarrollándose de manera más o menos oculta después de la abolición de la esclavitud en Cuba, en 1868. A lo largo del siglo xx, a pesar de su considerable expansión entre los cubanos, estas prácticas se mantuvieron secretas al estar perseguidas y estigmatizadas desde las distintas instituciones gubernamentales, que las tildaban de "magia negra" y "brujería" (Murrell, 2010).

La diáspora en Europa de estas religiones no ha modificado el sentido estratégico del secreto. En Europa, bajo las lógicas del proyecto de modernidad y del secularismo (Asad, 2003), las prácticas religiosas que implican rituales colectivos, como son los sacrificios —núcleo central del ritual santero tradicional— son deslegitimadas e incluso ilegales[5]. De esta manera, las prácticas religiosas afrocubanas siguen siendo, mayoritariamente, ocultas. Así, por ejemplo, hay celebraciones *membé* o de tambor que se realizan en casas abandonadas y okupadas en el monte de la periferia de Barcelona para que nadie pueda oírlas; o bien se compran ambientadores perfumados que se sitúan al lado de los *ngangas* (o calderos de palo), para menguar el olor que de ellos se desprende dada la presencia de restos orgánicos que se utilizan para hacerlos. En los discursos de los interlocutores siempre está presente el hecho de ocultar.

El secreto, no obstante, también tiene un sentido teológico. Es decir, se justifica por la propia idiosincrasia interna de estas religiones. La organización jerárquica religiosa se constituye a partir del conocimiento del secreto religioso, es decir, de la información religiosa que solo a través de iniciaciones (que implican tiempo y dinero) se puede conocer. De esta forma, aquella persona sabia en la religión es quien

---

5. A pesar de la aparente libertad de culto que hay en España, el sacrificio animal para un fin comestible (algo que sucede a menudo con los sacrificios de santería y palo) son ilegales si se producen fuera del matadero.

ha dedicado largos periodos de tiempo a conocerla, quien además ha tenido un buen padrino que ha hecho de maestro ceremonial y le ha introducido en los cantos y la música, en los *patakíes*[6] y en el quehacer ritual y, por supuesto, quien ha tenido el dinero para mantener esa relación con su padrino a lo largo de todo este periodo. Una persona sabia en estas religiones conoce los sistemas de adivinación, es decir, conoce los mecanismos a través de los cuales los *orichas* se comunican con los humanos y es capaz de erigirse portador de estos mensajes.

Así pues, adquirir y conocer el secreto constituye la meta última del iniciado, más allá del sentido estratégico que existe alrededor de él. El santero paciente, con cierta capacidad económica, obediente y constante con su padrino y con el *aché*[7] de su parte puede llegar a conocer al menos gran parte de ese secreto. Parece evidente, de esta manera, que el secreto es algo que hay que proteger de la divulgación y especialmente de la divulgación a gran escala que se puede producir con la presencia de internet.

Ahora bien, resulta importante destacar que esta protección del secreto, especialmente, en relación a su divulgación a través de internet no implica una oposición al uso de las tecnologías de la imagen y de la comunicación, en general. A continuación, desarrollaré dos ámbitos en los que se puede percibir la relación entre la santería tradicional en Barcelona y los *small media* o internet.

Internet en la Asociación Ilé-Oriaté

El primer ámbito que propongo destacar es el uso de los dispositivos móviles y concretamente la aplicación de WhatsApp que se emplea para convocar rituales, ceremonias festivas o para difundir información que quiera dar el padrino de esta asociación, el *oriaté* Leandro, al resto de participantes. La aplicación de WhatsApp constituye un medio tecnológico de comunicación esencial para la organización interna de la asociación. Si bien es cierto que su uso es muy frecuente y sirve para agilizar, organizar y gestionar mejor los encuentros de un

---

6. Se trata de narraciones acerca de los distintos *orichas*. Los sacerdotes son quienes las comprenden plenamente y pueden utilizarlas para difundir el conocimiento concreto que se deriva de ellas.

7. El *aché* es la fuerza y energía vital que está en todas las cosas (Beliso-De Jesús, 2015).

grupo ya consolidado, también es cierto, que es una aplicación que genera, en efecto, comunidad, puesto que quién pertenece al grupo adquiere un estatus más elevado entre la comunidad de la asociación. Este mayor status se da porque, fundamentalmente, haber entrado en el grupo implica haber recibido el visto bueno de Leandro, puesto que él decide quién entra y quién no[8]. El padrino, situado en la cima de una pirámide social sólidamente estructurada tiene un poder de decisión muy extendido en relación a las vidas de sus ahijados en general. Desde que este grupo de WhatsApp está en funcionamiento, uno de los ámbitos en los que puede ejercer esta posición dominante y decisiva está en relación a esta comunidad virtual. Él decide quién puede enterarse de los eventos religiosos (y, así, puede asistir a más ceremonias e ir ganando progresivamente mayor confianza entre la gente y, consecuentemente, un rol y un estatus cada vez mayor) y quién se mantiene al margen. Por lo tanto, pertenecer a esta comunidad virtual posibilita posicionarse mejor en la comunidad factual de la asociación.

Ahora bien, bajo ninguna consideración se transmite información secreta por este medio. Está prohibida la divulgación por WhatsApp de fotografías y vídeos de momentos sagrados. Así, esta aplicación deviene una herramienta de comunicación, un mecanismo para establecer comunidad y, finalmente, para sentar los límites de lo permitido. Se trata, pues, de un medio tecnológico de comunicación que se encarga de producir y reproducir el *boundary-work* (Espírito Santo, 2010) de la comunidad Ilé-Oriaté, es decir, de ratificar la protección del secreto para el buen funcionamiento socio-religioso.

El segundo ámbito que propongo destacar en cuanto al uso de internet en la asociación es la plataforma YouTube. Desde el año 2014, algunos miembros de la asociación tienen una clara voluntad de grabar vídeos en los que se discutan temas religiosos y luego colgarlos en esta plataforma, como una manera marcadamente explícita de difundir a la sociedad no practicante, la manera como se autodefinen y se autorrepresentan, para, así, autolegitimarse.

---

8. A pesar de que Leandro tiene el poder de decisión último, lo cierto es que también recibe muchos consejos por parte de sus ahijados acerca de las personas que van entrando en la asociación. Así, son algunos otros santeros los que de alguna manera persuaden a Leandro para que acepte a alguien en el grupo y, en general, Leandro accede a estas peticiones.

En marzo de 2016, se creó una gran expectativa en la asociación para abrir un canal de YouTube. De entre los asistentes más habituales, unas sesenta personas, muchas de ellas pertenecientes al grupo de WhatsApp, no se encontró quién pudiera liderar este proyecto. De hecho, Leandro, Félix y Ali, santeros de la asociación, me insistieron a mí, como antropóloga, para que hiciera las grabaciones y posteriormente colgara los vídeos en internet. Una actividad a la que accedí con gusto, a pesar de que nunca se llegó a realizar por cuestiones logísticas de los que iban a participar de estas grabaciones. No obstante, lo interesante es el motivo que subyace a este proyecto. Después de que Leandro, Félix y Ali, entre otros santeros de la asociación, consultaran en internet y vieran, tal como comentaban, vídeos explicativos de lo que esta religión es, sintieron la necesidad de hacerlo ellos mismos. Esto significa dos cosas. Por un lado, que se consultan, a través de internet, vídeos de otros santeros en los que se explica de qué trata esta religión. Y por otro lado, que se quiere ofrecer una respuesta a estos mensajes[9], a menudo para complementar, otras veces para contradecir y en alguna ocasión para apoyarse en sus propios argumentos acerca de lo que la santería debe ser o, contrariamente, debe rechazar, como la neosantería. Así, autores como Ginsburg, Abu-Lughod y Larkin hablan de "a reflexive process in which practical and imaginative encounters with cinematic or televisual images and narratives may express and/or constitute a variety of subaltern social and cosmological worlds" (2002: 7).

Es importante destacar que las grabaciones no deben ser de ninguna práctica religiosa o ritual, es decir, de ningún momento secreto. De esta manera, el uso de YouTube por parte de los miembros de la asociación tiene que ver, pues, con el hecho de elaborar un discurso de autodefinición y sentar los límites de su propia identidad, haciendo patente aquella frontera que no pueden traspasar. Esto lo hacen a partir de un fenómeno que propongo llamar "intervirtualidad", es

---

9.   La voluntad de contestar mensajes tiene que ver con lo que Ginsburg; Abu-Lughod y Larkin llaman "talk back" (2002: 7). Desde los años ochenta, grupos indígenas y de otras minorías sociales empezaron a utilizar los *media* para hacer emerger su voz ante las estructuras de poder *mainstream*. En esta ocasión, la voluntad de los miembros de la asociación parece tener un paralelismo con esta tarea al emplear la plataforma YouTube para poder ofrecer su punto de vista acerca de qué es lo que entienden por santería y cómo debe desarrollarse.

decir, a partir de unas relaciones dialógicas, cambiantes y múltiples que establecen con otros materiales audiovisuales que se encuentran de la misma manera en la red y que sirven, en efecto, para perpetuar la necesidad de protección del secreto religioso.

El cajón de Trivia: negociando el secreto

El uso de internet por parte de los miembros de la asociación es una práctica extendida, pero, de la misma manera, la voluntad de ocultar el secreto religioso también es una prioridad entre estos practicantes. No obstante, como he comentado anteriormente, existe cierta heterogeneidad en cuanto a la definición de lo que el secreto es. En este apartado desarrollaré las disputas internas en relación a la concepción del secreto dentro de la santería tradicional para constatar que se trata en efecto de un concepto móvil, en recomposición y negociado permanentemente, pese a que, de la misma manera, es una de las categorías que se establece como frontera entre una y otra tendencia.

En marzo de 2017 tuvo lugar un ritual, un cajón al muerto, en una casa en la que vivía una practicante de santería y palo monte[10] llamada Trivia. La chica había sido "rayada", eso es, iniciada en el palo y se iba a hacer un "cajón a su muerto". La ceremonia se desarrolló dentro de la casa, con la asistencia de unas treinta personas, la mayoría de las cuales eran habituales de la asociación. Leandro ofició el ritual, que se desarrolló sin posesiones, algo poco habitual en una ceremonia de esta índole. Sin embargo, lo más inaudito que sucedió ese día fue que Yasmin, una *yavó*, eso es, neófita dentro de esta religión, sacó su móvil y empezó a grabar en medio de un ambiente ritual tradicional: bailes, tambores, humo, cantos, ron y sudor de todos los participantes de la ceremonia.

Ese episodio desencadenó una serie de acontecimientos y disputas que hicieron emerger las distintas opiniones acerca de lo que el secreto religioso es y debe ser. El primero de todos tuvo lugar el mismo día del ritual del cajón, cuando dos practicantes se dirigieron a la *yavó* en cuanto detectaron que estaba grabando para exigirle que dejara de

---

10. El palo o palo monte (*mayombe*) es una religión afrocubana que proviene del pueblo bakongo. Su nombre se debe a que sus practicantes utilizan numerosos palos para preparar artísticamente los altares o *ngangas* (Murrell, 2010: 135, 136).

hacerlo. Le dijeron que el padrino no toleraba ese tipo de acciones. El mismo Leandro, al terminar el ritual, habló con la neófita y le reprochó que la carencia de posesiones en la ceremonia había tenido que ver con las grabaciones que ella había realizado. La actitud de Yasmin siempre fue de perplejidad. Para ella, grabar los tambores del ritual no tenía nada de secreto, sino que tenía que ver con algo meramente festivo, en tanto que musical, y en todo caso tenía connotaciones de tipo artístico y cultural. Así, ella no veía ningún problema en grabar ese tipo de momentos rituales para después difundir las grabaciones por las redes sociales, como Facebook. De hecho, la *yavó* argumentaba que grabar momentos del ritual —incluso momentos considerados tradicionalmente sagrados, como los sacrificios— era una práctica cada vez más habitual que no se podía obviar.

Los siguientes acontecimientos tuvieron lugar en la asociación, con discusiones entre sus asistentes sobre el episodio de Yasmin, que sirvió como un caso catalizador para reflexionar sobre la problemática de los límites del secreto en términos más generales. Desde la posición de la mayoría de los practicantes de la santería tradicional, la música, los tambores, los bailes y los cantos en los rituales son sagrados y, por consiguiente, secretos, en tanto que son lo que permite que el *oricha* "se monte", es decir, se manifieste en forma de posesión. Pero había algunos miembros, como Yasmin, que consideraban que la música era una suerte de patrimonio cultural, que, como tal, no se podía considerar secreto en términos tradicionales y que, de hecho, había que difundirlo, especialmente, por la red. Estos practicantes, en efecto, estaban de acuerdo en proteger el secreto de su difusión; sin embargo, el dilema tenía que ver con qué se consideraba secreto y qué no.

Aunque las opiniones de Yasmin y de otros practicantes de la asociación nunca fueron compartidas plenamente por Leandro y la mayoría de los santeros tradicionales, sí crearon una actitud más permisiva en cuanto a la realización de fotografías y vídeos de ciertos momentos rituales por parte de algunos practicantes a sabiendas de que este material audiovisual es habitualmente transmitido por las redes sociales. Es decir, se amplió el espectro de lo no secreto en las prácticas religiosas.

Lo más interesante de ese episodio fue que se pudo constatar cómo las religiones afrocubanas deben entenderse desde la artesanía ontológica que proponen Espírito Santo y Panagiotopoulos (2015), puesto que los practicantes producen, reproducen y modifican la cosmología santera con su praxis religiosa cambiante. La misma categoría de secreto que, por un lado, vehicula parte del conflicto entre ambas tendencias es, por el otro, una categoría móvil, constantemente negociada y signo de discordia dentro de los practicantes de una misma tendencia. Sin embargo, y a pesar de que la noción de secreto pueda tener distintos sentidos entre los practicantes en una misma tendencia, o incluso genere posiciones diferentes en el tiempo por parte de un mismo practicante, la postulación de Leandro y del resto de practicantes de la asociación en cuanto a la captación de imágenes de momentos secretos sigue siendo, en general, de rechazo.

La neosantería e internet: compartiendo experiencias secretas

Los practicantes de la neosantería en Barcelona que han posibilitado esta investigación articulan discursos acerca de la espiritualidad y de lo que entienden por "religión" poniéndola en estrecha relación, tal como he propuesto anteriormente, con los "nuevos imaginarios culturales" (Prat, 2012) o el conocido movimiento de la nueva era (Hanegraff, 1998). Son muchos los autores que han analizado el auge de este movimiento religioso o espiritual a escala global y particularmente en el contexto euroamericano (Turner, 2011; Taylor, 2007; Prat, 2012; Hanegraaff, 1998; Heelas, 1996; Aupers, 2012; etcétera). Otros autores también han analizado este auge relacionándolo con prácticas de santería desarrolladas en la isla de Cuba (Karnoough, 2011). Lo que propongo aquí es analizar cómo la relación entre los practicantes de la santería y las prácticas de la nueva era en Barcelona modifican el sentido tradicional del secreto religioso, proponiéndolo como un conocimiento al alcance de todo el mundo, especialmente a través del uso de internet.

La neosantería y las tecnologías de la comunicación

Los practicantes de la neosantería en Barcelona emplean las tecnologías digitales para comunicarse, especialmente, el WhatsApp o los correos electrónicos. El WhatsApp, no obstante, y a diferencia del uso que le dan los practicantes de la santería tradicional, no se emplea en modo de grupo, sino que lo más habitual son los mensajes privados para informar de una ceremonia, o para concretar cuestiones logísticas. También se utilizan mensajes privados para concretar una cita con el *obá*, aunque cuando llega el momento de la consulta, el sacerdote suele quedar con el interesado en persona. Por otro lado, se pueden crear grupos de WhatsApp para convocar eventos religiosos concretos, como por ejemplo, un "plante"[11] que convocó Teo en abril de 2019 en el que citó a seis ahijados para realizarlo. Ese grupo, no obstante, después del evento, se eliminó, como suele pasar con estos grupos que podríamos denominar "esporádicos".

Con todo, se observa que, al igual que en la santería tradicional, los practicantes de la neosantería emplean el WhatsApp para comunicarse entre ellos. Esta herramienta se ha convertido, no solamente en un elemento que facilita la comunicación, sino que incluso la posibilita, dado que, a menudo, algunos neosanteros utilizan los distintos espacios urbanos con wifi gratuita para conectarse y saber dónde tienen que ir, dado que no disponen de suficiente dinero para cuotas telefónicas fijas (incluso puntuales) que permitan realizar llamadas o mensajes de texto llamados "SMS". Julito, un interlocutor, afirmaba lo siguiente: "yo no sé qué haría sin el WhatsApp. No podría estar conectado con mi padrino". Así pues, esta aplicación, de manera parecida al uso de los santeros tradicionales tiene, mayoritariamente, un sentido pragmático y logístico que tiene que ver con la comunicación interna de los practicantes.

Por otro lado, también se consultan páginas web, aplicaciones móviles, como el Ifa Traditional Pro y vídeos a través de YouTube, en los cuales se visualizan a otros practicantes de santería realizando rituales o articulando discursos alrededor de la religión. A lo largo de los últimos años, algunos neosanteros y yo hemos visionado de manera conjunta ciertos vídeos de entre una cantidad ingente y creciente de material audiovisual que circula en plataformas como YouTube. Durante estos visionados, también de manera parecida a los comentarios de los practicantes de la santería tradicional, la mayoría de los discursos han ido en la dirección de cuestionar o criticar la veracidad de su contenido: "ponen estas cosas al alcance de todo el mundo, pues como

---

11. Se trata de un ritual de palo en el que distintas personas que han sido rayadas en palo monte dan de comer a su *nganga* en una ceremonia conjunta.

ponen los programas de tarot en la tele. Al final, si uno tiene cabeza, ya sabe que eso es basura", contaba Miriam, una ahijada de Teo y santera desde 2012. De hecho, algunos comentarios de los neosanteros en relación a los vídeos colgados en YouTube que visualizan suelen provocar la sensación generalizada de que tanto quienes los realizan como quienes los visualizan sin espíritu crítico son "incultos" o "analfabetos religiosos", como mencionan.

Para los neosanteros, el conocimiento que merece la pena adquirir de internet no está en la supuesta veracidad de los vídeos que están colgados en YouTube, ni tampoco en todos los libros colgados en la red y que consultan frecuentemente, ya que el conocimiento verdadero no puede ser hallado pasivamente y aún menos, no puede estar fuera de uno mismo, sino que es construido por parte de cada individuo. Las consultas de vídeos, páginas web o aplicaciones móviles solo tienen sentido si a continuación se puede desarrollar una crítica al respecto. Así, es frecuente que en un encuentro entre neosanteros se empiece comentando el último libro *online* que un participante ha leído acerca de las religiones afrocubanas y las opiniones personales a las que le ha llevado la lectura. Todas estas consultas y lecturas producen una vasta multiplicidad de interpretaciones por parte de los neosanteros, los cuales se apropian de unas y otras explicaciones para generar su propio conocimiento religioso.

Esta actitud refleja una postura generalizada entre los practicantes de los nuevos imaginarios culturales, tal como señala Prat (2012), dado que el conocimiento no se encuentra en algo externo a la persona, ni se accede a él mediante la fe o la razón, sino mediante el aprendizaje individual, constituido a base de construcciones eclécticas de creencias y de prácticas, que, a su vez, lleva al crecimiento personal y a un estado de sanación holística. El individualismo institucionalizado (Beck y Beck-Gernsheim, 2003), así, afecta a la neosantería, igual que a los nuevos imaginarios, dando lugar a una suerte de religiosidad en la que el epicentro no es la práctica colectiva o el ritual, sino el conocimiento que cada individuo constituye en relación a la religión (Taylor, 2007; Turner, 2011; Hanegraaff, 1998; Prat, 2012; Aupers, 2012).

De esta manera, la neosantería ha tornado las religiones afrocubanas en unas prácticas electivas e íntimas, es decir, las ha convertido, citando a Taylor (2007), en una "minimal religion", o bien en una religión de baja intensidad, ciñéndonos a Turner (2011). Este tipo de religiones tienen que ver con un individuo que se autogestiona y se construye su propia biografía (también su propio camino religioso), en el conjunto de una sociedad que Beck y Beck-Gernsheim (2003) denominan "no lineal" y en la que la normatividad social existe pero no de manera estanca o inmóvil. Se trata de una sociedad que produce y reproduce "individuos autónomos", eso es, que generan y gestionan sus propias normas (Lash, 2003: 16).

En este magma de múltiples y complejas lógicas sociales, el "New Age believer" (Hanegraaff, 1998: 46) y el neosantero aprenden a construir su propio conocimiento religioso, el cual supone, como señalan Hanegraff (1998) o Prat (2012), algún tipo de alternatividad al conocimiento convencional, fruto de la Ilustración y que encarna la ciencia *mainstream*[12]. Esta alternatividad, según Prat, yace en dos aspectos fundamentalmente; en primer lugar, cuestiona el principio de causalidad aristotélico, es decir, el hecho de que una causa determinada es seguida por un efecto también siempre idéntico. Y, en segundo lugar, pretende superar la dicotomía cartesiana según la cual la realidad tiene que ser percibida a partir de dos esferas claramente diferenciadas, como el cuerpo y la mente, la materia y el espíritu (*Res extensa* y *res cogitans*), o la razón (fundamento de la ciencia) y la fe (fundamento de la religión) (2012: 331).

Con todo, los neosanteros asientan su conocimiento a partir del sentido que le atribuyen a los acontecimientos y a los elementos, más que a una relación causal, y lo hacen porque consideran que las cosas se influyen mutuamente por contacto o por partir de una misma esencia o *aché*.

---

12. Beck (1998) argumenta que la segunda modernidad en la que estamos inmersos en la actualidad, especialmente en el contexto europeo, se produce el fenómeno de la desmonopolización del conocimiento, según el cual la individualización ha causado un proceso de *transcientificación*, es decir, un proceso de duda científica y reflexividad sobre los propios inmanentes de la ciencia, que ha provocado, a su vez, el derrumbe del encanto de una única verdad y una única razón, resultado de la Ilustración en favor del florecimiento de nuevas verdades y racionalidades en este contexto (Beck, 1998). Con todo, cuando se habla de un conocimiento "alternativo" hay que aclarar que se trata de una alternatividad múltiple y compleja, dado que el conocimiento hegemónico o *mainstream*, con el fenómeno de la desmonopolización del que habla Beck (1998), es cada vez más plural. De esta manera, se emplea el término "alternativo" para respetar la designación que muchos autores que han analizado el movimiento de la nueva era o los nuevos imaginarios culturales emplean (Prat, 2012; Hanegraaff, 1998; Heelas, 1996; Taylor, 2007; Turner, 2011; etc.) y, de la misma manera, para respetar el término que utilizan la mayor parte de los neosanteros en Barcelona.

Así, es habitual que los neosanteros atribuyan un sentido a aquello que les pasa que manifiestan de la siguiente manera: "el mundo de los orichas es nuestro mundo"; "lo que me pasa a mí te pasa a ti"; "si uno no está bien por dentro, no puede hacer bien su trabajo religioso", etc.

El conocimiento religioso no solo no es algo concreto que está en el mundo, sino que es una construcción, fruto del aprendizaje que cada persona hace para trazar su "sacroscape" (Beliso-De Jesús, 2015: 12.). Y para que se dé este aprendizaje no solo es necesario conocer, sino experimentarlo: "experience is considered meaningful in and of itself" (Aupers, 2012: 345).

Por lo tanto, si bien se defiende desde los nuevos imaginarios un conocimiento que tiene que ver con la esfera interior de cada individuo —la "esfera del corazón", parafraseando a Horta (2004)—, también va de la mano de una experimentación de estas nuevas realidades adquiridas. De esta manera, el camino religioso no es algo exclusivamente mental, sino que deviene algo sensorial, de tipo kinestésico, adhiriéndonos a la terminología de Beliso-De Jesús (2015). Esta idea lleva a Aupers a desarrollar una "epistemología de la experiencia" (2012: 343). Tanto los *newagers* como los neosanteros parten estructuralmente del bricolaje levistrossiano (íbid.) para constituir su propio conocimiento sagrado. Esto da lugar a una amplia diversidad religiosa que no supone ninguna contradicción entre los practicantes, puesto que la realidad yace en la "experiencia personal" (Aupers, 2012: 344). Como tal, no puede ser falseada o negada. Es por este motivo que Aupers propone un giro epistemológico que va desde el "creyendo sin pertenecer" hasta el "experimentando sin creer" (2012: 345; la traducción es mía). Desde esta óptica, se abandona la hegemonía de la creencia que Asad (2003) y Mahmood (2009) consideran fundamental para el secularismo y se erige la "experiencia" como el núcleo de los nuevos imaginarios culturales.

En este sentido, para los neosanteros el conocimiento más profundo y fundamental, llamado secreto por parte de los santeros tradicionales, no tiene valor en sí mismo. Solo es una información que, al adquirirla, posibilita iniciar un camino de aprendizaje personal. Lo que realmente deviene importante es cómo se desarrolla este aprendizaje y qué intensidad tienen las experiencias religiosas o espirituales vividas para el usuario. En este sentido, Beliso-De Jesús (2015) desarrolla la teoría de un conocimiento que está relacionado con las distintas afectividades e intensidades que emergen de las formaciones de la santería que cada uno construye desde su experiencia con lo sagrado.

Ahora bien, aunque es cierto que el conocimiento tiene que ver con un aprendizaje individual que recae en última instancia en la experimentación de lo sagrado, también es cierto que los neosanteros persiguen el objetivo de compartir dicho conocimiento con otros practicantes. Bauman establece que el término de "individualización" cambia constantemente de la misma manera que "las actividades de los individuos consisten en ese diario remodelar y renegociar sus compromisos mutuos que se llama 'sociedad'" (2003: 19). Para el autor, la nuestra es una sociedad que forja a sus miembros como individuos y lo hace como su marca registrada de modernidad (2003: 19). Por lo tanto, la individualización no significa emancipación o autarquía del ser, despojado de lo social, sino más bien, una tarea inacabada o un proceso que la sociedad se encarga de producir y reproducir sistemáticamente para existir como tal. De esta manera, al igual que Beck y Beck-Gernsheim (2003), Bauman considera que individuo y sociedad no son entidades excluyentes, sino que se configuran entre sí sin tregua. Así, en realidad, la individualización es el átomo de la socialización, lo que la hace posible y deviene, pues, una experiencia colectiva (Beck y Beck-Gernsheim, 2003: 30).

Ciñéndonos a esta teoría baumaniana podemos constatar que, los neosanteros en Barcelona construyen su conocimiento individual partiendo de la necesidad de compartirlo colectivamente, dejando obsoleta la noción del secreto en términos tradicionales. Para el objetivo de compartir experiencias espirituales o religiosas, internet deviene una herramienta fundamental y, por ello, Teo, como *obá*, ha impulsado un proyecto (que todavía no se ha realizado) que consiste en una página web que va a llamar *Terapias yoruba*:

> Yo no tengo nada que esconder. Leandro, sí. Hace cosas "secretas" y por eso él nunca se abrirá una página web. En realidad, nada es secreto. Aquí hemos venido a amarnos y a compartir conocimiento, experiencias (Teo).

El proyecto de *Terapias yoruba*: del secreto al aprendizaje

El objetivo de la página web que algunos neosanteros quieren crear tiene que ver con el hecho de divulgar un conocimiento que, hasta ahora, desde las casas-templo más tradicionales, o desde las asociaciones culturales que se estructuran entorno a un *oriaté*, ha permanecido secreto.

Teo, el máximo impulsor de este proyecto, quiere, por un lado, colgar en esta página web vídeos y documentos sagrados en los que se explican *patakíes*, cantos, estructuras rituales, así como el conocimiento de las plantas que tiene que ver con el hecho de sanar. De ahí el nombre de terapias yoruba. Por otro lado, con esta página web, se pretenden promocionar talleres en los que se explique para qué sirven los rituales, cómo se deben desarrollar y "desenmascarar todas las mentiras y todo el folklor y la ostentación de esta religión", como comenta Ruth, una neosantera iniciada en 2010. Finalmente, Teo espera que esta página web sirva como plataforma de intercambio de experiencias. Se persigue que las personas que aprendan los conocimientos que él imparta, luego comenten cómo se han sentido y si les ha funcionado: "yo lo que quiero es que eso se convierta en un diálogo, pero un diálogo de verdad, en el que se exprese lo que se ha vivido, lo que uno ha sentido", afirmaba Teo.

Como se observa, el objetivo de Teo y de los otros practicantes que colaboran en este proyecto es el de formar a otras personas para que conozcan los secretos que puede ofrecer esta religión en cuanto a curar dolencias de manera holística: tanto lo físico, como lo mental o espiritual. Esta es una idea novedosa en relación a la santería tradicional e incluso en relación a la neosantería observada hasta el momento, dado que el objetivo de estos talleres promocionados desde esta página web no es curar o consultar, sino formar en el conocimiento de la santería, haciendo visible el secreto religioso y divulgándolo en la medida de lo posible. Así, a estos talleres no deben acudir personas que necesiten las terapias, sino personas que quieran aprender cómo se hacen estas terapias a través de su propia experimentación. Por lo tanto, las personas que acudan a estos talleres no deben pensar que van a recibir un trabajo de manera pasiva, sino que van a participar activamente en él para "experimentarlo y aprenderlo de verdad", decía Diana, ahijada de Teo desde 2014.

El proyecto de la página web ha permitido a estos interlocutores, en primer lugar, cuestionar la idea tradicional de secreto religioso. Para ellos, mantener el conocimiento religioso en secreto es censurar información que permite el aprendizaje verdadero. Este aprendizaje está basado en un camino de introspección para que cada uno encuentre en su interior el sentido de todo aquello que le rodea. Prat habla del fenómeno de la anamnesis, ciñéndose a Platón (2012: 333), es decir, del hecho de recordar aquello que la educación convencional europea ha ido volviendo opaco a lo largo de los primeros años de la infancia. Se trataría, pues, de recuperar, parafraseando el autor, a ese niño que todos tenemos dentro, que en realidad es nuestro mayor maestro (2012: 334), para enseñarnos y mostrarnos el sentido de todas las cosas de la vida y encontrar así un estado de sanación física y mental.

En segundo lugar, se trata de formar a futuros maestros en neosantería, que para serlo deben experimentar los trabajos. Así, no se trata de una formación convencional según la cual el *obá* realiza acciones rituales sin explicitar el motivo que las suscita o sin justificar la manera de realizarlas, sino que se trata de explicarla y detallar los motivos por los que se realizan ciertas acciones rituales, así como se usan determinados materiales y objetos, y todo con el fin último de que los asistentes practiquen y experimenten la eficacia de ese ritual, conociéndolo y experimentándolo en profundidad.

Finalmente, ha permitido imaginar un espacio de intercambio de experiencias, que se considera más importante que el hecho de divulgar información de manera unidireccional. En ese sentido, internet genera nuevas posibilidades acerca de este sentido religioso, puesto que, citando a Canals (2017), con este espacio multi-modal, se pretende dialogar de manera múltiple y fluida con los distintos agentes que intervienen en esta nueva realidad socio-religiosa. El objetivo último de compartir experiencias es un fenómeno cada vez más extendido dentro de las espiritualidades holísticas: "The Internet is appreciated in holistic spiritual circles as a platform for sharing spiritual wisdom and connecting to others to enrich people's spiritual lives" (2012: 391). En este sentido, la neosantería muestra un paralelismo pleno con estas nuevas dinámicas más generales que tienen un arraigo cada vez más pronunciado en el contexto europeo contemporáneo.

Consideraciones finales

La santería como campo sinérgico en recomposición permanente ha dado lugar al surgimiento de dos tendencias de esta religión en Barcelona: la santería tradicional y la neosantería. Ambas, a pesar de que la frontera entre una y otra debe ser comprendida desde una gran permeabilidad, tienen una concepción del secreto religioso que resulta antagónica, algo que se hace patente a través de los nuevos usos de internet.

Desde la santería tradicional, queriendo emular la religión practicada en la isla de Cuba y queriendo preservar el sentido ceremonial convencional, se considera que el secreto religioso debe ser protegido, ocultado y solo mostrado a partir de iniciaciones rituales que requieren de tiempo, dinero y *aché*. Para ello, internet resulta una herramienta de doble filo. Por un lado, consolida su identidad y, por lo tanto, permite establecer y fortalecer los límites de lo que quieren proteger: el secreto tradicional. Por otro lado, supone un peligro del que hay que protegerse: la difusión de dicho secreto.

En cuanto al uso de internet para consolidar su identidad, se produce por dos vías fundamentalmente; a través de WhatsApp se genera una suerte de comunidad virtual entre los practicantes y, además, posibilita su comunicación interna. De la misma manera, el visionado de vídeos a través de YouTube también permite crear comunidad entre los practicantes al generar discursos autodefinitorios y mostrar su posición acerca de aquello en lo que creen y por lo que abogan, y aquello que rechazan y con lo que no quieren identificarse. En este sentido, tanto YouTube como WhatsApp facilitan que los santeros tradicionales trabajen sus límites identitarios y su autorrepresentación (Espírito Santo, 2010).

Por otro lado, en cuanto al peligro que supone internet, se establecen medidas para la protección del secreto y, así, todo aquello que el *oriaté* Leandro y la mayoría de los demás santeros de la asociación consideran secreto se torna inaccesible para cualquier dispositivo de producción de imágenes. Ahora bien, también he podido constatar que la noción de secreto religioso no puede ser fijada ni siquiera entre los mismos santeros tradicionales. Así, para algunos practicantes, ciertas escenas rituales pueden ser fotografiadas o grabadas para ser colgadas en las redes sociales, y, para otros, estas mismas escenas rituales deben ser ocultadas, por su condición de secretas. De la misma manera, también se ha podido constatar que la concepción de aquello que es secreto puede cambiar por parte de un mismo santero tradicional.

En este sentido, se observa cómo el uso cada vez más expandido de las tecnologías de la comunicación y la relevancia de las redes sociales han permitido, entre los santeros tradicionales en general, un carácter más permisivo en cuanto a los regímenes de visibilidad del secreto religioso, ya que, a su vez, han posibilitado modificar el propio límite de aquello que hasta el momento era considerado secreto. Con el caso de Yasmin y su voluntad de grabar un *batá* o tambor sagrado mientras se estaba celebrando un ritual de cajón, se ha hecho patente que las redes sociales están presentes entre el grupo de santeros tradicionales y generan posiciones opuestas y a la vez cambiantes en cuanto a lo que se puede grabar y a lo que no.

Ahora bien, si los sentidos acerca del secreto religioso resultan variables entre los mismos santeros tradicionales, aún se hace más evidente la pluralidad cuando se contrasta sus prácticas con las de la neosantería. La voluntad de los neosanteros de crear una página web para compartir experiencias sagradas hace que no pueda concebirse el secreto como algo que debe ser ocultado, sino más bien divulgado, a pesar de la nueva realidad cosmológica que este hecho pueda conllevar.

Las tecnologías de la comunicación han penetrado en las religiones afrocubanas en Barcelona y han modificado ciertas prácticas y concepciones; en algunos casos, han creado realidades totalmente novedosas, como por ejemplo, el hecho de que Leandro permita fotografiar el cuarto de santo a sabiendas de que, con toda probabilidad, se pueda difundir esa imagen por las redes sociales; o bien, en otros casos, han facilitado e incentivado iniciativas ya muy arraigadas entre los practicantes de compartir experiencias secretas. Para Teo, como para otros neosanteros, el secreto nunca ha sido algo que haya que ocultar, pero gracias a internet, pueden imaginarse un espacio en donde se difunda a mayor escala, permitiendo que el hecho de conocerlo sea accesible y facilite un camino hacia el aprendizaje personal para el mayor número de practicantes posible.

Así, la pluralidad de apropiaciones de internet ha plasmado que las religiones afrocubanas se hacen y rehacen permanentemente. Por un lado, ha fortalecido la doble inercia de la santería en Barcelona, algo que, a su vez, ha generado una relación distante y conflictiva entre los practicantes religiosos de una y otra tendencia respectivamente. Por otro lado, ha producido discordia y confrontación interna dentro de la santería tradicional. De esta manera, se observa que el uso de internet no está tan relacionado con el hecho de establecer una comunidad "alternativa" o "minoritaria" en relación al resto de contexto europeo, hegemónico y secularista, sino con el hecho de sentar las diferencias dentro del propio grupo, constatando que, en efecto, no se puede pensar más como "grupo". Esta tarea, que Ginsburg, apoyándose en Bennett y Blundell (1995, en Ginsburg, 2008: 302,) tilda de "strategic traditionalism", consiste en la producción de "other expressive forms not only to sustain and build their communities but also to transform them" (2008: 302).

Por lo tanto, si bien se puede constatar que el uso de internet ha modificado los sentidos y las prácticas religiosas, tanto de una tendencia como de otra, también es cierto que las religiones afrocubanas han modificado el sentido de las tecnologías de la comunicación. Ciñéndonos a Barad (2007), internet y las religiones afrocubanas en Barcelona generan una intra-actividad de la que se obtienen efectos de realidad (Palmié, 2018) novedosos; por un lado, internet permite e incentiva la modificación del sentido del secreto; y, por otro lado, las tecnologías digitales de la comunicación pasan a ser apropiadas por las religiones afrocubanas generando un proceso de espiritualización de la tecnología, tal como sugiere Campbell (2010).

Así, las religiones afrocubanas contemporáneas se apropian de una de las herramientas de comunicación más extendidas en el contexto contemporáneo, que es internet, y, al hacerlo, lo tornan religioso, teñido de espiritualidad; lo convierten en un "affective conductor" (Beliso-De Jesús, 2015: 31) que permiten que una experiencia ritual tenga un verdadero efecto o uno que no tendría si hubiera sido realizado de otra manera. En definitiva, convierten el paisaje de la tecnología de la comunicación en un paisaje espiritual que, como tal, resulta igual de heterogéneo, capaz de generar nuevos espacios para la construcción de identidad, y portador de conflictos.

BIBLIOGRAFÍA

ASAD, Talal (2003): *Formations of the Secular*. Stanford: Stanford University Press.

AUPERS, Stef (2012): "Enchantment, Inc.: online gaming between spiritual experience and commodity fetishism", en Dick Houtman y Birgit Meyer (eds.), *Things. Religion and the Question of Materiality*. New York: Fordham University Press, pp. 339-355.

ARGYRIADIS, Kali/CAPONE, Stefania (2011): *La religion des orisha. Un champ social transnational en pleine recomposition*. Paris: Hermann Éditions.

Barad, Karen (2007): *Meeting the Universe Halfway: Quantum Physics and the Entanglement of Matter and Meaning*. Durham: Duke University Press.

Bauman, Zygmunt (2003): "Individualmente pero juntos", en Ulrich Beck y Elisabeth Beck-Gernsheim,, *La individualización. El individualismo institucionalizado y sus consecuencias sociales y políticas*. Barcelona: Paidós, pp. 19-26.

Beck, Ulrich (1998): *La sociedad del riesgo. Hacia una nueva modernidad*. Barcelona: Paidós.

Beck, Ulrich/Beck-Gernsheim, Elisabeth (2003): *La individualización. El individualismo institucionalizado y sus consecuencias sociales y políticas*. Barcelona: Paidós.

Beliso-De Jesús, Aisha (2015): *Electric Santería. Racial and Sexual Assemblages of Transnational Religion*. New York: Columbia University Press.

Campbell, Heidi (2010): *When Religions Meets New Media*. London: Routledge.

Canals, Roger (2014): "Global Gods and Local Laws: Venezuelan Immigrants in Barcelona", en E. Isin y P. Nyers (eds.), *Handbook of Global Citizenship Studies*. London: Routledge, pp. 508-521.

— (2018): "Studying Multi-Modal Religions: Migration and Mediation in the Cult of María Lionza (Venezuela, Barcelona, Internet)". *Visual Anthropology Review* 34 (2): 124-135.

Espírito Santo, Diana (2010): "Spiritist Boundary-Work and the Morality of Materiality in Afro-Cuban Religion". *Journal of Material Culture* 15 (1): 64-82.

Espírito Santo, Diana/Panagiotopoulos, Anastasios (eds.) (2015): *Beyond Tradition, Beyond Invention. Cosmic Technologies and Creativity in Contemporary Afro-Cuban Religions*. Canon Pyon: Sean Kingston Publishing.

Ginsburg, Faye (2008): "Rethinking the Digital Age", en Pamela Wilson y Michelle Stewart (eds.), *Global Indigenous Media: Cultures, Poetics, and Politic*. Durham/London: Duke University Press, pp. 287-306.

Ginsburg, Faye/Abu-Lughod, Lila/Larkin, Brian (2002): *Media Worlds. Anthropology on New Terrain*. Berkely/Los Angeles: University of California Press.

Hanegraff, Wouter (1998): *New Age Religion and the Western Culture. Esotericism in the Mirror of Secular Thought*. Albany: State University of New York Press.

HEELAS, Paul (1996): *The New Age Movement: The Celebration of the Self and the Sacralization of Modernity*. Oxford: Blackwell.

HOLBRAAD, Martin (2012): *Truth in Motion. The Recursive Anthropology of Cuban Divination*. Chicago/London: The University of Chicago Press.

HORTA, Gerard (2004): *Cos i revolució. L'espiritisme català o les paradoxes de la modernitat*. Barcelona: Edicions 1984.

HOUTMAN, Dick/MEYER, Birgit (eds.) (2012): *Things. Religion and the Question of Materiality*. New York: Fordham University Press.

KARNOUGH, Lorraine (2011): "Processus de recomposition religieuse à La Havane: la religión et le New Age", en Kali Argyriadis y Stefania Capone (eds.), *La religion des orisha. Un champ social transnational en pleine recomposition*. Paris: Hermann Éditions.

LASH, Scott (2003): "Individualización a la manera no lineal", en Ulrich Beck y Elisabeth Beck-Gernsheim (eds.), *La individualización. El individualismo institucionalizado y sus consecuencias sociales y políticas*. Barcelona: Paidós.

MAHMOOD, Saba (2009): "Religious Reason and Secular Affect: an Inconmesurable divide?". *Critical Inquiry*, vol. 35 (4): 64-100.

MINTZ, Sidney/PRICE, Richard (1992): *The Birth of African-American Culture*. Boston: Beacon Press.

MURRELL, Nathaniel, S. (2010): *Afro-Caribbean Religions. An introduction to their historical, cultural and sacred traditions*. Philadelphia: Temple University Press.

NOOMEN, Ineke/AUPERS, Stef/HOUTMAN, Dick (2012): "In Their Own Image? Catholic, Protestant, and Holistic Spiritual Appropriations of the Internet", en Dick Houtman y Birgit Meyer (eds.), *Things. Religion and the question of materiality*. New York: Fordham University Press.

PALMIÉ, Stephan (2013): *The Cooking of History. How not to study Afro-Cuban Religion*. Chicago/London: University of Chicago Press.

— (2018): "When is a Thing? Transduction and Immediacy in Afro-Cuban Ritual; Or, ANT in Matanzas, Cuba, Summer of 1948". *Comparative Studies in Society and History* 60: 786-809.

PASQUALINO, Caterina (2011): "Entre féerie et macabre, les religions afro-cubaines en Espagne", en Kali Argyriadis y Stefania Capone (eds.), *La religion des orisha. Un champ social transnational en pleine recomposition*. Paris: Hermann Éditions.

PRAT, Joan (coord.) (2012): *Els nous imaginaris culturals. Espiritualitats orientals, teràpies naturals i sabers esotèrics.* Tarragona: Universitat Rovira i Virgili.

SÁNCHEZ FUARRÓS, Íñigo (2008): "'¡Esto parece Cuba'. Prácticas musicales y cubanía en la diáspora cubana de Barcelona". Tesis doctoral, bienio 2003-2005. Departament d'antropologia social i d'història d'Amèrica i d'Àfrica. Facultat de Geografia i Història. Universitat de Barcelona.

TAYLOR, Charles (2007): *A Secular Age.* Cambridge: The Belknap Press of Harvard University Press.

TURNER, Brian, S. (2011): *Religion and Modern Society. Citizenship, Secularisation and the State.* Cambridge: Cambridge University Press.

Las tejedoras y el trol. Controversias sobre tejidos mayas, apropiación cultural y racismo en las redes sociales de Guatemala

Gemma Celigueta
(*Universitat de Barcelona*)

Introducción

Durante el mes de julio de 2017, las redes sociales de Guatemala ardieron con dos polémicas que tuvieron —como suele ocurrir con las noticias virales— una corta pero intensa vida mediática. La primera surgió a raíz de la portada del mes de julio de la revista guatemalteca de moda *Look Magazine*. En dicha portada, una joven y blanca empresaria de sandalias mayas posó glamurosamente frente a un grupo de vendedoras ambulantes indígenas en una fotografía que muchos tacharon de racista. La segunda controversia, se originó pocos días después, a raíz de la denuncia por discriminación de la Comisión Presidencial contra la Discriminación y el Racismo de Guatemala (CODISRA) a "María Chula", una tienda de venta *online* de huipiles y blusas mayas. Aunque en ambas polémicas se debatió, básicamente, sobre si había o no racismo en la fotografía y el nombre de la tienda[1], también mostraron diversos puntos de vista sobre el racismo y la apropiación cultural, si-

---

1. En Guatemala (y también en México), el nombre de María ha sido utilizado para llamar de forma peyorativa a todas las mujeres indígenas. El nombre se asocia a una mujer vestida con indumentaria maya y que además trabaja como criada o sirvienta.

tuando ambos temas en el punto de mira de la opinión pública. Ambas controversias sirvieron además para señalar a las redes sociales como diseminadoras de los discursos de odio, cuestionando otras visiones más entusiastas de las mismas.

Más allá de los extensos debates sobre las cualidades positivas o negativas de los medios sociales en general (Bustos *et al.*, 2019; Borgerson y Miller, 2016; Srinivisan, 2006; Ginsburg, Abu-Lughod y Larkin, 2002; Wilson y Stewart, 2008), este capítulo propone ahondar en la reflexión sobre las cualidades mediadoras de los medios indígenas[2] (Ginsburg, 1991, 2002) en relación a los problemas que líderes y organizaciones están planteando sobre la propiedad y el uso de los tejidos mayas. Para ello, describiré y analizaré la relación del movimiento para la protección de los tejidos mayas iniciado en 2014 en Guatemala con los medios de comunicación en general, y especialmente, con estas dos controversias que se desarrollaron, sobre todo, en las redes sociales. El objetivo principal del texto es mostrar el proceso siempre dinámico y cambiante de la producción del acontecimiento-noticia como uno de los aspectos creativos de la producción cultural de los pueblos indígenas (Ginsburg, 2002). En ambas controversias, las mismas organizaciones de tejedoras desempeñaron un papel central tanto en la noticia detonante como en su posterior desarrollo y diseminación. En este sentido, el texto quiere enfatizar la agencia o voluntad de agencia de las tejedoras por encima de la propiedad de los medios y del desenlace de las controversias.

En efecto, muchos de los conflictos que involucran hoy en día a los pueblos indígenas se dirimen en los medios de comunicación, ya sean estos hegemónicos, alternativos y/o indígenas. Por ello, se han convertido en una prioridad para las organizaciones indígenas. Pero más allá de la visibilidad y denuncia de los conflictos e injusticias que los medios pueden ofrecer, dicho interés radica en su capacidad como mediadores de la política y la identidad indígenas (Turner, 1992; Ginsburg, 2002). Los medios indígenas, según Ginsburg (1991: 104), buscan sobre todo comunicar algo sobre esa identidad colectiva y social que solemos llamar "cultura", con el objetivo de mediar a través del desconocimiento y los prejuicios. Un ejemplo especialmente bello

---

2.   Podemos considerar como medios indígenas aquellos medios producidos por y/o para los pueblos indígenas (Wilson y Stewart, 2008: 2; Matsaganis *et al.*, 2011: 5-6).

sería la película *Angry Inuk* de Alethea Arnaquq-Baril (2016), quien presenta un relato inuit sobre la caza de focas, alternativo al poderoso relato creado y diseminado por grupos ecologistas y animalistas. El film demuestra la importancia que tiene para los inuit que el resto del mundo comprenda lo que significa para ellos, económica y culturalmente, la caza de focas. Esta cualidad mediadora es bastante evidente en géneros como los films etnográficos y/o indígenas[3], pero también puede observarse en las noticias indígenas. En ellas, comunidades y organizaciones suelen exponer no solo sus argumentos sobre la noticia en cuestión, sino que también debaten y exponen, primero, diferentes puntos de vista sobre el desarrollo, la apropiación cultural, los derechos indígenas o el medio ambiente en general (Fultz, 2016), y segundo, distintos aspectos de su cultura. Por ello, podemos afirmar que las noticias indígenas, además de informar y denunciar, buscan mediar y debatir.

Líderes y activistas indígenas también han destacado esta capacidad de los medios para crear debate. Por ejemplo, las asociaciones de tejedoras implicadas en el movimiento para el reconocimiento de la propiedad intelectual colectiva de los tejidos mayas y su protección en Guatemala, insisten en la importancia de los medios para extender su mensaje al resto de la sociedad. Más allá de las acciones legales y movilizaciones políticas que las tejedoras han emprendido con el objetivo de proteger los tejidos, sus líderes reconocen que, ante las dificultades para que en Guatemala se apruebe cualquier ley a favor de los pueblos indígenas, "que se hable de ello", es decir, crear debate, es uno de los objetivos primordiales de las acciones que llevan a cabo. Por ejemplo, Angelina Aspuac, una de las principales líderes del Movimiento de Tejedoras, cuenta como caso de éxito la disculpa pública —es decir, ante los medios— del diseñador guatemalteco César Alejandro Portillo por usar el traje de San Juan Sacatepéquez en una de sus creaciones. Ante la denuncia en su contra que algunas mujeres del movimiento interpusieron en la Procuraduría de los Derechos Humanos de Gua-

---

3. Ginsburg (1991: 104) propone el concepto de *ethnographic media* para evitar la problemática distinción entre films etnográficos y films indígenas, basada en las diferentes audiencias a las que se dirigen ambos tipos de films y en las distintas intenciones con las que se realizan. Con este concepto, Ginsburg propone centrarse en lo que ambos tienen en común y que consiste justamente en su capacidad para mediar y crear comprensión entre dos grupos separados por la diferencia cultural.

temala, el diseñador no solo se disculpó, sino que dijo que "quería entender y respetar", y que por eso invitaba a leer las columnas de opinión de la antropóloga, periodista y también activista del Movimiento de Tejedoras, Sandra Xinico. "No sabemos qué tanto se puede lograr —afirma Angelina— pero es bueno que este tipo de personas se pronuncie y la gente piense más sobre el tema". Es en parte por esta cualidad mediadora de los medios, que organizaciones indígenas e instituciones de desarrollo están llamando a estas acciones legales, "litigios estratégicos"[4].

No obstante, y a pesar de compartir esta visión esperanzadora de los medios como herramientas para reproducir y/o transformar la identidad cultural de pueblos que han sufrido los quiebres de la colonización (Srinivisan, 2006), considero que lo ocurrido en julio de 2017 en Guatemala supuso un punto de inflexión en la valoración positiva de las redes sociales. Al principio, la visión optimista de los medios indígenas, que Ginsburg (2002: 213) llamó "global village" y que adopta el punto de vista "modernista, utópico y etnocéntrico de una democracia electrónica", pareció fortalecerse con la aparición de las redes sociales. Durante un tiempo, estas fueron valoradas como una posible solución a la poca representatividad, prejuicios, estereotipos o invisibilidad con que los medios de comunicación habían tratado hasta entonces a los pueblos indígenas (Jiménez, 2010; Tuyuc, 2013; Wilson y Stewart, 2008). De hecho, internet, y especialmente las redes sociales, no solo vinieron a cuestionar las clásicas dicotomías entre lo privado y lo público (Miller, 2011: 174), sino también entre productores y receptores de los media (Askew y Wilk, 2002) o incluso entre medios hegemónicos y medios alternativos y/o indígenas. Con las redes sociales, la utopía de una "democracia electrónica" en la que todos podemos producir contenidos mediáticos, pareció más cercana que nunca. Y, sin embargo, el acceso de millones de personas a los *smartphones* no solo no ha reducido la desigualdad *offline* (Borgerson y Miller, 2016), sino que las desigualdades sociales continúan manifestándose en las redes e incluso han aparecido nuevos fenómenos como el aumento exponen-

---

4. Los litigios estratégicos buscan identificar problemas centrales de los pueblos indígenas y convertirlos al lenguaje jurídico para plantear así demandas y/o nuevas leyes que traten de solucionarlos. Organizaciones de derechos humanos y/o de desarrollo consideran estos litigios como herramientas útiles de impacto en diversos escenarios, entre ellos, los mediáticos.

cial de los discursos de odio o las ciber-agresiones. En Guatemala, las controversias de julio de 2017 ayudaron a constatar el lado oscuro de los medios sociales que va desde el incremento de todo tipo de malentendidos hasta la aparición de troles y el ciber-acoso.

Desde entonces, parece que la desconfianza en las redes no ha hecho más que aumentar. Recientemente, se han publicado en Guatemala varios artículos e informes en la prensa y en internet que hablan no solo de los discursos de odio que emanan de las cuentas de muchos usuarios de Facebook, Twitter o Instagram (Casaús Arzú, 2020a; 2020b), sino también de la existencia de campañas hostiles organizadas por *netcenters* o fábricas de troles especializadas en influir y manipular a la opinión pública a través de dichos medios (Echevarría, 2019; CICIG, 2019). En los últimos años han aumentado también las denuncias de agresiones racistas en las redes sociales, tanto en los mismos medios como en instituciones especializadas en la lucha contra el racismo como la CODISRA. Esta última institución, por ejemplo, no solo condenó en sus medios sociales los discursos de odio racial que circularon durante las elecciones de 2019 en contra de los candidatos mayas, sino que también animó a su denuncia en las instituciones pertinentes[5]. El Movimiento de Tejedoras también ha denunciado —más en los medios que en los tribunales— las agresiones racistas que sufren algunas de sus simpatizantes, sobre todo en las redes sociales, así como el racismo implícito en la apropiación cultural de los tejidos mayas. De hecho, según Casaús Arzú (2020a), el racismo se ha convertido en el vocablo más usado y el tema más comentado por los intelectuales indígenas de Guatemala en los medios *online* en general mientras que los medios hegemónicos continúan siendo más reacios a tratar un tema cuya existencia suele negarse en América Latina (Van Dijk, 2003). En este escrito queremos ahondar en la relación entre tejidos mayas, racismo y medios de comunicación, mostrando como los tejidos mayas

---

5. El mensaje de la CODISRA decía literalmente: "Si usted en el presente proceso electoral es víctima de discriminación de forma verbal, por señas, gestos directos, o textos escritos en los diferentes medios de comunicación escritos, radiales, televisivos, por cable principalmente en redes sociales ¡DENUNCIE! Presente su denuncia en la Comisión Presidencial contra la Discriminación y el Racismo contra los Pueblos Indígenas en Guatemala-CODISRA-Defensoría de la Mujer Indígena, Procuraduría de los Derechos Humanos, Ministerio Público, Organismo Judicial y en la Policía Nacional Civil".

han sido y continúan siendo buenos para pensar —y debatir— temas de identidad y política indígenas.

Este texto está basado en mi propia cuenta de Facebook, mi participación, desde el año 2019, en un grupo de WhatsApp formado por 133 personas, muchas de los cuales son activistas mayas de Guatemala y el seguimiento, vía internet, de noticias, memes, comentarios, fotografías y videos sobre cualquier tema que tenga que ver con los tejidos mayas en general y las dos controversias en particular. Debo aclarar, no obstante, que el texto no es solo el resultado de lo que llaman una "etnografía virtual" (Hine, 2004), sino que surge del conocimiento *offline* —desde hace bastantes años además— de la mayoría de guatemaltecos que son mis amigos de Facebook, de algunos de los que integran el grupo de WhatsApp y especialmente de los trabajos de campo realizados durante los meses de agosto de 2016 y 2017 sobre el movimiento para el reconocimiento de la propiedad intelectual colectiva de los tejidos mayas y su relación con los medios de comunicación[6]. Durante estos dos meses pude entrevistar a integrantes del Movimiento Nacional de Tejedoras Ruchajixik ri qana'ojbäl y participar en algunas de las actividades que llevan a cabo para promover la protección de los tejidos mayas.

TEJER LA RED. TEJIDOS MAYAS Y RACISMO EN LOS MEDIOS

En el entorno mediático relacionado con los pueblos indígenas nos encontramos con una tipología de noticias sobre la propiedad, la gestión y el uso de los bienes y conocimientos indígenas. Sin duda, se sitúan en primer plano, las noticias sobre los recursos energéticos o la minería en un contexto que muchos consideran ya como una nueva forma de colonialismo. Relacionadas con este contexto —aunque con sus particularidades— destacan aquellas noticias sobre lo que se ha dado en llamar "apropiaciones indebidas", "apropiaciones culturales" o incluso "extractivismo intelectual". Probablemente uno de los casos que más ha trascendido a nivel internacional, es la denuncia que en 2015 presen-

---

6. Ambos trabajos de campo fueron financiador por los proyectos "Etnicidad Material: expresiones culturales tradicionales y propiedad intelectual" (CSO2015-62723-ERC) y "Pueblos indígenas, medios de comunicación y significados del conflicto en América Latina: un estudio de antropología" (HAR2015-65442-P).

tó la comunidad mixe de Santa María Tlahuitoltepec, Oaxaca, México, contra la diseñadora francesa Isabel Marant por haber plagiado su vestimenta tradicional. Desde entonces, más denuncias han circulado por los medios implicando a comunidades y pueblos de los cinco continentes y a marcas globales tan conocidas como Hérmes, Louboutin, Nike, Zara o Antik Batik, entre otras (Castillo, 2017; 2020).

También en Guatemala, la movilización, desde el año 2014, de un grupo de mujeres indígenas solicitando el reconocimiento de la propiedad intelectual colectiva de los tejidos mayas y su protección[7], ha ido acompañada de la correspondiente cobertura mediática, sobre todo en medios digitales nacionales e internacionales. Estas mujeres han difundido sus demandas, acciones y movilizaciones en internet, en las redes sociales y especialmente en Facebook, el medio social más utilizado en Guatemala. Desde sus páginas, tanto personales como de las organizaciones en las que trabajan, han estado informando de las acciones legales que han emprendido y las charlas y encuentros que han organizado; han difundido textos, fotografías y videos relacionados con el tema y han comunicado los casos de plagio que les han enviado a través de esas mismas redes. Angelina Aspuac, una de las líderes del Movimiento de Tejedoras, cuenta como hay "compañeras" extranjeras, que no cono-

---

7. La Asociación Femenina para el Desarrollo de Sacatepéquez (AFEDES) presentó en el año 2014 un proyecto de "litigio estratégico" al "Programa maya para el pleno ejercicio de los derechos de los pueblos indígenas de Guatemala" financiado entre otros por el Programa de Naciones Unidas para el Desarrollo (PNUD) y la Oficina de la Alta Comisionada de las Naciones Unidas para los Derechos Humanos (OACNUDH). Este proyecto les permitió contratar abogados, pagar peritajes económicos, antropológicos y de género y trabajar en una propuesta legal que les sirviera para proteger los tejidos mayas. Desde entonces, han presentado una acción de inconstitucionalidad por omisión de normas que protejan la propiedad intelectual colectiva sobre los textiles y la indumentaria maya (2016), la iniciativa de ley 5247 (2017) que busca reformar la ley de derechos de autor y la ley de la propiedad industrial guatemalteca y también han estado trabajando en la elaboración de una ley específica para la protección de las expresiones culturales tradicionales, siguiendo el ejemplo de la ley 20/2000 de Panamá que protege, entre otras, a la *mola* de los gunas (Martínez Mauri *et al.*, 2017). AFEDES también ha liderado la creación del Movimiento Nacional de Tejedoras Ruchajixik ri qana'ojbäl así como de varias escuelas de tejidos y comités locales de tejedoras en diferentes comunidades del país. La principal finalidad de dichos comités es la protección de las expresiones culturales tradicionales de su propia comunidad, especialmente los diseños de los tejidos. Si la ley fuera aprobada, estos comités serían los responsables de otorgar los permisos de reproducción y administrar los derechos de autor.

cen personalmente pero sí conocen a través de las redes sociales, que cuando ven ropa o complementos con diseños mayas en grandes almacenes de países como EE UU, toman fotos y se las mandan. Además, han contado con el apoyo de unos pocos periodistas con acceso a otros medios como el diario *El Periódico* o los medios virtuales *Nómada* o *Plaza Pública*, este último de la universidad jesuita Rafael Landívar. En este sentido, han contado, sobre todo, con la periodista y también activista del Movimiento de Tejedoras, Sandra Xinico, quien mantiene una columna de opinión en el diario *La Hora*. Solo en momentos muy puntuales, como por ejemplo durante la controversia de María Chula, medios de masas como la televisión se han hecho eco de estas noticias.

Ya sea en sus propias redes sociales o en aquellos medios en donde han sido entrevistadas, las líderes de las tejedoras, más que exponer complicados argumentos jurídicos sobre la propiedad colectiva, han preferido identificar aquellos agravios hacia los pueblos indígenas que los tejidos mayas permiten mostrar a la opinión pública. Se ha identificado el racismo de Estado que folkloriza a las mujeres mayas y sus trajes en festivales y campañas publicitarias con fines turísticos mientras que, por otro lado, se excluye a esta población indígena. Se ha identificado a empresas nacionales y extranjeras de bolsos y zapatos de diseño que utilizan tejidos mayas en sus productos sin pagar ningún tipo de derechos de propiedad intelectual y a las que además culpan de la explotación económica de las tejedoras artesanales[8]. Se ha identificado también la falta de respeto hacia los pueblos indígenas cuando por ejemplo se comercializan tejidos que son utilizados por las cofradías en el marco de sus rituales religiosos. "¿Qué le parecería a la gente si se hiciera un bikini o unos zapatos con la túnica del papa de Roma?", preguntaba uno de los abogados mayas que colabora con el Movimiento Nacional de Tejedoras. Ya sea en los medios de comunicación o en los distintos talleres, charlas y seminarios que han organizado por todo el país, Chiapas e incluso EE UU; el Movimiento Nacional de Tejedoras ha buscado difundir su mensaje sobre la propiedad colectiva de los tejidos mayas, los peligros que los amenazan y la necesidad de su protección dentro de una perspectiva global de

---

8.   Por poner un ejemplo, un bolso comercializado por la empresa Maria's Bag (<https:// www.mariasbag.com>) hecho con un huipil de Santiago Atitlán, se vendía en el año 2016 a un precio de unos 600 dólares mientras que el huipil se habría comprado a una tejedora, según Angelina, por entre 30 y 70 dólares (Martínez Mauri *et al.*, 2017: 194).

defensa de los bienes y conocimientos tradicionales de los pueblos indígenas y de denuncia del capitalismo y el racismo.

Pero, más allá de la novedad que puedan suponer estas noticias y controversias sobre tejidos mayas, apropiación cultural y racismo, vale la pena recordar aquí la idoneidad de los trajes mayas para desafiar y debatir —también en el pasado— temas que atañen a las identidades étnico-nacionales de Guatemala. De hecho, el primer y más conocido caso de denuncia por racismo y discriminación en el país, fue el de la periodista y antropóloga Irma Alicia Velásquez Nimatuj al restaurante El Tarro Dorado en el año 2002. Velásquez contó cómo un empleado le había impedido la entrada a este establecimiento por ir vestida con un traje indígena de Quetzaltenango, su ciudad natal (Velásquez Nimatuj, 2008). Indignada y dolida, denunció los hechos ante instituciones como la Defensoría de la Mujer Indígena o el Procurador de los Derechos Humanos y aunque no logró ganar el caso en los tribunales, consiguió el apoyo de los Movimientos Maya y de Derechos Humanos, la condena de la opinión pública y la disculpa de los propietarios del restaurante. Pocos meses más tarde, se crearía la Comisión Presidencial contra la Discriminación y el Racismo (CODISRA-acuerdo gubernativo 390-2002) que ha seguido, desde entonces, un modelo similar de denuncia en los tribunales y en los medios de comunicación. Otro caso bastante conocido ha sido el de la premio Nobel de la Paz Rigoberta Menchú, quien ha sido objeto, en diversas ocasiones, de chistes e insultos racistas. Según Diane Nelson (1999), los chistes sobre Rigoberta Menchú que circularon por Guatemala a finales del siglo xx, atacaron sobre todo su vestido indígena y lo que este representaba. Uno de los más conocidos decía: "¿Has oído que Mattel quiere hacer una muñeca de Rigoberta? Dicen que así Barbie estará contenta porque ahora tendrá una sirvienta". En Guatemala, los trajes mayas son uno de los principales marcadores étnicos del país, identificadores de la persona, no solo de su comunidad de origen, sino también de su pertenencia indígena. Son numerosas las mujeres mayas que testimonian de episodios de exclusión, racismo y discriminación por llevar el traje y ser identificadas como indígenas (MacLeod, 2014). Y es por ello, afirman, que muchas se lo quitan. El chiste sobre Rigoberta Menchú es bastante claro al respecto: el lugar de la mujer indígena que lleva el traje es el de sirvienta, por muchos premios internacionales que tenga.

Nos encontramos, por lo tanto, ante una movilización que ha materializado en los medios importantes debates en torno a los pueblos indígenas. Y este es, afirman las implicadas, uno de sus objetivos y también uno de sus logros. No obstante, aunque las líderes de las tejedoras celebran que el tema haya despertado cierto interés mediático, también lamentan que "los medios no entiendan todavía bien lo que se está planteando. No se comprende el tema de la propiedad colectiva ni en las leyes ni en la sociedad y no se comprende tampoco el tema del racismo". Este lamento, que ya formulaba en 2016 una abogada maya simpatizante y colaboradora del Movimiento Nacional de Tejedoras, se hizo todavía más abrumador en 2017, tras el paso por los medios de dos polémicas virales sobre racismo. Las dos controversias se desarrollaron sobre todo en las redes sociales, aunque también tuvieron su eco en la prensa y en la televisión. Es hora de abordarlas.

De "Barbies" y "Marías". La controversia de la revista *Look*

Primera portada
del mes de julio (2017)
de la revista *Look*.

A primeros del mes de julio de 2017, la revista de moda *Look Magazine* sacó en portada a Francesa Kennedy, una joven estadounidense de madre guatemalteca cuyo proyecto empresarial consistía en vender sandalias artesanales del lago Atitlán. Francesca se había dado a conocer en el *reality Project Runway: Fashion Startup*, del canal de televisión norteamericano Lifetime, retransmitido entre octubre y diciembre de 2016. A lo largo de 2017, Francesca y su empresa Ix Style (<https://www.ix-style.com>) aparecieron varias veces en los medios: *TED Talks*, la revista *Look* o incluso en *Prensa Libre* (Juárez, 2017), el periódico con mayor tirada de Guatemala. Todos ellos explicaban el mismo relato: Francesca era una joven de los EE UU quien, indignada por la contaminación del lago en el que solía pasar los veranos visitando a su abuelo, había decidido ayudar en su conservación mediante la venta de sandalias de la región adaptadas al mercado norteamericano. Parte de las ganancias irían destinadas a comprar filtros de agua para las comunidades de los alrededores. En todos los medios se insistía especialmente en la parte solidaria del proyecto empresarial, que además iba a proporcionar empleo a las artesanas mayas de la región. Pero, aunque los medios presentaran a Francesca como un ejemplo a seguir, las empresas de ropa y complementos realizados con tejidos o diseños mayas como Ix Style, Maria's Bag o María Chula han sido, en realidad, uno de los principales blancos del Movimiento Nacional de Tejedoras. Estas han denunciado que bajo el paraguas de la solidaridad y el desarrollo no solo se han legitimado prácticas de apropiación cultural, sino que también se está explotando a las mujeres indígenas. El problema, como afirmaba la abogada maya, es que también lo entiendan así los medios (y la opinión pública) acostumbrados a relatos tan poderosos como el de la ayuda y/o el progreso. Las simpatizantes del Movimiento Nacional de Tejedoras vieron en la fotografía una oportunidad para comunicar sus argumentos sobre la propiedad colectiva de los pueblos indígenas, la apropiación cultural y el racismo.

Sin embargo, si el primer plano de Francesca ofendió a tanta gente fue por otras razones que la apropiación cultural. En realidad, podemos considerar la portada de la revista *Look* como un discurso o un enunciado visual. Algo parecido a lo que Fultz (2016: 226) llama "visual utterance" y que consiste en concretizar en una imagen la representación de varias ideas. En este caso, la fotografía de la revista *Look* concretiza un imaginario muy parecido al del chiste de Barbie y Rigoberta Menchú. Como diría pocos días después Dennis Valvert Gamboa (2017) en el periódico de investigación *Plaza Pública*, no es que la fotografía tuviera una intención racista, es que la fotografía estaba hecha de puros clichés ladinos[9]: un primer plano de una joven y distante mujer blanca, objeto de deseo, aunque nada parecida a la mayoría de las mujeres guatemaltecas, y tras ella, un grupo de indias anónimas, a las que en Guatemala llaman peyorativamente "Marías", formando parte del decorado colonial. La imagen no solo refleja la jerarquía social y racial de Guatemala, sino, sobre todo, la naturalidad con la que esta se vive.

La fotografía molestó en cuanto salió a la luz pública, aunque también tuvo sus defensores. Por ejemplo, bajo la portada publicada en la página de Facebook de la misma revista *Look* podemos contabilizar unos 1.483 emoticonos de caritas enfadadas versus aproximadamente 1.143 *likes*. Igualmente, los 1.469 comentarios que la acompañan muestran cómo mientras unos acusaban a la revista de racista, clasista, elitista y excluyente, de fomentar el saqueo de los pueblos indígenas o de faltarle el respeto a las mujeres mayas; otros argumentaban que se estaba exagerando con el tema del racismo cuando en realidad se promocionaban los tejidos mayas y se ayudaba económicamente a las artesanas. Durante la primera semana del mes de julio, las redes sociales de algunos guatemaltecos incluyeron la etiqueta #LookMagazineRacista o una contraportada alternativa con la mujer maya en primer plano y Francesca en el segundo que produjeron algunos activistas del Photoshop, mientras que otros tantos se dedicaron a defender a la revista.

Entre los muchos comentarios que se publicaron —algunos más interesantes y respetuosos que otros— destacamos el debate iniciado por nuestra ya conocida Angelina Aspuac, en la misma página de Facebook de la revista, sobre la propiedad de la faja que porta Francesca Kennedy alrededor de su cuello. Las respuestas de diferentes internautas a su comentario no solo plantean debates en torno a la propie-

---

9. En Guatemala, el término "ladino" sugiere más bien una identidad cultural hispanizada que un mestizaje biológico, aunque su significado cambia con el tiempo y el contexto en el que se usa. Relacionado con el papel fundamental de una ideología anti-indígena en la construcción de la nación guatemalteca, a finales del siglo xix el vocablo "ladino" acabó abarcando a toda la población que no era indígena. Aunque durante mucho tiempo se haya utilizado como sinónimo de "no indígena", a finales del siglo xx se observaba cierta tendencia a usar el término como equivalente a un pueblo o grupo étnico más de Guatemala (Celigueta, 2015: 107).

dad colectiva de los tejidos mayas o la apropiación cultural de bienes y conocimientos de los pueblos indígenas, sino que también buscan explicar significados "culturales" a sus lectores como por ejemplo el de la faja que lleva Francesca. Según una usuaria de Facebook (véase abajo) la faja representa a Q'uq'umatz (también conocido como Kukulkán o la serpiente emplumada) y por tanto merece el respeto de los que la portan. Que Francesca lleve una faja de cintura alrededor de su cuello como si se tratara de un *foulard* a la última moda es, a sus ojos, una falta de respeto y una frivolidad; mientras que tratar una faja maya como una prenda de *haute couture* sería, para otros, una muestra de reconocimiento. Son estas distintas perspectivas sobre, entre otras cosas, la propiedad, el respeto y el reconocimiento, las que se pusieron a dialogar en los medios sociales.

Captura de pantalla del hilo de debate sobre la propiedad colectiva de los tejidos mayas iniciado por Angelina Aspuac en la página de Facebook de la revista *Look Magazine*, julio de 2017.

Ante el revuelo mediático que su portada estaba ocasionando, el equipo editorial de la revista *Look* emitió el 5 de julio un comunicado que difundió rápidamente en los medios. En él lamentaban lo que consideraban un "malentendido" y pedían disculpas a aquellos que se hubieran sentido ofendidos. Manifestaban que habían cometido "el error de poner en portada una imagen que no exhibe lo que como revista deseamos proyectar". Por ello, informaban a la opinión pública del cambio de la portada de julio que finalmente quedó así:

Segunda y definitiva portada del mes de julio de 2017 de *Look Magazine*.

Aunque en los días siguientes, algunos medios virtuales guatemaltecos como *Plaza Pública* (Valvert Gamboa, 2017) o *Nómada* (Menéndez, 2017), se sumaron al debate aportando sus argumentos en contra de la primera portada, el cambio de fotografía mitigó la controversia. Por ejemplo, en la misma página de Facebook de la revista *Look*, el comunicado cosechó 1.279 *likes* y ninguna carita de enfado. La misma diseñadora gráfica (Menéndez, 2017) que en el artículo de *Nómada* estimaba que el lenguaje visual de la primera portada creaba profundos significados de jerarquía y exclusión, consideró que la segunda era más neutra que la anterior. No obstante, aunque la rectificación del equipo editorial apaciguara los ánimos generales, la ausencia de mujeres indígenas en una portada en donde se hablaba de tejidos mayas y sobre todo la presencia de Francesca Kennedy vistiendo un huipil *q'anjob'al*, continuó molestando a las tejedoras. Y así lo manifestaron a través de Sandra Xinico (2017) y su columna de opinión del diario *La Hora*.

> La revista *Look Magazine* cambió su portada y pidió disculpas por lo que definieron como un "error" cometido. En la nueva portada aparece Francesca Kennedy, quien viste parte de lo que define su "moda artesanal", pero no hace más que convertir en vestido un güipil (*q'anjob'al* de Soloma)[10] y en cincho una faja (*kaqchikel* de Patzún) dejando claro la apropiación de nuestra indumentaria al adjudicarse una autoría que no le pertenece. Esto también es racismo. Racismo que roba y explota el trabajo de los pueblos.

A pesar del interés de las mujeres del Movimiento Nacional de Tejedoras por continuar el debate en los medios, el cambio de portada zanjó la polémica, los medios perdieron interés y la discusión se apagó. No obstante, no quisiera finalizar esta revisión sobre la controversia de la revista *Look* sin dar voz a la otra protagonista de la polémica: la silenciada vendedora ambulante maya quien con su deslucido segundo plano había desatado la ira de las redes sociales. Este es su relato.

Ella es Aura Chiriz Ajpuac

Que yo sepa, solo dos periodistas buscaron y entrevistaron a la vendedora indígena cuyo segundo plano había provocado la polémica de la revista *Look*. El reportaje se llamó "Ella es Aura Chiriz Ajpuac" y fue publicado el 11 de julio en la página web de historias de vida de artistas y artesanos guatemaltecos, *Guatemalanart* (Elías y Escobar, 2017). Lo interesante de esta entrevista es que otorgó voz y nombre al anónimo rostro maya de la controversia. En la entrevista, Aura contaba que no sabía leer y escribir, y que, desde luego, no tenía Facebook, pero

---

10. Xinico no lo señala en su artículo, pero el huipil que lleva Francesca en la segunda portada es el mismo que vistió María Mercedes Coroy, la actriz protagonista de la galardonada película *Ixcanul* (2015) de Jayro Bustamante, en el reportaje que la revista *Look* le dedicó el mes abril de 2016. En esta ocasión, sin embargo, María Mercedes vistió el huipil en un entorno selvático (cliché indio) y sobre todo, este no fue transformado (sin cinturón), dejando claro su identidad maya (<https://issuu.com/lookmag/docs/l_0416>). Durante la controversia, varias personas mencionaron este reportaje como una prueba de que la revista no era racista.

que algunas personas, sobre todo sus hijas, le habían explicado que de repente, se había vuelto famosa. Aura aclaraba que ese día "vino un grupo de personas… empezaron a decir que iban a pagar por aparecer en la foto y fui. Nadie me obligó". En la Antigua Guatemala, las vendedoras ambulantes suelen dejarse fotografiar por turistas atraídos por la belleza de sus trajes mayas a cambio de unas monedas y para Aura, aquella foto no fue la excepción. En la entrevista, Aura no muestra demasiado interés por la controversia viral en la que se vio envuelta excepto, quizás, el miedo a los problemas que una fama inesperada puede ocasionar. Ello no significa, sin embargo, que no tuviera nada que decir. Al contrario. Aura habla de la pobreza y exclusión que le impidieron asistir a la escuela de niña y que hoy dejan con hambre a su familia cuando no hay venta; pero también habla de superación personal ("entiendo el inglés"), de amor a su esposo y a sus hijos, y por supuesto, de política: Aura aprovecha la entrevista para denunciar el acoso que sufren los vendedores ambulantes de la Antigua por parte de las autoridades que quieren prohibir su venta callejera.

Francesca tiene un relato poderoso y tiene contactos. Sus sandalias ya se venden en las tiendas GAP y en la página web de Ix Style podemos apreciar a *celebrities* como las actrices Gwyneth Paltrow y Amanda Seyfried o la modelo Bar Rafaeli promocionando sus sandalias en sus propias cuentas de Instagram. Aunque con dificultades, las activistas mayas del Movimiento Nacional de Tejedoras están construyendo un relato alternativo que busca debatir con relatos hegemónicos como el de Francesca. En la actualidad, siguen siendo las voces de personas como Aura las que más cuestan de escuchar. Forman parte de la brecha mediática que algunos medios indígenas están tratando de romper.

"*María Chula*" o los límites de la comunicación

A mediados de julio, apenas una semana después de la polémica de la revista *Look*, ocurrió la todavía más mediática controversia de María Chula. María Chula es el nombre de una tienda virtual de venta de ropa y complementos fabricados con diseños y tejidos mayas, propiedad de la joven guatemalteca María Andrea Flores. Su comercialización se realiza sobre todo a pequeña escala, en medios sociales como

Facebook (<https://www.facebook.com/MariaChuula/>) e Instagram (<https://www.instagram.com/mariachuula/>) y en mercadillos de ventas artesanales. Al igual que habían hecho en otras ocasiones y con negocios distintos; líderes y simpatizantes del Movimiento Nacional de Tejedoras solicitaron a CODISRA que investigara la tienda virtual cuyo nombre, asociado a las mujeres indígenas y sus creaciones textiles, podía interpretarse como racista[11]. A finales de mayo, CODISRA presentó la denuncia por posible caso de discriminación al Ministerio Público "derivado del análisis de contexto del nombre de la tienda virtual y las prendas que se comercializan ya que los términos María Chula, han sido utilizados como parte del lenguaje discriminatorio hacia las mujeres mayas" (comunicado de CODISRA, 17/07/2017). El comunicado no mencionó la apropiación cultural, que no constituye delito en Guatemala, como parte del problema.

Como habían hecho también en otras ocasiones, CODISRA acordó desestimar la denuncia a cambio de que María Andrea Flores pidiera disculpas públicamente en un acto de conciliación que se realizó el 17 de julio, en su misma sede y ante los medios de comunicación. En el acto, la joven empresaria precisó que no había ninguna intención discriminatoria en el nombre de la tienda ya que este solo reflejaba su nombre propio (María) y la voluntad de embellecer a las mujeres guatemaltecas con sus prendas (Chula). La propietaria insistió en que, a pesar de vender huipiles y blusas con diseños mayas, nadie debía relacionar el nombre con una identidad indígena.

Esta vez, sin embargo, la disculpa pública de la dueña de María Chula, sumada a la resaca de la controversia de *Look Magazine*, cayó como jarro de agua fría sobre muchos guatemaltecos, sobre todo no indígenas, que sintieron dicha disculpa como una humillación propia. Las críticas en contra de CODISRA y aquellas que habían promovido la denuncia, como las líderes del Movimiento Nacional de Tejedoras se hicieron rápidamente virales. Durante la semana siguiente, los me-

---

11. El 22 de mayo de 2017, la organización AFEDES y el Movimiento Nacional de Tejedoras publicaron en sus páginas de Facebook la noticia de la denuncia de CODISRA a la tienda virtual María Chula. "CODISRA interpone denuncia ante el Ministerio Público contra la empresa María Chula luego que el Movimiento Nacional de Tejedoras denunciara a esta empresa que comercializa güipiles mayas bajo un nombre que es racista. Gracias a todas las mujeres y hombres que denunciaron públicamente en las redes sociales a esta empresa y provocaron que CODISRA accione legalmente".

dios sociales así como algunas columnas de opinión de los principales diarios de Guatemala (*Siglo XXI*, *Prensa Libre*, *Diario La Hora* y *El Periódico de Guatemala*) criticaron la actuación de CODISRA acusándola de atentar contra la libertad de expresión (Figueroa, 2017), "cacería de brujas" (Rodríguez, 2017), "racistas al revés", discriminar a las mujeres que se llaman María (Sandoval, 2017; Monterroso, 2017), fomentar el odio y la división entre los guatemaltecos (Rodríguez, 2017; Monterroso, 2017), aprovecharse de los demás para justificar su sueldo (Sandoval, 2017; Monterroso, 2017), actuar con la superioridad intelectual de quien acusa al otro de racista (Valdizán, 2017) o de hipócritas y abusivos al utilizar su poder para atacar a pequeñas emprendedoras en lugar de denunciar al mismísimo presidente Jimmy Morales (2016-2019), quien en su pasado como actor de televisión había parodiado a campesinos, negros e indígenas (Rodríguez, 2017). El descontento reflejado en las redes fue de tal magnitud que algunos comerciantes aprovecharon el tirón de la polémica para hacer publicidad de sus marcas en esos mismos medios (Castillo Zamora, 2017). Ejemplos como el de la marca de helados Pops: "Invitá a tu María favorita a un delicioso helado" acompañaron la etiqueta #yoapoyoaMariaChula que apareció en las redes sociales de muchos guatemaltecos. La controversia también dio publicidad al negocio de María Andrea Flores. Y aunque ella optó por no hacer alusiones directas a la polémica en sus medios sociales, los visitantes y seguidores de su página de Facebook aumentaron exponencialmente, así como sus ventas[12].

Por otro lado, los medios sociales del Movimiento Nacional de Tejedoras, AFEDES, CODISRA y algunos medios virtuales como *Plaza Pública* (Calvo, 2017) o *PúblicoGT* (Cabanas, 2017) publicaron sus argumentos de apoyo a la decisión de CODISRA. Insistieron hasta la saciedad en que lo ofensivo no era el nombre de María en sí, sino el contexto o las connotaciones de su uso. Incluso algunas personalidades mayas como la cantante kaqchikel Sara Curruchich aseguraron que, en ocasiones, habían sido llamadas, peyorativamente, "Marías". Y aunque algunas intentaron aprovechar la ocasión para volver a plantear sus argumentos sobre la apropiación cultural, el despojo a las sociedades indígenas o la naturalización del racismo en la socie-

---

12. Según Figueroa (2017), tras la polémica, la página de Facebook de María Chula pasó de 4.000 a 37.617 seguidores.

dad guatemalteca, la controversia derivó en un rifirrafe cuyo ruido mediático acalló las posibilidades de la mediación y el debate. Todos parecen estar de acuerdo en ello. El paso de la controversia de María Chula por los medios no solo mostró los límites de la comunicación, sino también su fracaso, plagado de burlas, insultos y malentendidos.

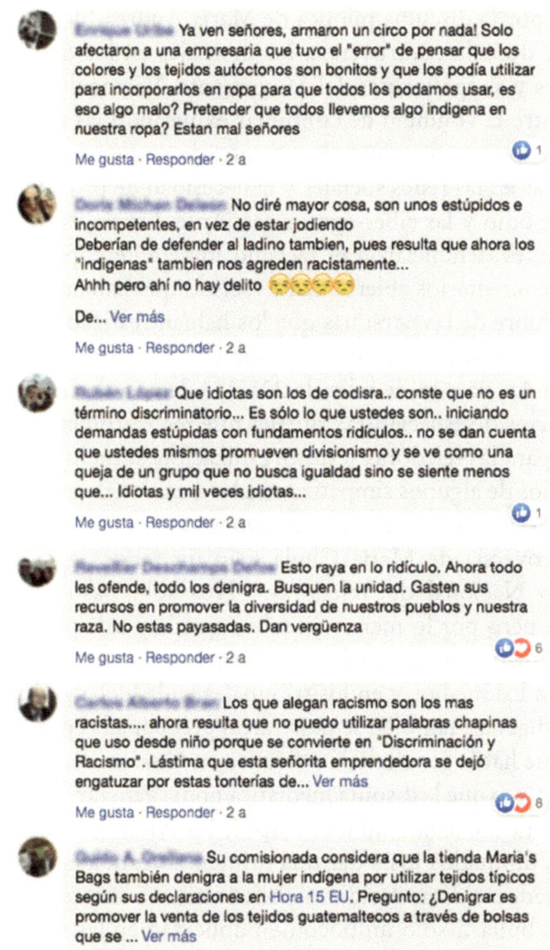

Captura de pantalla de algunos de los 206 comentarios que reaccionaron al comunicado de CODISRA, publicado el 17 de julio de 2017 en su página de Facebook.

Malentendidos, ciber-agresiones y protección ritual

"¿Por qué hay gente que se ofende cuando denunciamos cosas que nos ofenden a las mujeres mayas? ¿Si usted no es racista porqué se siente ofendido?". Con este mensaje en su página personal de Facebook, Angelina Aspuac expresaba su desconcierto ante las virulentas reacciones provocadas por la disculpa pública de María Andrea Flores. Durante los días que duró la controversia, los mensajes en los medios sociales de líderes y simpatizantes del Movimiento Nacional de Tejedoras oscilaron entre la voluntad de continuar explicando las razones de la denuncia, la indignación por el aumento de comentarios explícitamente racistas en las redes sociales y la necesidad de protegerse de los discursos de odio y las ciber-agresiones. Ante dichos ataques, líderes y simpatizantes denunciaron el racismo imperante copiando en sus cuentas los comentarios abiertamente racistas que habían recibido y a veces, el nombre de las personas que los habían realizado ("ya te dije que no soy racista, india resentida [Guatemala siempre]". Facebook de Angelina Aspuac, 18 de julio de 2017). Además, decidieron solicitar los servicios de especialistas rituales que realizaron ceremonias de protección para las tejedoras y sus organizaciones. Incluso los sueños premonitorios de algunos simpatizantes las avisaron de estas "agresiones" y la necesidad de protegerse ritualmente.

La controversia de María Chula dejó un sabor agridulce en el Movimiento Nacional de Tejedoras. "Nos sobrepasó —reconocía Angelina—, pero por lo menos ya saben que hay una población que cuestiona". Y aunque las tejedoras reafirmaron la importancia de las denuncias en los medios y en los tribunales en la lucha global por los derechos indígenas, también se mostraron preocupadas por el diálogo de sordos que había generado la polémica en Guatemala, así como los efectos negativos que la disputa mediática podía generar en su particular lucha política. Cuando un mes después las avisaron de que el Congreso de los diputados iba a dar una primera lectura a la iniciativa de ley de las tejedoras, estas decidieron no convocar a los medios. "Mejor no hagamos bulla... solo un poco de publicidad en las redes", se dijeron, conscientes de que, en Guatemala, la controversia mediática de María Chula podía perjudicar a su causa.

En efecto, el caso de María Chula ejemplifica primero, cómo la visibilidad mediática no siempre es deseada y puede ser, además, problemática. Visibilizar y debatir un conflicto importante para los pueblos indígenas en los medios o, al contrario, ocultarlo y negociar en privado, son opciones estratégicas legítimas que requieren, no obstante, de un control sobre los mismos particularmente difícil para poblaciones periféricas como las indígenas (Champagne, 1999; Celigueta y Martínez Mauri, en prensa). Segundo, constituye un ejemplo de la voluntad mediadora de los medios indígenas incluso en los momentos más difíciles, cuando los discursos de odio parecen imponerse en el debate o cuando las organizaciones indígenas están utilizando estrategias más confrontativas como las denuncias y los litigios. Un mes después, en agosto de 2017, Sandra Xinico lo explicaba de esta manera en un taller realizado en Quetzaltenango con mujeres tejedoras: "Lo que nosotras queremos plantear con este proceso es que se discuta el racismo que nos golpea a las mujeres que llevamos nuestro traje… buscamos que los pueblos indígenas y también el pueblo mestizo comprenda lo que queremos explicar… nosotras planteamos la denuncia a María Chula no porque el nombre de María sea malo, sino porque la gente racista decidió que todas somos Marías. Nosotras no queremos que se nos llame así".

Finalmente, la controversia de María Chula nos sugiere cómo, ante la falta de una legislación especializada para los casos de apropiación cultural en Guatemala, las organizaciones indígenas trasladan los conflictos con las empresas y el Estado a los medios sociales. A veces, también denuncian este tipo de casos en instituciones como la CODISRA o la PDHG que suelen actuar legalmente con relación a otros agravios en los que sí tienen autoridad como el racismo o la discriminación. Aunque reconocemos que el racismo atraviesa casi todas las dimensiones de la vida social en Guatemala, esto tiene sus peligros. No tanto por la reacción visceral de algunos guatemaltecos, sino porque una sobreutilización del término "racismo" puede llevar a la pérdida de la fuerza política de su denuncia (Bastos, 2010) o porque, como me comentaron en la misma PDHG, todavía no saben muy bien cómo tratar este tipo de denuncias a las que no están acostumbrados.

Conclusión

En criminología y particularmente en los estudios sobre ciber-odio y discursos de odio en internet (*cyberhate* o *hatespeech*) se ha analizado cómo ciertos acontecimientos, por ejemplo los ataques terroristas que han sacudido Europa durante esta última década, funcionan como *trigger events* (es decir, como acontecimientos desencadenantes) que validan prejuicios, sentimientos y tensiones, abriendo un espacio a la expansión de ideas y creencias hostiles en las redes sociales (Williams y Burnap, 2016). Aunque en un principio, podemos considerar la fotografía de la revista *Look* y la disculpa de la propietaria de María Chula como *trigger events* o acontecimientos desencadenantes que provocaron la expansión de ideas y creencias racistas, me parece más pertinente interpretarlas, tomando en cuenta la perspectiva mediadora de la comunicación indígena, como desencadenantes de debates. En los casos que nos ocupan: debates sobre la propiedad colectiva de los tejidos mayas, la apropiación cultural y el racismo.

Los casos de *Look Magazine* y María Chula nos han permitido ahondar en las cualidades mediadoras de los medios indígenas incluso cuando estos están informando sobre los conflictos que mantienen con los Estados y/o las empresas. Al contrario de lo que solemos pensar, la comunicación indígena no tiene como principal objetivo denunciar los abusos de los distintos actores políticos y económicos hacia los pueblos indígenas, sino que busca, sobre todo, presentar y legitimar sus formas de pensar y organizar el mundo (Orobitg *et al.*, en prensa). De ahí su voluntad de mediación (Ginsburg, 1991; 2002) o "puesta en relación" (Orobitg *et al.*, en prensa) entre distintos colectivos. No obstante, y a pesar de esta voluntad, la comunicación a veces fracasa. Los medios simplemente dan por terminado el debate, como vimos con la revista *Look*, o como ocurrió con María Chula, la fina línea entre la confrontación y la negociación característica de este tipo de debates se rompe y entonces, la burla y el insulto se instauran. No obstante, y a pesar de los diálogos de sordos, los malentendidos y las quejas de las poblaciones indígenas por la incomprensión de sus mensajes, la voluntad y el gusto por la relación permanecen.

A pesar de la histórica exclusión de los pueblos indígenas de los medios de comunicación, en ambas controversias también observamos el papel protagonista de las tejedoras en el proceso dinámico y cambiante de la producción del acontecimiento-noticia. Los mensajes y comentarios en Facebook, así como las opiniones en los diarios, no pueden entenderse de forma aislada, sino que deben leerse, casi siempre, en relación con otros mensajes o noticias. Esto tiene como efecto que, por lo menos mientras dura la controversia, se cree un colectivo mediático (aquel que sigue la controversia) en donde cada bando expresa su punto de vista. Y en este colectivo mediático, las tejedoras son centrales. Su principal interés es la defensa de lo indígena, a nivel global, como un patrimonio que les pertenece y sobre el que solo los pueblos indígenas deben decidir.

Bibliografía

Arnaqua-Baril, A. (2016): *Angry Inuk*, Canadá, 82 minutos.

Askew, K./Wilk, R. R. (2002): *The Anthropology of Media: a Reader*. London: Blackwell.

Bastos, S. (2010): "Desigualdad y diferencia: ideas para el estudio del racismo y sus consecuencias en Guatemala", en R. Brett y M. Casaús Arzú (eds.), *El racismo y la discriminación étnica en Guatemala: una aproximación hacia sus tendencias históricas y el debate actual. Stockholm Review of Latin American Studies* nº 6, pp. 27-41.

Borgerson, J. L./Miller, D. (2016): "Scalable Sociality and 'How the World Changed social media': conversation with Daniel Miller". *Consumption Markets and Culture* 19 (6): 520-533.

Bustos, L./De Santiago, P. P./Martínez, M. A./Rengifo, M. S. (2019): "Discursos de odio: una epidemia que se propaga en la red. Estado de la cuestión sobre el racismo y la xenofobia en las redes sociales". *Mediaciones Sociales*, vol. 18: 25-42.

Cabanas, A. (2017): "Entre María Chula y el derecho de decisión". *Públicogt.* 24 julio 2017, <https://publicogt.com/2017/07/24/entre-maria-chula-y-el-derecho-de-decision>/ (1 de octubre, 2017).

Calvo, J. (2017): "María Chula y otras chuladas de la comunicación social". *Plaza Pública*, 21 de julio, 2017, <https://www.plazapublica.com.gt/content/maria-chula-y-otras-chuladas-de-la-comunicacion-social> (24 de julio, 2017).

Casaús Arzú, M. E. (2020a): "El racismo en los medios *online* y en los comentarios de las redes sociales en Guatemala". *Diario La Hora.* 14 de febrero 2020, <https://lahora.gt/el-racismo-en-los-medios-online-y-en-los-comentarios-de-las-redes-sociales-en-guatemala> (18 de febrero, 2020).

— (2020b): "Guatemala: Así se expresa el odio contra indígenas y mujeres en las redes sociales". *Nómada*, 25 de febrero, 2020, <https://nomada.gt/identidades/guatemala-urbana/guatemala-asi-se-ex-

presa-el-odio-contra-indigenas-y-mujeres-en-las-redes-sociales/>
(29 de febrero, 2020).

Castillo, M. C. (2020): "Hilar memorias para tejer historia: Hacia una antropología textil en Oaxaca". *Revista Euroamericana de Antropología* 9: 125-139.

— (2017): "La blusa de Tlahuitoltepec *Xaam nïxuy* es identidad", en E. Galicia Isasmendi, F. Quiles García y Z. Ruiz Romero (eds.), *Acervo mexicano: Legado de culturas*. Puebla: Universidad Autónoma de Puebla, pp. 170-191.

Castillo Zamora, J. M. (2017): "Los publicistas que se aprovecharon de María Chula para potencializar sus marcas", *Relato*, 22 de julio, <https://www.relato.gt/blogs/los-publicistas-que-se-aprovecharon-de-mara-chula-para-potencializar-sus-marcas> (1 octubre 2017).

Celigueta, G. (2015): "¿Mayanización, indigeneidad o mestizaje? Clasificaciones étnicas y diversidad en Guatemala". *Revista de Dialectología y Tradiciones Populares* vol. LXX, n°1: 95-112.

Celigueta, G./Martínez Mauri, M. (en prensa): "¿Textiles mediáticos? Investigar sobre activismo indígena en Panamá, Guatemala y el espacio web 2.0". *Revista Española de Antropología Americana*, 50.

Champagne, Patrick (1999): "La visión mediática", en Pierre Bourdieu (ed.), *La miseria del mundo*. Madrid: Akal, pp. 51-63.

Comisión Internacional contra la Impunidad en Guatemala-CICIG (2019): "Informe Bots, Netcenters y Combate a la impunidad: el caso de Guatemala", <https://www.cicig.org/cicig/informes_cicig/informes-tematicos/bots-netcenters-y-el-combate-a-la-impunidad/> (19 de enero, 2020).

Echevarría, M. (2019): "Los 'netcenter' en Guatemala". *Plaza Pública* 1, febrero, <https://www.plazapublica.com.gt/content/los-netcenters-en-guatemala> (19 de enero, 2020).

Elías, A./Escobar, S. (2017): "Ella es Aura Chiriz Ajpuac". *Guatemalan Art*, 11 de julio, <http://www.guatemalanart.com.gt/historias/ella-es-aura-chiriz-ajpuac/> (2 de octubre, 2017).

Figueroa, L. (2017): "La importancia de María Chula". *El Periódico de Guatemala*, 21 de julio, <https://elperiodico.com.gt/opinion/2017/07/21/la-importancia-de-maria-chula/> (1 de octubre, 2017).

Fultz, K. (2016): *Economies of Representation: Communication, Conflict, and Mining in Guatemala*. Ph.D Thesis: Department of Anthropology, University of Michigan.

Ginsburg, F. (1991): "Indigenous Media: Faustian Contract or Global Village?". *Cultural Anthropology*, 6(1): 92-112.

— (2002): "Mediating Culture. Indigenous Media, Ethnographic Film, and the Production of Identity", en K. Askew y R. R. Wilk (eds.), *The Anthropology of Media: a Reader*. London: Blackwell, pp. 210-235.

Ginsburg, F/Abu-lughod, L./Larkin, B. (2002): "Introduction", en F. Ginsburg, L. Abu-lughod y B. Larkin (eds.), *Media Worlds: Anthropology on New Terrain*. Berkeley: University of California Press, pp. 1-36.

Hine, C. (2004): *Etnografía virtual*. Barcelona: UOC.

Jiménez, A. (2010): "Representación de las luchas mayas en los medios de comunicación escrita en Guatemala". *Stockholm Review of Latin American Studies*, n° 6: 77-96.

Juárez, P. (2017): "Emprendedora busca apoyo para ayudar a comunidades en Sololá". *Prensa Libre*, 31 de marzo, <https://www.prensa-libre.com/vida/moda-y-estilo/emprendedora-busca-apoyo-para-a-ayudar-a-comunidades-en-solola/> (15 de diciembre, 2019).

Matsaganis, M. *et al.* (2011): *Understanding Ethnic Media: Producers, Consumers, and Societies*. Thousand Oaks: SAGE Publications.

Martínez Mauri, M./Celigueta, G./Tomàs, J./Clua, M. (2017): "Tangible Ethnicity: in Search of Traditional Cultural Expressions in Catalonia, Gunayala, Guatemala and Senegal". *Revista d'Etnologia de Catalunya*, 42: 186-201.

MacLeod, M. (2014): "De apariencias y resistencias: El traje de las mujeres mayas guatemaltecas como ámbito de disputa". *Interdisciplina* 2, n° 4: 161-178.

Menéndez, L. (2017): "Soy diseñadora y esto opino de la primera revista", *Nómada*, 7 de julio, <https://nomada.gt/cotidianidad/soy-disenadora-y-esto-pienso-de-la-primera-portada/> (1 de marzo, 2020).

Miller, D. (2011): *Tales from Facebook*. Cambridge: Polity Press.

Monterroso, G. (2017): "María Chula y la cultura del odio". *Diario La Hora*, 27 de julio, <https://lahora.gt/maria-chula-la-cultura-del-odio/> (5 de abril, 2020).

Nelson, D. M. (1999): "Gendering the Ethnic-National Question: Rigoberta Menchú Jokes and the Out-Skirts of Fashioning Identity", en *A Finger in the Wound. Body Politics in Quincentennial Guatemala*. Berkeley: University of California Press, pp. 170-205.

Orobitg, G. *et al.* (en prensa): "Los medios indígenas en América Latina: usos, sentidos y cartografías de una experiencia plural". *Revista de Historia*, 83.

Rodríguez, J. M. (2017): "Black Pitaya y la #MariaChula". *Siglo 21*, 21 de julio, <https://elsiglo.com.gt/2017/07/21/black-pitaya-la-mariachula/> (9 de agosto, 2017).

Sandoval, M. A. (2017): "María: Nuevo insulto". *Prensa Libre*, 21 de julio, <https://www.prensalibre.com/opinion/maria-nuevo-insulto/> (9 de agosto, 2017).

Srinivisan, R. (2006); "Indigenous, Ethnic And Cultural Articulations of New Media". *International Journal of Cultural Studies*, 9/4: 497-518.

Turner, T. (1992): "Defiant Images: The Kayapo Appropriation of Video". *Anthropology Today*, 8 (6): 5-16.

Tuyuc, R. (2013): "Poder, racismo y medios de comunicación", en *Racismo, medios de comunicación y pueblos indígenas*. Lima: Chirapaq.

Valdizán, C. (2017): ¿Racismo o apropiación cultural? *Siglo 21*, 21 de julio, <https://elsiglo.com.gt/2017/07/21/racismo-apropiacion-cultural/> (9 de agosto, 2017).

Valvert Gamboa, D. (2017): "Échate un 'look' a vos mismo". *Plaza Pública*, 8 de julio, <http://plazapublica.com.gt/content/echate-un-look-vos-mismo> (24 de julio, 2017).

Van Dijk, Teun A. (2003): *Dominación étnica y racismo discursivo en España y América Latina*. Barcelona: Gedisa.

Velásquez Nimatuj, I. A. (2008): "Vías de exclusión: Indumentaria maya y racismo en la Guatemala contemporánea", en M. Holsbeke y J. Montoya (eds.), *Los tejidos mayas. Espejos de una cosmovisión*. Ciudad de Guatemala: Cholsamaj, pp. 160-171.

Williams, M. L./Burnap, P. (2016): "Cyberhate on Social Media in the Aftermath of Woolwich: a Case Study in Computational Criminology and Big Data". *The British Journal of Criminology*, vol. 52 (2): 211-238.

Wilson, P./Stewart, M. (2008): "Indigeneity and Indigenous Media on the Global Stage", en P. Wilson y M. Stewart (eds.), *Global Indigenous Media: Cultures, Poetics, and Politics*. Durham: Duke University Press, pp. 1-35.

Xinico, S. (2017): *"Racismo de Revista"*. *Diario La Hora*, 8 de julio, <http://lahora.gt/racismo-de-revista/> (11 de diciembre, 2018).

Los medios de comunicación y el conflicto por el liderazgo político xavante

Rafael Franco Coelho[1]
(Universidad Federal de Goias)

En este capítulo, pretendo comprender la organización social de la producción de los medios de comunicación xavante en el proyecto Aldea Digital, un plan de educación mediática e inclusión digital con talleres de formación y capacitación del pueblo xavante para la producción de sus propios medios de comunicación. Para explicar la forma en que los alumnos del proyecto se organizaron en grupos, relacionare estos grupos con la estructura social y el sistema político xavante, con el objetivo de identificar cuáles son las influencias de las características y especificidades sociales de la comunidad xavante en la organización del proyecto. Mi hipótesis es que la formación de los grupos del proyecto y la interacción de sus miembros fue establecida a partir de categorías presentes en la estructura sociopolítica xavante. En este sentido, la introducción de los medios de comunicación en la comunidad no fue suficiente para cambiar las relaciones sociales en la aldea de Sangradouro, tampoco en particular, para mediar en los conflictos por el liderazgo de dicha aldea.

Breve introducción a los a'uwẽ xavante

Según fuentes históricas, los a'uwẽ xavante habitan el altiplano central de Brasil desde el siglo XVIII, una región de la Amazonia a donde

---

1. El presente trabajo fue realizado con apoyo de la CAPES (Coordinación de Perfeccionamiento Personal de Nivel Superior-Brasil).

llegaron migrando desde el norte del estado de Goiás, entre los ríos Tocantins y Araguaia, hasta establecerse en el estado de Mato Grosso.

Xavante es el nombre en portugués por el cual los brasileños identifican a este grupo indígena, pero ellos se identifican y autodenominan en su lengua como a'uwẽ, que puede ser traducido como gente, humano o persona. Su lengua pertenece a la familia etnolingüística jê, del tronco macro-jê.

La sociedad a'uwẽ xavante se organiza en múltiplos sistemas dualistas que determinan la organización social, el parentesco, el matrimonio y la política, en un conjunto de "mitades" que se entrecruzan. Uno de ellos son los clanes que dividen la comunidad en dos mitades exogámicas y patrilineales: por un lado, *pö'redza'õnõ* (girino) y, por otro, *öwawẽ* (agua grande). Los matrimonios solo se llevan a cabo entre las mitades y el clan es hereditario, que pasa de padres a hijos, por lo que la madre siempre será de un clan de la otra mitad[2].

Según Graham (1993: 722) "la filosofía dualista xavante" organiza a las personas en otros tipos de mitades. Los a'uwẽ xavante se dividen por franjas etarias organizadas jerárquicamente, desde los viejos hasta los jóvenes. Hay ocho clases de edad, cuatro para cada mitad. Las clases de edad se componen de los que han vivido juntos el período anterior al ritual de iniciación, unos cinco años, en la casa de los solteros, en lengua xavante *hö*, se iniciaron en el ritual de forma conjunta y se casaron en ceremonia colectiva.

El proyecto Aldea Digital

El origen del proyecto remonta al año 2010. Bartolomeu Patira Pronhopa, maestro de la escuela de la aldea y concejal en el municipio de General Carneiro, entró en contacto conmigo para pedirme un proyecto de educación mediática e inclusión digital en la comunidad de la aldea con el alumnado de la escuela. Su sugerencia fue planear unos talleres de dibujo animado y cine de animación sobre los mitos xavante. La película sería utilizada como material didáctico en la escuela para enseñar la cultura xavante en las clases. Su preocupación era que

---

2. Para más publicaciones sobre la sociedad xavante, véanse Maybury-Lewis (1984), Lopes da Silva (1986) y Welch (2009). Para el debate sobre las organizaciones dualistas, Maybury-Lewis (1960) y Lévi-Strauss (1995).

lo niños y niñas ya no conocían muchas de las historias "antiguas, del principio", como los xavante las llaman. Las negociaciones preliminares duraron todo el año 2010 y se realizaron por teléfono y correo electrónico.

El proyecto Aldea Digital tiene como objetivo la educación mediática de los a'uwẽ xavante de la aldea de Sangradouro, ofreciendo talleres de creación de blogs, películas de animación, vídeo documental y cartelería. Las actividades de los talleres incluyeron el registro, la documentación y la descripción escrita y audiovisual de las prácticas culturales del pueblo a'uwẽ xavante y su posterior difusión, publicación y transmisión por internet. El objetivo de los talleres fue ofrecer formación y capacitación a los jóvenes de la aldea para la producción de sus propios medios de comunicación digitales. En términos generales, la finalidad era la inclusión digital de esta etnia indígena.

La Tierra Indígena (T.I.) xavante de Sangradouro tiene una superficie de aproximadamente 100.000 hectáreas, donde viven cerca de 1.660 personas distribuidas en 25 aldeas. La aldea de Sangradouro es la mayor y principal. Fue fundada en 1957 por un grupo procedente de la T.I. xavante de Parabubure conducido por el líder Pedro Toroibu[3]. La aldea está ubicada a 1,5 kilómetros de la carretera BR-070, en el kilómetro 225, y dista otros 53 de la ciudad de Primavera del Leste. Según el último censo realizado en 2010 por la Fundación Nacional del Indio (FUNAI), la población de la aldea de Sangradouro era de 882 personas. Cerca de la aldea hay un asentamiento de la etnia bororo y una misión de la orden Salesiana. La misión dista 700 metros de la aldea, tiene una iglesia y un edificio donde viven los sacerdotes, las monjas y eventualmente hospeda invitados. Además, al lado de la misión, hay un puesto de salud y la escuela indígena San José, que ofrece educación primaria y secundaria.

Gran parte de los talleres se impartieron en el Laboratorio de Informática de la escuela indígena de la aldea de Sangradouro. Dicha escuela fue creada en 1957 por los salesianos. De 1957 a 1974 funcionó como colegio de internos; de 1975 a 1990 dejó de funcionar como internado, pero siguió coordinado por los salesianos. En 1991 la direc-

---

3. Para más información sobre la historia de la aldea de Sangradouro, véase el documental de Divino Tserewahú llamado *Sangradouro*, disponible en la web del proyecto Vídeo en las Aldeas: <http://www.videonasaldeias.org.br/2009/video.php?c=76>.

ción de la escuela pasó al Ministerio de Educación de Brasil y, por fin, desde 2006, los profesores y el director de la escuela son todos xavante. El centro dispone de un Laboratorio de Informática con cerca de 20 ordenadores, acceso a internet y un profesor a'uwẽ xavante de informática llamado Natal Anhahö'a Tsere'ruremé Dutsã. Actualmente este laboratorio se utiliza para la enseñanza y las actividades educativas de la escuela, cuyas clases incluyen un curso básico en informática.

El equipo del proyecto tuvo miembros fijos, trabajando en la gestión y organización, y participaciones puntuales en función de las necesidades. Fue interdisciplinario y estuvo compuesto por profesores, funcionarios, técnicos y alumnos de la Universidad Federal de Goiás (UFG), de la Facultad de Información y Comunicación (FIC), de la Facultad de Artes Visuales y de la Facultad de Ciencias Sociales y Antropología. Yo coordiné el proyecto, pero siempre consultando a los a'uwẽ xavante, tanto al equipo como al consejo de los hombres mayores, en cada nueva etapa. En este sentido, la coordinación intentó ser autogestionada y respetar la manera tradicional a'uwẽ xavante de decidir, a partir de la consulta al consejo.

El proyecto se inició en el año 2010. Fueron dos años de planificación (2010-2011), seguidos de otros dos de realización de los talleres (2012-2013) y desde 2014 monitoreo los medios de comunicación creados en los talleres. En 2012 y 2013, los talleres del proyecto fueron financiados por el Ministerio de Educación (MEC) de Brasil, en un programa de financiación de proyectos de extensión comunitaria para la implementación de políticas públicas de inclusión social. Una de sus líneas de financiación es la inclusión digital y étnica.

Metodología

La metodología de la investigación tuvo como referencia central el método publicado en el libro *Through Navajo Eyes: An Exploration in Film Communication and Anthropology* (Worth y Adair, 1972). Según Banks (2008) este trabajo es un modelo de investigación empírica bien diseñada, con objetivos y metodologías claros. Además de esta referencia clásica, la investigación utilizo múltiples métodos de trabajo de campo, como entrevistas, grupos focales, la investigación-acción, la observación participante y el método etnográfico, con énfasis en el uso de la fotografía y del audiovisual como formas de observación en el campo.

En la investigación, he optado por la descripción y el análisis cualitativo del material. Hice el análisis del proceso de desarrollo de los medios de comunicación que se elaboraron en el marco del proyecto Aldea Digital, así como de los resultados y productos generados. En la interpretación de los resultados, reflexiono y discuto sobre la organización social de la producción de los medios de comunicación xavante.

Los talleres se desarrollaron durante todo el año 2012, con una periodicidad mensual, los fines de semana y días festivos. En julio de 2012 hicimos también un taller cuyas actividades fueron divididas entre la T. I. Sangradouro y la T. I. San Marcos, que dista 127 kilómetros de la primera. Por fin, en julio de 2013 hicimos un taller en el Estudio de Televisión y en la isla de edición de vídeo de la Facultad de Información y Comunicación de la Universidad Federal de Goiás (FIC-UFG).

Los alumnos fueron los a'uwẽ xavante de la aldea de Sangradouro, el grupo focal de la investigación. En principio, hicimos una convocatoria general para toda la aldea e intentamos no limitar el número de alumnos de los talleres a un género, ni a una franja etaria, ni a un clan. A medida que el proyecto se fue desarrollando, se formó espontáneamente y de manera autogestionada un grupo de alumnos fijo. Este grupo estaba compuesto por 15 hombres de la franja etaria entre 15 a 25 años, divididos en cuatro grupos. Todos tenían conocimientos informáticos básicos, adquiridos en las clases de la escuela de la aldea.

Los talleres tuvieron como resultado la producción de un blog, un vídeo documental, nueve animaciones de cortometraje en la técnica del *stop-motion*, dos marcas, una serie de carteles y un grupo en Facebook. En total, fueron trece talleres, pero no todos se utilizaron como fuente de información para la investigación. El corpus de análisis se limitó al material recogido en cinco talleres: de blog, de cartel, dos de cine de animación y uno de vídeo documental. También analicé el proceso de creación de dos marcas, la del propio proyecto Aldea Digital y la de la Organización de los pueblos indígenas xavante (OPIX).

Durante el desarrollo de la investigación, los objetivos se ampliaron debido al interés de otras etnias indígenas en participar del proyecto.

Para atender a esta solicitud, hicimos también talleres en la aldea de Argola, de la T. I. Terena de Cachoeirinha, y en la aldea de Merure, de la T. I. Bororo. Sin embargo, el análisis de los datos se circunscribe solo a la experiencia entre los xavante.

LOS MEDIOS XAVANTE

La primera experiencia del uso y apropiación xavante de la tecnología de la comunicación en la lucha por sus derechos empieza en finales de la década de 1970. Un líder político de la Tierra Indígena San Marcos llamado Mario Juruna tiene la idea de utilizar una grabadora de cinta de casete para registrar a los funcionarios del gobierno haciendo falsas promesas de devolver las tierras de los xavante. Más tarde, en la prensa, Juruna reproducía las grabaciones y los funcionarios eran expuestos públicamente como mentirosos (Graham, 2011). Esta práctica activista hizo a Juruna muy conocido, hasta el punto de ser elegido como el primer y único indígena diputado en 1982. Este ejemplo es pionero en el uso de la tecnología de comunicación en la construcción de la carrera política y en la relación con el Estado nación.

El audiovisual es el primer medio de comunicación xavante y empieza a ser utilizado en 1997 a partir del proyecto Vídeo en las Aldeas. La primera producción es de Caimi *Waiasse*, xavante de la T. I. Pimentel Barbosa, llamada *Tem que ser curioso*. En la película, el director xavante cuenta cómo se interesó por el cine. La segunda es de 1998 y se llama *Hepari Idub'rada, Obrigado Irmão*. Dirigida por Divino Tserewahú, de la T. I. Sangradouro, la película ofrece el testimonio del director dando las gracias a su hermano por haberle enseñado el uso de la videocámara y el audiovisual. Estas primeras películas son interesantes por narrar la manera como estos cineastas descubren el cine y los medios de comunicación.

En 1999 Divino invita a Caimi, además de a dos xavante y a un indio suyá, para realizar un documental sobre el ritual de iniciación xavante. Los otros dos xavante son Bartolomeu Patira, de la T. I. Sangradouro y Jorge Protodi, de la T. I. Pimentel Barbosa. La película resultante se titula *Wapté Mnhõnõ, Iniciação do Jovem xavante* ("Iniciación del joven xavante") y fue llevada a cabo en los talleres de capacitación del proyecto Vídeo en las Aldeas. Ganó seis premios, dos en Brasil, dos en Italia y uno en Bolivia[4]. De modo general, esta y la mayoría de las producciones de Divino, como *Wai'á Rini, o poder do sonho* (2001), *Daritizé, aprendiz de curador* (2003) o *Pi'õnhitsi, mulheres xavante sem nome* (2009) tienen una temática común: son el registro de rituales, sea la iniciación social (*Wapté Mnhõnõ*), cosmológica (*Wai'á Rini y Daritizé*) o la femenina (*Pi'õnhitsi*). Esta preferencia indica que la producción y apropiación de Divino tiene el objetivo de difundir los rituales y una noción xavante de cultura (Silva, 2013).

Graham (2005: 629) analiza los nuevos proyectos culturales del pueblo xavante para representar su cultura hacia el público no indígena. La autora analiza dos documentales producidos en Pimentel Barbosa, *Rito de passagem* (2004) y *A'uwẽ Uptabi* (2000) en colaboración con las ONG Instituto das Tradições Indígenas (IDETI) y Núcleo de Cultura Indígena. Para Graham (2005), en un primer momento, los vídeos y otros proyectos culturales desarrollados en esta aldea parecen tener objetivos puramente culturales y de identidad. Pero el análisis y el punto de vista xavante demuestran múltiples y complejos objetivos. La cultura xavante es instrumentalizada y basada en su identidad étnica con objetivos políticos en la lucha por reconocimiento.

Turner (1992) señala que la participación en proyectos mediáticos y asumir ciertos roles en estas iniciativas es un signo de prestigio y estatus dentro de la comunidad indígena y "una forma de mediación cultural y política de las relaciones con la sociedad occidental" (1992: 7). La combinación de estos dos factores se ha convertido en un requisito previo para asumir posiciones de liderazgo político en muchas comunidades indígenas, como las de los kayapó[5], donde muchos jóvenes participaron en proyectos de medios hasta convertirse en líderes, mediante su participación como una forma de promover sus carreras políticas.

Sistema político y facciones en la aldea de Sangradouro

Según Paula (2007: 78), las facciones son "grupos sociales de contexto, corporados, designados para fines políticos efímeros, formados

---

4.   Para el análisis de una producción audiovisual xavante véase Coelho (2010).

5.   Pueblo indígena que habita el altiplano central de Brasil, en el estado de Mato Groso y Pará, al sur de la Amazonia (región del río Xingú).

exclusivamente por hombres que pertenecen a la categoría de edad de hombre maduro (*Iprédu*)". Para Maybury-Lewis (1984), la facción está formada por un linaje y sus partidarios, que pueden ser de otros linajes del mismo clan, individuos aislados, pero también linajes de otro clan. Son agrupamientos políticos temporales que se forman fundamentándose en categorías dicotómicas presentes en los clanes y linajes. Según Lopes da Silva, la base para la formación de las facciones son "los grupos con ascendencia paterna común" (1986: 246). La palabra xavante para las personas de la misma facción es *watsiwadí*, cuya traducción es "mi gente".

En Sangradouro, cuando empezamos el proyecto Aldea Digital, nos informaron de que la aldea estaba dividida. Según los miembros del proyecto, la división empezó en 2011 durante la elección de los dos líderes de los jóvenes que participarían del ritual de iniciación. Inácio Tsereruremé'dzai'wa, un hombre del clan Pö'redza'õnõ, presentó en el consejo de los hombres a su hijo como candidato a líder del ritual de iniciación. El líder *pahöri'wa* es el cargo ritual y ceremonial más importante de la sociedad xavante. Es una función exclusiva del clan Pö'redza'õnõ, del linaje Pahöri'wa y es el líder de su clase de edad[6] en el ritual. Es importante diferenciar el linaje Pahöri'wa del líder del ritual de iniciación también llamado *pahöri'wa*. En Sangradouro, los linajes principales son el Pahöri'wa, del clan Pö'redza'õnõ y el Tebe, del clan Öwawẽ.

El consejo eligió a cuatro líderes para el ritual de iniciación y no a dos como de costumbre. Este resultado desagradó a un grupo de personas que rompió su alianza con la facción dominante y pasó a apoyar a la facción opositora. El resultado de la elección debilitó a la facción dominante, que perdió el apoyo de este grupo y fortaleció a la facción opositora, agrupando a los descontentos y aspirantes a la posición de jefe. Quizás el problema de la elección del *pahöri'wa* fue utilizado como pretexto para debilitar a la facción dominante.

Según Maybury-Lewis (1984), en la aldea xavante de San Domingos (actual Pimentel Barbosa), solo un líder *pahöri'wa* no era del linaje del jefe. Este jefe concentró entre sus hijos este cargo ceremonial. El estatus de sus hijos venía de su propia posición de jefe. Cada uno

---

6. Presentaremos y reflexionaremos sobre las implicaciones del sistema de clases y categorías de edad en el *proyecto Aldea Digital adelante*.

de sus hijos pertenecía a una clase de edad (o generación) distinta. El control de las clases de edad consolidó el poder del jefe en todos los niveles de la comunidad y un patrón de autoridad. La posición del jefe es la suma de los estatus de sus hijos que conservan su prestigio. En este caso, garantizar que sus hijos ocupasen posiciones de liderazgo era una estrategia política para mantener su prestigio.

Quizás sea el mismo caso en Sangradouro. Tener un hijo ocupando un cargo ceremonial importante es una clara estrategia para lograr prestigio por parte del padre. Efectivamente, los miembros del proyecto confirmaron que había una disputa por ocupar la posición de jefe en la aldea.

Un factor externo que intensificó el faccionalismo fue la demarcación de la T. I. Sangradouro. Esta tierra indígena está homologada y es oficial desde 1991, pero los xavante acusan a los terratenientes dueños de las tierras colindantes de invadir los límites de la reserva indígena. Eso hizo que la Fundación Nacional del Indio (FUNAI), responsable del proceso de demarcación de las tierras indígenas en Brasil, crease una comisión técnica para verificar y evaluar si había invasión. En este largo proceso, que empezó alrededor de 2003 y todavía no ha terminado, los xavante y los terratenientes entran en conflicto. La sede de la FUNAI en la ciudad de Primavera do Leste sufrió un incendio, hay casos de agresiones, disparos y hasta muertes. En este conflicto, la posición de los xavante tampoco es unitaria. Algunos xavante son aliados y apoyan los intereses de los terratenientes, hecho que refuerza el conflicto con los terratenientes y la división interna en Sangradouro.

Según los miembros del proyecto, por primera vez en la historia de Sangradouro, la aldea tenía dos caciques. Para Maybury-Lewis (1984), la división en facciones es un hecho básico del sistema político xavante. Orienta el comportamiento y organiza las categorías conceptuales de las personas. Las facciones siempre están en disputa por el poder, el prestigio y el cargo político más importante, el de jefe. En el caso de no haber una facción dominante en una aldea o en un determinado periodo de tiempo, cada facción tiene su jefe. Teniendo como base este faccionalismo, suponemos que siempre hubo una facción dominante y una opositora en la aldea de Sangradouro. El cambio surge durante el periodo de desarrollo del proyecto Aldea Digital, cuando la facción opositora acumula gradualmente más prestigio y poder hasta el punto de llegar a elegir un jefe y plantear una oposición publica declarada.

En Sangradouro, cuando los hombres hablaban de la disputa entre las facciones, lo hacían cualificándola como algo no natural, malo, equivocado. La ambición por el poder era enunciada como un defecto o incluso como algo que rompía la unión, la unidad y la paz en la aldea. Hay que tener en cuenta que las personas que lo decían en general eran miembros de la antigua facción dominante. Los miembros de la nueva facción opositora concordarían con Maybury-Lewis (1984) en clasificar la disputa como una lucha por conseguir justicia. La tradición xavante es que las nuevas facciones opositoras se cambien y formen una nueva aldea. Sugiero que la permanencia de la facción opositora en la aldea de Sangradouro sea un factor que agravó el conflicto, además de una evidencia de la transformación en la forma tradicional de resolución de conflictos del sistema político xavante.

A finales del año 2012, hicimos una pequeña ceremonia de graduación y entrega de certificados a los participantes en el proyecto. Fue en el centro de la aldea. Empezaron hablando los profesores de la escuela de la aldea, Oswaldo Buruwẽ Marãdzuhö, del clan Pö'redza'õñõ, y Bartolomeu Patira Pronhopa, el cabeza de "mi" grupo doméstico, del clan Öwawẽ y aliado de la antigua facción dominante. A continuación, hablé yo. Mientras hablaba, el cacique de la aldea de Don Bosco, hermano del jefe de la nueva facción opositora, interrumpió mi discurso acusándome de no permitir que su hijo participase del proyecto y consecuentemente de beneficiar a la antigua facción dominante. Intenté seguir hablando, pero él estaba visiblemente alterado. Tuve que acabar anticipadamente mi discurso para intentar tranquilizarlo y esclarecer la situación. Hecho que no fue posible y terminó con una amenaza de agresión.

Según Maybury-Lewis (1984) muchos problemas entre los individuos son, en realidad, motivados por las disputas entre los grupos y facciones. Una desavenencia personal atribuida a las respectivas facciones políticas, como en el caso citado anteriormente, necesita del apoyo de las facciones para ser formalizado como tal por medio de la constitución de un proceso judicial en el consejo de los hombres. Todas las disputas personales juzgadas por el consejo de los hombres se tornan cuestiones faccionarias. En este caso, las facciones se comportan como "personas jurídicas". En nuestro caso, la disputa personal en cuestión no llegó al consejo de los hombres, lo que indicaría que el incidente no fue asumido por las facciones. Pero la acusación pública de beneficiar a una facción en detrimento de la otra es una evidencia que refuerza el argumento de apropiación del proyecto Aldea Digital por la antigua facción dominante.

Esta irrupción de conflicto podría ser interpretada como el reconocimiento de la división en la aldea de Sangradouro y la última etapa de una sucesión encadenada de eventos de forma procesual, en los términos de un "drama social" (Turner, 1996: XXI y XXII). Para Turner, los dramas sociales son definidos como "una serie de acontecimientos vinculados" y regulares en el flujo del tiempo, relacionando el proceso social a la estructura social.

Siguiendo a Turner (1996: XXI y XXII) y su noción de drama social, podemos analizar el conflicto político en la aldea de Sangradouro como un proceso social con cuatro fases reconocibles: 1. Ruptura, donde estaría claramente el principio de la división de las facciones de la aldea de Sangradouro y la elección del *pahöri'wa*; 2. Crisis, con la intensificación del faccionalismo derivado de la demarcación de Sangradouro y el conflicto con los terratenientes; 3. Acción reparadora, el acuerdo de paz de los jefes de las facciones y nuestro intento de utilizar el proyecto Aldea Digital y los medios de comunicación como mediadores en el conflicto con el objetivo reintegrador de resolución de las disputas políticas; 4. Reconocimiento de la escisión, de la desavenencia con el cacique de la aldea de Don Bosco como una confirmación pública de la apropiación del proyecto Aldea Digital por la antigua facción dominante.

Jefes y líderes de las facciones de la aldea de Sangradouro

Durante el desarrollo del proyecto Aldea Digital, el jefe de la antigua facción dominante era Alexandre Tsereptsé. Él es del clan Pö'redza'õnõ y del linaje Pahöri'wa. El padre de Alexandre, Pedro Toroibu, es considerado el fundador de la aldea de Sangradouro. Pedro condujo en 1957 un grupo procedente de la T. I. xavante de Parabubure hasta la actual Sangradouro. A raíz de este hecho histórico, la familia de Alexandre siempre estuvo alternándose en el liderazgo de Sangradouro. Alexandre es padre de Divino Tserewahú Tsereptsé, que participó en el proyecto Aldea Digital como profesor de edición en el taller de vídeo documental. En uno de mis viajes de investigación de campo, Francisco Tserene'ewe Tsipibu, jefe de la aldea de Maribu, me dijo que los jefes tenían que ser Pö'redza'õnõ.

El jefe de la facción opositora es Domingos Mãhoro'ẽ'õ, del clan Öwawẽ y del linaje Tébe. Domingos está casado con la hermana de Inácio, presente en el problema de la elección del *pahöri'wa* y origen de la división de las facciones. La familia de Domingos es de Don Bosco, una aldea dentro de la T. I. Sangradouro. Esto es un factor importante, pues el hecho de que Domingos fuera originalmente de otra aldea de la T. I. Sangradouro altera la forma en que la comunidad de la aldea de Sangradouro lo veía. Maybury-Lewis (1984) ya destacaba la conexión de las relaciones entre las facciones y las aldeas. Los xavante tienen la costumbre de identificar las comunidades por las facciones dominantes. La familia de Domingos pertenece a la facción dominante de la aldea de Don Bosco. Para Maybury-Lewis (1984), la belicosidad es la base de la relación entre personas de aldeas distintas. En este sentido, la aldea de Don Bosco era identificada por la antigua facción dominante de Sangradouro como opositora. Domingos también trabajó por mucho tiempo en la FUNAI: fue coordinador regional de esta en la ciudad de Primavera do Leste, que administra la T. I. Sangradouro. Domingos también suele viajar por Brasil e incluso por el exterior (Italia) para representar a los xavante.

Según Bartolomeu Patira Pronhopa, hay dos tipos de política xavante: interna y externa. Se podría decir que Alexandre es el jefe de la política interna en Sangradouro, debido al histórico del dominio de su facción que se basa en el sistema político xavante, mientras que Domingos representa al pueblo xavante en sus relaciones con el exterior, los "otros", los "blancos", la sociedad brasileña en general y utiliza estas relaciones externas para adquirir prestigio y construir su carrera política interna. Maybury-Lewis (1984) ya hizo notar, en las aldeas donde trabajó, cambios en la posición de jefe y la influencia de la función de coordinador del Servicio de Protección al Indio (actual FUNAI) hasta casi substituirlo. El jefe de cada facción tenía su propio consejo de hombres, su *warã* (centro de la aldea) y rituales distintos. En 2011, cada facción hizo su propio ritual de iniciación.

Organización y estructura del proyecto Aldea Digital

En el desarrollo de los talleres del proyecto Aldea Digital en Sangradouro, los alumnos fueron divididos en grupos de trabajo. El taller de cine de animación fue el primero en dividir a los alumnos en cinco grupos. Luego, en el taller de vídeo documental, estos grupos fueron agrupados en apenas dos. Por fin, en el segundo taller de cine de animación los alumnos se dividieron en cuatro grupos que se mantienen hasta la actualidad. Estas diversas formaciones de los grupos fueron presentadas en detalle en un texto publicado anteriormente (Coelho, 2018). En este capítulo analizo solamente la formación final y actual. Las divisiones de los grupos fueron hechas de manera autogestionada por sus miembros. Nosotros apenas solicitamos la formación de los equipos, y los criterios que emplearon las personas participantes para su agrupación no fueron estudiados hasta el desarrollo del texto. Presento en la tabla 1 la configuración de los clanes de los integrantes de los grupos del proyecto Aldea Digital.

Tabla 1. Clanes de los integrantes de los grupos del proyecto *Aldea Digital*

Pö´redza´õnõ	Öwawẽ
Grupo 1	
3 personas	1 persona
Grupo 2	
4 personas	0 persona
Grupo 3	
3 personas	0 persona
Grupo 4	
3 personas	1 persona

Fuente: Elaboración propia.

Inicialmente, la gran cantidad de personas del clan Pö'redza'õnõ llama la atención y podría indicar un cierto "dominio" de los Pö'redza'õnõ. Nótese que todos los integrantes de los grupos dos y tres son Pö'redza'õnõ. Este hecho podría indicar que la organización de estos grupos se basa en las mitades clánicas, pero la presencia de miembros del clan Öwawẽ en los grupos uno y cuatro nos obliga a profundizar el análisis para explicar su presencia. Según Giaccaria (2000: 145), el clan Pö'redza'õnõ podría ser considerado "dominante" en la gran mayoría de las aldeas xavante, y controla las principales funciones políticas y rituales. Para Maybury-Lewis (1984), cuando la facción dominante en determinada aldea es formada mayoritariamente de miembros de un determinado clan, los xavante identifican esta comunidad o aldea como siendo de este clan.

Durante mis investigaciones en la aldea de Sangradouro, siempre fui recibido y hospedado en la casa de un grupo domestico del clan Öwawẽ. Hecho que me llevó a desarrollar relaciones sociales más frecuentes con la gente de este clan. Incluso las personas de la aldea empezaron a identificarme como un miembro de esta familia y de su respectivo clan. Estas relaciones personales podrían inicialmente explicar la presencia del Öwawẽ del grupo 1, miembro del mismo grupo familiar.

En el planeamiento del proyecto Aldea Digital, en una de las reuniones en el centro de la aldea con el consejo de los hombres, nos comprometimos a no involucrarnos en la disputa entre las facciones y garantizar la participación de miembros de las dos facciones. Los jefes de las facciones aceptaron un acuerdo de "paz" temporal, incluso con un apretón de manos. En los primeros talleres del proyecto, hicimos convocatorias generales para toda aldea, logrando la participación de cincuenta personas procedentes de las dos facciones. En el taller de blog, durante la primera actividad de publicación de contenido el 14 de febrero de 2012[7], para nuestra sorpresa, los alumnos publicaron una pequeña nota de apoyo al jefe de la antigua facción dominante Alexandre Tsereptsé. Esta afirmación pública de la filiación faccionaria del grupo de alumnos utilizando el blog confirmaría la hipótesis de apropiación del proyecto Aldea Digital por la antigua facción dominante y del uso de los medios de comunicación en el conflicto político entre las facciones. En los siguientes talleres el número de alumnos se fue reduciendo hasta formar un grupo fijo de personas. Al que parece, nuestro intento de no involucrarnos en el conflicto de las facciones y de no intervenir tampoco en la formación de los grupos del proyecto dejó un espacio abierto que fue disputado y ocupado por la antigua facción dominante de Alexandre. Mi argumento es que las facciones disputaron y utilizaron el proyecto Aldea Digital como una estrategia para conquistar el poder y prestigio en su conflicto. Durante el trabajo de campo, no tenía consciencia de este hecho. Solo después, durante el análisis de los datos, empezó a quedar claro este descubrimiento, consecuencia de esta investigación.

---

7.   En   <http://aldeiasangradouro.blogspot.com.es/2012/02/apresentacao-inaratadze.html> (22 de septiembre, 2015).

Liderazgo político en el proyecto Aldea Digital

En el proyecto Aldea Digital, los cuatro grupos eligieron coordinadores y uno de ellos se tornó el coordinador general del proyecto. La elección fue hecha por los miembros de los grupos, cuyos criterios pretendemos explorar y explicitar. El coordinador general del proyecto Aldea Digital es Natal Anhahö'a Tsere'ruremé. Natal es del clan Pö'redza'õnõ y del linaje Pahöri'wa, el mismo de Alexandre. Natal es sobrino de Alexandre y también yerno de Domingos, casado con su hija. En comunicación personal, Bartolomeu dice que Natal estaba siendo preparado para convertirse en líder.

Según Maybury-Lewis (1984), esta preparación empieza en el ritual de iniciación, mientras los jóvenes viven en la casa de los solteros (*hö* en lengua xavante). En este periodo, los jóvenes que están preparándose deben ejercer su capacidad de liderazgo. Una práctica que los jóvenes del linaje del jefe aprenden desde niños. Estos miembros influyentes de la facción dominante son llamados en xavante *ĩdzú*. De modo general, todos los miembros del linaje del jefe son líderes en potencia. Hay algunos *ĩdzú* que acumulan también el cargo ceremonial de *pahöri'wa*, líder de los jóvenes en el ritual de iniciación. Otros son líderes de su clase de edad sin necesariamente poseer el título honorifico de *ĩdzú*. Este título no representa una garantía de prestigio. Para adquirir prestigio, las personas necesitan una combinación de cualidades como: autoafirmación (asumir el liderazgo en las actividades comunitarias), habilidad de oratoria (buen orador), vigor físico (correr y cazar bien) y conocimiento de los ceremoniales (cantar y bailar bien). El estatus de *ĩdzú* necesita una combinación de prestigio con la influencia política de la facción dominante.

Antes de participar del proyecto Aldea Digital, Natal era profesor de informática en la escuela de la aldea. Después fue alumno en el Taller Internacional de Cine Documental Sin Fronteras, organizado por la FIC-UFG y la Escuela de Cine y Artes Audiovisuales de La Paz en Bolivia. En este taller, Natal adquirió conocimientos de producción audiovisual. Natal participó en este taller junto con Divino, su tío e hijo del jefe de la antigua facción dominante. En el proyecto Aldea Digital, participó en todas las etapas del proyecto, desde su concepción, fue profesor de videocámara en el taller de documental y al final se convirtió en coordinador general del proyecto.

Otros factores importantes son las correlaciones entre el liderazgo en el proyecto Aldea Digital y el foco de poder en la Organización de los Pueblos Indígenas xavante (OPIX). Cuando empezamos el proyecto Aldea Digital, Natal era el presidente de la OPIX. De esta forma, nos pareció muy natural que él asumiera una posición de líder en el proyecto Aldea Digital. Una de las primeras actividades de Natal como presidente de la organización fue participar de un curso de formación política de líderes indígenas organizado por el Centro Amazónico de Formación Indígena (CAFI), una iniciativa creada por la Coordinación de las Naciones Indígenas de la Amazonia Brasileña (COIAB)[8]. Natal fue enviado como representante de la comunidad xavante de Sangradouro, dentro de una estrategia política xavante de formación de líderes jóvenes.

Pero el rol de líder de Natal empieza a extrapolar la organización OPIX. El primer factor externo a la OPIX en la construcción de la carrera política de Natal fue su elección en 2014 como consejero de distrito de la Secretaria Especial de la Salud Indígena (SESAI), órgano del gobierno brasileño responsable de administrar las políticas públicas de atención a la salud de los pueblos indígenas. El segundo es su presentación en las elecciones municipales de 2016 como candidato a concejal de la ciudad de General Carneiro. El último factor externo importante es una conquista en la carrera profesional de profesor de Natal, pero que también le confiere prestigio político. La Universidad Federal de Goiás ofrece una Licenciatura Intercultural exclusiva para formación de profesores indígenas. En el desarrollo del proyecto Aldea Digital, algunos miembros del proyecto demostraron interés en realizar este curso. El equipo del proyecto les ayudó en las inscripciones para el proceso selectivo y algunos fueron aprobados, incluidos Natal y Alessio. Todos estos factores participaron activamente en el proceso de adquisición de prestigio político de Natal.

El 16 de julio de 2012, Natal publica en el blog de la OPIX un texto identificándose como líder del movimiento indígena[9]. En este texto, él cuenta que empezó su carrera en el movimiento indígena con 24 años

---

8. La COIAB es la mayor asociación indígena del Brasil y fue creada en 1989 dentro del movimiento de multiplicación de las asociaciones civiles indígenas ocurridos en finales de década de 1980. Véase <http://www.coiab.com.br/site/> (22 de septiembre, 2015).

9. Disponible en <http://aldeiasangradouro.blogspot.com.es/2012/07/lideranca-indigena-xavante-natal.html> (22 de septiembre, 2015).

y presenta las iniciativas de la organización para su fortalecimiento, para la capacitación de líderes jóvenes y para la elaboración de políticas públicas del gobierno brasileño para los pueblos indígenas. La autoidentificación, autorrepresentación y toma de conciencia presente en esta publicación es un buen ejemplo del uso de los medios de comunicación en el proceso de construcción de la carrera política de Natal.

Lo que se puede notar son factores internos y externos en la elección de Natal como coordinador o "líder" del proyecto Aldea Digital. En la aldea, Natal estaba preparándose para tornarse un líder. Su estatus en el sistema político xavante le posibilitó salir de la aldea y participar de cursos y proyectos externos, como el de Aldea Digital. La participación en proyectos fuera de la aldea le confirió más prestigio interno en la aldea. El aumento de su poder interno le permitió asumir posiciones de liderazgo en proyectos externos como en Aldea Digital. En este sentido, la base de su posición de liderazgo externo viene del propio sistema político xavante, pero los factores externos, como la participación en el proyecto Aldea Digital, influyen en la construcción de su carrera política interna.

Coordinadores de los grupos del proyecto Aldea Digital

Además de Natal, los coordinadores de los otros tres grupos del proyecto Aldea Digital son del linaje Pahöri'wa, el mismo de Alexandre y Natal. Según uno de los coordinadores, Alessio Tseredzati Tsiruwewe, todos los integrantes del proyecto del clan Pö'redza'õnõ son del linaje Pahöri'wa. Consecuentemente, todos los coordinadores y miembros del clan Pö'redza'õnõ son del mismo linaje y aliados de la de antigua facción dominante de Alexandre.

Otro dato importante de los coordinadores de los grupos es que todos son de la categoría de edad *iprédu ité*, de hombres maduros. La sociedad xavante se divide por franjas etarias organizadas jerárquicamente, desde los jóvenes hasta los viejos. Los xavante reconocen las fases de su ciclo de vida como ordenadas en categorías de edad. Estas indican las etapas que todo xavante debe pasar en el curso de la vida, formando grupos de personas que tienen en común ciertos atributos comunes reconocidos socialmente.

En los grupos del proyecto Aldea Digital, las categorías etarias de los integrantes era la siguiente:

Tabla 2. Categorías de edad de los miembros de los grupos del proyecto
Aldea Digital

Condición social o fase etaria	Categorías etarias
Rapaz	*Ritéi'wa*
Joven recién-maduro	*Danhohui'wa*
Hombres maduros	*Iprédu ité*

Fuente: Elaboración propia.

Graham (1986) afirma que los rapaces (*ritéi'wa*) se encuentran en una etapa intermedia en el ciclo de vida xavante. No son niños, vinculados a la esfera doméstica, pero aún no se consideran adultos relacionados con el ámbito social de los hombres maduros en el centro de la aldea (*warã*). En Sangradouro, los hombres maduros (*iprédu*) y los rapaces (*ritéi´wa*) tienen *warã* separados. Los rapaces tienen su propio *warã* porque todavía no pueden participar de la vida política en el *warã* de los hombres maduros. El rapaz (*ritéi'wa*) no participa de la política. La participación en la política xavante empieza en la categoría de edad de joven recién-maduro (*danhohui'wa*) y alcanza la cumbre en el hombre maduro (*iprédu*). Las facciones están formadas exclusivamente por personas de la categoría de edad de los hombres maduros. Esto significa que la política en la sociedad xavante es una actividad adulta y masculina. Este hecho explica porque no hay mujeres en el proyecto. En este sentido, la cuestión del género se torna importante en la investigación, una vez que todos los miembros del proyecto son hombres. La investigación recoge solamente el punto de vista xavante masculino.

El análisis de las relaciones de poder entre las categorías de edad de los miembros de los grupos del proyecto permite observar el proceso de transición gradual del rapaz, donde todavía imperaba la amistad, el compañerismo y la solidaridad, hasta tornarse un hombre maduro, donde empieza su participación y compromiso con la política y las facciones de la aldea. La ausencia de filiación a las facciones de los rapaces (*ritéi'wa*) y jóvenes (*danhohui'wa*) permite que ellos sean "manipulados" con objetivos políticos por los hombres maduros de su linaje. Los coordinadores de los grupos del proyecto Aldea Digital son de la categoría de edad *iprédu ité*, de los hombres maduros. El compromiso de estos coordinadores con la antigua facción dominante se nota al ocupar el rol de líder de los grupos del proyecto. La jerarquía y las relaciones de dominación entre las categorías de edad proporciona poder político para controlar las categorías inferiores. En general, se nota que a la medida que los hombres llegan a categorías de edad superiores van adquiriendo más poder y prestigio político. En el caso de los grupos del proyecto, el liderazgo sería una forma de garantizar el control del proyecto por la antigua facción dominante. En el trabajo de campo pude observar que la jerarquía presente en las categorías de edad tiene implicaciones políticas en las relaciones de poder. En general, los ancianos tienen más prestigio político que los jóvenes, con excepción de aquellos que son líderes.

Los coordinadores ejercían el liderazgo en el proyecto a través de la organización del trabajo de los grupos y de la gestión del uso de los equipamientos, como videocámaras y ordenadores, por sus miembros. Los datos evidencian que los coordinadores del proyecto Aldea Digital también son miembros de la junta directiva de la Organización de los Pueblos Indígenas Xavante.

Como en el caso de Natal, muchos factores influyen en el proceso para tornarse un líder. Para tener un papel de liderazgo en los medios xavante, es necesario, casi como un requisito previo, ser un líder político en la aldea. Natal se convirtió en líder del proyecto Aldea Digital porque era aliado y miembro de la antigua facción dominante, además de presidente de la Organización de los Pueblos Indígenas Xavante. Los coordinadores se tornaron líderes de sus grupos también porque eran aliados de la facción dominante y miembros de la junta directiva de la OPIX. Pero en rol de líder en los medios influye en la construcción de la carrera política en la aldea, como en el caso de la elección de Natal como consejero de la Secretaria Especial de la Salud Indígena y después como representante de la comunidad de Sangradouro en la candidatura a concejal.

Conclusiones

Después de presentar el contexto social y político en la aldea de Sangradouro, es posible explicar cómo se dio la organización social de la producción de los medios de comunicación xavante en el proyecto Aldea Digital. El sistema político xavante, el conflicto político y la disputa por el poder entre las facciones, tuvieron gran influencia y determinaron la formación de los grupos del proyecto. Las facciones disputaron y utilizaron el proyecto como una herramienta política para la búsqueda de prestigio y poder en su conflicto político. La antigua facción dominante se apropió del proyecto y utilizó los medios de comunicación en la disputa, pues los grupos del proyecto estaban formados por miembros de la antigua facción dominante. La elección de los líderes de los grupos se basó en criterios propios del sistema político y la estructura social xavante. El uso y el significado de los medios de comunicación en la comunidad de Sangradouro fue construido socialmente, políticamente y culturalmente. La dinámica local xavante de apropiación de los medios de comunicación digitales y la organización social de los grupos del proyecto Aldea Digital demuestra la continuidad de la estructura social xavante y de la influencia del sistema político en las relaciones sociales, políticas y de poder en la aldea Sangradouro. Finalmente, tenemos que admitir que el proyecto y los medios de comunicación no fueron capaces de solucionar ni tampoco de mediar en los conflictos políticos internos de la aldea. Por el contrario, reforzaron la disputa debido al control del proyecto por parte de una de las facciones.

Bibliografía

Banks, M. (2008): *Using Visual Data in Qualitative Research*. London: Sage.

Coelho, R. F. (2010): "Experimentos de uma antropologia nativa: o texto audiovisual no documentário *Wapté M nhõnõ: a iniciação do jovem Xavante*", en K. Gasque, L. Satler, L. Dias y S. Tuzzo, S. (orgs.), *Informação e Comunicação no século* xxi: *[Multi]rreferencialidades*. Goiânia: UFG/FACOMB/FUNAPE, pp. 190-199.

— (2018): "El proyecto Aldea Digital: metodología de investigación de los medios de comunicación xavante en el Brasil Central", en Amparo Huertas y María Luna (eds.), *Culturas indígenas: investigación, comunicación y resistencias*. Bellaterra: Institut de la Comunicació-Universitat Autònoma de Barcelona.

Falleiros, G. L. Jardim (2012): "Notas de mito-história política a'uwẽ-xavante", 28a. Reunião Brasileira de Antropologia, PUC-SP, São Paulo.

Giaccaria, Bartolomeo (2000): *Xavante, ano 2000: reflexões pedagógicas e antropológicas*. Campo Grande: Universidade Católica Dom Bosco.

Graham, L. R. (1986): "Three Modes of Shavante Vocal Expression: Wailing, Collective Singing, and Political Oratory", en Joel Sherzer y Greg Urban (eds.), *Native South American Discourse*. Berlin: Mouton de Gruyter, pp. 83-118.

— (1993): "A Public Sphere in Amazonia? The Depersonalized Collaborative Construction of Discourse in Xavante". *American Ethnologist*, 20(4): 717-741.

— (2011): "Citando Mario Juruna: imaginário linguístico e a transformação da voz indígena na imprensa brasileira". *Mana*, 17(2): 271-312.

Lévi-Strauss, C. (1995): "¿Existen las organizaciones dualistas?", en C. Lévi-Strauss, *Antropología estructural*. Barcelona: Ediciones Paidós.

Lopes da Silva, Aracy (1986): *Nomes e amigos: da prática Xavante a uma reflexão sobre os Jê*. São Paulo: FFLCH/USP.

Maybury-Lewis, D. (1960): "The Analysis of Dual Organizations: a Methodological Critique". *Bijdragen Tot De Taal-, Land- En Volkenkunde*, 116(1): 17-44.

— (1984): *A sociedade Xavante*. Rio de Janeiro: Francisco Alves.

Paula, Luís Roberto de (2007): *Travessias. Um estudo sobre a dinâmica sócioespacial Xavante*. Tese de doutorado. Programa de Pós-Graduação em Antropologia Social, Universidade de São Paulo.

Sereburã, Hipru/Rupawê, Serezabdi/Sereñimirãmi (1998): *Wamrêmé Za'ra. Nossa palavra: Mito e história do povo Xavante*. São Paulo: Senac.

Silva, F. O. (2013): *O cinema indigenizado de Divino Tserewahú*. Dissertação (Mestrado). Universidade Federal de São Paulo-Escola de Filosofia, Letras e Ciências Humanas.

Turner, T. (1992): "Defiant Images: The Kayapo Appropriation of Video". *Anthropology Today*, vol. 8, nº 6: 5-16.

Turner, Victor (1996): *Schism and Continuity in an African Society: a Study of Ndembu Village Life*. Oxford/Washington, D.C.: BERG.

Welch, James R (2009): *Age and Social Identity among the Xavante of Central Brazil*. Tesis doctoral en Antropología. Tulane University, New Orleans.

Worth, S./Adair, J. (1972): *Through Navajo Eyes: an Exploration in Film Communication and Anthropology*. Indianapolis: Indiana University Press.

Mass media

Consumo de medios y tecnologías de información y de comunicación no indígenas en comunidades embera chamí del departamento del Valle del Cauca, Colombia

Carlos Andrés Tobar Tovar
Adriana Rodríguez Sánchez
(Pontificia Universidad Javeriana Cali)

Este capítulo presenta los resultados de dos proyectos de investigación[1] en relación con el consumo de medios y tecnologías de información y comunicación no indígenas (televisión, radio, internet, telefonía móvil, videojuegos e impresos), por parte de dos comunidades embera chamí habitantes de los resguardos Wasiruma (municipio de Vijes) y Niaza Nacequia (municipio de Restrepo), ubicados en el departamento del Valle del Cauca (Colombia). El análisis permite identificar cuatro ámbitos en los que se evidencian conflictos culturales al interior de la comunidad: 1. La presencia de los consumos mediáticos y su relación con modalidades de interacción de estas comunidades. 2. Las alteraciones de los tiempos y espacios. 3. Los aprendizajes morales que devienen de la ficción televisiva y 4. La percepción del desprecio

---

1. Las investigaciones en las que se basa este artículo han contado con recursos financieros de la Pontificia Universidad Javeriana Cali, se titulan: 1) La configuración de la valoración social de lo indígena a partir de las experiencias con los medios y tecnologías de comunicación en el resguardo Wasiruma, ubicado en el municipio de Vijes, Valle del Cauca. 2) La configuración de la valoración social de lo indígena a partir de las experiencias con los medios y tecnologías de comunicación en el resguardo Niaza Nacequia, ubicado en el municipio de Restrepo, Valle del Cauca.

por parte de los indígenas respecto del modo en que son representados en los contenidos informativos[2].

Como punto de partida se asume la distinción entre comunicación propia y comunicación apropiada que establece el documento proto-colizado de *Política pública de comunicación de y para los pueblos in-dígenas* (Concip, Mpc, Onic, Opiac, Cit, Aico, Mintic, MinCultura y ANTV, 2017). Desde esta perspectiva, la comunicación propia se refiere a un conjunto de prácticas, saberes y costumbres desarrollados por los pueblos indígenas para interactuar entre sí, con los mundos espirituales y con la naturaleza (Concip, Mpc, Onic, Opiac, Cit, Aico, Mintic, Min-Cultura y ANTV, 2017: 34). Se sustenta en la Ley de Origen, la cos-movisión, identidad, valores, idiomas originarios, la oralidad, cultura y aspiraciones de las comunidades indígenas (íbid.: 14). La comunicación apropiada la constituye el conjunto de dispositivos, tecnológicos y len-guajes que proviene de sociedades no indígenas (íbid.: 9). Se subdivide en medios de comunicación no indígenas y medios apropiados de co-municación. Los primeros se refieren a las instituciones dedicadas a la producción, circulación y consumo de contenidos de distinta índole en los que los pueblos indígenas tienen una mínima o nula participación y, por el contrario, los segundos aluden a las herramientas, tecnologías y lenguajes occidentales que han sido apropiados por las comunidades indígenas con propósitos educativos, sociales, culturales o políticos.

Este trabajo examina el consumo de medios de comunicación no indígenas, considerando que estas comunidades no han desarrollado proyectos continuos de producción de contenidos propios, como ha ocurrido en otros grupos indígenas del país. Esta investigación se plan-tea desde la pregunta sobre la configuración de la valoración social de lo indígena a través de las experiencias con los medios y tecnologías de comunicación, por parte de comunidades embera chamí. Estudiamos cómo a partir del consumo mediático las comunidades adquieren una perspectiva sobre su identidad en el espacio de los conflictos culturales al interior de la comunidad y con los mestizos.

Para el Estado colombiano la participación social y la visibilización de las comunidades indígenas constituye una de las evidencias más sobresa-lientes de la modernización jurídico-social propuesta en la Constitución

---

2.   Este capítulo cuenta con la aprobación de los consejeros mayores de los resguardos Wasiruma y Niaza Nacequia.

Política de 1991. El reconocimiento de comunidades otrora invisibilizadas, perseguidas y vulneradas se convirtió en la consigna recurrente de las luchas sociales indígenas que, a partir del desmonte del grupo guerrillero indígena Quintín Lame en 1991, empezaron a participar activamente en lo que podríamos denominar la realización del Estado propuesto en la Constitución Política celebrada el mismo año (Vasco Uribe, 2008). Antes de este periodo existieron gobiernos, como el de Laureano Gómez (presidente entre 1950 y 1951), donde abiertamente se señalaba la existencia de los indígenas como una de las razones del "subdesarrollo nacional". Desde esta concepción se promovió la idea de que lo indígena representaba lo contrario del modernismo norteamericano y europeo, horizontes deseables para el país de aquel entonces (Gros C., 1996).

El diseño metodológico para este capítulo se sustentó en observaciones, en la aplicación de una encuesta de caracterización sociodemográfica y del consumo mediático, y en entrevistas semiestructuradas a líderes indígenas e integrantes de la comunidad. El trabajo de campo se llevó a cabo en los años 2016 y 2018 en los resguardos Wasiruma (municipio de Vijes) y Niaza Nacequia (municipio de Restrepo). El encuentro con estas comunidades fue posible a través del vínculo con la ORIVAC (Organización Regional Indígena del Valle del Cauca), entidad con la que se ha mantenido contacto desde el 2013 a partir de proyectos sobre el alcance ético-político de la atención diferencial en comunidades étnicamente diferenciadas.

Los resguardos Wasiruma y Niaza Nacequia están ubicados en el suroccidente colombiano, departamento del Valle del Cauca, en área montañosa de la cordillera occidental. Wasiruma está conformado por aproximadamente 120 personas representadas en 23 familias y Niaza Nacequia por 80 personas agrupadas en 16 familias. Estos resguardos se conformaron jurídicamente a través de un acto legislativo a comienzos de la década de los noventa. No son territorios de origen y poseen título de propiedad colectiva. Sus habitantes llegaron a estas tierras como resultado del desplazamiento forzado, por la acción de grupos armados y proyectos extractivistas. Pertenecen al pueblo embera chamí que se caracteriza por un patrón disperso de asentamiento, la lengua que hace parte de la familia lingüística chocó (Ministerio de cultura, 2014) y por la presencia del *jaibanismo* o de sabios tradicionales (Ministerio del Interior y Asociación de Cabildos Indígenas, 2013). En Colombia, 77.714 personas se autorreconocen como embera chamí y habitan diferentes departamentos. Constituyen el 4,07% de la población indígena que en el país asciende a 1.905.617 personas (DANE, 2019).

A continuación, presentamos los resultados de nuestra investigación. En primer término, hacemos referencia al consumo de imágenes y relatos mediáticos, los cuales componen fuentes de identificación. En segundo lugar, referimos las alteraciones de los tiempos y los espacios como resultado de la exposición a las experiencias mediatizadas. En tercer término, evidenciamos los aprendizajes morales que devienen del modo de concebir las interacciones sociales de las comunidades indígenas con otros grupos sociales. Y, finalmente, mencionamos la percepción del desprecio por parte de los participantes respecto del modo en que son representados en los medios de comunicación tradicionales.

CONSUMO DE IMÁGENES Y RELATOS MEDIÁTICOS NO INDÍGENAS: DIFERENCIALES DE INTERACCIÓN DE LA COMUNIDAD

Entre los hallazgos del estudio se destacan la presencia de medios y tecnologías de información y de comunicación no indígenas (televisión, radio, internet, telefonía móvil, videojuegos e impresos), expresada en el equipamiento mediático doméstico y en el tiempo de consumo y, además, la identificación de los diferenciales de acceso e incorporación de estos medios de acuerdo con las condiciones materiales de las comunidades y las interacciones que cada familia establece con los *kapunias* o mestizos. A mayor contacto o vínculos con los *kapunias*, mayor presencia de medios y tecnologías de información y comunicación, es decir, estos se insertan en redes complejas de interacción y se constituyen en escenarios simbólicos donde se elaboran encuentros y conflictos al interior de la comunidad y con los no indígenas.

El gráfico 1 permite constatar que más de la mitad de los hogares de ambos resguardos cuenta con televisor, con reproductores de videojuego y radios o equipos de sonido y, que los porcentajes son similares entre sí y con los del total nacional en la zona rural. En contraste, los porcentajes de acceso a impresos, computadores y de conexión a internet son muy bajos.

Por otra parte, el 82,6% de la población en Wasiruma tiene teléfono celular y el 81,3% en Niaza Nacequia, mientras que el total nacional rural se ubica en 91,6%.

Gráfico 1. Distribución porcentual de hogares que poseen medios y tecnologías de comunicación en los resguardos Wasiruma y Niaza Nacequia

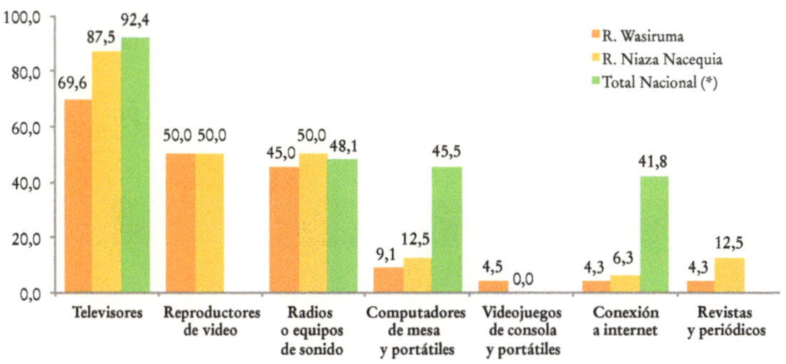

Fuente: elaboración propia.

Como registran las tablas 1 y 2, ambos resguardos presentan un consumo importante de medios y tecnologías de comunicación, destacándose el de televisión. Al desagregar los datos por rangos de edad se observa que en el resguardo Wasiruma, los adolescentes y jóvenes[3] son quienes muestran mayores niveles de consumo mediático y que todos los grupos de edad prefieren ver televisión y vídeos y escuchar radio; además, se observa que el uso del teléfono móvil se incrementa en jóvenes y adultos.

Tabla 1. Consumo de medios y tecnologías de comunicación por edades, resguardo Wasiruma

Consumos mediáticos	Niños(as) (0-4 años)	Niños(as) (5 a 11 años)	Adolescentes (12 a 18 años)	Jóvenes (19 a 30 años)	Adultos (>30 años)
Internet	0.0%	11.8%	26.7%	31.6%	11.1%
Teléfono celular	0.0%	6.3%	26.7%	68.4%	51.9%
Televisión	70.0%	87.5%	100.0%	89.5%	76.0%
Videos	63.6%	57.9%	80.0%	61.1%	33.3%
Escucha música	72.7%	47.4%	93.3%	94.7%	85.2%
Radio	40.0%	44.4%	86.7%	68.4%	48.1%
Juega videojuegos	27.3%	21.1%	33.3%	26.3%	0.0%
Computador	8.3%	12.5%	33.3%	33.3%	15.4%
Lee en general	0.0%	31.3%	53.3%	29.4%	29.6%

Menores consumos

Mayores consumos

Fuente: elaboración propia.

---

3. Etas comunidades utilizan estas categorías etarias en concordancia con las entidades estatales.

En el resguardo Niaza Nacequia, la población con mayor consumo de medios es la que se ubica entre 0 y 4 años y, al igual que en Wasiruma predomina el consumo de televisión, vídeos y música, aunque se registran porcentajes altos de lectura en la población escolar.

Tabla 2. Consumo de medios y tecnologías de comunicación por edades, resguardo Niaza Nacequia

Equipos / Consumos mediáticos	Niños(as) (0-4 años)	Niños(as) (5 a 11 años)	Adolescentes (12 a 18 años)	Jóvenes (19 a 30 años)	Adultos (>30 años)
Internet	0.0%	8.3%	0.0%	45.5%	4.8%
Teléfono celular	0.0%	0.0%	33.3%	77.3%	73.7%
Televisión	100.0%	84.6%	75.0%	95.5%	85.7%
Videos	100.0%	46.2%	50.0%	81.8%	66.7%
Escucha radio	50.0%	41.7%	50.0%	72.7%	66.7%
Música grabada	50.0%	16.7%	16.7%	68.2%	38.1%
Juega videojuegos	0.0%	7.7%	0.0%	31.8%	0.0%
Computador	0.0%	15.4%	8.3%	54.5%	9.5%
Lectura (imp ó digital)	0.0%	84.6%	75.0%	68.2%	36.8%
Fue a biblioteca	0.0%	8.3%	0.0%	5.3%	5.3%

Menores consumos

Mayores consumos

Fuente: elaboración propia.

En ambos resguardos, la población dedica 2,8 horas diarias en promedio a ver televisión entre semana.

La presencia de los medios y tecnologías de comunicación en estas comunidades y los porcentajes de consumo, se relacionan con su historia, ubicación, infraestructura e interacción con otros grupos. Como se ha señalado antes, ambas comunidades fueron desplazadas violentamente de sus territorios ancestrales, entre las décadas del ochenta y noventa y después de migrar a diferentes regiones, lograron constituirse como resguardos y legalizar las tierras que habitan ante las entidades estatales. Estos resguardos están localizados muy cerca de predios de campesinos, favoreciendo el contacto permanente con distintas dinámicas rurales y el acceso a una infraestructura básica, como carreteras y servicio eléctrico.

Nosotros vivimos cerquita de los campesinos, este es un resguardo que está rodeado de campesinos, y bien o mal interactuamos con ellos, y esas son costumbres que les hemos heredado a ellos, ver televisión, radio, irse a jugar fútbol, o irse a las fiestas, a las "rumbas", son costumbres que ellos nos han traído, y que nosotros las hemos adoptado, porque las de nosotros no las podemos practicar (entrevista a habitante del resguardo Wasiruma, mayo 2018).

El 91,3% de los hogares en Wasiruma cuenta con electricidad y el 93,8% de Niaza Nacequia, porcentajes cercanos al dato nacional de la zona rural que corresponde al 95,6%. Mientras en Wasiruma, la llegada de la electricidad fue posterior a la creación del resguardo, en Niaza Nacequia, esta antecedió al asentamiento de la comunidad. En ambos casos, la electricidad se constituyó en el punto de partida para el acceso a medios de comunicación.

> La llegada de la energía antes nos hizo daño porque llegando la energía acá a donde estamos nosotros ya entran los televisores, ya entran los equipos de sonido, entran bueno muchas cosas que eso ha venido siendo un impacto muy tristemente en la parte cultural. Por ejemplo, yo estoy tratando de recuperar un grupo de danzas, pero o sea hay que meterles a los niños que lo nuestro es nuestro, pero ellos dicen bueno profesor entonces vamos a bailar tres danzas, pero enséñenos a bailar reguetón, enséñenos a bailar champeta, pero ¿por qué? Porque ellos mediante la televisión, la música, les "entra", entonces yo digo que en vez de un desarrollo nos ha traído es como muchas situaciones contrarias a la cultura de nosotros (entrevista a habitante del resguardo Wasiruma, marzo 2014).

Estas características de los resguardos han posibilitado la interacción con entidades estatales, el mundo escolar, el mercado laboral, dinámicas campesinas y grupos religiosos, así como el establecimiento de relaciones amorosas con los *kapunias* y el ingreso de los medios y tecnologías de comunicación. Cada uno de estos encuentros suscita o actualiza confrontaciones que se resuelven de distinta manera, en algunos casos remarcando y en otros subvirtiendo los límites simbólicos y rasgos diferenciadores de la comunidad, generando preguntas sobre lo que significa ser indígena.

Con respecto a la presencia de las entidades estatales, es posible indicar que las alcaldías municipales, la Corporación Autónoma Regional del Valle del Cauca (CVC)[4] y el Instituto Colombiano de Bien-

---

4.   La Corporación Regional del Valle del Cauca es una entidad pública descentralizada encargada de "administrar los recursos naturales renovables y el medio ambiente en el departamento del Valle del Cauca". Información tomada de <https://www.cvc.gov.co>.

estar Familiar (ICBF)[5] adelantan distintas obras, proyectos y programas en los resguardos dirigidos a grupos étnicamente diferenciados. La presencia de estas entidades genera tensiones permanentes entre la cosmovisión del grupo y los discursos y prácticas estatales. Frente a algunos asuntos, se elaboran acuerdos y soluciones, en otros casos, las racionalidades del grupo y las del Estado parecen colisionar y, desde luego, las concepciones sobre los derechos, el reconocimiento cultural, la redistribución económica y la representación política. Es necesario subrayar, que tanto al interior de las comunidades como de las entidades del Estado se asumen de manera distinta estas disputas, se presentan fisuras y respuestas diferenciadas. Los desencuentros se ubican sobre asuntos en extremo sensibles para la comunidad, por ejemplo, el uso de la tierra, la crianza de los niños, el lugar que ocupa la mujer en el grupo y la ablación genital femenina[6].

Las experiencias de confrontación y negociación con las entidades del Estado en diferentes espacios y con distintos propósitos parece corresponder con procesos de instrumentalización de la identidad para fines políticos (Laurent, 1996). En este sentido, la instrumentalización supone una comprensión particular y situada de la identidad en el marco de las lógicas de inclusión en el Estado democrático de derecho. Se trata, como lo señala Spivak (2003), de formas de organización de la acción política a partir de los aprendizajes que obtienen los subalternos respecto del encuentro con otros grupos y del análisis de las injusticias que han padecido.

En cuanto a la inserción de la comunidad en las instituciones educativas de la región, se encuentra que en el resguardo Wasiruma, la tasa de asistencia escolar de niños entre 5 y 16 años es de 62,1%, en Niaza Nacequia es del 95,2%, mientras que, en el total nacional rural, es del 91,5%. Esta tasa, en jóvenes de 17 a 24 años es del 12,5% en Wasiruma, el 15,8% en Niaza Nacequia y en el total nacional rural es del 23,9%.

Wasiruma y Niaza Nacequia cuentan con educación propia para los primeros años de escolaridad y luego los adolescentes y jóvenes se

---

5. El Instituto Colombiano de Bienestar Familiar (ICBF) es la entidad estatal encargada de velar por la prevención y protección integral de la primera infancia, niñez, adolescencia y la familia, tal como se indica en sus documentos oficiales. Véase <https://www.icbf.gov.co/>.

6. Un ejemplo de las versiones encontradas sobre la ablación genital femenina en el pueblo embera se recoge en el artículo periodístico de Cosoy (2016).

trasladan a las escuelas del sector, pero la mayoría de ellos se inserta en el mundo laboral.

> La escuela es hasta quinto de primaria. Unos niños continúan la educación en el pueblo que queda a casi una hora del resguardo y otros se dirigen IDEBIC[7]que es un instituto indígena, que está ubicado en Florida y es un internado. El resto de los niños no continúa por situaciones económicas. Hasta quinto, ellos están en la escuela de la comunidad y se les inculca mucho la cultura, pero ya en la escuela que queda en la cabecera municipal solo se ve lo académico (entrevista a habitante del resguardo Niaza Nacequia, abril 2018).

Otro dato que alude a la participación en la vida escolar y a la interacción con los *kapunías* es la escritura y lectura en español. En Wasiruma el 66,2% de la población sabe leer y escribir en español y en Niaza Nacequia el 71,4%. Esta diferencia puede explicarse porque la población de más de 60 años en Wasiruma es mayor que en Niaza Nacequia y en este grupo etario es donde se observa el mayor porcentaje de personas que solo habla su propia lengua y que también manifiesta tener una distancia con respecto a los consumos mediáticos audiovisuales, como el de la televisión.

> De los mayores son muy pocos los que tienen televisión. De por sí, los mayores, así vaya pasando el tiempo, ellos no se adaptan a eso, pero sí los jóvenes, ellos quieren la televisión y la radio (entrevista a habitante del resguardo Wasiruma, marzo 2017).

Con respecto a la inserción en el mundo laboral, en Wasiruma se observa que el 74% de la población en edad de trabajar desarrolla actividades productivas en el sector de la agricultura y ganadería, y de ese porcentaje, el 34% se emplea como jornalero. En Niaza Nacequia, el 96,5% se dedica a actividades propias del campo.

La inserción al mundo laboral a usanza de los *kapunías* posibilita la participación en las prácticas, jerarquías, tipo de regulaciones, acuerdos, conflictos y modos de entretenimiento del mundo campesino de la región, así como el acceso a los sistemas de crédito y los procesos

---

7. La institución educativa Kwe'sx Nasa Ksxa'wnxi idebic ("El Gran Sueño de los indios") es una entidad indígena especial de carácter público. Ofrece educación preescolar, básica y media.

de adquisición del equipamiento mediático doméstico (televisores, reproductores de vídeo, consolas de videojuego, celulares), entre otros aspectos. En ambas comunidades, la calidad y actualización de estos aparatos es muy desigual, según la capacidad adquisitiva o el mecanismo a través del cual se adquirió, es por ello que conviven televisores a blanco y negro y reproductores de vídeo que apenas si funcionan, con tinglados tecnológicos bastantes modernos.

Con relación a la participación de la comunidad en grupos católicos y cristianos, se observa una coexistencia entre prácticas propias y las de dichos grupos, que al parecer no reviste mayor conflictividad.

> Karabi para nosotros es una representación, sobre la cultura de nosotros, es como un dios, porque es algo muy importante para nosotros. Más todos somos creyentes de Jesús, que es nuestro creador, sino que Karabi es el apoyo de nosotros como indígenas (entrevista a habitante del resguardo Niaza Nacequia, abril 2018).

Además de estas interacciones se destacan dos tipos de vínculos que han resultado fundamentales para la incorporación diferenciada de los medios y tecnologías de comunicación: los que establecen los líderes indígenas y las relaciones afectivas.

Por su condición, los líderes indígenas son quienes participan en las organizaciones propias y establecen interlocución con otros líderes, otras comunidades y el Estado, lo que los obliga a adquirir medios y tecnologías para comunicarse.

> Digamos que el resguardo en medio del proceso organizativo, siempre ha tenido los líderes que salen del resguardo y van a las ciudades, van a Cali, van a Medellín, van a Bogotá, entonces, en el medio de ese andar de los líderes de nuestro resguardo, ellos han visto eso, entonces todas esas cosas se adoptan, y como son buenas, entonces las han traído, y detrás vamos nosotros, los comuneros. Y como ellos ya tienen televisión, entonces yo también quiero porque está bonito, entonces vamos comprando. Pero eso ingresó, fue básicamente así (entrevista a habitante del resguardo Wasiruma, marzo 2017).
>
> El primer celular lo tuvo el consejero mayor, que era gobernador y la misma organización le dotó de un celular porque tenía que comunicarse, era de esos antiguos, esas "panelas" que se decían, y entonces las mismas empresas telefónicas empezaron a dar la facilidad de adquirir teléfonos, y ahí entró… ya casi la mayoría de los jovencitos aquí tienen su celular (entrevista a habitante del resguardo Wasiruma, marzo 2017).

Para los líderes, los medios y tecnologías de comunicación parecen dotarse de un uso estratégico en función de los procesos de lucha y resistencia que agencian, pero al mismo tiempo pueden percibirlos como una amenaza porque "desestabilizan" desde adentro la construcción de historias y propósitos colectivos. Las relaciones de pareja conformadas por un indígena y un mestizo se constituyen en otro tipo vínculo que ha promovido la incorporación de los medios y tecnologías de comunicación. Estas familias tienen un nivel de apertura e interacción mayor con los *kapunías*, cuentan con condiciones materiales distintas y promueven espacios donde se gestan batallas al interior de la comunidad acerca de la manera como debe vivirse como indígena porque evidencian los entrecruzamientos entre prácticas propias y prácticas de los *kapunías*. Es de destacar que, algunos mestizos se han convertido en líderes y juegan un rol protagónico en la interlocución con el Estado y con los campesinos de la región.

En síntesis, la presencia de los medios y tecnologías de comunicación en ambas comunidades está asociada con condiciones materiales que posibilitan su instalación y funcionamiento (acceso a electricidad, a servicios de canales de televisión, a sistemas de créditos para la adquisición de los equipos), al aprendizaje del idioma español, al nivel de apertura de la comunidad, al tipo y calidad de relaciones que establecen con los mestizos a través de las entidades estatales, la escuela, el trabajo, la iglesia, los líderes y las relaciones amorosas. Cada uno de estos aspectos se resuelve de manera específica y concreta en cada familia y de esto depende el lugar y nivel de incorporación de las imágenes y relatos mediáticos. Estas interacciones ponen en cuestión las prácticas, discursos y saberes de la comunidad y van constituyendo un sustrato para configuraciones bastante complejas de la identidad indígena.

ALTERACIONES DE LOS TIEMPOS Y DE LOS ESPACIOS

El tiempo y el espacio son dos coordenadas fundamentales para autorreconocerse y considerarse como embera chamí, sin embargo, su percepción y significados sociales están siendo transformados por numerosos procesos, entre los que se cuenta la presencia de los medios y tecnologías de comunicación. El tiempo de los embera chamí es el de los ciclos de la naturaleza, de la producción de los alimentos, de los rituales, de los cantos y de los trabajos comunitarios; no obstante, esos tiempos se han trastocado por varios procesos, como los desplazamientos forzados, la muerte de los mayores, de los *jaibanás*[8] y de líderes que los guiaban y que resguardaban los saberes ancestrales sobre los tiempos; la presencia de las iglesias cristianas y católicas que imponen sus propias concepciones sobre los ciclos de la vida y de la muerte; la inserción en la escuela y el mundo laboral que determinan horarios, periodos y jornadas; las disputas o negociaciones con entidades estatales que establecen sus calendarios de presupuestos, demandas, litigios, y toma de decisiones; las contiendas electorales que fijan las fases y momentos para las campañas, elecciones y votaciones; y, finalmente, la electricidad que altera la duración del día y de la noche.

Algunas marcas de los tiempos tradicionales se conservan junto con las prácticas asociadas a ellos, como los consejos de pensamiento, la minga[9], los refrescamientos[10] y la celebración de la cosecha o las cacerías que realizan juntos en territorios a los que antes podían declarar como propios. Por su parte, la incorporación de los medios y tecnologías de comunicación en las comunidades ha contribuido a implantar una distinción propia de las sociedades modernas: la separación del tiempo del trabajo y del ocio y, además, ha desafiado los tiempos destinados a las actividades comunitarias.

Para los mayores la separación entre los tiempos de la producción y el juego o el jolgorio resulta artificiosa, porque ambos suceden de manera simultánea; por ejemplo, la minga funde el trabajo comunitario, con la fiesta y la celebración. Sin embargo, los tiempos de las escuelas y de las jornadas laborales de los mestizos han empezado a segmentar ese continuo de la experiencia y, además, los medios y tecnologías de comunicación han aportado al establecimiento de marca-

---

8.   Los *jaibanás* o médicos tradicionales han sido perseguidos y asesinados por diferentes grupos armados, por lo que representan para la cohesión y resistencia de los pueblos indígenas (Ministerio del Interior y Asociación de Cabildos Indígenas, 2013: 102).

9.   Las mingas son actividades colaborativas para realizar determinadas tareas, como construir viviendas, limpiar el terreno o sembrar el maíz y que pueden ser asumidas como una festividad en la que se ofrece comida y bebidas tradicionales.

10.   Las armonizaciones, ligamentos y refrescamientos son prácticas tradicionales para fortalecer el desarrollo de los niños (Organización Regional Indígena del Valle del Cauca, 2012).

dores temporales precisos de los denominados "tiempos libres". La televisión se ha incrustado como uno de los rasgos más evidentes de la separación entre el tiempo destinado a las labores del campo y el descanso. Asimismo, los momentos reservados a los medios y tecnologías de la comunicación han empezado a contraer los tiempos de la comunidad, de las reuniones, de la charla y del encuentro.

> Hubo un caso aquí que para que hubiera la reunión del consejo, tenían que ir bajando las "cuchillas" a las casas para quitar la energía eléctrica y que apagaran el televisor. También se llegó a debate y ahora se controla, por lo menos en esas reuniones (Entrevista a habitante del resguardo Wasiruma, marzo 2017).

Los tiempos mediáticos operan sedimentando sus lógicas de producción narrativa en los relatos ancestrales. Las estructuras seriales, las transmisiones en vivo y en directo, la información noticiosa con su imperiosa actualidad, las franjas horarias se superponen a las historias orales cíclicas de la creación y lucha de los embera. Se producen movimientos sucesivos y en ocasiones imperceptibles en las narraciones propias a las que se les yuxtaponen las fórmulas de las industrias mediáticas.

El valor de la inmediatez de las redes sociales, la urgencia de la conexión y del flujo constante de información se han instalado en las comunidades. Se requiere siempre estar disponible y alerta. La experiencia de los ciclos largos de la cosecha se cruza inevitablemente con un presente en estado de actualización permanente. Los teléfonos celulares han permitido el despliegue de la inmediatez, como valor e hilo rector de las experiencias cotidianas, pero también son empleados para coordinar y organizar a la comunidad frente a los sucesos que atentan contra sus derechos. En este caso, tiempos diversos resultan disruptivos de los tiempos cosmogónicos, a través de una extraña separación del trabajo, del disfrute y de narrativas que antes eran solo propias de los mestizos.

La alteración del espacio al igual que la del tiempo ha ocurrido como resultado de diferentes procesos históricos, sociales y culturales, entre los que participan los medios y tecnologías de la comunicación. Para los embera, su existencia como indígenas depende del territorio, del lugar donde cultivan, llevan a cabo sus prácticas ancestrales y desarrollan el pensamiento propio (*kurisia*) (Organización Regional Indígena del Valle del Cauca, 2012: 35). Para ellos, el territorio es definido en los siguientes términos:

> Se considera desde la cosmovisión indígena como la apropiación cultural de un espacio físico que comprende las tres dimensiones el subsuelo, el suelo y el espacio sobre él. El territorio establecido en términos de instituciones políticas, la base de las cuales son la familia, la parentela, el clan y el cabildo. En él se incorpora elementos como la autonomía, las formas de organización y autoridad, amparados sobre la base de una propiedad colectiva de la tierra. Que posibilita el complejo sistema de interacciones cotidianas con la naturaleza que nos da los elementos para establecer formas y características propias de ocupación territorial manteniendo equilibrio y armonía. (Organización Regional Indígena del Valle del Cauca, 2012: 37).

Y es precisamente, la lucha por el territorio lo que ha marcado su historia, lo que construye su narrativa como grupo. El desplazamiento forzado y violento al que han estado sometidos ha modificado sus paisajes, los ha obligado a abandonar sus territorios ancestrales y sagrados y a reinventar el resguardo como su espacio, pero no como el territorio.

> La falta del espacio, la falta del territorio, la falta de las especies, hace que uno adopte costumbres nuevas. Por ejemplo, el indígena es cazador, pescador, recolector, mantenía andando en el monte para arriba y para bajo, y aquí a dónde vamos a hacer eso. No tenemos un río, no tenemos un bosque para ir a pescar, no podemos ir a cazar (entrevista a habitante del resguardo Wasiruma, abril 2018).

Sus casas son construidas a usanza de las de los campesinos porque no tienen acceso a materiales tradicionales y porque los que utilizan son donados por entidades estatales. La mayoría de las casas son de cemento, con techo de zinc, y con una estructura propia de las de los mestizos: sala-comedor, cocina y cuartos. Las casas tienden a ubicarse a lado y lado de la vía principal de acceso a los resguardos. No obstante, en ambas comunidades se vela porque cada familia tenga su parcela de tierra y porque exista un espacio para las reuniones, un salón circular que funciona como escuela, como el lugar para los consejos de pensamiento, para imponer los castigos, para organizar las fiestas y para que los niños, jóvenes y adultos se encuentren. Y en ambos casos, los líderes mantienen la esperanza de construir un salón en medio de lo que antes eran territorios sagrados para que todos los resguardos se encuentren cada año para intercambiar historias, plantas medicinales, cantos, rituales y su lengua. Un lugar al que es necesario llegar después de varios días de camino en medio del "monte", tal y como antes era su mundo.

Los medios y las tecnologías de la comunicación han contribuido a la creación del espacio privado que antes no existía, pero han ampliado los horizontes de los resguardos. La aparición de las puertas, de las cortinas y de los cuartos vino acompañada primero por la radio, la televisión y luego por los teléfonos móviles. Los radios y televisores se ubicaron en las salas y en los cuartos y por lo general, se escuchaban y veían en familia, y ahora en soledad, porque la progresiva segmentación de los contenidos se corresponde con la fragmentación de las audiencias. Los teléfonos móviles han constreñido aún más ese espacio personal, porque tanto las características del dispositivo como la forma como se accede a los contenidos se asocia con procesos de mayor individualización. No obstante, en las tardes algunos jóvenes se reúnen para intercambiar imágenes y vídeos de sus teléfonos, aunque lo frecuente es que cada uno de ellos establezca su propio espacio.

> El conversar, eso es lo que más se ha perdido. Ahora usted ve: mire los más grandecitos, usted ya no los ve. Usted va a las casas y están pegados del celular o del televisor. Mira, ellos los pequeños… por qué están ahí, porque todavía no han cogido el internet (entrevista a habitante del resguardo Wasiruma, marzo 2017).

Con los medios y tecnologías de comunicación, el espacio comunitario implosiona con las demandas del repliegue en lo privado, pero las fronteras del resguardo se expanden. Aparecen otros territorios de la nación embera, otros espacios, otras culturas, se descubren los mundos de los *kapunías*. Los relatos, imágenes y sonidos de los medios y tecnologías se incrustan en dos coordenadas cosmogónicas centrales: el tiempo y el espacio y contribuyen a sus redefiniciones, a distinguirlas, a constreñirlas y expandirlas. En este caso, los embera subsisten en medio de una lucha permanente por nombrar, narrar y representar los tiempos y espacios propios y los de los *kapunías*.

Aprendizajes morales

De acuerdo con los entrevistados, el género televisivo preferido es la telenovela, que se instaura en una vía de aprendizaje sobre sí mismos y sobre los otros. En Wasiruma, el 72,9% ve telenovelas o seriados y en Niaza Nacequia, el 74,2%. A partir de las telenovelas se refuerza el aprendizaje del idioma español, de los valores de los *kapunias*, las formas de solucionar sus problemas, las maneras como afrontan los conflictos amorosos, el tipo de emociones que les causa alegría y lo que les da tristeza, los derechos de las mujeres y los niños, los peligros a los que están expuestos, las tretas que usan los mestizos para el engaño, constituyéndose en un laboratorio para la educación moral.

> Esa *Rosa de Guadalupe*[11], puede ser mentira, pero aprenden muchas cositas, como el respeto, los valores... por lo menos enseñan historias de reflexión, cómo los niños de ahora hacen *bullying* a los otros niños, y allí muestran que uno no debe hacer eso, mire que está haciendo daño a otro "pelado", que uno debe apoyar entre amigos, y entre familia, un núcleo familiar más apoyado, se ve muy bonito. Y así uno va orientando a los niños (entrevista a habitante del resguardo Niaza Nacequia, abril 2018).

Para tradiciones neoaristotélicas, como propone Nussbaum (2005), la capacidad de proyectar los dramas de la vida en la forma de relatos les permite a las personas construir raciocinios propios; de esta forma, la posibilidad del aprendizaje moral, evocado en el contenido de la ficción televisiva, puede servir como dispositivo para imaginar la convivencia esperada o merecida. La capacidad de imaginar desarrolla en la conducta humana la simpatía y la alteridad. Permite suponer cómo se sienten las personas que estarían en su misma situación (Nussbaum, 2005). La imaginación permite explicar el orden social a nivel general en tanto que conforma un dispositivo para la identificación afectiva de las interacciones humanas y se propone como mecanismo psicológico para justificar las valoraciones.

---

11. *Rosa de Guadalupe* es una de las series más vistas por todas las edades en los resguardos. Es un programa familiar producido por Televisa y transmitido por el Canal de las Estrellas que representa problemas cotidianos de distinto tipo que se resuelven por un milagro de la Virgen de Guadalupe.

Algo que pasa muy curioso acá es cuando a ti te pasa algo, me afecta a mí, porque todos vivimos en una convivencia. Y yo pienso que esos programas cuando pasan catástrofes o hay muchos muertos, sea por el conflicto armado, sea por desastres naturales, yo digo que eso impacta mucho. Y eso es algo que yo he detallado, cada que nos damos cuenta, y eso es algo que como entre todos interactuamos en eso. Decimos, venga qué pasa. Lo último en lo que pasaba, el tema de la represa de Hidroituango[12] que nosotros decíamos, venga y donde se llegue a reventar eso. Usted se imagina de ahí para abajo todo eso. Porque a nosotros nos pasó, a nuestros abuelos les pasó. Porque nosotros somos originarios de Río Bravo. En ese entonces, ellos salieron fue por ese motivo, por la construcción de la represa. Entonces es algo que nosotros ya vivimos y sabemos. Cuando mi mamá habla de eso, o sea, con las palabras que ella puede expresar lo que ellos vivieron, en ese entonces, o lo que mis abuelos vivieron… fatal. Es duro ese sentimiento. Entonces nosotros ya sabemos qué es pasar por eso. Son momentos que pueden marcar mucho, entonces así usted esté viendo otras noticias, y alguien le dice: vea, ponga tal programa que están pasando algo así, entonces ahí mismo lo vemos (entrevista a habitante del resguardo Wasiruma, mayo 2018).

La capacidad de imaginación, resultante de la educación moral, permite identificar cambios cotidianos en situaciones prolongadas de conflicto social (Lederach, 2016). Lo llamativo de esta perspectiva se refiere al tipo de compromiso que los individuos adquieren con el cambio de la sociedad a la que pertenecen, de ahí que la sensibilidad hacia determinadas consignas de los derechos y las libertades tiendan a ser exploradas a través de las ficciones que muestran la utilidad práctica de tales posiciones.

Siguiendo a Lederach (2016), la exposición a las fuentes de educación moral supone una contrastación continua de los referentes culturales que se poseen y en los que se cimentó una manera de ordenar las representaciones sociales de la convivencia en la diferencia. De esta forma, los medios de comunicación ofrecen nuevas y variadas posibilidades de comprensión y de acción que enriquecen el repertorio comportamental con el que cuentan los individuos para actuar en sus comunidades.

---

12. La hidroeléctrica de Ituango (Hidroituango) es un proyecto de generación de energía que está ubicada en el cañón del río Cauca y que ha presentado desde 2018 diferentes emergencias y crisis, como inundaciones en diferentes municipios, riesgos de avalanchas y numerosos problemas ambientales en la zona.

Mi televisor era un televisor viejo, en blanco y negro, y ahí veíamos las noticias, las novelas y las películas. Ahí veíamos las noticias buenas, e íbamos aprendiendo a que uno tiene derecho. Ya que allí pasan programas que hablan de las leyes y los derechos que uno tiene (entrevista a habitante del resguardo Niaza Nacequia, abril 2018).

Para Nussbaum (2005), la realización de cualquier proyecto de vida implica el reconocimiento de las motivaciones de los congéneres, lo cual compone la configuración de la autoestima que siempre está relacionada con las posibilidades que brinda la complejización de la identidad en el plano siempre conflictivo de la valoración social (Honneth, 1997). Dicho de otra manera, la exposición a formas ficcionadas de relatos sobre la convivencia posibilita identificar el rol que tiene la valoración social en el reconocimiento de las motivaciones de los individuos, la posibilidad de percibir este tipo de variaciones permite a las personas una posición crítica respecto de los sucesos ignominiosos de la vida social.

En este sentido, la teoría de Nussbaum pone énfasis en el papel que juegan las narraciones de la vida en común en el reconocimiento del origen de las emociones: la conflictividad humana. La valoración de los conflictos, a través de narraciones o relatos de ficción, permite encontrar una vía para recomponer convivencias e identificarse con proyectos identitarios más comprehensivos que el propio. Por ejemplo, la perspectiva de los derechos de la mujer y las diversas interpretaciones del feminismo implican reconocer que hay identidades genéricas (el ser mujer) que van más allá de las identidades más inmediatas y que conforman en sí mismas otras dimensiones para la reivindicación o la lucha social, para nuestro caso, aquellas consideradas étnicamente diferenciadas.

Aprendemos muchas cosas porque antes eran solo los hombres que tenían voz y voto, ahora uno con los medios uno va aprendiendo que uno como mujer también tiene derechos, al igual que los niños, las leyes, por eso creo los medios aportan algo (entrevista a habitante del resguardo Niaza Nacequia, abril 2018).

En esta comunidad ya no hay diferencias entre hombre y mujer, aquí ya son general. El hombre respeta lo que la mujer quiere ver en televisión y la mujer también. Y les gusta mucho las novelas (entrevista a habitante del resguardo Wasiruma, marzo 2017).

La educación a la que se alude promueve competencias sociales y emocionales en el intento de prevenir comportamientos violentos y hace especial énfasis en la capacidad de generar agremiaciones y experiencias de sociabilidad que fortalecen los vínculos sociales (Modzlewski, 2017). De ahí que un atributo sustancial esté dirigido a la producción de encuentros con comunidades diferentes o extrañas para nuestro canon familiar. Esta forma de educación nos pone de cara a la otredad cultural y su impacto en la constitución de la individualidad.

LAS DINÁMICAS DEL DESPRECIO

De acuerdo con las comunidades, los medios y tecnologías les ofrecen aprendizajes sobre los *kapunias* y también producen, reproducen y amplifican imágenes distorsionadas sobre ellos y sus luchas a través de los noticieros. Mientras que en los géneros de ficción se generan espacios resolutivos y de comprensión para sus conflictos con los otros, en los géneros informativos se activan dinámicas sociales para la invisibilidad y el desprecio.

> Siempre nos nombran cuando hay una minga[13], no para resaltar sino para criticar. Porque los de Caracol[14] (noticiero de televisión) no han venido a conocernos, ni a ver nuestra cultura, solo muestran los problemas… me parece que ocultan muchas cosas y lo vemos con las mingas. Ellos ven y publican cuando atacamos o nos defendemos del ESMAD (Escuadrón móvil antidisturbios de la policía), pero no muestran las otras partes (entrevista a habitante del resguardo Niaza Nacequia, abril 2018).

Retomando a Honneth (2011: 136), podría afirmarse que la motivación para la protesta social es el sentimiento y la experiencia colectiva de la injusticia social, los cuales se relacionan con causas y condiciones socio-estructurales sistemáticas que socavan las estructuras sociales del reconocimiento. En este caso, los contenidos informativos de los medios y tecnologías de comunicación sobre las marchas indí-

---

13. El término minga en este contexto hace referencia a una práctica cultural utilizada para exigir el reconocimiento de derechos.
14. Empresa privada de medios y entretenimiento de Colombia. Entre sus servicios se encuentra la producción de informativos para televisión y radio. Véase <https://www.caracoltv.com/>.

genas podrían constituirse en un espacio donde se libran y representan las luchas por el reconocimiento y se evidencian los mecanismos para la invisibilización y deslegitimación.

Lo planteado por los entrevistados resulta consistente con los hallazgos de algunas investigaciones recientes sobre el cubrimiento informativo de las protestas indígenas en Colombia. Cortés (2016) examina las representaciones sobre las protestas indígenas en el periodismo colombiano, a partir del análisis del cubrimiento realizado por los diarios *El Espectador* y *El Tiempo* y los noticieros Caracol y RCN sobre la Minga de Resistencia Social y Comunitaria en el año 2008 y la del 2009. El análisis permitió señalar que los periódicos tendieron a reproducir el punto de vista de las fuentes oficiales o gubernamentales y a criminalizar la protesta indígena. Estos artículos aludían a actos de violencia cometidos por los indígenas y no a los de la fuerza pública e indicaban que la minga y las marchas eran el resultado de la presión y manipulación de las FARC-EP (Fuerzas Armadas Revolucionarias de Colombia-Ejército del Pueblo) a las comunidades indígenas. Además, evidenció que las protestas de los indígenas fueron invisibilizadas, no fueron registradas en su magnitud en los medios o en su defecto, fueron mostradas como hechos aislados o como telón de fondo de noticias poco relevantes.

Salazar (2018) analiza y contrasta el cubrimiento periodístico llevado a cabo por medios de comunicación nacionales en su versión digital (*El Tiempo*, *El Espectador*, *Revista Semana*, Caracol y RCN) y locales del Huila (*Opanoticias* y *La Nación*), sobre la Minga de Resistencia Social y Comunitaria en el 2008, la recuperación del cerro El Berlín en el 2012 y las Mingas de Liberación de la Madre Tierra realizadas en el Huila en el 2012 y 2013, con la producción de comunicación apropiada sobre estos eventos que realizaron colectivos y organizaciones indígenas, como el Tejido de comunicación Asociación de Cabildos Indígenas del Norte del Cauca y el Tejido del viento del Colectivo Viento de Comunicación, en el Huila. A partir del análisis, el autor afirma que los medios de comunicación tanto nacionales como locales tendieron a descontextualizar, invisibilizar, estigmatizar, deslegitimar y criminalizar las movilizaciones indígenas y a reproducir las versiones de las fuentes oficiales. Por el contrario, los contenidos de las organizaciones indígenas mostraron los argumentos que sustentaban sus movilizaciones, los desmanes de los que estaban siendo víctimas, y desvirtuaron las informaciones proporcionadas por los representantes del gobierno y la fuerza pública.

> Los medios de comunicación siempre han sido de por sí, algo que ha estado en contra del pueblo indígena, porque son muy pocas las cosas que presentan a favor, siempre es como discriminación. ¿Por qué digo discriminación? Porque, por ejemplo, hay cosas muy buenas que hacen los indígenas, como las actividades en las comunidades, como los procesos de organización, como las mingas, como las marchas… y no… los medios de comunicación, ellos van muy poco y lo que toman no es la realidad que publican. Uno mira que cuando ellos publican por televisión, o por noticiero o por radio, no es la realidad. Siempre distorsionan la información, y uno siempre tiene en cuenta que los medios de comunicación son muy pocos los que hablan con la realidad y valoran el ser indígena, o la comunidad, o el pueblo que se llame (entrevista a habitante del resguardo Wasiruma, marzo 2017).

Este tipo de cubrimiento periodístico puede tener múltiples explicaciones, como las señaladas por Cortés (2016), puede obedecer a la monopolización de los medios masivos, a problemas en la práctica del periodismo y a la afinidad ideológica del periodismo y el poder, pero también se relaciona con matrices históricas de desprecio frente a los grupos indígenas, las cuales tienen múltiples formas de expresión en la vida cotidiana.

> Y sí se ve mucho. Y ahora incluso, el hecho que usted tenga un apellido, o que le digan es que usted es de un resguardo, usted es un indio. Y esa palabra a nosotros como indígenas nos ofende. Esa palabra la trajeron los colonizadores, que nos esclavizaron, que nos mataron. La sociedad ha cambiado mucho, pero sí hay mucha discriminación frente a nosotros. En nuestro espacio existe no sé, si será envidia, rabia, o discriminación (entrevista a habitante del resguardo Wasiruma, abril 2018).

Además, es necesario indicar que uno de los fundamentos históricos de estos procesos de desprecio se vincula con la aparente confrontación de estos grupos a los discursos sobre progreso de la nación; desde esta perspectiva, los indígenas se constituyen en obstáculo para el desarrollo, la modernización y la civilización del país.

> El indígena siempre se ha tratado como lo malo. Ustedes protestan, pero ustedes son los malos, son revolucionarios, los que no quieren el desarrollo del país. Pero qué hacemos. Y los medios de comunicación tanto

RCN como Caracol, son un negocio. Para nadie es un secreto. Vuelvo y digo y si a usted le pagan por algo, usted tiene que hacer lo que el jefe le diga. Entonces nunca se va a ver lo bueno sino lo malo. Y nosotros los indígenas, estamos fichados por eso. Uribe lo dijo: Los indígenas son un impedimento, para el desarrollo de este país. Y qué podemos hacer si las concesiones mineras están en la mayoría de los resguardos indígenas. Quieren pasar una carretera por en medio de un resguardo indígena, donde quieren destruir nuestros páramos, las reservas naturales. Siempre vamos a ser los malos y nos van a juzgar así por mucho tiempo. Es algo que no podemos evitar (entrevista a habitante del resguardo Wasiruma, abril 2018).

Frente a estas concepciones sobre los indígenas se han ensayado varias alternativas, sobresaliendo dos: la integración social y el exterminio (Guzmán Urióstegui, 2010), acciones que el pueblo embera ha afrontado históricamente. Desde la integración parecen promoverse discursos que contribuirían a un progreso moral, a la valoración de los otros, de la otredad cultural. Desde el exterminio, se promovería la supresión del otro a través de la legitimación de la violencia y de la incapacidad de negociar y establecer acuerdos con ellos.

Para los grupos analizados, los medios y tecnologías de comunicación se constituyen en espacios para la valoración social y su contraparte, el desprecio. A diferencia de otras comunidades en Colombia, estos resguardos no han avanzado aún en el uso estratégico de los medios y tecnologías, aunque se reconoce su potencial para divulgar sus luchas por el reconocimiento.

La verdad en ese tipo de cosas... pasan cosas, pero se quedan muy allí, con el tema de los indígenas. Pero cuando realmente nosotros decimos: "Están violando nuestros derechos" y la única manera de nosotros identificarnos y protestar, para que sea una manera concreta de defender nuestros derechos son las manifestaciones, y ahí, si los medios de comunicación llegan y dicen "Es que los indígenas son los que impiden el desarrollo del país, no quieren..." ahí somos, y nos dicen: "Es que son terroristas". Ahora en este país ya no se puede manifestar de esa forma porque nos tachan de eso. Pero es algo que nosotros también debemos aprovechar y es saber cómo aprovechar los medios de comunicación para nosotros decir: "Estamos aquí, somos una cultura, tenemos nuestros idiomas, tenemos estos derechos para poder que salgan a la luz". Pero no tenemos o no hemos tenido esa oportunidad de decir, venga ustedes lo pueden hacer así, podemos trabajar de esta forma, hagámoslo así... (entrevista a habitante del resguardo Wasiruma, abril 2018).

CONCLUSIONES

La historia de estas comunidades indígenas, como grupos étnicamente diferenciados, ha estado marcada por luchas disímiles por el reconocimiento. Y retomando a Honneth, podría indicarse que estas luchas se han librado tanto en la esfera del derecho —en el plano de lo jurídico— como en el de la solidaridad, expresada en relaciones sociales de valoración simétrica. Los grupos indígenas examinados sustentan sus relatos colectivos en las disputas por la tierra, los derechos, la integración y la participación. Aunque la Constitución Política de 1991 declara que el Estado colombiano reconoce y protege la diversidad étnica y cultural, estos grupos de manera frecuente protestan para denunciar el incumplimiento de los acuerdos y promesas de los gobiernos de turno y la persecución de la que siguen siendo objeto, que se manifiesta en amenazas, desplazamiento y asesinato de líderes y comuneros[15].

En este contexto y de acuerdo con el trabajo de campo, los medios y tecnologías de información y comunicación participan de las luchas por el reconocimiento de estos grupos constituyéndose en catalizadores de conflictos interculturales al promover determinadas maneras de interactuar con los mestizos, al insertarse en los tiempos y espacios comunitarios y reproducir dinámicas sociales del desprecio. Los medios y tecnologías de información y de comunicación toman parte de las interacciones sociales entre indígenas y mestizos a través de los aprendizajes morales, de la construcción de horizontes emocionales y de gustos comunes y de las alteraciones de tiempos y espacios comunitarios. Los géneros de ficción y específicamente los dramatizados y

---

15. De acuerdo con informes de la Defensoría del Pueblo, en Colombia han sido asesinados 282 líderes sociales entre el 1 de enero de 2016 y el 27 de febrero de 2018. Véase <http://defensoria.gov.co/es/nube/enlosmedios/7081/Colombia-en-dos-a%C3%B1os-282-l%C3%ADderes-sociales-y-defensores-de-derechos-humanos-fueron-asesinados.htm>.

    La Consultoría para los Derechos Humanos y el Desplazamiento (COHES) indica que en 2018 fueron asesinados 146 líderes sociales, de los cuales 34 eran líderes de comunidades indígenas y 24 de pueblos afrodescendientes.

    Según datos de la ONIC, entre noviembre de 2016 y enero de 2019 se han registrado 109 homicidios de miembros de comunidades indígenas. Véase <https://codhes.wordpress.com/2019/02/14/pareneletnocidio-en-historica-audiencia-ante-la-cidh-indigenas-y-afrodescendientes-denunciaran-grave-situacion-de-homicidios-y-agresiones-a-lideres-etnicos/>.

las telenovelas permiten a estas comunidades acceder a los espacios íntimos de la vida de los mestizos, descifrar las claves morales a través de las cuales se configuran sus vínculos y ordenan sus propias maneras de relacionarse o no con los otros. Estos relatos proveen discursos sobre los derechos, el amor, la crianza, y la forma resolutiva de los conflictos cotidianos y domésticos a usanza de los mestizos. Los aprendizajes morales del ordenamiento simbólico posibilitan a los indígenas imaginar convivencias y concepciones normativas más amplias y por fuera de los márgenes de su propia cultura. De esta manera se conectan con los dramas sociales del mundo globalizado e integran sus retóricas a la gramática moral con la que explican las interacciones del mundo que les rodea.

Por otra parte, el consumo de telenovelas, deportes, música e información contribuye a construir escenarios emocionales y horizontes de gustos o de intereses comunes, hitos de referencia y diálogo con las comunidades campesinas que habitan en el sector. Imágenes y relatos se instauran como momentos para el disfrute compartido con los otros. La música transnacional se convierte en un escenario de intercambio entre los más jóvenes. Los relatos que circulan a través de medios y tecnologías de información y comunicación se insertan en los tiempos y espacios comunitarios superponiéndoles las lógicas de la fragmentación, privatización, serialización y ritualización mediática.

Como se ha planteado, la incorporación de los medios y tecnologías de información y comunicación en estas comunidades es el resultado de varios procesos, como el desplazamiento forzado de los territorios ancestrales, la instalación de los resguardos en zonas próximas a comunidades campesinas, el acceso a la infraestructura energética y las interacciones con entidades estatales, la escuela, el trabajo, las iglesias, entre otros. La inserción de las imágenes mediáticas se ha producido de manera diferenciada en ambos resguardos, según las condiciones materiales de cada familia y su nivel de interacción con los mestizos.

Los aprendizajes morales de los *kafunías*, sus dilemas emocionales, tiempos y espacios mediáticos conviven de manera conflictiva y asimétrica con los aprendizajes propios, con los relatos y prácticas ancestrales y comunitarias. Para algunos, el encuentro con los mestizos en el plano de las representaciones de los medios se constituye en una amenaza de sus propias maneras de ver el mundo y para otros, es una oportunidad para acercarse a los *kafunía*. En contraposición a la posibilidad que ofrecen los medios y tecnologías de comunicación de constituirse en fuente de aprendizaje, identificación y entretenimiento, habitantes de ambos resguardos coinciden en señalar que los discursos noticiosos reproducen estereotipos, prejuicios y reeditan el discurso de la identidad indígena como "regresiva" y contraria al "desarrollo" del país. Para ambas comunidades, las imágenes de los noticieros sobre las marchas indígenas los invisibilizan y los criminalizan y no permiten que se entiendan sus luchas. Los discursos mediáticos se encuentran alineados con los discursos oficiales y hegemónicos de desprecio. Se trata, siguiendo a Honneth (2009) de las heridas morales que causa la subalternidad y que se encuentran en la base de las luchas sociales: sentimientos de dignidad vulnerados.

A diferencia de los resguardos analizados, otros grupos indígenas han desarrollado un uso estratégico de los medios y tecnologías de información y comunicación, como recurso para la lucha, la resistencia y la educación propia. Para comunidades indígenas del departamento del Cauca, los medios ofrecen una vía complementaria que favorece un modo particular de presentar lo indígena de cara a los conflictos nacionales y en consonancia con las agendas mundiales que promueven la idea de que el acceso y producción de información constituyen un pilar esencial de la democracia, aquello que podría constituir un derecho a la comunicación (Torrico Villanueva, 2004).

Para el caso de los grupos con otro tipo de recursos organizativos, la transición del consumo a la producción de contenidos implica un avance significativo en lo que respecta al diagnóstico de las injusticias y los modos de afrontar el desprecio; para ellos, la experiencia de un medio de comunicación propio, supone la ampliación de los lenguajes estéticos y políticos propios de las convergencias digitales y de las narrativas audiovisuales.

La experiencia del conflicto armado colombiano ha tenido un impacto en la estructura de las comunidades indígenas del Valle del Cauca. La puerta que se abre con el llamado a la construcción de paz es la de reacomodar las identidades diversas a través de criterios de justicia social (De Roux, 2018); en este ámbito, los consumos mediáticos se convierten en fuentes de identidad en las cuales es posible imaginar convivencias por fuera de la regulación del orden simbólico de la violencia. Si bien es cierto que los medios siempre han sido considerados desde su capacidad para enajenar, este trabajo reivindica la posibilidad que ofrecen los medios para proponer sociabilidades, asunto que se vuelve importante para repensar las lógicas del poder local en los municipios del Valle del Cauca.

La centralidad que han ganado las víctimas es innegable e inédita en la historia de Colombia, la sensibilidad existente sobre el padecimiento de las injusticias, la vulnerabilidad y el desamparo, constituyen evidencias de cierto grado de educación moral que nos permite como sociedad avanzar en la discusión impostergable de la paz (Botero, 2017).

BIBLIOGRAFÍA

BOTERO, S. (2017): "El plebiscito y los desafíos políticos de consolidar la paz negociada en Colombia". *Revista de Ciencia Política* (Santiago), 37(2): 369-388.

CONCEJO MUNICIPAL DE VIJES (2016): "Acuerdo n° 003". *Plan de desarrollo "seguimos avanzando" vigencia 2016-2019*. Vijes, Valle del Cauca.

CONCIP, MPC, ONIC, OPIAC, CIT, AICO, MINTIC, MINCULTURA y ANTV (2017): *Política pública de comunicación de y para los pueblos indígenas en Colombia*. Recuperado el marzo de 2018, de Banco de contenidos del Ministerio de Cultura de Colombia, <http://bancodecontenidos.mincultura.gov.co/Multimedia-DirCom/pdfs/comunicacion-indigena/proyecto-02/comindigena-proyecto02-doc01-politica-publica-com-indigena.pdf>.

CORTÉS, D. (2016): "Representación indígena en el periodismo colombiano. El cómo y el por qué". *Jangwa Pana*, 15(1): 88-104, doi: http://dx.doi.org/10.21676/16574923.1753.

COSOY, N. (2016): 'Cortó con una tijerita el clítoris de la bebé y le empezó a salir un chorro de sangre': el silencioso problema de la mutilación genital femenina en Colombia. Cali, Valle del Cauca, Colombia", <https://www.bbc.com/mundo/noticias-america-latina-36727805>.

DANE (2019): *Población indígena de Colombia. Resultados del Censo Nacional de Población y Vivienda CNPV-2018*. Departamento Administrativo Nacional de Estadística, <https://www.dane.gov.co/files/investigaciones/boletines/grupos-etnicos/presentacion-grupos-etnicos-2019.pdf>.

DE ROUX, F. (2018): *La audacia de la paz imperfecta*. Bogotá: Editorial Planeta Colombia.

DNP (2011): *Plan de desarrollo 2010-2014. Prosperidad para todos.* Departamento Nacional de Planeación, <https://colaboracion.dnp.gov.co/CDT/PND/PND2010-2014%20Tomo%20I%20CD.pdf>.

DNP (2015): *Plan Nacional de Desarrollo 2014-2018. Todos por un nuevo país.* Departamento Nacional de Planeación, <https://colaboracion.dnp.gov.co/CDT/PND/PND%202014-2018%20 Tomo%20I%20internet.pdf>.

Gros, C. (1993): "Derechos indígenas y nueva Constitución en Colombia. (I. d. Colombia, Ed.)". *Análisis Político* (19): 8-24.

— (1996). "Indigenismo y etnicidad: el desafío neoliberal", en M. Uribe y E. Restrepo (eds.), *Antropología en la modernidad: identidades, etnicidades y movimientos sociales en Colombia.* Bogotá: Instituto Colombiano de Antropología, pp. 15-59.

Guzmán Urióstegui, J. (2010). "'De bárbaros y salvajes'. La guerra de castas de los mayas yucatecos según la prensa de la Ciudad de México. 1877-1880". *Estudios Cultura Maya*, 35: 111-129.

Honneth, A. (1997): *La lucha por el reconocimiento. Por una gramática de los conflictos morales.* Barcelona: Grijalbo.

— (2009): *Crítica del agravio moral. Patologías de la sociedad contemporánea.* Buenos Aires: Fondo de Cultura Económica de Argentina.

— (2011): *La sociedad del desprecio.* Madrid: Trotta.

Laurent, V. (1996): Población indígena y participación política en Colombia. *Análisis Político* (31): 31-81.

Lederach, J. P. (2016): *La imaginación moral. El arte y el alma de la construcción de la paz.* (B. P. Romero, Trad.) Bogotá: Semana Libros.

Ministerio de Cultura (2014): *Embera.* Lengua Nativas, <https://www.mincultura.gov.co/areas/poblaciones/APP-de-lenguas-nativas/Documents/Embera.pdf>.

Ministerio del Interior y Asociación de Cabildos Indígenas (2013): *Plan de salvaguarda pueblo Embera. Documento unificado planes regionales,* <https://siic.mininterior.gov.co/sites/default/files/pueblos_embera_chami_katio_dobida_eperara_siapidara_-_diagnostico_unificado.pdf>.

Modzlewski, H. (2017): *Emociones, educación y democracia: una proyección de la teoría de las emociones de Martha Nussbaum* (Vol. 1). (L. R. Medina, ed.) Ciudad de México: UNAM-Instituto de Investigaciones Filosóficas.

Nussbaum, M. (2005): *Upheavals of Thought: The intelligence of Emotions.* Cambridge: Cambridge University Press.

Organización Regional Indígena del Valle del Cauca (2012): *Plan de salvaguarda del puelo embera chamí-Valle*. Santiago de Cali: ORIVAC.

Pécaut, D. (2012): *Orden y violencia en Colombia 1930-1964*. Medellín: EAFIT.

— (2015): *La experiencia de la violencia: los desafios del relato y la memoria*. Medellín : La Carreta Editores.

Salazar T., N. (2018): "Manipulación mediática y tratamiento informativo de las movilizaciones sociales indígenas en Cauca y Huila". *Mediaciones*, 14(20): 3-47, doi:10.26620/uniminuto.mediaciones.

Spivak, G. C. (2003): ¿Puede hablar el subalterno? *Revista Colombiana de Antropología*, 39: 297-364.

Torrico Villanueva, E. (2004): "Comunicar la democracia: un aporte desde la academia". *Revista Latinoamericana de Ciencias de la Comunicación* (1).

Vasco Uribe, L. (2008): "Quintín Lame: resistencia y Liberación". *Tabula Rasa* (9): 371-383.

Andinofobia en *prime-time*: *La paisana Jacinta* y el linchamiento televisivo de las mujeres andinas en Perú

Andreu Viola Recasens
(Universitat de Barcelona/CINAF)

Cuando Terence Turner publicó su celebrado artículo "Defiant Images" (Turner, 1992), todavía podía sorprendernos ver a un indígena captando imágenes con una cámara de video para utilizarlas como arma política. Hoy, en cambio, la creación de medios y producciones audiovisuales por parte de activistas y colectivos indígenas es una realidad omnipresente en las Américas, y los ejemplos serían abundantes. ¿Debemos considerar que esta creciente actividad indígena en el ámbito audiovisual estaría contribuyendo a normalizar definitivamente la imagen social de los pueblos indígenas en América Latina? Mi respuesta —provisional— sería pesimista.

Aun cuando el valor de estas iniciativas indígenas sea incuestionable, no deberíamos olvidar que el impacto social de los medios alternativos continúa siendo marginal si lo comparamos con los medios hegemónicos: un medio alternativo puede tener una audiencia potencial de algunos miles de personas, mientras que un programa de máxima audiencia de un canal comercial de televisión puede acceder a millones de hogares; por lo tanto, a día de hoy, podemos considerar que la televisión continúa siendo "...el árbitro del acceso a la existencia social y política..." (Bourdieu, 1996: 21). Y, desde luego, dicho "árbitro" tiende a actuar con muy poca imparcialidad, puesto que la presencia indígena en el medio televisivo suele ser cuantitativamente anecdótica, cuando no invisible (en los contenidos informativos, en los invitados y entrevistados, en la ficción dramática o en los espacios publicitarios), mientras que desde el punto de vista cualitativo algunas de esas escasas apariciones más bien consisten en la reproducción de mensajes estereotipados y ofensivos sobre la población indígena y su identidad cultural.

La centralidad de la televisión en el imaginario social no se debe exclusivamente a sus audiencias masivas. Pierre Bourdieu, por ejemplo, atribuyó al medio televisivo aquello que él denominó el "efecto realidad" ("l'effet de réel"), consistente en una inusitada capacidad para "hacer ver y hacer creer aquello que hace ver" (Bourdieu, 1996: 20). Dicho de otro modo, el telespectador medio raramente se cuestiona la intencionalidad de un encuadre, la representatividad o autenticidad de las imágenes que contempla, o la relevancia del material visual de archivo seleccionado para documentar el discurso de la voz en *off* que acompaña a dicho material...

> Las letras son signos; las imágenes, en cambio, *son realidades*. Mientras el lector de un periódico es consciente de que el texto es un discurso, de que hay un mediador que lo ha elaborado seleccionando y elaborando sus signos, y de que, en consecuencia, está leyendo una opinión, el que contempla una imagen o las noticias de un informativo está convencido de que misteriosamente se le ha abierto una ventana a la realidad, que aparece ante sus ojos de una forma nítida y transparente. Aparentemente en la imagen televisiva no hay mediación ni discurso, porque no hay signos, sino realidades, aparentemente. Esta ilusión de verosimilitud incrementa, pues, la impresión de que la televisión es una tecnología neutra, transparente, que se limita a reproducir la realidad (Echazarreta Soler, 1996: 63).

El politólogo italiano Giovanni Sartori también ha coincidido en este punto, subrayando el desequilibrio abismal que se da en televisión (en comparación con otros medios, como la prensa escrita) entre la capacidad del público para desarrollar una opinión relativamente autónoma y la opinión heterodirigida (esto es, construida por el propio medio):

> Con la televisión, la autoridad es la visión en sí misma, es la autoridad de la imagen. No importa que la imagen pueda engañar aún más que las palabras (...). Lo esencial es que el ojo cree en lo que ve (...). Lo que se ve parece "real", lo que implica que parece verdadero (Sartori, 1998: 72).

Las minorías étnicas (ya se trate de inmigrantes extraeuropeos en Europa o de poblaciones indígenas en América Latina) suelen ser objeto de un tratamiento informativo muy desfavorable por parte de los medios de comunicación mayoritarios. Por ejemplo, la muy limitada visibilidad mediática de dichos grupos suele encuadrarse habitualmente en términos negativos, reforzando la percepción social de estos como problemáticos. Si en Europa el fenómeno suele consistir en un sobredimensionado énfasis en la relación entre inmigración y delincuencia, en América Latina y en Perú, los muy infrecuentes momentos de protagonismo televisivo de los pueblos indígenas suelen reducirse a las protestas violentas, tratadas con una perspectiva descontextualizada, más centrada en subrayar los actos violentos que las causas estructurales de las protestas, y este tipo de cobertura tiende a reforzar los prejuicios dominantes sobre los indígenas. Véase el ejemplo del "Baguazo" de junio de 2009: la movilización de las comunidades aguaruna y huambisa contra el expolio de los recursos naturales de la selva autorizado por el gobierno de Alan García implicaba una flagrante violación del Convenio 169 de la OIT, pero la cobertura informativa de los medios peruanos se centró en la violencia de las protestas y en presentar a los indígenas amazónicos de forma estereotipada, como salvajes primitivos opuestos al *progreso* y al *desarrollo* (Guzmán-Zamora y Rodrigo Alsina, 2019).

Tampoco suelen ser nada neutrales las categorías, las etiquetas o las metáforas empleadas por los informativos televisivos para describir a dichas minorías. Así, por ejemplo, tanto el *boom* de las migraciones de población rural andina hacia la costa en Perú desde los años ochenta como la creciente llegada a Europa de migrantes irregulares extracomunitarios a partir de los noventa han sido descritos recurrentemente en los titulares periodísticos con metáforas que las equiparaban con una agresión bélica ("invasión"), o con una catástrofe natural ("avalancha" en España, "desborde" en Perú). Evidentemente, dichas metáforas no son inocuas, influyen en la percepción de la audiencia y la predisponen a una actitud alarmista y hostil ante tales fenómenos.

Pero, además, los medios de comunicación de masas no solo discriminan a las minorías étnicas por lo que dicen de ellas y por cómo lo dicen, sino que también por lo que no dicen, como ha señalado Van Dijk:

Todavía más reveladores son los tópicos en los cuales la prensa *no* centra su atención. Los problemas *experimentados* por los grupos étnicos suelen ser ignorados: racismo, prejuicios y discriminación, el estatus de los inmigrantes, las condiciones de trabajo y empleo, educación, salud, la cultura y política de las minorías son prácticamente inexistentes en los medios de comunicación mayoritarios. Esto no es sorprendente si tenemos en cuenta que las minorías también son prácticamente inexistentes en dichos medios. Esto tampoco es sorprendente si observamos que las minorías raramente son usadas como fuentes creíbles de información, o que poquísimos periodistas pertenecen a esos grupos minoritarios... (Van Dijk, 1989: 220; mi traducción).

Pero esta capacidad de los medios audiovisuales (y de la televisión en particular) de construir realidades no se circunscribe exclusivamente a formatos como los documentales o los informativos, con su declarada pretensión de realismo, sino que también puede intervenir en formatos de ficción, como ha señalado Grau Rebollo, en su análisis del proceso de estereotipación y alterización de minorías étnicas y culturas no occidentales en los medios audiovisuales. Según este autor, la difusión mediática de imágenes distorsionadas de dichos colectivos puede llegar a convertirlas en un "modelo", perdiendo su carácter paródico hasta devenir una "transposición de la realidad" (Grau Rebollo, 2010: 6).

Sánchez Pérez, en su revisión de la programación de los dos canales de televisión abierta de mayor audiencia y cobertura en México (Televisa y Televisión Azteca), señala que dichos canales reflejan criterios "pigmentocráticos" en su praxis habitual, reproduciendo un discurso excluyente y legitimador de la desigualdad social y de la discriminación etno-racial:

> La televisión en México se ha encargado de establecer a generaciones de mexicanos, que los modelos de éxito, belleza, protagonismo y de reconocimiento social, por lo regular se encuentran personificados en todos aquellos personajes a los que la gran mayoría de la población mexicana no se le parece, por su fenotipo y rasgos esencialmente de origen europeo (Sánchez Pérez, 2012: 1504).

La ficción televisiva latinoamericana también invisibiliza a la población amerindia y afrodescendiente[1], no solo por el hecho de privilegiar

---

1. La discriminación televisiva de la población afroamericana en América Latina ha generado una abundante literatura, de la cual no nos ocuparemos en este texto por criterios de coherencia expositiva. Pero si afroamericanos y amerindios compar-

sistemáticamente tramas y ambientaciones focalizadas en torno a las élites y la clase media, sino que dichos productos audiovisuales suelen aplicar el mismo canon excluyente incluso cuando pretenden retratar contextos sociales o geográficos en los cuales la ausencia de personajes racializados resulta absolutamente inverosímil: véase, como ejemplo, la exitosa telenovela brasileña *Segundo Sol* (2018) de Globo TV, ambientada en el estado de Bahía (en el cual, según datos oficiales del Instituto Brasileño de Geografía y Estadística, el 80% de la población es negra o mulata), pero en la cual solo tres de los 27 actores del elenco eran afroamericanos (y ninguno de ellos interpretaba un papel protagonista, ni siquiera aparecía ninguno en el capítulo inicial)[2].

Precisamente, el ejemplo anteriormente referido de México y del canal Televisa ha puesto recientemente de relieve la escasa, cuando no nula, voluntad de inclusión (y de respeto) de la televisión comercial, no ya hacia la población indígena en un sentido genérico, sino también hacia las escasas personalidades de origen indígena que llegan a alcanzar relevancia mediática. El estreno del aclamado film *Roma* (2018), del cineasta mexicano Alfonso Cuarón, catapultó a la fama internacional a la actriz de etnia mixteca Yalitza Aparicio, cuya interpretación generó críticas entusiastas y la llevó a ser nominada a diversos premios cinematográficos. Si bien esta historia de éxito podía haber sido utilizada a priori por los medios hegemónicos del país para esgrimir la habitual retórica paternalista e integracionista sobre la igualdad de oportunidades y el carácter inclusivo de la sociedad mexicana, desde diversos programas de la cadena Televisa se lanzaron parodias groseras y ofensivas contra ella, incluyendo la *fake new* del supuesto robo por parte de la actriz de un objeto decorativo —un centro de mesa—

---

ten un tratamiento mediático discriminatorio, existen algunas notorias diferencias por lo que se refiere al contenido específico de dicho tratamiento, siendo el más remarcable de ellos, el contraste entre el estereotipo de la mulata hipersexualizada y la fealdad atribuida a la mujer andina, siendo un caso extremo, como veremos a continuación, el caso de Jacinta, presentada como un personaje físicamente repugnante. De hecho, en este punto también parece existir en Perú un contraste entre la percepción racista de la mujer quechua o aymara y la de la mujer amazónica, que según Motta (2011) también está asociada a una imagen hipersexualizada, si bien la autora precisa que tal representación estaría más vinculada a las mujeres mestizas que a las indígenas.

2. Véase *El Diario*, 20/05/2018, "Segundo Sol, una telenovela de blancos en el Estado más negro de Brasil".

durante un evento social (burlándose así de su origen humilde), y sobre todo, la grotesca imitación que de ella hizo otra actriz no indígena, caracterizada con maquillaje para oscurecer —exageradamente— su piel, y con rellenos postizos en pómulos y nariz para caricaturizar sus rasgos indígenas[3].

El racismo en Perú: una realidad ubicua

Tal como señaló Marisol de la Cadena (1998: 158), una de las consecuencias más incómodas que dejó en el Perú el desolador período de violencia política que vivió el país durante toda la década de los ochenta y parte de la de los noventa fue el fin del silencio impostado que se había construido tiempo atrás en torno a la cuestión racial. La ficción oficial instaurada por decreto por el régimen del general Velasco (1968-1975), según la cual en el Perú ya no había indios, sino "campesinos" (esto es, una clase social), y por lo tanto, ya no podía existir discriminación racial en el país, estalló con la difusión de la ingente documentación recopilada por la Comisión de la Verdad y la Reconciliación (Azevedo y Delacroix, 2017): la mayoría de los 70.000 muertos que dejó el conflicto eran quechua-hablantes residentes en zonas rurales de la sierra andina, y el horripilante contexto en el que se produjeron dichas muertes demostraba, con inapelable contundencia, que el racismo continuaba siendo un elemento estructural de la vida social y política del Perú.

Por una parte, los detalles atroces sobre las carnicerías cometidas en comunidades andinas tanto por las fuerzas armadas peruanas como por Sendero Luminoso, revelaban que ambas partes contendientes, tras la retórica patriótica de unos y la revolucionaria de los otros, parecían compartir un nulo respeto por la vida de la población quechua y aymara, como en una siniestra adaptación andina del concepto de *Homo Sacer* popularizado por el filósofo italiano Giorgio Agamben, en el sentido de vidas humanas que se pueden exterminar impunemente (Agamben, 2006). Pero, por otra parte, no resultaba menos espantosa la indiferencia con que la mayoría de la población de la capital

---

3.   Sobre este linchamiento mediático de la actriz Yalitza Aparicio, véanse Pech Salvador y Rizo García (2019), y también *Verne (El País)* 05/03/2018: "'Brownface': polémica por la caracterización de una cómica mexicana como Yalitza Aparicio".

había ignorado sistemáticamente durante años los horrores (masacres, torturas, violaciones, desapariciones) que se vivían cotidianamente en la sierra, ya fuera por su nula empatía con aquellas víctimas remotas y exóticas, o ya fuera por la odiosa racionalización del "algo debían haber hecho", que a la vez que extendía de forma totalmente injustificada un manto de sospecha sobre las víctimas y el conjunto de la población rural andina, también servía para dar un apoyo tácito a la política de tierra quemada y a las violaciones masivas de derechos humanos en la sierra[4].

Actualmente, la discusión sobre el carácter racista de la sociedad peruana ha dejado de estar confinada a ámbitos académicos muy especializados, y se ha convertido en un tema de debate social recurrente, ante la omnipresencia cotidiana de manifestaciones de discriminación étnico-racial, en ámbitos como los centros de salud, el transporte público (Huayhua, 2014), la escuela (Mesía, 2017)[5], el acceso a determinados espacios públicos (incluyendo algunas playas limeñas) o de ocio, el periodismo[6], o incluso en las redes sociales (Bráñez Medina, 2017; Back, 2017). Que la discriminación racial en el Perú contemporáneo no es un fenómeno aislado o residual, sino un rasgo estructural del funcio-

---

4. Esta es una de las principales conclusiones del excelente documental *State of Fear* (2005) de la realizadora Pamela Yates sobre la violencia política en el Perú y el trabajo de la Comisión de la Verdad y Reconciliación.

5. En Perú el fenómeno del *bullying* o acoso escolar ha alcanzado una dimensión alarmante estos últimos años, hasta el punto de que algunas encuestas oficiales apuntan a que en torno a la mitad de los alumnos de escuelas públicas lo sufren. Por supuesto, existen otras motivaciones para este acoso (homofobia, por ejemplo), pero la hostilidad y humillación hacia los escolares de origen/fenotipo andino es una de las más frecuentes. Pero no es esta la única manifestación de racismo detectada en las escuelas peruanas: Zárate Pérez (2011) ha analizado el contenido de los libros de texto peruanos de ciencias sociales referido a la población indígena, y documenta que en dichos textos escolares se suele presentar una imagen denigrante de la cultura andina, a la vez que se describe en términos abiertamente racistas la llegada de inmigrantes andinos a la capital (Zárate Pérez, 2011: 365).

6. Veamos un ejemplo llamativo: uno de los principales periódicos del país (*La República*, 24/VII/2010) eligió como titular de portada para descalificar al ex presidente Alejandro Toledo la expresión "Le salió el indio", en referencia a las duras críticas que dicho ex mandatario había formulado contra el gobierno de Alan García. Es importante recordar que si bien Alejandro Toledo nació en una zona rural andina quechua-hablante (Áncash), desde los cuatro años vivió en la costa, no habla quechua (a diferencia de su esposa, la antropóloga belga Eliane Karp), y nunca se ha identificado pública o políticamente como indígena. Pero en el imaginario racista peruano, el estigma del origen (biológico y geográfico) indio no desaparece jamás.

namiento de la sociedad peruana lo corrobora la muy evidente correlación entre la etnicidad y variables como la desigualdad en el ingreso, en la escolarización o en el acceso a servicios básicos (Ñopo *et al.*, 2004)[7].

En los Andes Centrales (en este texto me centraré en los casos de Perú y Bolivia) el discurso y la praxis racista tienen rasgos singulares, encuadrables dentro de lo que denominaré como andinofobia, entendiendo por tal, el conjunto de enunciados, imágenes y prácticas que denigran y estigmatizan a la población quechua-aymara y chola[8]. Por una parte, esta andinofobia comparte con el discurso racista presente en las otras sociedades latinoamericanas la descalificación de las culturas indígenas como formas de vida inherentemente primitivas, atrasadas, irracionales, opuestas al *progreso* e incompatibles con la *modernidad*. Pero al mismo tiempo, la andinofobia presenta algunos ideologemas específicos y distintivos, de entre los cuales destacaría la estigmatización del territorio andino (presentado como un elemento inseparable y determinante de la idiosincrasia de la población quechua y aymara), y también un mayor énfasis biológico en la racialización

---

7.   Sobre el racismo en el Perú contemporáneo, véanse, entre otros, Doré y Matta (2011); Doré y Sandoval (2008): Drinot (2014); Escobedo (2016); Golash-Boza (2010); Huayhua (2014); Zavala y Black (2017), y especialmente De la Cadena (1997) para una visión diacrónica a lo largo del siglo xx, y Santos (2014) para un balance general.

8.   Entre las categorías étnicas utilizadas en los países andinos, la de "cholo" o "chola" es una de las más complejas, por su ambigüedad. De hecho, ni siquiera hay consenso sobre el origen histórico de dicho término (se han propuesto diversas etimologías, incluyendo algunas realmente disparatadas). Esta categoría se suele aplicar a personas de origen quechua o aymara residentes en la ciudad, que han desarrollado una identidad social diferenciada de la de los campesinos indígenas, pero que al mismo tiempo siguen siendo despreciadas por la población mestizo-criolla. Mientras que los hombres cholos no suelen utilizar ningún tipo de indumentaria distintiva (y son identificados como tales sobre todo por su habla motosa o por tener un apellido inequívocamente quechua o aymara), las cholas son más fácilmente identificables por su vestimenta, que si bien suele constar de las mismas prendas que la de las indígenas rurales (sombrero, pollera...), en cambio se puede diferenciar notablemente de la de las campesinas por una calidad de tejido y confección (y un precio) muy superiores a las de las mujeres del campo, reflejando el poder económico que dichas mujeres pueden llegar a adquirir gracias a su actividad comercial. Pero, aunque algunas cholas comerciantes pueden llegar a alcanzar un elevado poder adquisitivo (en Bolivia se habla desde hace años de una emergente "burguesía chola"), los prejuicios de buena parte de la población criolla hacia estas "mujeres de pollera" siguen siendo tan virulentos como siempre. Véase Doré y Sandoval (2008) para el caso peruano.

de la población indígena, basado en la supuesta alteridad fisiológica y genética predeterminada durante milenios por la vida en ambientes inhóspitos como los de la puna andina.

Por una parte, el adjetivo "serrano" adquiere en la costa peruana unas connotaciones semánticas excepcionales dentro del universo hispanohablante, connotaciones que en el Oriente boliviano son recogidas por sucedáneos locales, como "colla" o "altoperuano" [9]. "Serrano", en Lima es mucho más que un gentilicio, es un sinónimo de calificativos como primitivo, andrajoso, analfabeto, sucio, ignorante, atrasado, supersticioso o feo.

Victor Vich ha analizado el significado de la sierra peruana en tanto que "realidad discursiva", identificando los diversos imaginarios discursivos que se invocan al hablar de ella desde la retórica andinófoba de las élites limeñas, consistiendo los dos principales en aquel que percibe la sierra como un espacio atemporal, atávico, impermeable a toda influencia de la *modernidad*, y el que la describe como una realidad "degradada y abyecta", una "realidad vacía donde no hay ningún conocimiento relevante", y cualquier tipo de conocimiento o avance debe ser aportado necesariamente desde la muy civilizada Lima (Vich, 2010: 158-160).

Es importante subrayar que, contrariamente a lo que podría suponerse a priori, esta representación ideologizada de la sierra andina no tiene un origen colonial, sino que es una elaboración de las élites

---

9. El concepto de colla (o kolla) puede tener diversos significados. Originalmente, designaba a uno de los principales grupos étnicos aymara-parlantes del altiplano boliviano, pero la dominación inca, al designar como Kollasuyu al cuadrante meridional del Tawantinsuyu, contribuyó a extender la denominación a todos los aymaras. En el Noroeste argentino, sin embargo, ha servido históricamente para designar a la población quechua-hablante, mientras que, en el Oriente boliviano, desde el siglo xx se utiliza con una clara connotación ofensiva para denigrar a toda la población originaria de las tierras altas occidentales del país. Por su parte, la denominación administrativa Alto Perú designaba en el periodo tardo-colonial (finales del siglo xviii y primeras décadas del xix) a la mayor parte del actual territorio boliviano. Pero el uso sarcástico y excluyente de este concepto por parte de los cruceños en la actualidad no tiene ninguna base histórica, puesto que la provincia colonial de Santa Cruz de la Sierra también estaba incluida en dicha denominación. En realidad, su uso actual para designar peyorativamente a la población de la sierra boliviana más bien parece reflejar una estrategia discursiva para exotizar a los collas, subrayando su supuesta extranjería y el hecho de vivir en (o proceder de) las estigmatizadas tierras altas.

criollas de la capital a partir de la Independencia, enmarcada dentro de la percepción alienada de dichas élites, obsesionadas con identificar Lima como un baluarte de civilización occidental (moderna y cosmopolita) frente a los bárbaros de las montañas y los salvajes de la selva (Méndez, 2011).

Sin duda, uno de los máximos exponentes (y de los principales divulgadores) de esta representación andinófoba de la sierra andina es el escritor Mario Vargas Llosa, quien, tanto en su obra literaria (Piñeyro, 2014), como en sus ensayos y artículos periodísticos, y muy especialmente, en su controvertido informe oficial sobre la masacre de Uchuraccay (López Maguiña, 2003), ha recreado la imagen de ese "Perú antiguo y arcaico", aislado del mundo civilizado, bárbaro, oscurantista, violento, remoto, incomprensible e inmutable. Según esta perspectiva, la psique y el estilo de vida de quechuas y aymaras habrían sido moldeados durante milenios por el imponente paisaje andino (generalmente identificado con la puna —en detrimento de paisajes aparentemente más acogedores, como los de los valles interandinos o los Yungas cálidos—), descrito como lúgubre, monótono e inhóspito, dando lugar a seres apáticos, carentes de individualidad e iniciativa, y predispuestos a una vida gregaria y vegetativa, como la de un rebaño de camélidos.

Por otra parte, esta esencialización del vínculo entre las poblaciones andinas y su territorio también está estrechamente asociada con otro de los rasgos definitorios de la andinofobia: la alterización biológica (racialización) de los indígenas andinos. En los Andes Centrales, la percepción social (criolla) de la población indígena (altoandina) ha tenido históricamente, y sigue teniendo hoy en día, un énfasis más pronunciado en la diferencia biológica del que podríamos encontrar en cualquier otra región del continente, siendo la base de esta percepción el determinismo geográfico: según esta visión, el inclemente e inhóspito ambiente de la puna (la combinación de atmósfera hipóxica, paisaje híper-árido, sol abrasador, heladas glaciales y vientos extremos) también habría moldeado durante milenios la fisiología del hombre andino, convirtiéndole en un ser esencialmente diferente desde el punto de vista biológico.

Esta visión no se nutrió únicamente de descripciones literarias, ya que la medicina desempeñó un papel muy importante en su configuración. En este sentido, sería obligado referirnos a la influencia determinante del fundador de la llamada biología andina, es decir, del estudio científico de la adaptación a la altitud, durante la primera mitad del siglo xx, Carlos Monge (1884-1970), eminente médico peruano, quien también fuera rector de la Universidad de San Marcos y presidente de la Academia Nacional de Medicina. Monge desarrolló una interpretación absolutamente determinista de la influencia del medio ambiente andino sobre la biología de la población autóctona, que le llevó a reificar las particularidades fisiológicas de las poblaciones quechuas y aymaras hasta convertirlas en un verdadero *Homo Andinus* ("el Hombre Andino", en su propia denominación), convertido en una raza excepcional y diferenciada del resto de los humanos: "...un tipo étnico con características morfo y biológicas distintas de las demás razas que pueblan la Tierra..." (Monge, 1945: 310). "El andino es un ser fisiológica y químicamente diferente del hombre de nivel del mar" (Monge, 1946: 313).

Paradójicamente, Monge simpatizaba con las ideas del indigenismo peruano y criticó abiertamente determinados argumentos racistas sobre la población andina, pero al mismo tiempo, nunca fue consciente de las implicaciones subyacentes en su visión esencialista de la biología de la población indígena[10].

También la introducción de la fotografía como herramienta de la antropología física (y de la criminología, gracias a la influencia de las ideas de Lombroso) en la región a principios del siglo xx, empleada como recurso para documentar la alteridad, la diferencia y la anormalidad (Zamorano, 2011: 451), contribuyó a reforzar esta racialización de los cuerpos y rostros andinos.

El caso de *La paisana Jacinta*

Durante los últimos 20 años, en los programas televisivos de humor en Perú ha adquirido una creciente presencia el subgénero al que algunos

---

10. El determinismo ambiental de Monge ha sido refutado por los notables avances de la antropología biológica de los últimos treinta años. La comparación sistemática entre los mecanismos de adaptación metabólica a la hipoxia de poblaciones andinas y del Himalaya, por ejemplo, ha documentado que unas condiciones ambientales casi idénticas han generado respuestas adaptativas no ya diferentes, sino incluso contradictorias como, por ejemplo, el contraste entre el nivel anormalmente alto de hematocrito en un caso, y anormalmente bajo en el otro.

denominan, eufemísticamente, como "humor étnico", es decir, humor racista basado en la explotación humorística de estereotipos raciales referidos a las poblaciones racializadas del país. Dentro de este subgénero nos centraremos en un caso que consideramos particularmente relevante, tanto por la extraordinaria popularidad y visibilidad social del programa, como por la extrema crueldad de sus parodias[11].

La paisana Jacinta, creada por el humorista Jorge Benavides, se emitió por el canal peruano Frecuencia Latina intermitentemente entre 1999 y 2016, con un notable éxito de audiencia, que alimentó la creación de nuevos productos basados en el personaje, como una miniserie, espectáculos ambulantes (incluyendo un circo), un largometraje (2017) y frecuentes apariciones en otros programas televisivos. El personaje de Jacinta, que según declarara su creador, surgió a partir de un incidente que vivió en la calle con una mendiga quechua, es presentado como una mujer quechua-hablante originaria de Puno, con su característica indumentaria étnica (trenzas, pollera, *lliqlla* y sombrero), desplazada a Lima, como tantos otros millones de migrantes de origen provinciano, para tratar de escapar de la miseria.

En realidad, Jacinta no era la primera chola caricaturizada en la televisión peruana (la Chola Eduviges a principios de los años setenta sería el primer precedente, seguida por la Chola Órsola —deformación motosa de Úrsula— en los ochenta, y por la Chola Chabuca en los noventa), pero es innegable que ha superado ampliamente en popularidad a sus predecesoras, hasta convertirse en un verdadero fenómeno sociológico. Pero vista en perspectiva histórica, parece evidente que Jacinta ofrece la peor versión de entre todas ellas de la mujer andina, dato este que podría ser considerado como un posible exponente del recrudecimiento del racismo en Perú durante las últimas décadas: tanto desde el punto de vista del aspecto físico (el rostro y la indu-

---

11. *La paisana* no es un caso excepcional, otros programas peruanos de humor han sido acusados de racistas, como por ejemplo, *Recargados de risa*. Si bien en Perú el humor racista también suele ridiculizar a los afroperuanos, en este trabajo nos centraremos en la población andina. En Bolivia podría encontrarse un fenómeno equivalente en el caso de algunos humoristas cruceños especializados en parodiar collas andinos, como, por ejemplo, el programa *Los mismos* de los humoristas Pablo Fernández y Sebastián Moreno, quienes han desarrollado diversos personajes (*los tinkus, los talibanes indígenas, las cholas*) a través de los cuales ridiculizan a la población andina, su cultura y sus creencias. Véase Swinehart (2012) para una revisión de este humor racista cruceño.

mentaria de la Chola Chabuca, por ejemplo, pese a ser interpretada por otro hombre, parecen incluso glamurosos frente al desagradable aspecto de Jacinta), como de la vertiente psicológica (es evidente que Jacinta las supera a todas en estulticia), la paisana no es más que un compendio de defectos hipertrofiados.

El programa ha sido acusado de racista por organizaciones campesinas y la ONG Chirapaq, denuncia avalada públicamente por el Comité de la ONU contra la Discriminación Racial (CERD). A finales de 2018 un tribunal del Cuzco decidió prohibir la emisión de dicho programa por su carácter ofensivo, aunque esta sentencia fue recurrida inmediatamente y en este momento se presenta incierto el resultado final de este litigio. Como era previsible, Benavides, su creador, siempre ha negado cualquier intencionalidad racista, aunque, como veremos a continuación, sus alegatos no parecen muy convincentes.

Sobre el papel, se podrían definir tres planteamientos diferenciados a la hora de caracterizar un personaje cómico adscrito a un colectivo estigmatizado socialmente. El primero, el más audaz y responsable de los tres, consistiría en tratar de subvertir el estereotipo, dotando al personaje de unos rasgos antagónicos a los que la audiencia esperaría de un miembro de dicho colectivo[12]. El segundo consistiría en humanizar al personaje, equilibrando los rasgos negativos del estereotipo colectivo con características positivas de su idiosincrasia personal[13]. Y, por último, la tercera aproximación (la más fácil desde el punto de vista creativo, pero también la más irresponsable socialmente), se limitaría a subrayar y caricaturizar todos aquellos estereotipos nega-

---

12. Un ejemplo muy interesante sería el del *webzine* humorístico *El panfleto*, gestionado por estudiantes de ciencias sociales de la Universidad de San Marcos (Lima), que cuenta actualmente con 200.000 seguidores en Facebook. Dicho colectivo utiliza el humor para denunciar el racismo en el Perú, subvirtiendo los estereotipos sobre los cholos —no por casualidad, buena parte de sus integrantes son de origen provinciano— (Bertarelli Valcárcel, 2017).

13. En este sentido, resulta muy indicativo el contraste entre la caracterización de Jacinta y el llamado cine de catetos que floreció durante el *boom* modernizador de la España tardo-franquista (1966-1975), cuyo máximo exponente serían las comedias protagonizadas por el actor Paco Martínez Soria. Su personaje habitual era un campesino de provincias desplazado a la capital y que constantemente experimentaba un choque cultural ante los cambios sociales y tecnológicos que se vivían en las ciudades españolas por aquellos años, pero a diferencia del personaje de Jacinta, su carácter inocente y bonachón superaba con creces su rudeza e ignorancia, convirtiéndole en un personaje entrañable para la audiencia.

tivos que la audiencia atribuye al colectivo encarnado por el personaje, sin ninguna voluntad de relativizarlos: esta parece ser la estrategia adoptada por el humorista Benavides a la hora de caracterizar a la paisana.

De entrada, es evidente que Jacinta, además de encarnar en grado superlativo todos y cada uno de los estereotipos negativos atribuidos a la población andina, es también un personaje carente de virtudes: grosera, borracha, mentirosa y muy violenta. Por otra parte, el hecho de que el personaje de Jacinta, mujer indígena, sea representado por un hombre no indígena, además de amplificar el carácter grotesco de la parodia, también contribuye a envenenar radicalmente su significado[14]. El paralelismo con los *minstrels* estadounidenses del siglo XIX (actores blancos pintados de negro que parodiaban el supuesto comportamiento y el habla de los afroamericanos ante un público blanco) es muy evidente, y no deberíamos olvidar que, según Robert Toll (1974: 71), la función social de dichas representaciones consistía en presentar a los negros como indolentes e irracionales, legitimando su segregación, argumento que, como veremos, sería fácilmente aplicable en la actualidad a la paisana Jacinta.

Pero la razón fundamental que explicaría la oleada de indignación que este programa ha levantado sería la inusitada crueldad con que es tratado el personaje de Jacinta, sometida en prácticamente todos los episodios a situaciones vejatorias, agresiones verbales (habitualmente es comparada con animales por los otros personajes —todos ellos no indígenas— que aparecen en los gags[15]) o incluso físicas, y frecuentemente se la conmina a abandonar la ciudad y volver a la puna. Y lo peor de todo es que estas situaciones de maltrato suelen ser subrayadas con recursos de post-producción (sonidos, risas pregrabadas) para provocar la hilaridad de los espectadores. De esta manera, cada entrega del programa tiende a convertirse invariablemente en un linchamiento simbólico y moral del personaje de Jacinta, pero también

---

14. Resulta llamativo que la mayoría de los escasos personajes cómicos de cholas en la televisión peruana hayan sido interpretados por hombres, ya que este es también el caso de la Chola Eduviges o de la Chola Chabuca.

15. Por poner un ejemplo entre muchos posibles, en un *sketch* Jacinta entra en la oficina de una línea aérea, y lo primero que hace la empleada, suponiendo que tiene la intención de comprar un pasaje de avión, es recordarle que la legislación vigente prohíbe el transporte aéreo de animales de más de 50 quilos de peso.

del colectivo al cual esta encarna, un linchamiento con el cual se busca deliberadamente la complicidad de la audiencia.

La inconcebible falta de empatía de los creadores de Jacinta con su personaje queda reflejada en el hecho de que uno de sus rasgos más recurrentes, que es presentado como elemento jocoso, consiste en su condición de mujer hambrienta, que la lleva a conductas supuestamente divertidas, como tener que buscar alimentos entre la basura o incluso comer césped, literalmente, en un episodio. Probablemente gags tan irresponsables como estos, aun dejando de lado todas las connotaciones racistas del programa, ya deberían haber merecido algún tipo de intervención de oficio por parte de las autoridades peruanas, en un país en el cual, según una estimación reciente de la FAO (noviembre de 2019), 3.100.000 peruanos (aproximadamente el 10% de la población nacional, y con una preocupante tendencia al alza) están en una situación de subalimentación crónica[16].

Precisamente, el tema de la representatividad de Jacinta ocupa un papel central en la discusión sobre las implicaciones éticas y políticas del programa. Si bien Benavides ha negado reiteradamente que Jacinta pretenda simbolizar al colectivo de los migrantes andinos, es importante tener en cuenta que en los centenares de episodios del programa emitidos a lo largo de su historia nunca aparecen otros personajes de origen andino, lo que ha contribuido a que la audiencia identificara a Jacinta como una encarnación del colectivo de migrantes serranos en la ciudad (Dettleff, 2015), y el propio personaje habla en ocasiones en nombre de todo el colectivo ("Así somos las serranas, pues!"). El periodista Alfredo Vanini (2014), por ejemplo, tampoco comparte las excusas de Benavides:

> Pero es acá que surge un elemento clave: Jacinta no es real como "paisana" (casi ya ni siquiera lo es como persona), pero sí verosímil. Esta verosimilitud está dada por (...) la superficialidad del personaje. Lo que en literatura sería un fallo (pues precisa profundizar), en televisión es un acierto: Jacinta viste y habla como una mujer andina: ergo, lo es. Por otro lado, sus coprotagonistas (...) la llaman paisana y nosotros, los televidentes, entramos en la convención. Volviendo entonces al argumento inicial: Jacinta es un personaje ficticio, es verdad. Jacinta no ofende a la mujer andina (...):

---

16. Véase *La República*, 13/XI/2019, "Hambre en Perú: 3 millones 100 mil peruanos lo sufren, según la FAO".

probablemente también sea verdad. Pero, al ser verosímil Jacinta como "paisana", el argumento de defensa se vuelve falaz: aunque no ofende a la mujer andina, sí denigra la imagen que los capitalinos (...) nos vamos haciendo de la mujer andina, construyendo en nuestra subjetividad, a partir de lo que su mera superficie nos muestra, una ideología acerca de lo andino, de lo "paisano": lo feo, lo ignorante, lo sucio, lo desprolijo, lo idiota, lo violento y lo procaz. Es esta ideología, formada desde nuestra subjetividad mediante la percepción de lo verosímil, lo que alimenta y refuerza el prejuicio racista (Vanini, 2014).

Como respuesta a las acusaciones de racismo, Benavides introdujo en la última etapa del programa algunos mensajes aislados en los que Jacinta, mirando a la cámara, hacía un breve alegato contra la discriminación (contra el *bullying*, por ejemplo). Pero, tal como ha señalado Dettleff (2015), dichos alegatos no resultaban creíbles, estando incrustados en una sucesión de gags en los que Jacinta era humillada y maltratada para regocijo de la audiencia: según este autor, los guionistas del programa tenían tan interiorizado el discurso racista que ya ni lo reconocían como tal.

Benavides ha esgrimido en diversas entrevistas el argumento de que su personaje también goza de una notable popularidad entre la población de origen serrano, lo que, en su opinión, invalidaría la acusación de racismo. Pero, para empezar, una parte significativa del colectivo retratado en su parodia (el campesinado andino) continúa teniendo un escasísimo acceso a la televisión, y el hecho de que organizaciones campesinas del Cuzco y de Puno hayan llevado su programa a los tribunales no parece confirmar el argumento de Benavides. Y por lo que se refiere a la población chola de las ciudades, su hipotética aceptación no descartaría en absoluto la acusación de racismo, puesto que la extensa literatura sobre humor racista constata la frecuencia con la que espectadores pertenecientes al colectivo ridiculizado tienden a reinterpretar los gags como si estos se refirieran específicamente a un subgrupo concreto al cual ellos no pertenecen (Davies, 1990: 7): es decir, como mecanismo psicológico de defensa, puede darse el caso de espectadores cholos que se burlen de la estupidez de Jacinta identificándola exclusivamente con la gente de Puno (región de la que supuestamente proviene Jacinta), por ejemplo, o con los inmigrantes recién llegados del campo (por contraste con los cholos más adaptados a la vida urbana).

Un elemento adicional puede contribuir a demostrar que *La paisana* no era un mero programa de entretenimiento, inofensivo socialmente. A medida que el clamor de protestas contra el contenido andinófobo del programa iba en aumento, fue emergiendo una reacción visceral de rechazo contra sus detractores por parte del sector más incondicional de su audiencia, y dicha reacción incluyó un verdadero linchamiento social y mediático de algunas de las figuras más visibles que habían liderado el movimiento para tratar de frenar su emisión, siendo el caso más evidente el de la diputada Hilaria Supa. Supa era una dirigente campesina quechua del Cuzco, que entre 2011 y 2016 fue diputada en el Congreso peruano, siendo la primera congresista que juró su cargo en quechua, y vistiendo siempre de pollera (con la indumentaria tradicional de su región), y participó de forma destacada en la campaña "#Yo no soy Jacinta", puesta en marcha para denunciar el contenido racista del programa y defender la imagen pública de las mujeres andinas[17].

Acto público de protesta de la plataforma *#Yo no soy Jacinta*.
La entonces diputada Hilaria Supa es la primera por la derecha.

17. La desfachatez del humorista queda reflejada en el hecho de que se atreviera a responder en antena, a través del personaje de Jacinta, de forma desafiante y ofensiva —llamándolas cojudas (estúpidas)— a las portavoces de la campaña en 2017.

El protagonismo de Supa motivó que las redes sociales del país se vieran desbordadas en 2014 de mensajes racistas contra ella, en los que se la calificaba de "chola de mierda", "serrana de mierda" o de "india acomplejada", y se la invitaba en términos nada cordiales a abandonar el Congreso y la capital y "volver a su puna", mientras que también circulaban memes que trataban de subrayar su parecido físico con Jacinta. Pero en última instancia, esos tuits, de hecho, no hacían nada más que reproducir fielmente los mensajes que el personaje de Jacinta recibía en cualquier episodio de su programa, evidenciando de forma nítida la retroalimentación existente entre el contenido andinófobo de los gags y las actitudes discriminatorias y racistas de parte de la sociedad peruana.

En los siguientes apartados revisaremos de forma más detallada algunos de los principales atributos de dicho personaje, a la vez que trataremos de contextualizarlos social e históricamente en el marco de la andinofobia.

La construcción social de la fealdad (femenina) en los Andes

En el orden corporal dominante en los países andinos, los rasgos fenotípicos indígenas son presentados como el epítome de la fealdad y estigmatizados socialmente. Como consecuencia, el fenotipo andino es vetado en cualquier ámbito social o profesional que requiera de "buena presencia" (desde presentadoras de televisión o azafatas de avión hasta simples recepcionistas), que en Perú suele identificarse con una piel lo más clara posible y, por supuesto, carente de rasgos anatemizados como la nariz aguileña, habitualmente utilizada como símbolo por antonomasia de la supuesta fealdad indígena. Es importante retener que este prejuicio, además de ridiculizar a una significativa proporción de la población nacional, inspira prácticas discriminatorias en el mercado laboral (Galarza y Yamada, 2012) y produce graves problemas de aceptación de su imagen corporal en miles de personas de ascendencia andina, como lo demuestra el *boom* de las rinoplastias en Perú durante la última década, orientadas a *rectificar* (sic) el perfil de la nariz para tratar de escapar del estigma social. En el caso de Jacinta, es evidente que su creador se ceba en este rasgo, subrayando de forma hiperbólica la fealdad de su personaje al presentarlo con un aspecto muy desaliñado, con una nariz postiza, con la ausencia de dientes incisivos (simulada con maquillaje), haciendo continuamente muecas grotescas y moviéndose de forma casi simiesca.

El personaje de la paisana Jacinta, en una de sus muecas características.

José María Valcuende y Piedad Vásquez, en su análisis de los concursos de belleza en Cuenca (Ecuador), definen así el concepto de orden corporal:

> Por orden corporal entendemos la clasificación (política), la visualización (estética) y la valoración (moral) de los cuerpos en un sistema social determinado, en función del género, la clase social y la raza. El orden corporal es político, en cuanto que legitima la corporización de posiciones jerarquizadas en el entramado social, estético, ya que "la belleza" es definida en un sistema de relaciones/representaciones/percepciones que convierten "lo blanco" en deseable (...). El orden corporal no solo sitúa a los individuos en el ámbito de lo social, también define los campos de actuación a partir de los cuales los cuerpos pueden o no visibilizarse siguiendo estrategias de dominación y resistencia (Valcuende y Vásquez, 2015: 308).

El carácter aberrante y alienado de dicho orden corporal queda
de manifiesto si tenemos en cuenta que el ideal de belleza femenina
implícito en el canon socio-estético de las élites peruanas (y de otros
países) es el de una mujer caucásica, rubia, de tez muy pálida y ojos
claros, un ideal que excluye a la inmensa mayoría de las mujeres del
país (incluyendo a la mayor parte de las que se definirían como blancas). Un ejemplo chocante de este código excluyente de belleza saltó a
la palestra en diciembre de 2014, cuando la filial peruana de la cadena
de tiendas de juguetes Saga Falabella presentó el catálogo para la campaña navideña de aquel año. La fotografía elegida para la portada pre-
sentaba a cuatro niñas de aspecto nórdico (rubias, de tez muy blanca
y ojos azules), fenotipo que probablemente excluiría de facto al 99%
de las niñas peruanas: el revuelo mediático suscitado por las críticas
que generó dicha fotografía obligó finalmente a la cadena a retirar de
la circulación el controvertido catálogo.

Fotografía de la portada
del catálogo navideño
de 2014 de la filial peruana
de la cadena Falabella.

Pero resulta muy revelador constatar hasta qué punto esta "biopolítica de la fealdad" (Jarrin, 2017) ha llegado a moldear también la
subjetividad de la población andina. Por citar un par de ejemplos etnográficos sobre los aymaras bolivianos (que desde Perú suelen ser vistos como el arquetipo de la etnicidad orgullosa y militante), Andrew
Canessa documenta la indiscutible predilección local por las muñecas Barbie —y su inaccesible belleza— en Pocobaya (Canessa, 2008:
78-79), mientras que Tathagatan Ravindra por su parte, una década

más tarde (esto es, tras doce años de gobierno de Evo Morales), en su trabajo de campo en El Alto (en el núcleo sociológico del evismo), constata repetidamente cómo incluso mujeres politizadas y militantes de organizaciones indígenas reconocen con la mayor naturalidad la superior belleza de las mujeres rubias y de piel blanca (Ravindran, 2019: 11).

La intersección de las variables de género y etnia en los Andes presenta connotaciones específicas. Por una parte, como se ha señalado repetidamente, las mujeres continúan siendo percibidas como más indias que los hombres (Canessa, 2008), en base a su mayor fidelidad a los idiomas nativos y a la indumentaria étnica; y por otra parte, la condición femenina en los Andes está atravesada por una fisura interétnica, la que separa de una parte a las denominadas "mujeres de pollera" (Marchand, 2009) —es decir, indias y cholas—, de las que antaño se autodenominaban "gente decente" (es decir, no indígenas). En la práctica, esta división simbolizada por la indumentaria, actúa como una división moral: "La mujer blanca es bella y el acceso a ella es símbolo de poder, la 'mujer morena' es fea y disponible y el acceso a ella es irrestricto" (María Galindo, citada por Ibáñez, 2017: 78).

En base a esta distinción de origen colonial, el cuerpo de las mujeres indias ha sido tratado históricamente como una forma de *res nullius*, es decir, como un recurso de libre acceso para los hombres criollos y mestizos: "El derecho de copular con indias se adquiere sobre la base de la ciudadanía criolla, que puede llegar a ser un deber cívico. Inversamente, las indias son sexualmente accesibles en razón de su falta de plena ciudadanía en la nación" (Canessa, 2008: 72).

En las haciendas andinas, antes de las reformas agrarias de Bolivia (1953) y Perú (1969), el abuso sexual era una prerrogativa poco menos que institucionalizada. Uno de los textos fundacionales del indigenismo peruano, *Nuestros indios* (1908), de Manuel González Prada, ya denunciaba esta situación, presentándola como una de las lacras inherentes del gamonalismo: "Quien no respeta vidas ni propiedades realizaría un milagro si guardara miramientos a la honra de las mujeres: toda india, soltera o casada, puede servir de blanco a los deseos brutales del señor" (González Prada, 1908: 14).

Mientras realizaban el servicio de *mitani* en las casas de hacienda, las jóvenes indias estaban permanentemente expuestas al abuso sexual por parte de sus patronos, y esta terrible realidad no solo era un secreto a voces, sino que incluso gozaba de cierto reconocimiento social, hasta el punto de llegar a generar todo un folklore abyecto, en el que se naturalizaban dichas violaciones amparadas por la abismal diferencia de estatus social y jurídico entre el agresor y su víctima. En su evocación nostálgica de la vida en las haciendas cochabambinas antes de la Revolución de 1952, la novela *Borrasca en el valle* (1960) de Humberto Guzmán Arze, nos describe poéticamente este tipo de actos como una consecuencia poco menos que *inevitable* del clima y paisaje de los valles interandinos:

> Esta atmósfera con estrépito de aromas, saturada de los jugos subterráneos, del rumoroso regocijo de las acequias que remojan los rastrojales, suele perturbar el adormecimiento de los nervios. He aquí por qué se explica que los dueños de la gleba del valle dejen la simiente de su raza en el seno de las indias, donde germinan las permanentes mestizaciones al influjo de la pulsión cósmica de la tierra (Guzmán Arze, 1960: 30).

Pero el desmantelamiento de las haciendas andinas no significó el fin de los abusos sexuales sobre las jóvenes indígenas, que han sido una práctica frecuentemente asociada con el servicio doméstico en las ciudades (Radcliffe, 1990), y en el caso de Perú, además, la violencia política contribuyó a extender gravemente las agresiones sexuales. Según la Comisión de la Verdad y la Reconciliación, la gran mayoría de las mujeres violadas durante los años del conflicto armado tenía menos de treinta años, poca o ninguna educación formal, hablaba una lengua indígena como lengua materna y vivía en áreas rurales, especialmente en el departamento de Ayacucho (Boesten, 2010: 75). Dicho perfil étnico, en el contexto peruano, es un dato crucial para entender tanto la magnitud que llegó a alcanzar la violencia sexual (acompañada en ocasiones de tortura sexual), especialmente la ejercida por miembros de las fuerzas armadas, como también la absoluta impunidad que protegió y enterró dichos actos criminales:

> La discriminación étnica formó parte de la jerarquización de mujeres violadas, como sugiere el lenguaje usado por los soldados. En sus testimonios, los soldados hablan de "chicas blancas" que eran "guapas", "indias" y "cholas" que estaban "disponibles" para ser violadas por todos, y mujeres mestizas educadas que eran reservadas para los "capitanes" (Henríquez y Mantilla, citadas por Boesten, 2010: 77).

Evidentemente, toda esta violencia sexual hacia las mujeres andinas no contradice en absoluto el omnipresente prejuicio sobre su supuesta fealdad, puesto que no constituye una expresión de deseo erótico, sino de poder, de dominación, y de desigualdad (Canessa, 2008; Ibáñez, 2017), como lo demuestra el inefable tabú que todavía hoy anatemiza las relaciones entre hombres indios y mujeres blancas[18].

---

18. Para ilustrar este punto, quiero referirme a un incidente histórico que en su momento desencadenó un verdadero terremoto entre la élite paceña, al hurgar bruscamente en el tabú más innombrable de su imaginario moral y social. Dicho incidente tuvo lugar en octubre de 1938, durante una sesión de la Convención Nacional destinada a redactar la nueva Constitución boliviana, concretamente, el apartado dedicado a un tema tan sensible como el "Régimen Agrario y del campesinado". Un grupo de nuevos congresistas de ideario reformista se mostraron críticos con el gamonalismo vigente en el país, pero como la correlación de fuerzas sociales y políticas en ese momento hacía impensable cualquier redistribución masiva de tierra, sus críticas se centraron más bien en la eliminación de los servicios personales impuestos a los colonos de hacienda, por considerarlos abusivos, humillantes y anacrónicos. Sorprendentemente, la reacción de los defensores del orden oligárquico, liderada por el senador paceño José P. Bilbao Llano, consistió en negar la vigencia de dicha práctica, argumentando que ya había desaparecido de las haciendas bolivianas (contra toda evidencia, hasta el punto de que el congresista Peña le replicó que él mismo había visto un pongo la noche anterior, acurrucado en la calle junto a puerta de la casa de su amo). Y en ese momento, otro congresista reformista, Antonio Carvajal (un dirigente sindical de Oruro, sin experiencia previa en política) intervino, con un sarcasmo mal calculado que abriría la caja de Pandora: "Honorable Carvajal: "El pongo sirve actualmente para todo, hasta de consolador de sus patronas...".

   Apenas tuvo tiempo el convencional Carvajal, tras pronunciar dichas palabras, para agachar la cabeza esquivando los vasos que pasaron silbando a su alrededor, lanzados desde los escaños de los congresistas oficialistas, entre gritos de indignación, insultos y amenazas por la "vil afrenta a las damas paceñas" que acababa de proferir. Carvajal tuvo que abandonar la Cámara apresuradamente para evitar ser agredido, fue expulsado definitivamente del Parlamento (sanción que se ha aplicado en contadísimas ocasiones a lo largo de la historia parlamentaria boliviana), y al día siguiente, tras haber circulado la noticia por las calles de la capital, una multitud armada intentó asaltar la sede parlamentaria para linchar al temerario diputado (Alcázar, 1957: 180-182). Carvajal no solo había mancillado de forma imperdonable el honor de la élite paceña; también y sobre todo, había atentado contra los cimientos del orden corporal (y por lo tanto, contra el orden moral y social) sobre el cual se había constituido la sociedad boliviana.

   Desde esta perspectiva, si la imagen de una relación sexual entre hombres indios y mujeres blancas ha sido vista históricamente por la población criolla como tan aberrante, tan teratológica, que ni siquiera podía ser verbalizada, ha sido por constituir un sacrilegio. Si la insinuación del imprudente diputado Carvajal suscitó una reacción tan furibunda no fue tanto por la escabrosa mezcla de lujuria

Como recapitulación provisional, deberíamos retener la idea de que las mujeres andinas son uno de los colectivos más vulnerables y victimizados de la sociedad peruana. La serrana migrante, no deberíamos olvidarlo, en muchos casos llegó a la costa no tanto en búsqueda de un ilusorio bienestar, sino huyendo del terror, la violación y la muerte (Venturoli, 2009); dicho colectivo ha sufrido violencias atroces, como la política de esterilizaciones forzosas por parte del régimen de Fujimori (por lo menos 340.000 casos documentados entre 1995 y 2001), y su condición de serranas también las sobreexpone a la violencia de género en la costa (Alcalde, 2007). Por todo ello, visto el fenómeno en perspectiva, no deja de resultar obsceno que un colectivo tan maltratado y vulnerable pueda ser objeto de burla y escarnio sistemáticos en las pantallas televisivas.

"Olor a llama"

En el imaginario racista peruano, la suciedad ("indio apestoso", "serrano hediondo") es uno de los atributos esenciales y definitorios de la *condición indígena*. Una suciedad congénita, inmutable, descontextualizada de las condiciones de vida de la población de origen andino. Una suciedad física, pero también ontológica y simbólica, capaz de contaminar con su presencia (con sus idiomas, sus *waynos*, sus sahumerios y su charqui) los espacios en los que habita: no por casualidad se denomina en Perú "la *mancha* india" a los departamentos del Sur andino que concentran a la mayoría de la población quechua y aymara, y cuando miles de familias rurales andinas llegaron a la costa, se empezó a hablar de la "*mancha* urbana" para designar al cinturón de pueblos jóvenes en torno a Lima en el cual se habían asentado dichos migrantes.

De esta manera, el lenguaje racista estigmatiza cotidianamente a la población andina etiquetándola en base a su supuesto olor corporal:

---

y poder atribuible a una relación sexual entre personas de un estatus social tan desigual como una terrateniente y un peón —después de todo, ese es el argumento de una de las obras más universales del repertorio teatral contemporáneo, *La señorita Julia* de Strindberg (1888)—, como al hecho de haber traspasado la línea simbólica de la *inviolabilidad* de la mujer blanca, al juntarla con un simple pongo, es decir, un hombre perteneciente a una supuesta raza a la cual la autoproclamada *gente decente* percibía como carente de los requisitos más elementales de dignidad y racionalidad inherentes a la condición humana.

un andino es hoy, ante todo, un "serrano apestoso" en Lima, o un "colla hediondo" en Santa Cruz...

> Uno de los argumentos que (...) ha acuñado la discriminación hacia los indígenas es su "suciedad", pero en este caso estamos frente a una manifestación de ella, el olor. Como algunos felinos marcando su territorio por medio de la orina, ciertos grupos sociales segregan los espacios metafóricamente a través de los olores. El mal olor de un cuerpo se transforma en un arma retórica para la exclusión, de otro modo no existiría una frase coloquial usada por los limeños hacia los serranos: "Huele a llama"... Una de las maneras en que la sociedad dominante puede controlar su miedo en momentos de crisis social es intensificando las dimensiones negativas del dominado: es a través de la degradación de un otro deshumanizado y excluido como queda sellada implícitamente su subordinación... (Barrig, 2001: 24).

Desde el punto de vista del imaginario andinófobo, incluso la mera idea de proximidad física con el cuerpo de los indios ya debería inspirar una repulsión insoportable, como puede apreciarse en cierto pasaje de la novela *Sol sin ocaso* (1970), escrita por el jurista boliviano, diplomático y alcalde interino de La Paz (en 1936) Luis Iturralde Chinel. La novela, que podríamos inscribir en el *boom* de la narrativa anti-indigenista desatado por la Reforma Agraria de 1953, pretende transmitir, como mensaje característico de dicho género narrativo, una reivindicación nostálgica de la era de las haciendas y una descripción de tono apocalíptico del hundimiento de la *civilización* en Bolivia provocado por la indiada soliviantada tras el cambio de régimen. En el referido pasaje, la voz del narrador describe el cruel tormento sufrido por Gloria, una hacendada blanca (y rubia, según la descripción del personaje) cuando, en su intento desesperado por tratar de salvar la hacienda de su esposo de la inminente expropiación, acude al Ministerio de Asuntos Campesinos de la capital, donde vivirá la horrible experiencia de sentir el roce de los cuerpos de una horda de indios malolientes en las desbordadas dependencias del ministerio:

> Gloria tuvo que abrirse paso entre manadas de rostros broncíneos, inexpresivos, de cabellos hirsutos, ropas burdas de lana de oveja y un olor a almizcle, pesado y repugnante, que envenenaba la atmósfera. Haciendo derroche de una voluntad cuya potencia ignoraba, Gloria buscó un sendero en ese bosque humano de humores viscosos y emanaciones odóricas indeseables (...). Sus ricas vestiduras tenían que rozarse con las piltrafas que cubrían el desaseado cuerpo de los indios, y sus mórbidas formas sufrir

el repelente estrujón de epidermis y masas mugrientas (Iturralde Chinel 1970: 326-327).

En este otro inquietante pasaje, extraído de *El pez en el agua* (las memorias políticas de Mario Vargas Llosa), el autor recurre al recurso de hipertrofiar de forma grotesca la suciedad y el desaliño de un grupo de opositores campesinos para deshumanizarles:

> Armada de palos y piedras y todo tipo de armas contundentes, me salió al encuentro una horda enfurecida de hombres y mujeres, las caras descompuestas por el odio, que parecían venidos del fondo de los tiempos, una prehistoria en la que el ser humano y el animal se confundían (...). Semidesnudos, con unos pelos y uñas larguísimos, por los que no había pasado jamás una tijera, rodeados de niños esqueléticos y de grandes barrigas, rugiendo y vociferando para darse ánimos, se lanzaron contra la caravana... (Vargas Llosa, 1993: 520-521).

Como era previsible, el humorista Benavides acentúa este rasgo de Jacinta con encarnizamiento: la paisana aparece siempre despeinada y desaliñada, frecuentemente se rasca la cabeza con dos dedos buscando piojos, y su hedor es insoportable, tanto que, en uno de los gags más crueles del programa, un personaje que entra en una vivienda en la que está Jacinta, confunde su olor corporal con el de un cadáver en descomposición.

LENGUA DE INDIOS

Es evidente que a lo largo de la historia republicana, el quechua y el aymara han sido objeto de una pésima valoración por parte de las élites sociales y los poderes públicos de Perú y Bolivia (véase Yataco, 2012 para el caso peruano), e incluso podríamos afirmar que su hipotética desaparición no solamente ha sido contemplada con la más absoluta indiferencia por la sociedad criolla en general, sino que incluso ha sido deseada fervientemente por algunos sectores social y políticamente influyentes. Vista en perspectiva, no deja de provocar cierta estupefacción la ferocidad con la que Alfredo Guillén Pinto (uno de los principales ideólogos liberales de la educación pública en Bolivia hace un siglo), por ejemplo, proclamaba la necesidad de erradicar del país las lenguas andinas. Para dicho autor, el quechua y el aymara no solo no revestirían ningún valor cultural, sino que en una aplicación delirante de la biología lamarckiana, llegó a justificar su desaparición argumentando que su uso supuestamente deformaba los órganos fonológicos de la población indígena, incapacitándola para la correcta pronunciación de lenguas civilizadas (como el español): "(el quechua y el aymara) ...en virtud de una ley natural —la función hace el órgano— han impreso ciertos caracteres casi inalterables en los órganos de la boca y de la garganta, que podrían dificultar la fácil pronunciación de idiomas cuyo alfabeto tiene letras de articulación peculiar" (Guillén Pinto, 1919: 139). Por ello, dicho autor concluía que las lenguas andinas eran incompatibles con la vida civilizada: "No se puede inculcar una civilización nueva por intermedio de una lengua muerta" (Guillén Pinto, 1919: 141-142). Y en base a ello, proclamaba sin ambages: "El día que en Bolivia no haya sino la lengua española en el uso de todos, podremos decir que estamos en la verdadera senda que lleva al progreso" (Guillén Pinto, 1919: 163).

En Perú, tales prejuicios han sido ampliamente compartidos por las élites sociales y políticas, por lo que el quechua y el aymara históricamente no han gozado de ningún tipo de apoyo o reconocimiento oficial[19], de protección jurídica, ni todavía menos, de aceptación social por parte de la población urbano-criolla.

Como consecuencia de este rechazo social, el uso del quechua en Perú ha experimentado un acelerado retroceso, dando lugar a un fenó-

---

19. Un ejemplo de la indiferencia o incluso animadversión de la administración peruana hacia los idiomas indígenas es la práctica (mantenida hasta el presente) por parte de los funcionarios del Registro Nacional de vetar sistemáticamente la inscripción de nombres indígenas para recién nacidos, aunque no ponen ningún inconveniente en hacerlo con nombres extranjeros (anglosajones, por ejemplo), véase *El Diario*, 08/04/2019, "Los registradores no admiten nombres indígenas para recién nacidos en Perú (y es momento de solucionarlo)". Incluso si revisamos las muy escasas e insuficientes iniciativas oficiales impulsadas en el Perú contemporáneo en apoyo del quechua, no es difícil adivinar en ellas una escasa convicción, que parece revelar una implícita percepción de las lenguas indígenas como una mera (y residual) curiosidad histórica, más que como un patrimonio cultural vivo y valioso. Así, por ejemplo, el lanzamiento de un breve noticiario televisivo en quechua (*Ñuqanchik*, programa breve, y emitido en un horario intempestivo de muy baja audiencia —las 5:30 de la mañana—) en 2016 por parte del canal público TV Perú, fue anunciado recurrentemente con el eslogan de que se trataba de un programa "en la lengua de los incas", reforzando sutilmente el prejuicio andinófobo que percibe al quechua como una reliquia arqueológica, sin utilidad alguna para la vida actual, en vez de referirse a dicha lengua como el idioma indígena más importante de las Américas, hablado por varios millones de peruanos.

meno sociolingüístico insólito, documentado desde los años noventa: el salto en muchas familias de una situación de monolingüismo en quechua al monolingüismo castellanohablante en tan solo una generación, sin pasar por el bilingüismo como estadio de transición (Zavala, 1996: 83). No es difícil deducir el trasfondo social subyacente de este fenómeno y, de hecho, está bien documentado etnográficamente (véase Marr, 2011, por ejemplo). El uso del quechua en las ciudades, y en Lima particularmente, es objeto de un rechazo social tan intenso y generalizado, que sus hablantes se ven compelidos a limitar su uso a contextos muy específicos o, en muchos casos, a abandonarlo definitivamente, para tratar de sortear la estigmatización, y a la vez, por haber interiorizado la desvalorización de su lengua materna que domina la vida limeña.

Sin embargo, es evidente que el abandono de su lengua materna por parte de los migrantes andinos tampoco mitiga significativamente el rechazo social alimentado por la andinofobia. La modalidad de castellano hablado comúnmente por personas que tienen el quechua o aymara como lengua materna suele caracterizarse por la intensa presencia de interferencias fonéticas y sintácticas de dichas lenguas, fenómeno al cual los lingüistas han denominado *motosidad* (Zavala, 1996). En Perú (mucho más que en Bolivia, por ejemplo), el castellano motoso ha sido objeto de escarnio por parte de la población criolla desde su mismo origen, puesto que Juan del Valle y Caviedes (1645-1698) ya escribió en el siglo XVII un texto mofándose de dicha habla y fundando un género literario que tendría continuidad en los siguientes siglos (Rivarola, 1987). Pero las migraciones masivas de la sierra a la costa durante los últimos 70 años han convertido el uso del castellano motoso en un verdadero estigma social en el área metropolitana de Lima. En la capital, el hecho de *motosear* actúa como un poderoso factor de racialización, que automáticamente confiere a sus practicantes todo el conjunto de atributos negativos que la andinofobia atribuye a la condición de indígena *serrano*. Así, por ejemplo, Virginia Zabala ha estudiado la racialización de estudiantes universitarios de origen rural andino en base a uno de los elementos más comúnmente caricaturizados y estigmatizados del habla motosa, la fluctuación vocálica entre /e/ y /i/ o entre /o/ y /u/, documentando en la praxis universitaria toda una "agenda oculta de higiene verbal"[20]:

---

20. Este uso de la pureza idiomática como barrera racial quedó de manifiesto en 2009, cuando un periódico peruano (*Correo*, 23/IV/2009) publicó en portada y con

A causa de su vínculo con categorías étnicas, raciales e incluso morales, la fluctuación vocálica sirve para legitimar la discriminación de los estudiantes de origen rural, lo que a su vez conduce a un bajo rendimiento académico y a una experiencia universitaria que a menudo suele ser traumática (Zavala, 2011: 394; mi traducción).

Esta racialización de la motosidad también está muy presente (y convenientemente exagerada) en el personaje de Jacinta, desde la misma canción del programa ("Me voy para *Lema*", por Lima, *mamaseta* por mamasita), que en sí misma ya es una parodia de un *wayno* ayacuchano. No es ninguna sorpresa que Benavides recurra masivamente en su parodia a la fluctuación vocálica, puesto que este es indiscutiblemente el principal rasgo utilizado por la población limeña para caricaturizar el habla motosa (De los Heros, 2016), aunque el humorista lo usa de forma caprichosa, grotesca y muy poco realista. Si bien un quechua-hablante puede tender a utilizar /i/ en lugar de /e/, es absurdo pensar que pueda incurrir en la confusión inversa, ya que conoce perfectamente la vocal /i/, por formar parte del sistema trivocálico de las lenguas andinas[21]. Otros recursos morfosintácticos utilizados por el humorista para caricaturizar la motosidad de Jacinta son la asibilación de la /r/ al final de palabra, el uso de *lo* redundante, la omisión de

---

grandes titulares una fotografía ampliada (y captada subrepticiamente) de las anotaciones personales de la congresista indígena Hilaria Supa durante una sesión en el Congreso, burlándose de ella por haber cometido algunas faltas de ortografía. Ello dio lugar a una feroz campaña mediática de desprestigio, que cuestionaba la capacidad de Supa, en tanto que india iletrada, para ejercer su función parlamentaria (véase Niño-Murcia, 2011). Por supuesto, dicha campaña minimizaba el hecho de que el español fuera el segundo idioma de Supa.

21. De hecho, actualmente algunos lingüistas peruanos cuestionan la extendida idea de que los hablantes de quechua confundan realmente las vocales, y más bien señalan que son sus interlocutores castellanohablantes los que confunden la pronunciación andina, en la cual habría una menor diferenciación fonética entre /e/ y /i/ y entre /o/ y /u/: "Dadas las diferencias entre los sistemas fonológicos del quechua y el español (el quechua consta de tres vocales y el español consta de cinco, según la perspectiva funcional), más que 'confundir' (i) y (e), por ejemplo, lo que sucede realmente es que el hablante bilingüe produce una gama de estímulos acústicos dentro de la gama (i)-(I)-(e), que se corresponde con el único fonema quechua (I). Como el español consta de dos fonemas distintos dentro de esta gama mientras que el quechua solo consta de uno, los oyentes hispano hablantes se quedan con la errónea sensación de que el hablante bilingüe invierte las vocales sistemáticamente, exactamente como dice el estereotipo" (Zavala 2011: 394; mi traducción).

artículos obligatorios, o el empleo frecuente del gerundio, entre otros (De los Heros, 2016: 87).

La motosidad de Jacinta, no solo está exagerada hasta el infinito, sino que Benavides la intensifica añadiendo recursos lingüísticos de su invención, como palabras incomprensibles, o la recurrente onomatopeya o interjección "Ña, ña, ña!", que sirven para reforzar la exotización del quechua como una lengua remota e incomprensible.

Cerebros pequeños

Desde el último tercio del siglo xix, las élites limeñas desarrollaron un confuso corpus de pseudo-teorías sobre la escasa o nula inteligencia del indígena andino, picoteando argumentos de la eugenesia de Galton, de la degeneración racial de Gobineau, del darwinismo social de Spencer o de la mal llamada antropología criminal de Cesare Lombroso (Obregón, 2019; Orbegoso, 2012). La estupidez innata del indio serrano, decían, ya fuera debida a factores genéticos, a la altitud, o al consumo de coca, le incapacitaba para acceder a la educación, y le predestinaba a ejercer en la sociedad peruana un rol meramente físico, como bestia de carga. El psiquiatra, ministro de Educación, y entusiasta partidario de la eugenesia de Galton, Honorio Delgado, por ejemplo, defendía dicho planteamiento con inusual crudeza en 1928:

> ...grandes ideas y grandes hechos son peligrosos en cerebros pequeños. No todos están llamados a gozar de la cultura superior, algunos no deben hollar los umbrales de la (educación) media y aún (...) la instrucción primaria puede ser dañina a determinadas mentalidades subalternas... (Citado por Orbegoso, 2012: 239).

Por su parte, el senador liberal boliviano Sabino Pinilla describía a principios de siglo xx con asombrosa imaginación el funcionamiento del cerebro de quechuas y aymaras en estos términos, subrayando su supuesta incapacidad neurológica para adaptarse a la vida civilizada:

> La insuficiencia de su masa cerebral, inferior en su peso de cinco a diez onzas sobre la de la raza caucasiana, el raquitismo de las células que elaboran en aquella y la imperfección de la sangre, en la que sus glóbulos se hallan supeditados por una linfa perniciosa, bien claro mostraban la

limitación de sus facultades psíquicas, y por lo mismo, su ineptitud para las labores de la civilización (Pinilla, 1975 [1917]: 47)[22].

Es importante recordar que incluso los intelectuales indigenistas andinos de la primera mitad del siglo xx, en gran medida asumieron, implícitamente, el discurso dominante sobre el primitivismo, la inferioridad intelectual o incluso la bestialidad del hombre andino, aunque ellos lo atribuyeran no tanto a una intrínseca inferioridad racial, como a factores sociales e históricos como el gamonalismo, el colonialismo, el fanatismo eclesiástico y sobre todo, el consumo de coca y alcohol (Clark, 1999)[23].

Pero si bien los delirios pseudo-científicos que inspiraron tal conclusión se han desvanecido hace tiempo, esta permanece muy viva aún en la sociedad peruana, que sigue degradando a la población andina a una condición meramente animal ("llama" es el insulto favorito con el que se ataca en Lima a las personas de origen andino, y con el que se suele calificar a Jacinta en muchos de sus episodios).

Más allá de su ignorancia, si algún rasgo define al personaje de la paisana es su irredimible estulticia (que la lleva a conductas tan absurdas como entrar en un automóvil por la ventana, y a ser calificada constantemente de "burra" o "idiota" por los otros personajes) y su absoluta incapacidad para aprender ni el más humilde de los oficios o actividades que intenta, y que terminan invariablemente de forma

---

22. Un ejemplo inaudito de la vigencia de este tipo de disparates biologistas entre las élites sociales y políticas del Perú contemporáneo nos lo ofrece el por entonces primer ministro (y posteriormente presidente de la República) Pedro Pablo Kuczynski, quien en 2006, declaró en un acto oficial en Lima ante numerosos periodistas que la oposición social en la sierra andina a sus medidas privatizadoras se debía a que la altitud de la sierra "impide que el oxígeno llegue al cerebro" de la población local. Pero más allá de su contenido insultante para millones de peruanos, tal declaración constituía un absoluto dislate, puesto que los únicos cerebros que ralentizan su funcionamiento en las tierras altas andinas a causa de la hipoxia son, precisamente, los de la gente de la costa no aclimatada.

23. Véase, por ejemplo, la opinión del indigenista ecuatoriano Pablo Arturo Suárez en 1942: "Desgraciadamente sobre el indio actual pesa una larga cadena de males varios: la influencia degenerativa de una raza que va inferiorizándose a través de sus hijos, la fuerza inerte de la rutina, la subalimentación, las toxinas y enfermedades que han minado su fuerza espiritual y física, creando el tipo asténico y caduco. La vida exclusivamente vegetativa durante siglos ha apagado toda luz espiritual y ha mantenido la mente del indio en una penumbra soporosa y aletargante" (citado por Clark, 1999: 121).

desastrosa. También es un tópico recurrente el estereotipo del supuesto analfabetismo tecnológico de la mujer andina (Pagán-Teitelbaum, 2017). La moraleja subyacente episodio tras episodio es diáfana: Jacinta (y por extensión, la gente proveniente de ese universo remoto y primitivo que es la sierra andina) es incapaz de adaptarse a la vida civilizada de una urbe moderna como Lima, y por lo tanto, lo mejor que podría hacer es volver a su puna a criar llamas (mensaje que aparece de forma explícita en boca de otros personajes en numerosos episodios del programa).

CONCLUSIONES

Tal como acabamos de ver, los rasgos con los que el humorista Jorge Benavides caracteriza al personaje de Jacinta no son en absoluto azarosos ni inocentes, sino que por el contrario constituyen una encarnación metódica de los principales estereotipos negativos utilizados durante los últimos 150 años por el racismo andinófobo para presentar a la población andina como una masa despreciable, irracional e incompatible con la vida civilizada. El discurso andinófobo cristalizó en Perú y Bolivia durante la segunda mitad del siglo xix alrededor de las teorías pseudo-científicas del racismo positivista (complementadas con aportaciones de la literatura, la medicina, o de cierta historiografía eurocéntrica), llegando a conseguir una indiscutible hegemonía intelectual entre las élites sociales y políticas a partir de 1880 hasta convertirse en poco menos que un ideario de Estado para las élites liberales, como lo reflejan las políticas de colonización (inspiradas en las ideas de Galton) para atraer inmigrantes europeos y *blanquear* la población nacional (véase Orbegoso [2012] para el caso peruano).

Visto en perspectiva histórica, un programa televisivo como *La paisana Jacinta* constituiría un poderoso (cuantitativa y cualitativamente) amplificador social de los estereotipos racistas del discurso andinófobo: cuantitativamente, porque, a diferencia de la restringida difusión (limitada a las élites sociales) de los textos andinófobos publicados durante el siglo xix y buena parte del xx, cualquier programa de *La paisana* ha llegado a cientos de miles de hogares peruanos; y cualitativamente, a causa de la especificidad del formato televisivo y del potencial (anteriormente referido) de las imágenes para construir y moldear percepciones de la realidad.

Por otra parte, el género de la comedia facilita la naturalización de la diferencia racial, ya que las convenciones de dicho género desactivan de antemano la actitud crítica del espectador ante el discurso racial, lo que confiere a este tipo de mensajes una particular peligrosidad (Park *et al.*, 2006: 160). El espectador puede asumir que lo que está viendo no es estrictamente real, pero si encuentra cómicos los estereotipos que contempla, es indudablemente porque le parecen verosímiles:

> El placer de las audiencias ante el humor racial suele requerir la aceptación de las creencias sobre diferencias raciales, puesto que los espectadores experimentarían escaso placer si percibieran los estereotipos raciales de las comedias como irreales o falsos. (Park *et al.*, 2006: 174; mi traducción). mi traducción).

Programas como *La paisana Jacinta* ¿se limitan a reflejar el racismo existente en la sociedad peruana? Por el contrario, este tipo de discursos mediáticos tienen un enorme potencial para moldear y naturalizar realidades, alimentando prácticas como la discriminación, el insulto o el acoso. Así, por ejemplo, como habíamos mencionado anteriormente, en Perú está aflorando actualmente un gravísimo problema de *bullying* escolar[24], siendo el motivo más frecuente de los ataques la discriminación por factores raciales (fenotípicos) como la pigmentación, nariz aguileña, ojos rasgados y/o geográficos (origen serrano). Precisamente el colectivo CHIRAPAQ, en su informe presentado ante el Estado peruano para reclamar la suspensión de las emisiones de *La paisana Jacinta*, ya denunciaba el hecho de que dicho programa estaría actuando como un verdadero catalizador del fenómeno del acoso escolar contra el alumnado de origen andino:

> La mayoría de las situaciones "cómicas" son en realidad insultos raciales hacia la protagonista por ser pobre, por ser fea, por ser provinciana o serrana. Existen normas que prohíben la discriminación por lo tanto el Estado peruano no debe admitir que este programa siga transmitiéndose.

---

24. El Ministerio de Educación reconoce haber recibido entre 2013 y 2018 un promedio de 15 denuncias diarias de niños y adolescentes por acoso escolar (*Diario Correo*, 09/05/2018, "Ministro de Educación: 15 niños o adolescentes denuncian abuso escolar o sexual al día en Perú").

Es especialmente grave que *La Paisana Jacinta* sea trasmitida dentro del horario de la protección al menor, por cuanto genera que en muchos colegios se realice *bullying* racista hacia quienes tienen rasgos más andinos o aquellos niños cuya madre usa polleras. (CHIRAPAQ 2014: 12).

En este contexto, la popularidad de *La paisana Jacinta* parece haber convertido en una pesadilla la vida cotidiana de muchas niñas de origen andino, que son vejadas por su supuesto parecido con el espantajo televisivo creado por Benavides. En este sentido, la violencia simbólica desplegada por los gags de *La paisana* contra el personaje de Jacinta estaría inspirando y alentando otras formas de violencia ejercidas cotidianamente contra los migrantes andinos. Un programa televisivo de máxima audiencia que presenta sistemáticamente a las mujeres andinas como "prescindibles y maltratables" (Sánchez Velásquez, 2010: 106) es objetivamente corresponsable de la situación de discriminación y maltrato que sufren cotidianamente dichas mujeres en Lima.

Bibliografía

Agamben, G. (2006): *Homo Sacer. El poder soberano y la nuda vida.* Madrid, Pre-Textos.

Alcalde, M. C. (2007): ""Why Would You Marry a Serrana?" Women's Experiences of Identity-Based Violence in the Intimacy of their Homes in Lima". *Journal of Latin American and Caribbean Anthropology* 12(1): 1-24.

Alcázar, M. (1957): *Crónicas Parlamentarias. Drama y comedia en el Congreso.* (Segunda edición ampliada). La Paz: Talleres Gráficos Bolivianos.

Azevedo, V. R. y Delacroix, D. (2017): "Categorización étnica, conflicto armado interno y reparaciones simbólicas en el Perú post-Comisión de la Verdad y Reconciliación (CVR)". *Nuevo Mundo Mundos Nuevos*, <http://journals.openedition.org/nuevomundo/71688>;DOI:10.4000/nuevomundo.71688.

Back, M. (2017): "Raza y esencialismo lingüístico en el Twitter peruano", en V. Zavala y M. Black (eds.): *Racismo y lenguaje*. Lima: Pontificia Universidad Católica del Perú, pp. 307-338.

Barrig, M. (2001): *El mundo al revés. Imágenes de la mujer indígena.* Buenos Aires, CLACSO.

BERTARELLI VALCÁRCEL, E. R. (2017): *21st Century Cholos. Representations of Peruvian youth in the discourse of El Panfleto*. London: Media@LSE, Dissertation Series.

BOESTEN, J. (2010): "Analizando los regímenes de violación en la intersección entre la guerra y la paz en el Perú". *Debates en Sociología* 35: 69-93.

BOURDIEU, P. (1996): *Sur la télévision*. Paris: Liber.

BRÁÑEZ MEDINA, R. (2017): "'Amixer detected!' Identidades y racismo en el ciberespacio peruano", en V. Zavala y M. Black (eds.), *Racismo y lenguaje*. Lima: Pontificia Universidad Católica del Perú, pp. 269-306.

CADENA, M. de la (1998): "Silent Racism and Intellectual Superiority in Peru". *Bulletin of Latin American Research* 17(2): 143-164.

CANESSA, A. (2008): "El sexo y el ciudadano: Barbies y reinas de belleza en la era de Evo Morales", en P. Wade e. a. (eds.), *Raza, etnicidad y sexualidades. Ciudadanía y multiculturalismo en América Latina*. Bogotá: Universidad Nacional de Colombia, pp. 69-104.

CHIRAPAQ (2014): *Discriminación racial en los medios de comunicación peruanos. El caso del programa humorístico "La Paisana Jacinta"*. Lima: Comité para la Eliminación de la Discriminación Racial (CERD).

CLARK, K. (1999): "La medida de la diferencia: las imágenes indigenistas de los indios serranos en el Ecuador (1920-1940)", en E. Cervone y F. Rivera (eds.), *Ecuador racista. Imágenes e identidades*. Quito: FLACSO, pp. 111-126.

DAVIES, C. (1990): *Ethnic Humour Around the World, a Comparative Analysis*. Bloomington, Indiana University Press.

DETTLEFF, J. (2015): "Construcción de estereotipos en la comedia peruana. El caso de 'La paisana Jacinta'". VIII Seminario ALAIC.

DORÉ, E./MATTA, R. (2011): "L'andinité à Lima. Regards sur le racisme ordinaire en haut et en bas de l'échelle sociale". *Civilisations* 60(1): 43-57.

DORÉ, E./SANDOVAL, C. M. (2008): "Le racisme à la peruvienne: contradictions et ambigüité de la notion de *cholo*". *L'Ordinaire des Amériques* 211: 209-224.

DRINOT, P. (2014): "Una vana pretensión: Negar el racismo en el Perú". *Argumentos* 8(2): 40-48.

ECHAZARRETA SOLER, C. (1996): "La televisión: ficción o realidad". *Comunicar* 6: 63-68.

Escobedo, L. (2016): "Whiteness in Political Rhetoric: A Discourse Analysis of Peruvian Racial-Nationalist 'Othering'". *Studia z. Geografii Politycznej i Historycznej* 5: 257-272.

Galarza, F./Yamada, G. (2012): *Discriminación laboral en Lima: el rol de la belleza, la raza y el sexo.* Lima: Universidad del Pacífico.

Golash-Boza, T. (2010): "'Had They Been Polite and Civilized, None of This Would Have Happened': Discourses of Race and Racism in Multicultural Lima". *Latin American and Caribbean Ethnic Studies* 5(3): 317-330.

González Prada, M. (1978 [1908]) *Nuestros indios.* Ciudad de México: UNAM.

Grau Rebollo, J. (2010): "El audiovisual como refracción cultural". *Nuevas Tendencias en Antropología* 1: 1-20.

Guzmán Arze, H. (1960): *Borrasca en el valle.* Cochabamba: Ed. Mercurio.

Guzmán-Zamora, F./Rodrigo Alsina, M. (2019): "El 'Baguazo' en el discurso periodístico peruano. Un análisis crítico de los medios durante el conflicto amazónico de 2009". *Estudios sobre el Mensaje Periodístico* 25(2): 853-867.

Heros, S. de los (2016): "Humor étnico y discriminación en *La Paisana Jacinta*". *Pragmática Sociocultural/Sociocultural Pragmatics* 4(1): 74-107.

Huayhua, M. (2014): "Racism and Social Interaction in a Southern Peruvian *combi*". *Ethnic and Racial Studies* 37(13): 2399-2417.

Ibáñez, C. (2017): "El cuerpo como evidencia: etnicidad y género en los Andes". *Forum for Inter-American Research* 10(2): 66-84.

Iturralde Chinel, L. (1970): *Sol sin ocaso.* La Paz/Cochabamba: Los Amigos del Libro.

Jarrin, A. (2017): "Del *Blackface* y la "Nariz Negroide": la biopolítica de la fealdad en Brasil". *Avá* 31: 143-158.

López Maguiña, S. (2003): "Arqueología de una mirada criolla: el informe de la matanza de Uchuraccay", en M. Hamann e. a. (eds.), *Batallas por la memoria: antagonismos de la promesa peruana.* Lima: Pontificia Universidad Católica del Perú/Instituto de Estudios Peruanos, pp. 257-275.

Marchand, V. (2009): "*Pollera y vestido*, le language socioethnique du vêtement: migration, génération, profession et instruction". *Cahiers des Amériques latines* 60-61: 221-239.

Marr, T. (2011): "'Ya no podemos regresar al quechua': Modernity, Identity and Language Choice among Migrants in Urban Peru", en P. Heggarty y A. J. Pearce (eds.), *History and Language in the Andes*. New York: Palgrave Macmillan, pp. 215-238.

MÉNDEZ, C. (2011): "De indio a serrano: nociones de raza y geografía en el Perú (siglos XVIII-XXI)". *Histórica* XXXV(1): 53-102.

MESÍA, Y. (2017): "Ideologías lingüísticas y racialización: un estudio con alumnos de secundaria en colegios limeños", en V. Zavala, y M. Black (eds.), *Racismo y lenguaje*. Lima, Pontificia Universidad Católica del Perú, pp. 151-183.

MONGE, C. (1945): "Aclimatación en los Andes. Confirmaciones históricas sobre la 'Agresión Climática' en el desenvolvimiento de las sociedades de América". *Anales de la Facultad de Medicina* XXVIII(4): 307-382.

— (1946): "El problema de la coca en el Perú". *Anales de la Facultad de Medicina* XXIX(4): 311-315.

MOTTA, A. (2011): "La 'charapa ardiente' y la hipersexualización de las mujeres amazónicas en el Perú: perspectivas de mujeres locales". *Sexualidad, Salud y Sociedad* 9: 29-60.

NIÑO-MURCIA, M. (2011): "Las 'primeras naciones' en su segundo idioma: contienda sobre la corrección de la escritura de una congresista indígena en el Perú". *Cuadernos Comillas* 1: 22-36.

ÑOPO, H. e. a. (2004): *Ethnicity and Earnings in Urban Peru*. Bonn: Institute for the Study of Labor, Discussion Paper 980.

OBREGÓN, W. A. (2019): "El porvenir de las razas: el racialismo en el Perú entre los siglos XIX y XX". *Análisis* 51(94): 81-100.

ORBEGOSO, A. (2012): "Eugenesia, tests mentales y degeneración racial en el Perú". *Revista de Psicología* 14 (2): 230-243.

PAGÁN-TEITELBAUM, I. (2017): "Espejo eurocéntrico: por una estética de la equidad en el discurso audiovisual sobre la mujer indígena y la tecnología". *El Ojo que Piensa* 14: 20-43.

PARK, J. H. e. a. (2006): "Naturalizing Racial Differences through Comedy: Asian, Black, and White Views on Racial Stereotypes in Rush Hour 2". *Journal of Communication* 56: 157-177.

PECH SALVADOR, C. y RIZO GARCÍA, M. (2019): "Comunicación y discurso cotidiano: Discriminación y violencia en torno al *ser mujer indígena* en México". *Comparative Cultural Studies* 8: 17-29.

PINILLA, S. (1975 [1917]): *La creación de Bolivia*. La Paz: Universidad Mayor de San Andrés.

PIÑEYRO, J. C. (2014): "La construcción de la alteridad en *Lituma en los Andes*". *Studia Neophilologica* 86: 201-220.

RADCLIFFE, S. A. (1990): "Ethnicity, Patriarchy, and Incorporation into the Nation: Female Migrants as Domestic Servants in Peru". *Environment and Planning D: Society and Space* 8(4): 379-393.

RAVINDRAN, T. (2019): "What Undecidability Does: Enduring Racism in the Context of Indigenous Resurgence in Bolivia". *Ethnic and Racial Studies*, DOI: 10.1080/01419870.2019.1628997.

RIVAROLA, J. L. (1987): "Para la historia del español en América: Parodias de la 'lengua de indio' en el Perú (ss. XVII-XIX)". *Lexis* XI(2): 137-164.

SÁNCHEZ PÉREZ, J. A. (2012): "'Pigmentocracia' y medios de comunicación en el México actual: la importancia de las representaciones socio-raciales y de clase en la televisión mexicana", en *XV Encuentro de Latinoamericanistas Españoles*. Madrid: Espasa, pp. 1498-1506.

SÁNCHEZ VELÁSQUEZ, D. (2010): *Discriminación y medios de comunicación. Análisis de las bromas raciales en la televisión peruana.* Lima: Palestra Editores.

SANTOS, M. (2014): "La discriminación racial, étnica y social en el Perú: balance crítico de la evidencia empírica reciente". *Debates en Sociología* 39: 5-37.

SARTORI, G. (1998): *Homo videns. La sociedad teledirigida.* Madrid: Taurus.

SWINEHART, K. F. (2012): "The Enregisterment of Colla in a Bolivian (Camba): Comedy". *Social Text* 30(4): 81-102.

TOLL, R. C. (1974): *Blacking Up: the Minstrel Show in Nineteenth-Century America.* New York: Oxford University Press.

TURNER, T. (1992): "Defiant Images. The Kayapo Appropriation of Video". *Anthropology Today* 8(6): 5-16.

VALCUENDE DEL RÍO, J. M./VÁSQUEZ, P. (2015): "Orden corporal y representaciones raciales, de clase y género en la ciudad de Cuenca (Ecuador)". *Chungara* 48(2): 307-317.

VAN DIJK, T. A. (1989): "Mediating Racism. The Role of the Media in the Reproduction of Racism", en R. Wodak (ed.), *Language, Power and Ideology. Studies in Political Discourse.* Amsterdam: Benjamins, pp. 199-226.

VANINI, A. (2014): "Jacinta, más allá de las pasiones". *Revista Ideele* 237, <https://revistaideele.com/ideele/content/jacinta-m%c3%a1s-all%c3%a1-de-las-pasiones>.

VARGAS LLOSA, M. (1993): *El pez en el agua. Memorias.* Barcelona: Seix Barral.

Venturoli, S. (2009): "Huir de la violencia y construir. Mujeres y desplazamientos por violencia política en Perú". *DEP (Deportate, esuli, profughe)*, 11: 46-63.

Vich, V. (2010): "El discurso sobre la sierra del Perú: la fantasía del atraso". *Crítica y Emancipación* 3: 155-168.

Yataco, M. (2012): "Políticas de estado y la exclusión de las lenguas indígenas en el Perú". *Droit et cultures* 63(1): 110-142.

Zamorano, G. (2011): "Traitorous Physiognomy: Photography and the Racialization of Bolivian Indians by the Créqui-Montfort Expedition (1903)". *Journal of Latin American and Caribbean Anthropology* 16(2): 425-455.

Zárate Pérez, A. (2011): "Las representaciones sobre los indígenas en los libros de texto de Ciencias Sociales en el Perú". *Discurso & Sociedad* 5(2): 333-375.

Zavala, V. (1996): "El castellano de la Sierra del Perú", en H. Tomoeda y L. Millones (eds.), *La tradición andina en tiempos modernos*. Osaka: National Museum of Ethnology, pp. 81-131.

— (2011): "Racialization of the Bilingual Student in Higher Education: A Case from the Peruvian Andes". *Linguistics and Education* 22: 393-405.

Zavala, V./Black, M. (eds.) (2017): *Racismo y lenguaje*. Lima: Pontificia Universidad Católica del Perú.

SOBRE LOS AUTORES

ROGER CANALS. Profesor en el Departamento de Antropología Social de la Universidad de Barcelona y miembro del grupo de investigación CINAF. Se doctoró en la École des Hautes Études en Sciences Sociales de París en 2008 con una tesis sobre el rol de las imágenes en el culto a María Lionza (Venezuela). Especialista en religiones afroamericanas y antropología visual, ha realizado la mayor parte de su trabajo de campo en Venezuela, Puerto Rico y Barcelona. Su foco de interés se centra en las relaciones entre imagen, mirada y ritual. Ha publicado numerosos artículos sobre religión y visualidad en revistas como *Visual Studies*, *L'Homme* o *Ethnos*. También es autor del libro *A Goddess in Motion. Visual Creativity in the Cult of María Lionza* (2017). Como cineasta, ha realizado varios documentales, difundidos internacionalmente. Destaca *Rostros de una divinidad venezolana* (2007), *Una diosa en movimiento* (2017) o *Los cazadores de sombras* (2019). Ha sido investigador invitado en University of Manchester, University of Toronto y el Instituto de Estudios del Caribe (Puerto Rico), entre otras universidades. Colabora regularmente con instituciones como la Filmoteca de Catalunya o el Museu Etnològic de Barcelona.

GEMMA CELIGUETA. Doctora en Antropología y Etnología por la École des Hautes Études en Sciences Sociales de París (2009). Profesora del Departamento de Antropología Social de la Universidad de Barcelona desde el año 2010. Investigadora del Grupo de Estudios sobre Culturas Indígenas y Afroamericanas (CINAF). En la actualidad es investigadora del proyecto I+D "Comunicación indígena y patrimonio cultural en América Latina: conservación, revitalización, creatividad" e investigadora principal del proyecto I+D "Soñar por la Paz. Experiencias y relatos oníricos indígenas en la construcción de la memoria histórica y de la sociedad post-conflicto en América Latina". Es autora de publicaciones como "¿Unas elecciones de verdad? Autenticidad, representación y conflicto en los concursos de Reinas Indígenas de Guatemala" (*Journal de la Société des Américanistes*, 2017), "¿Mayanización, indigeneidad o mestizaje? Clasificaciones étnicas y diversidad en Guatemala" (*Revista de Dialectología y Tradiciones Populares*, 2015). Editora, junto a Pedro Pitarch, del volumen colectivo *Modernidades indígenas* (2012).

RAFAEL FRANCO COELHO. Doctor en Comunicación Digital por la Universidad Autónoma de Barcelona (UAB-2016) con una estancia de investigación en el Institute of Social and Cultural Anthropology de University of Oxford. Profesor adjunto de la Facultad de Información y Comunicación de la Universidad Federal de Goiás desde el año 2009. Su tesis doctoral, "La apropiación cultural, social y política de los medios de comunicación en comunidades indígenas. El proyecto Aldea Digital en el pueblo xavante (Brasil Central)", versa sobre los usos y apropiaciones que una etnia indígena de Brasil, los xavante, están haciendo de los medios de comunicación y de las nuevas tecnologías de la comunicación digital. Es investigador del Instituto de la Comunicación (InCom-UAB) y del Grupo Internacional de Estudios sobre Comunicación y Cultura. Autor de numerosas publicaciones sobre cine y medios indígenas de Brasil: "Medios digitales y movimiento indígena en Brasil: la organización de los pueblos indígenas Xavante" (*Revista Famecos*, 2019), "Medios de comunicación e identidad a'uwẽxavante. Mito, ritual y política en el Brasil Central" (*Anuario Estudios en Comunicación Social Disertaciones*, 2018), "El proyecto Aldea Digital: metodología de investigación de los medios de comunicación xavante en el Brasil Central" (*InCom*, 2018).

FRANCISCO M. GIL GARCÍA. Profesor de Historia y Antropología de América en la Universidad Complutense de Madrid desde 2005, donde se doctoró en Historia en 2008. Ha realizado análisis de caso entre chiriguanos y chanés de Salta y Jujuy (Argentina), y trabajo de campo etnográfico en comunidades quechuas del suroeste de Potosí (Bolivia), y en comunidades indígenas y mestizas de la Quebrada de Humahuaca y la Puna de Jujuy (Argentina), donde actualmente desarrolla su investigación sobre medios de comunicación indígena. Entre sus líneas de investigación figuran también la mito-historia, los estudios del paisaje y la antropología de la salud. Entre 2005 y 2009 estuvo adscrito al Centre de Recherches sur les Mondes Américains (CNRS-EHESS) dentro del grupo de investigación "Histoire et anthropologie des sensibilités". Fue codirector del Equipo Internacional Interdisciplinario ANDES: Investigaciones Históricas y Antropológicas, coordinado desde la Universidad Nacional de Córdoba (Argentina) (2012-2015). Desde 2018 es director del Museo de Arqueología y Etnología de América de la UCM. Ha coordinado los volúmenes *Tiempo, espacio y entidades tutelares. Etnografías del pasado en América* (2014), *Medicinas y cuerpos en América Latina. Debates antropológicos desde la salud y la interculturalidad* (2017) y *Sinestesias. Brujería y hechicería en el mundo hispánico* (2019).

Sebastián Gómez Ruiz. Doctor en Sociedad y Cultura por la Universidad de Barcelona con reconocimiento cum laude por su tesis "Wàsi, ver entre los Iku. Etnografía de las imágenes en la Sierra Nevada de Santa Marta" (2019). Máster en Antropología Visual por la misma Universidad. Antropólogo y magíster en Antropología de la Universidad de los Andes. Docente de la Maestría en Estudios Sociales y Culturales de la Universidad El Bosque. Miembro del Grupo de Estudios sobre Culturas Indígenas y Afroamericanas (CINAF). Su último documental *Wàsi* (2017) ha tenido reconocimientos en la categoría de "Aporte a la identidad indígena" en el festival FICWALLMAPU, en Chile (2017), y ha sido seleccionado en EthnoCineca Film Festival (Viena, 2018) y en el 16th Royal Anthropological Institute Film Festival (Bristol, 2019).

Gabriel Izard. Licenciado en Geografía e Historia (opción Antropología Cultural) y doctor en Historia de América por la Universidad de Barcelona. Profesor del Departamento de Antropología Social de la misma universidad desde 2010. Su área de especialización son las culturas afroamericanas e indígenas, y más concretamente las dinámicas de activación patrimonial y etnicidad. Ha realizado trabajo de campo en comunidades negras de Venezuela, en comunidades garífuna de Belice, y más recientemente en comunidades emberá de Panamá. Es miembro del Grupo de Estudios sobre Culturas Indígenas y Afroamericanas (CINAF). Forma parte del equipo de investigación de dos proyectos I+D sobre los medios de comunicación indígenas: "Pueblos indígenas, medios de comunicación y significados del conflicto en América Latina. Un estudio de antropología" y "Comunicación indígena y patrimonio cultural en América Latina: conservación, revitalización, creatividad". Es autor de diversas publicaciones, por ejemplo: "Entre la valoración de la herencia y las demandas por el presente y el futuro: reflexiones en torno a las etnicidades negras o afrodescendientes en América" (*Boletín Antropológico* de la Universidad de los Andes, 2018) o "Patrimonial Activation and Construction of Garifuna Identity in Contemporary Belize" (en *The Garifuna: A Nation across Borders*, 2005).

MÒNICA MARTÍNEZ MAURI. Profesora agregada del Programa Serra Húnter en el Departamento de Antropología social de la Universidad de Barcelona. Previamente, en la misma universidad, fue investigadora postdoctoral del programa Juan de la Cierva. De 2009 a 2011 fue investigadora Beatriu de Pinós en la Universitat de Lleida. En 2007 obtuvo su doctorado en Antropología social en la Universitat Autònoma de Barcelona (UAB) y la École des Hautes Études en Sciences Sociales (EHESS) con una tesis dedicada a abordar la mediación política en la construcción de la idea de territorio en Gunayala (Panamá). Sus investigaciones y publicaciones tienen como ejes centrales la mediación cultural, las representaciones del medioambiente, la gestión local del turismo, la implementación de derechos indígenas, los regímenes de propiedad intelectual y los medios de comunicación indígenas. Desde el año 1999 realiza trabajo de campo en la comarca de Gunayala (Panamá), pero también ha colaborado en investigaciones etnográficas con mujeres mapuches (Chile, 2015) y comunidades emberás de la cuenca del canal de Panamá (2018).

ANELIO MERRY LÓPEZ. Periodista y locutor, actualmente es coordinador de la Secretaría de Información y Comunicación del Congreso General de Gunayala. Dirige y conduce programas radiales semanales dirigidas a las comunidades indígenas, especialmente, a Gunayala.

Además, es promotor de la radio comunitaria como parte del proyecto comarcal. Ha sido parte del equipo de investigadores de la historia oral del Congreso de la Cultura Guna.

Óscar Muñoz Morán. Doctor por la Universidad de Salamanca y actualmente profesor de Antropología de América de la Universidad Complutense de Madrid, ha trabajado con pueblos indígenas de México, Perú y Bolivia desde el año 2002. Ha publicado diferentes libros y artículos sobre la relación de estos grupos con el pasado y, más concretamente, sobre los sistemas cosmológicos puestos en circulación para interpretar el tiempo distante. Entre sus publicaciones más destacadas se encuentran los libros *Tiempo, espacio y entidades tutelares* (junto a Francisco M. Gil, 2015); *Andes. Ensayos de etnografía teórica* (2020); *Utopismos circulares* (junto a Julián López, en prensa); y los artículos "El tiempo del diluvio" (*Revista Española de Antropología Americana*, 2012); "Todos los Santos" (*Chungara*, 2017); "Gente como nosotros" (*Journal of Latin American and Caribbean Anthropology*, 2020). Es codirector del grupo de investigación Antropología de América y director de la *Revista Española de Antropología Americana*.

Gemma Orobitg. Doctora en Antropología y Etnología por l'École des Hautes Études en Sciences Sociales (1996). Profesora titular de Antropología del Departamento de Antropología Social de la Universidad de Barcelona desde el año 2003. Fundadora y directora del Grupo de Estudios sobre Culturas Indígenas y Afroamericanas (CINAF). Su tesis doctoral, *Les Pumé et leurs rêves. Étude d'un groupe indien de Plaines de Venezuela* (1998) versa sobre los sueños, el mito, el ritual y su lugar central en los procesos sociales, políticos y de construcción de la memoria en el grupo indígena pumé (Venezuela). Es investigadora principal de dos proyectos I+D sobre los medios de comunicación indígenas: "Pueblos indígenas, medios de comunicación y significados del conflicto en América Latina. Un estudio de antropología" y "Comunicación indígena y patrimonio cultural en América Latina: conservación, revitalización, creatividad". Es autora de numerosas publicaciones: "La vie des maracas. Réflexions autour d'un instrument rituel chez les indiens pumé (Venezuela)" (*Revista de Antropologia*, Universidade de São Paulo, 2016), "Los laberintos del sueño. Nuevas posibles vías para una antropología del sueño amerindio" (*Entrediversidades*,

2017), "Mujeres en el origen. Una distribución pumé de los seres del cosmos" (*AIBR. Revista de Antropología Iberoamericana*, 2018).

Beatriz Pérez Galán. Doctora en Antropología Social por la Universidad Complutense de Madrid (1999) con la tesis "Autoridad, orden e identidad en el sur andino peruano. Las representaciones del wachu". Ha realizado estudios predoctorales en Goldsmiths College (University of Londres) y posdoctorales en el Consejo Superior de Investigaciones Científicas en Madrid. Profesora en el Departamento de Antropología Social de la Universidad de Granada de 2000 a 2008, y desde entonces a la actualidad en el Departamento de Antropología Social y Cultural de la Universidad Nacional de Educación a Distancia. Investigadora invitada en las universidades de Veracruz y Autónoma de Querétaro (México), Pontificia Universidad Católica del Perú e Instituto de Estudios Peruanos, Universidad de Caldas y Pontificia Universidad Javeriana (Colombia) y Universidad Nacional de Costa Rica. Es autora de numerosas publicaciones relacionadas con pueblos amerindios: *Somos como Incas. Autoridades tradicionales en los Andes peruanos* (2004); "Turismo rural comunitario, género y desarrollo en comunidades campesinas e indígenas del sur del Perú" (*Quaderns*, 2015); "Desigualdad de género y patrimonio cultural festivo" (*La cultivada*, 2019); "Naturaleza, conservación e identidad verde en Costa Rica" (*Revista de Antropología Experimental*, 2019).

Pedro Pitarch. Catedrático de Antropología de América en la Universidad Complutense de Madrid e investigador afiliado del Instituto de Estudios Indígenas de la UNACH en San Cristóbal de Las Casas. Desde 1988 trabaja entre poblaciones mayas sobre cuestiones de cosmología, ontología, chamanismo, discurso ritual y lenguaje. Entre sus libros, destacan *Ch'ulel: una etnografía de las almas tzeltales* (1997), *Human Rights in the Maya Region* (ed., 2008), *The Jaguar and the Priest. An Ethnography of Tzeltal Souls* (2011), *Modernidades indígenas* (coord., 2012), *La palabra fragante: colección de cantos chamánicos tzeltales* (2013), *La cara oculta del pliegue. Antropología indígena* (2013), *The Culture of Invention in the Americas* (coord., 2019).

Marta Pons Raga. Investigadora predoctoral en el Departamento de Antropología Social y cultural de la Universidad de Barcelona

(UB). Su tesis doctoral, "La sangre negociada. Una aproximación antropológica a las religiones afrocubanas de Barcelona" versa sobre los distintos usos y representaciones que los practicantes de religiones afrocubanas en Barcelona hacen de la sangre ritual en un contexto de transnacionalización religiosa, en donde las tecnologías de la comunicación y particularmente Internet juegan un rol central para la articulación creativa de los sentidos de la sangre en estas religiones. Miembro del grupo de Investigación CINAF (Culturas Indígenas y Afroamericanas), en la Universidad de Barcelona. Autora de publicaciones sobre religiones afrocubanas en el contexto de transnacionalización religiosa: "Creant autenticitat: la menstruació en un ritual afrocubà de Barcelona" (*Revista d'Etnologia de Catalunya*, 44, 2019); "La Santería en un context globalitzat. Resignificant l'experiència religiosa en el marc europeu" (*Perifèria*, 22 (1), 2017); "Osain a Barcelona. Recreacions del món vegetal en les religions afrocubanes transnacionalitzades" (Museu de les Cultures del Món, pendiente de publicación); "Abordando el secreto religioso desde una perspectiva etnográfica: hacia la consolidación de una e-Santería en Barcelona" (*Revista Española de Antropología Americana*, 49; pendiente de publicación].

Adriana Rodríguez Sánchez. Doctora en Estudios Científicos Sociales del Instituto Tecnológico y de Estudios Superiores de Occidente (ITESO-México) (2013). Profesora asociada del Departamento de Comunicación y Lenguaje de la Pontificia Universidad Javeriana Cali, Colombia. Integrante del grupo de investigación Comunicación y Lenguajes (categoría A, Colciencias). Su tesis doctoral, "La construcción de audiencias de la temprana infancia" (Cali-Colombia) examina los procesos sociales, agentes, instituciones y prácticas que posibilitan y restringen las interacciones de un grupo etario específico con los medios de comunicación. Investigadora principal de los proyectos: 1. "La configuración de la valoración social de lo indígena a partir de las experiencias con los medios y tecnologías de comunicación en el resguardo Niaza Nacequia ubicado en el municipio de Restrepo, Valle del Cauca". 2. "Cuidado, educación inicial y consumo cultural de medios y tecnologías de comunicación en la primera infancia de las comunidades Embera Chamí del Valle del Cauca: aproximación a los resguardos Navera Drua (municipio de Calima Darién) y Kipara (municipio de Trujillo)". Una de sus últimas publicaciones en coautoría es: "Consumo de medios y tecnologías de información y comunicación en el ámbito de la valoración social de lo indígena en el resguardo Wasiruma" (Vijes, Valle del Cauca, Colombia) (*Revista Persona y Sociedad*, 2019).

Carlos Andrés Tobar Tovar. Doctor en Antropología Social y Cultural por la Universidad Autónoma de Barcelona (2016). Profesor asistente del Departamento de Comunicación y Lenguaje de la Pontificia Universidad Javeriana Cali, Colombia, desde el año 2014. Coordinador del grupo de investigación Comunicación y Lenguajes (categoría A, Colciencias). Su tesis doctoral, "Alcance ético-político de la atención diferencial de los pueblos indígenas en Colombia: el caso del pueblo embera chamí del resguardo Wasiruma, Municipio de Vijes, Valle del Cauca" (2016), ofrece una perspectiva analítica sobre las tensiones entre comunidades indígenas y el Estado colombiano en lo que atañe al cuidado de la primera infancia. Fue investigador principal del proyecto "Pluralidad, justicia y construcción de paz". Sus últimas publicaciones fueron: "Sobre las estrategias que realizan los grupos para la consecución de sus metas de reconocimiento: una reflexión socioantropológica" (en *Axel Honneth. Reconocimiento, herida moral y teoría crítica* [2018]); y "El diagnóstico de injusticias para el enmarcamiento social. Una aproximación a los procesos organizativos de la Asociación de Mujeres Afrocolombianas de la ciudad de Cali" (revista *Dixit*, 2019).

Andreu Viola Recasens. Doctor en Antropología Social por la Universidad de Barcelona (2000). Profesor titular de Antropología del Departamento de Antropología Social de la Universidad de Barcelona desde el año 2003. Miembro del Grupo de Estudios sobre Culturas Indígenas y Afroamericanas (CINAF). Su tesis doctoral, "'¡Kawsachun coca, wañuchun gringos!' Colonización, cultivos de coca y sindicalismo campesino en el trópico de Cochabamba (Bolivia)", trata sobre el movimiento social de los cocaleros en Bolivia, y de su uso estratégico de la etnicidad como recurso político. Su trayectoria como docente e investigador se ha centrado en la temática de la etnicidad y los movimientos indígenas en la región andina, así como en la antropología del desarrollo. Actualmente participa como investigador en los proyectos de I+D "Pueblos indígenas, medios de comunicación y significados del conflicto en América Latina. Un estudio de antropología" y "Comunicación indígena y patrimonio cultural en América Latina: conservación, revitalización, creatividad". Es autor de diversas publicaciones sobre la región andina, entre las cuales destacan el libro *"¡Viva la coca, mueran los gringos!" Movilizaciones campesinas y etnicidad en el Chapare (Bolivia)* (2001), y artículos como "Discursos 'pachamamistas' versus políticas desarrollistas: el debate sobre el *sumak kawsay* en los Andes" (*Íconos*, Quito, 2014).